『디베이터』는 풍부한 통찰로 가득하다. 리더라면, 그리고 리더를 꿈꾸는 이라면 반드시 읽어야 할 책이다. 서보현 작가는 두말할 것 없이 특출나지만, 그의 나이를 생각하면 정말이지 놀라울 정도로 지혜로운 글이다. 그는 분명 우리 시대의 주목할 만한 목소리가 될 것이다. _김용(전 세계은행 총재)

영어 한마디 못하던 어린 소년이 세계를 제패한 토론 챔피언으로 거듭나기까지, 오랜 시간 누구보다 치열하게 토론의 세계를 탐험해온 서보현 작가만이 쓸 수 있는 책이다. 그야말로 토론의 바이블. 토론대회에서 유용하게 쓰일 실용적인 기술은 물론, 우리가 살아가며 맞닥뜨리는 수많은 의견 충돌을 지혜롭게 헤쳐 나가는 데 필요한 태도와 전략들까지 아낌없이 알려준다. 토론의 세계를 통과하며 자연스레 갖게 된 깊은 통찰력과 균형잡힌 시각으로 쓰인 이 책은, 결국 토론이 더 나은 사회를 만들어가는 열쇠임을 드러내 보인다. _홍정욱((주)올가니카 회장)

갈등과 논쟁을 두려워하던 어린아이가 자신만의 관점을 가지고 적극적으로 타인의 생각에 개입해 반대하고 논쟁하기까지의 여정을 그린 이 아름다운 이야기에 완전히 매료되었다. 이 감동적인 책에서 토론은 아이의 방과후 활동을 넘어, 병든 사회를 치유하는 처방책으로서의 가능성을 품은 삶의 방식으로 발전해나간다. 우리가 꼭 읽어야 할 책. _석지영(하버드 로스쿨 종신교수, 『내가 보고 싶었던 세계』 저자)

『디베이터』는 이 심각한 분열의 시대에 너무도 시의적절하며 꼭 필요한 책이다. 그는 논쟁이란 자기 자신과의 싸움에서 시작해, 마침내 반대편에 있는 사람을 존중하고 상대의 말에 귀기울이는 데까지 나아가는 행위라고 말한다. 서보현 작가는 우리로 하여금 마치 철학자처럼 충분히 생각을 정리한 뒤 입안에서 맴도는 말들을 내뱉게 만든다. 이 훌륭하고도 재기 넘치는 책을 읽고 나면 다른 사람을 이기려 하는 대신 설득해야 한다는 사실을 깨닫게 된다. 그리고 놀랍게도, 설득이란 곧 말을 사랑의 무기로 활용하는 일이라는 사실까지도. _저메이카 킨케이드(하버드대학교 연구교수, 소설가)

이 책은 단순히 서보현 작가가 세계토론대회에서 두 차례나 짜릿한 승리를 거둔 과정과 비법을 담은 이야기가 아니라 양극화 시대를 살아가는 우리를 위한 가이드북이다. 비판적 사고를 단련하고, 재고하는 능력을 기르고, 다른 사람들의 마음을 여는 법을 배우는 데 이 책보다 더 효과적인 지침서는 존재하지 않을 것이다. _애덤 그랜트(와튼스쿨 종신교수)

건설적으로 반대하는 일이 그 어느 때보다도 중요해진 시대에, 서보현 작가는 토론 챔피언이 되기까지의 지난한 여정에서 길어올린 팁을 우리에게 풀어놓는다. _스티븐 슈워츠먼(사모펀드 그룹 '블랙스톤' 공동 창립자)

이 엄청난 책은 가족을 따라 한국에서 호주로 이민 온 어린아이가 직면한 도전으로 시작한다. 그는 공론장에서의 토론이 무용하고 심지어 무례하다고까지 여겨지는 문화에서, 토론이 타인의 눈으로 세상을 바라보는 새로운 방법들을 발견하고 그로부터 즐거움을 찾는 활동으로 여겨지도록 사람들의 생각을 바꿔놓는다. 좋은 토론은 정반합의 변증법적 결론을 이끌어낸다. 이는 소크라테스 시대부터 흐루쇼프와 만델라, 푸틴과 젤렌스키의 시대에 이르기까지 변함없이 인정받은 진리다. 서보현 작가는 인류의 생존이 거대한 도전에 맞닥뜨린 지금, 토론이야말로 인간의 자유를 수호하는 핵심 열쇠라고 주장한다. 좋은 논쟁을 설득력 없는 헛소리와 구별하는 일이 인류의 존속에, 그리고 서로에 대한 사랑을 발견하는 일에 지금만큼 중요한 적이 또 있었던가?
_마이클 커비(전 호주 연방대법원 대법관, 전 유엔 북한인권조사위원장)

좋은 논쟁은 어그로, 가짜 뉴스, '정치적 올바름' 사이에서 길을 잃은 생각을 정리하는 데 최상의 방책이다. 서보현 작가는 건강한 민주주의를 위한 방법론은 물론이거니와, 우리 일상에서 세심하게 듣고 이야기하는 방법을 알려준다.
_질리언 트릭스(유엔 사무차장보, 유엔난민기구 고등판무관)

한 나라 안에서뿐만 아니라 국가 간 분열도 갈수록 심화되어가는 지금, 서보현 작가의 명료하고 인간적인 '더 잘 반대하는 법' 찾기는 더없이 시의적절하고 소중하다.
_케빈 러드(전 호주 연방총리)

사려 깊고 유익하며 감동적이다. 가족과 함께 한국을 떠나 호주로 이민 왔을 때 그는 아웃사이더가 될까봐 전전긍긍하는 내성적이고 갈등을 두려워하는 여덟 살 소년이었다. 서보현 작가는 『디베이터』에서 토론이 어떻게 언어의 장벽을 뛰어넘는 데 도움을 주었는지, 나아가 자신감과 자기만의 목소리를 찾게 해주었는지 진솔하게 이야기한다.
_미치코 가쿠타니(문학비평가, 서평가)

서보현 작가와 하버드대학교에서 정치·사회 문제에 대해 많은 대화를 나누었다. 나는 단 한 순간도 그가 따지고 들기를 좋아한다거나 논쟁적이라고 생각해본 적이 없었고 오히려 대화할 때마다 유쾌하고 즐거웠는데 이제야 그 이유를 알았다. 그가 디베이터일 뿐 아니라 실은 세계에서 가장 토론을 잘하는 사람이라서였다. 토론을 통해 어떻게 더 매력적인 대화 상대가 되고, 더 마음이 넓은 사상가, 심지어는 더 나은 인간이 될 수 있는지 알고 싶다면 『디베이터』를 읽으면 된다. _루이스 메넌드(하버드대학교 영문학 교수)

토론대회의 형식과 기능, 종류까지 아주 잘 소개한 책. 흥미진진한 역사적 장면들과 실용적인 조언도 가득하다. 『디베이터』는 긍정적인 믿음을 바탕으로 한 논쟁은 사람들을 분열시키는 대신 하나로 모은다는 사실을 파고들며 우리를 고무시킨다. _퍼블리셔스 위클리

# 디베이터

**Good Arguments: How Debate Teaches Us to Listen and Be Heard**
by Bo Seo

# 디베이터

디베이팅 세계 챔피언 서보현의 하버드 토론 수업

GOOD
ARGUMENTS

서보현 지음 | 정혜윤 옮김

BO SEO

문학동네

박진경, 서원교 님께 이 책을 바칩니다.

2016년 그리스 테살로니키에서 열린 세계대학생토론대회 결승전에서.

일러두기

1. 각주는 옮긴이 주, 미주는 원주다.
2. 본문 중 고딕체는 원서에서 이탤릭체나 볼드체로 강조한 부분이다.

이 책에 대해 사람들에게 말할 때면 가급적 특수한 맥락을 내세우지 않으려고 한다. 그래서 내 토론 이력은 한국인 특유의 경쟁심이나, 논쟁하기 좋아하는 호주인들 사이에서 자란 덕분이라며 너스레를 부리다가도 곧장 그 말을 거둬들인다. 사실 내 이야기는 한국이나 호주와는 아무 상관이 없다. 그저 자기 목소리가 사람들에게 제대로 전달되지 않는 고통을 아는 사람이라면 누구나 공감할 만한 이야기다.

나는 내가 방금 쓴 말이 일면 맞는다고는 생각하지만 마음에 걸리는 구석도 있다. 문화의 절대적 영향력을 강조하는 문화적 본질주의는 정직함과 거리가 멀게 느껴지지만, 내가 자란 곳과 그곳의 문화가 내 배움에 큰 영향을 주지 못했다는 말 또한 정직하지 않게 느껴지기는 마찬가지이기 때문이다. 내 안의 회의주의자가 묻는다. 너는 과연 어떤 공기를 들이마시며 살아왔느냐고.

『디베이터』를 한국에서 출간하며 이는 더욱 피할 수 없는 질문이 되었고, 나는 자꾸 엉터리 대답을 하고 싶은 마음이 든다. 좋은 부분은 전부 한국인들이 지닌 투지나 열의 덕택이라고 아첨을 늘어놓거나, 서양식 교육이 한국의 기계적인 암기식 학습과 서열문화를 극복하는 데 도움이 됐다며 한국적인 것들을 저버리는 식으로 말이다. 하지만 두 대답 모두 어쩐지 사실이 아닌 듯해, 다시 그 사이의 빈틈을 가만히 들여다본다.

서울에서 보낸 유년기는 대체로 평범했다. 학교 성적도 그럭저럭 괜찮고 친한 친구도 두어 명 있었다. 수줍음이 많아(지금도 그렇지만) 무엇이든 남들보다 뛰어나려면 눈에 띄어야만 한다는 사실이 부담스러웠다. 학교에서는 얌전한 나를 골려먹는 아이들도 있었지만, 그런 괴롭힘조차 유별나진 않았다. 요컨대 나는 바깥세상과 안정적인 거래를 한 셈이었다. 눈에 띄지 않음으로써 안전을 보장받기로.

그런데 호주로 이민을 오면서 그 협정이 무너지고 말았다. 우리 가족이 살게 된 동네는 아시아인이 드물었고 영어를 쓰지 않는 사람은 찾아보기 힘들어서, 나는 어떻게 해도 눈에 띄었다. 내 땀구멍부터 타고난 성향 하나하나가 전부 다 다른 사람과 나의 다름을 드러내는 표지 같았다. 나는 외양만 다를 뿐 알고 보면 우리가 하나도 다를 게 없다는 식으로, 또래 아이들과의 차이점을 대수롭지 않게 넘기려 했다.

그러다 토론팀에 들어가면서, 의견과 각자 속한 환경이 다를지라도 에두르지 않고 말하는 법을 배웠다. 또 그 사이에 피어나는 긴장을 새로운 생각과, 더 깊은 관계가 싹트는 장소로 보게 되었다. 나는 나만의 목소리로 말하는 법을 훈련했다. 그리고 결국, 사람들 눈에 띄지 않는 안전한 생활을 두고 분투하는 모습을 만천하에 드러내는 삶을 택했다.

다행히 내겐 도움의 손길이 있었다. 여느 가족들은 대부분 관객으로만 토론에 참여했지만, 우리 부모님은 스스로 선수이자 코치가 되어 토론에 적극 동참했다. 아버지는 내게 웅변의 규칙들을 가르쳤고, 대회 때마다 온갖 제스처로 지시를 내리다가 대회 관계자에게 주의를 받았다. 어머니는 나를 책의 세계로 인도했고, 묵묵히 꾸준하게 해나가는 사람의 본보기가 되어주었다.

우리 세 사람은 토론에서든 삶에서든, 모든 도전에 한 팀으로 대응했다(지금도 마찬가지다). 고등학교 시절 나는 우리가 공통적으로 지닌 열정이 한국인 특유의 것이라고 이해했다. 이를테면 경쟁과 극적인 드라마를 좋아하는 기질, 무언가를 선망하는 마음, 노력에 대한 확고한 믿음 같은 것. 이런 점들이 내겐 놀라웠다.

하지만 시간이 지나면서 더는 그런 문화적 영향이 와닿지 않았다. 대학에서는 롤모델, 이데올로기, 개인적 야심처럼 지금의 내게 더 가까이에 있는 다른 것들이 그 자리를 채워 앞으로 나아가는 동력이 되었다. 물려받은 문화적 유산에 대해서는, 마치 달처럼 너무 멀지도 그렇다고 너무 가깝지도 않게 느껴지는 단계에 접어들었다. 한국어는 사용하지 않은 지 오래되어 점점 실력이 녹슬고 형편없어졌다.

그러다보니 『디베이터』의 한국어판 출간이 조금은 편치 않은 귀향처럼 느껴진다. 더듬거리는 한국어로 문학동네 출판사 관계자분들과 이야기하면서, 제대로 의사 전달을 하지 못한다는 생각에 위축되고 답답한 기분도 들었다. 무엇보다도 비슷한 이름과 얼굴을 지녔으면서 속은 완전히 다른 해적처럼 여겨질까봐 두려운 마음이 컸다.

이 어려움을 극복하는 방법 역시 그간의 토론 경험에서 떠올렸다. 새로운 만남에 따르는 조건들보다 논의를 지속하는 일이 훨씬 중요하다는 사실을 기억하기. 물론 신뢰가 이미 형성되어 있다면 대화가 더 수월하다. 하지만 소통을 이어가려면, 서로 간의 차이가 우리를 작아지게 하기보다 성장하게 한다는 믿음을 결코 잃지 말아야 한다.

한국이 놀라운 위업을 달성한 것은 얼마간 단일한 목적의식 덕분이기도 하다. 하지만 앞으로 다른 민주국가들과 발맞추어 계속 발전해가려면, 시민들 간 의견 일치를 도모하기보다 좋은 논쟁을 장려하는 일이 더없이 중요하다.

좋은 논쟁을 위해서는 진정한 지적 소양, 즉 타인을 이해하는 능력을 기르기 위한 시민교육이 꼭 필요하다. 모두 두려움과 의구심을 벗어던지고 자신의 목소리를 내야 한다.

그런 마음으로, 독자 한 분 한 분께 이 책을 바친다.

2023년 4월
서보현

\

# 더 잘 반대하기 위하여

아홉 살 생일이 되기 전 나는 반대하는 능력을 잃었다. 그 일은 마치 침식작용처럼, 한순간이 아니라 서서히 단계적으로 일어났다. 처음에는 그렇게 되지 않으려 발버둥쳤다. 말이 목구멍에 턱 걸려 나오지 않기 일쑤였지만, 무슨 수를 써서라도 기어이 내 의견을 밝혔다. 하지만 그때마다 너무 많은 애를 쓰고, 위험을 무릅쓰고, 스스로를 드러내야 했다. 나는 그런 상황에 점점 지쳐갔다. 그래서 갈수록 말을 줄이고 침묵 속으로 빠져들었고, 한동안 그렇게 지내다보니 이 안전한 은신처에 계속 머무는 것도 나쁘지 않겠다는 생각이 들었다.

2003년 7월, 부모님과 나는 막 한국을 떠나 호주에 살러 온 참이었다. 처음엔 이민을 가기로 했다는—일과 배움, 인생에서 새로운 기회를 찾아 나서기로 했다는—부모님의 말에 마냥 신이 났지만, 와룽가라는 시드니 북쪽 외곽의 조용한 부촌에 와서 보니 내가 얼마나 어리석었는지가 또렷하게 보였다. 우리는 다정한 친구와, 제대로 된 양념이 들어간 음식과, 우리말을 하는 4800만 명의 사람들을 뒤로한 채 떠나온 것이었다. 대체 뭘 얻겠다고? 내가 울워스♦의 냉장 식품 코너나 동네 공원의 정글짐 꼭대기에서 느낀 소외감에는 운명의 장난에 대한 짜증이 섞여 있었다.

부모님은 불만 가득한 나를 안쓰러워하면서도 단호했다. 두 분은 아직 적응 단계라서 그렇다는 말만 반복했고, 그 말은 내게 창창한 미래를 위해서는 이 불편과 혼란을 감수하는 것 외에 다른 도리가 없다는 뜻으로 들렸다.

부모님은 서로 다른 면이 많았다. 아버지는 한반도 동쪽 끝 시골 마을의 보수적인 대가족 출신인 반면, 어머니는 대도시 서울의 진취적인 집안 출신이었다. 아버지는 물질적인 안락함을 좇기보다 사람을 좋아했으며, 어머니는 세련된 걸 좋아하고 신념을 소중히 여겼다. 그러나 이민을 오고 나서부터는 두 분 모두 온전한 자립과 꿈을 이루기 위한 노력을 최우선으로 생각했다.

시드니에 도착하고 몇 주 동안 부모님은 나를 렌터카 뒷자리에 태우고 이런저런 볼일을 보러 마을을 돌아다녔다. 가구를 사고, 납세자 번호를 받고, 아파트 월세 계약을 하면서 우리는 점점 이 도시에 단단히 엮여들었지만 그런다고 해서 이 도시에 일말의 정이 들지는 않았다. 내가 뭘 좀 도우면 좋겠느냐고 묻자 부모님은 내가 할 일

---

♦ 호주에서 가장 큰 슈퍼마켓 체인.

은 딱 하나뿐이라고 대답했다. "어떻게든 학교에 잘 적응해야 한다. 알았지?"

와룽가 사람들이 초등학교 하면 떠올리는 곳은 단연 부시초등학교였다. 주변이 전부 야생동식물 보호구역이어서 교정은 언제나 호시탐탐 점령을 노리는 식물에 포위당한 모습이었다. 교실 창까지 덤불이 뻗어올라왔고 이제는 사용하지 않는 노천극장 계단에는 구석구석 사람 귀만한 버섯이 고개를 내밀었다. 여름이면 짙은 녹음이 우거졌다. 하지만 내가 3학년으로 입학해 처음 등교한 호주 8월의 쌀쌀한 월요일 아침에는 창백한 은빛 이파리들이 일렁였고 교정은 온통 그늘져 있었다.

3학년 H반 칠판 앞에 하늘색 옷을 차려입은 홀 선생님이 더없이 다정한 표정으로 서 있었다. 선생님의 눈짓에 내가 교실 안으로 들어서자 그는 칠판에 완벽한 필기체로 '서보현, 사우스 코리아'라고 썼다. 이 생소한 단어들의 조합에 내 앞에 있는 서른 쌍의 눈이 일시에 동그래졌다.

그 주 내내 나는 우리 반 아이들의 관심을 한몸에 받았다. 운동장에서는 누군가를 비아냥대며 놀릴 때 가장 큰 웃음이 터져나왔다. 한 아이가 서양 문명의 쾌거 중 하나를 우쭐거리며 들먹이면―"식빵맛 끝내주지?"―나는 매번 내가 아는 한 줌의 영어로 응수했다. "아니, 밥이 더 맛있어!" 대화를 듣고 있던 다른 아이들은 고개를 내저으면서도 그 팽팽한 긴장감을 은근히 즐기는 기색이었다.

그러나 시간이 지나 내가 더는 새로운 인물이 아니게 되자 반 아이들과의 의견 차는 조금씩 다른 양상으로 나타났다. 운동장에서나 조별 과제를 하다가 의견 충돌이 생겼을 때, 내 생각을 속시원히 표현 못하고 더듬거리고 있자면 불쑥 화부터 치밀어올랐다. 서로 한 치도 물러설 수 없는 상황에까지 이르면 다른 의견은 한순간에 괴상한 의견으로 바뀌었고, 말 한마디, 몸짓 하나가 오해를 불러오고 곡해되어 일이 커지기 일쑤였다.

언어 장벽이 가장 힘겹게 다가왔던 때는 실시간으로 이루어지는 아이들의 대화에 참여해, 그 빠르고 다층적인 리듬과 시시각각 변하는 표정들을 따라잡아야 할 때였다. 무슨 주장이라도 할라치면 어려움이 배가됐다. 나는 적절한 표현 방법을 찾지 못해 곧잘 헤맸고 그럴수록 더 중압감에 짓눌렸다. 어설픈 단어와 엉터리 문장을 되는대로 늘어놓는 식으로는 절대 제대로 된 주장을 펼칠 수 없었다.

공연한 심술이 아니라 누군가에게 멋대로 권력을 휘두르고픈 비열한 본능에 사로잡힌 몇몇은 자신의 유리한 입장을 십분 활용했다. 그애들은 얼굴을 한껏 찌푸리면서 애가 대체 무슨 말을 하는지 여기 알아듣는 사람이 있느냐고 물었다. 그 말에 당황한 아이들은 어떻게든 상황을 수습해보려 우물쭈물하다 결국 내 편을 든답시고 "너무 신경쓰지 마"라는 말만 간신히 내뱉으며 그 자리를 떠나곤 했다. 몇 달 동안 나는 나름대로 대응해보려고 안간힘을 썼다. 때로는 싸우고 때로는 협상하고 때로는 감정에 호소하면서.

학기가 끝날 무렵인 2003년 11월 즈음이 되자 이제 더는 그런 식의 논쟁을 하고 싶지 않았다. 어떤 문제나 원칙도 그만한 대가를 치르고 뛰어들 만한 가치가 없어 보였다. 혹시라도 그런 다짐을 무시하고 논쟁을 시작하려 하면 내 다리와 배와 목구멍에서 신호가 왔다.

결국 나는 얼굴에 무심한 미소만 띤 채 잠자코 있는 법을 배웠다. 교실에서는 나의 무지를 재빨리 시인했고 운동장에서는 나의 잘못을 순순히 인정했다. 그간 영어 실력이 꽤 늘었음에도 내 입에서 흘러나오는 단어는 고작 "예스"와 "오케이"뿐이었다. 언젠가 내 의견을 제대로 말할 기회가 있으리라 믿으며 그 자리에서 삼킨 말을 단단히 기억해두곤 했지만, 시간이 흐르며 그런 기억들조차 점점 희미해져갔다.

2005년 1월, 5학년에 올라갈 무렵 나는 긍정적인 태도를 최대한 활용하는 법을 찾아냈다. 성적표에는 항상 온화한 성격과 지시를 잘 따르는 성향을 칭찬하는 평가가 달렸고, 친구들 사이에서는 갈등을 조정하고 대화로 합의를 이끌어내는 역할을 주로 맡았다. 부모님은 한국에 있는 친척들에게 내가 기대했던 것보다 더 잘 적응해가고 있다고 말했다.

맞는 말이었다. 한때는 주장을 제대로 펼치지 못해 당황했었지만, 이제는 뭘 주장하겠다고 나서는 일이, 얼굴이 벌게져서 다짜고짜 침을 튀기며 그런 헛짓에 풍덩 뛰어드는 일이야말로 정말 당황스러운 일로 여겨졌다. 나는 비로소 내 유년기를 지배할 리듬을 찾은 느낌이었다.

그러다 2005년 3월 어느 화창한 오후 갑자기 뭔가가 변했고, 2년에 걸쳐 간신히 만들어온 생활방식은 완전히 없던 일이 되어버렸다.

# 토론의 세계에 첫발을 내딛은 순간

점심식사를 마치고 나는 강당으로 걸어들어가면서 변심한 나 자신을 책망할 수밖에 없었다. 사흘 전, 담임인 라이트 선생님은 새로운 교내활동에 참여할 지원자를 찾고 있었다. "토론은 두 팀이 청중의 마음과 생각을 두고 겨루는 체계적인 주장입니다. 일종의 재치 싸움이죠!" 학생 대부분이 거절했지만 교실을 나서려다 붙들린 나는 어느새 고개를 끄덕이고 있었다. 그러니까 논쟁을 피하기 위해 토론반에 덜컥 가입한 것이다.

규칙은 간단했다. 세 사람씩 각각 한 팀을 이루면, 중립적인 제3자가 논제('동물원 운영을 전면 금지해야 한다')를 정해 알려준다. 그럼 개인의 실제 신념과는 상관없이 한 팀은 그에 찬성하는 주장을, 다른 한 팀은 반대하는 주장을 전개해야 했다. 먼저 첫번째 토론자가 찬성 의견을 개진하면 상대팀 토론자가 반대 의견을 말하고, 그렇게 모든 참가자가 각자에게 할당된 시간(우리의 경우엔 4분씩)을 다 쓸 때까지 주거니 받거니 하면서 토론을 이어가는 식이었다.

토론이 끝나고 나면 마지막에 심판단—토론 경험이 많은 제3의 중립 집단—이 최종 승리팀을 지명했다. 이때 각 참가자는 다음 세 가지 기준으로 평가됐다. 발언 태도manner, 주장의 중대성matter, 논점을 전개하는 방법method 또는 전략. 하지만 결국엔 '어느 쪽에 설득됐는가?'라는 단 하나의 문제를 두고, 양심에 따라 심판단의 마음이 움직이는 쪽으로 승자가 결정됐다.

나는 간밤에 잠을 설쳤다. 보통은 준비 시간이 짧게(15분에서 1시간 사이로) 허락되지만 우리에겐 여러 날이 주어졌다. 황송한 기분이었다. 일상에서 의견 충돌이 생기면 그 자리에서 바로 대응해야 한다는 점이 내겐 가장 어려웠다. 언쟁을 벌일 때 생각을 정리해 적절한 언어로 표현할 시간이 잠깐이라도 생긴다면 얼마나 좋을까, 하고 늘 생각했다. 그런데 찬성팀의 첫 주자가 되고 보니 모든 걸 미리 준비할 수 있었다. 나는 열심히 자료를 조사하고 늦은 밤까지 생각을 글로 정리했다.

　강당은 더없이 단출하게 꾸며져 있었다. 단상에는 테이블 두 개에 의자가 세 개씩 놓여 있었다. 착석하면 육십여 명의 아이들이 줄지어 앉은 객석이 내려다보였다. 나는 청중의 시선을 피하려고 팀원들을 앞세우고 뒤따라 들어갔다. 스포츠에 소질이 있는 이저벨라는 성큼성큼 걸어서, 매사에 전전긍긍하는 팀은 쭈뼛거리며 자리로 향했다. 머리 위에선 빗줄기가 양철 지붕을 규칙적으로 두드리는 불길한 소리가 나고 있었다.

　우리의 적수인 J반 아이들이 먼저 와서 앉아 있었다. 그들은 단상 계단을 올라오는 우리를 보면서 비웃는 듯한 표정을 지었다. 그 팀의 여학생 둘은 곧 다시 자기들끼리 수다를 이어가다가 객석의 친구들을 향해 손을 흔들었다. 하지만 철테 안경을 쓴 모범생 아서는 계속 우리 쪽을 빤히 쳐다봤다. 아서는 운동장에서 나와 다툰 적이 있었다. 그는 식물학에서 제2차세계대전에 이르기까지 온갖 지식을 뽐내며 아이들의 기를 죽이기 바빴다. 속사포같이 말하고 시도 때도 없이 끼어들어 상대방이 아예 말을 못하게 만들었다.

그러나 동일한 시간과 공정한 판단을 보장받은 이 무대에서만큼은 아서를 상대하기가 그렇게까지 어려워 보이지 않았다. 전에는 그 애의 아치 모양 눈썹과 반짝거리는 구두밖에 안 보였는데, 이젠 셔츠에 묻은 작은 얼룩과 오른뺨의 갈색 점까지 눈에 들어왔다.

단상 한가운데 서 있던 라이트 선생님이 긴 머리카락을 뒤로 쓸어넘기더니 쩌렁쩌렁한 목소리로 대회의 시작을 알렸다. "여러분 안녕하세요? 반갑습니다! 이제부터 여러분은 이 두 팀이 벌이는 토론을 지켜볼 것입니다. 각 참가자가 말하는 동안 나머지 사람들은 모두 조용히 경청해야 합니다." 선생님은 입술에 손가락을 갖다대고는 20초 정도 "쉬이이이이……" 하면서 아이들을 집중시켰다.

그리고 다른 손으로는 노트를 하나 집어들었다. "모두 노트를 가로누여서 칸 여섯 개를 만드세요. 각 칸에 참가자 이름을 쓰고 그 아래에 참가자의 주장을 적는 겁니다. 토론에서는 누가 무슨 주장을 하면 아무리 엉터리라도 반드시 그에 대한 답변을 해야 한다는 게 규칙입니다." 아이들은 선생님의 지시 사항을 따르느라 분주했다. 자를 꺼내 간격을 일정하게 맞추고 똑바로 줄을 긋는 아이들이 있는가 하면, 그냥 되는대로 줄을 그어 칸을 만드는 아이들도 있었다. "토론이 끝나면 승리팀을 정할 건데, 이때 논제에 대한 자기 의견이나 참가자에 대한 호오는 배제하고 오로지 토론 내용으로만 판단해야 합니다. 질문 있나요?"

그다음엔 논제—'동물원 운영을 전면 금지해야 한다'—를 공표했고, 이어서 내 이름을 호명했다. 순간 아이들의 시선이 나를 향하는 게 느껴졌다. 나는 흩어지는 박수 소리를 들으며 주장을 정리한 카드를 챙겨들고 단상 가운데로 걸어갔다.

단상 가장자리에서 바라본 풍경은 그전까지 내가 보아온 풍경과는 너무도 달랐다. 청중은 하나같이 내게 시선을 고정한 채 눈만 깜빡였다. 죄다 입을 벌리고 있었지만 아무 소리도 내지 않았다. 심판을 맡은 6학년 담당 선생님이 펜을 들고 메모지에 내 주장을 받아쓸 준비를 했다. 나는 이곳 호주로 이민 오고 나서 처음으로, 사람들이 내 말을 제대로 들어줄지도 모른다고 느꼈다.

수년간 죽어라 논쟁을 피해온 나였다. 혹시 그게 잘못이었을까?

## '수준 높은 반대'라는 목적지

2005년 그 운명의 해를 보낸 뒤로 18여 년이 지난 지금도 나는 여전히 '좋은 반대'라는 목적지를 향해 달리는 중이다. 그 길에서 몇몇 이정표에 도달하긴 했지만 아직 갈 길이 멀다. 나는 세계학생토론대회 World Schools Debating Championship(WSDC)와 세계대학생토론대회 World Universities Debating Championship(WUDC)에서 승리를 거머쥐었고, 세계 최우수 토론팀인 호주 국가대표 학생 토론팀과 하버드대학교 토론팀 Harvard College Debating Union(HCDU)을 맡아 지도했다. 그렇게 한국에서 호주로, 미국과 중국으로 세계를 돌아다니면서, 반대 의견을 말할 더 나은 방법들을 열심히 찾았다.

내 짧은 생애를 반추해 쓴 이 책은 토론의 두 가지 형태에 관한 것이다.

하나는 두 팀이 심사위원단 앞에서 주어진 논제를 가지고 제 주장을 펼치며 경쟁하는, 일종의 공식 게임인 '토론대회'다. 그 기원은 저멀리 고대—수사법을 가르치던 고대 그리스와 토론이 종교활동의 일환이던 초기 불교—로까지 거슬러올라간다. 그리고 의회민주주의의 발전과 더불어 지금에 이르렀다. 오늘날에는 전 세계 고등학교와 대학교에서 토론대회가 활발히 열리고, 전직 대통령과 수상, 대법관, 최고 경영자, 상을 휩쓴 기자, 유명 예술가, 시민사회 리더 중 태반이 토론대회 출신일 정도다. 대회용 토론은 어떻게 하는지 배우기는 정말 쉽지만 완벽하게 섭렵하기는 불가능하다. 그러니 어린아이든 대통령 후보든 누구나 할 수 있는 것이다(그런데 이 사실이 두 집단에게 각각 의미하는 바는 무엇일까?).

다른 하나는 우리가 일상에서 접하는 '의견 차이'다. 토론대회에 나가는 사람은 아주 소수지만, 우리 모두가 거의 날마다 어떤 식으로든 자기주장을 펼친다. 우리는 사태가 나아가야 할 올바른 방향뿐 아니라 현상황 자체에 대해서도 서로 의견이 다르기에, 무언가를 인식하는 일만으로도 갈등이 불거질 수 있다. 논쟁을 통해 우리는 타인을 설득하고, 해결책을 찾고, 신념을 시험하고, 자부심을 갖는다. 우리의 개인적·직업적·정치적 이익을 위해 논쟁에서 이기는 것도 중요하지만 무엇보다도 올바른 방법으로 이겨야 한다는 걸 모르는 사람은 없다.

나는 대회용 토론 기술이 일상에서 더 나은 반대를 할 수 있도록 만들어준다고 말하고 싶다. 잘 반대한다는 건 다양한 의미를 띤다. 자기 뜻을 관철시키는 것, 갈등 소지를 줄이는 것, 상대와의 관계를 원만하게 유지하는 것 모두 포함된다. 이 책은 그 모두에 대해서 조금은 도움을 줄 것이다. 하지만 내 목표는 그보다 소박하다. 논쟁은 그 결과가 논쟁을 벌이지 않았을 때보다 무조건 더 나아야 한다.

이 목표를 위해 나는 토론에 필요한 도구와 실제 활용 사례를 함께 제시할 것이다.

이 책의 1부에서는 대회용 토론의 다섯 가지 기본 요소—논제, 논증, 반론, 수사법, 침묵—와 이를 활용하는 데 필요한 기술 및 전략에 대해 이야기한다. 독자들은 결국 이런 요소들이 우리가 일상에서 주장을 펼칠 때도 똑같이 작동하고 있음을 알아차리고, 딱딱한 형식론보다 훨씬 이해하기 쉬우면서도 협상보다 폭넓게 적용할 수 있는 지식을 얻게 될 것이다.

2부에서는 토론의 기술을 네 가지 영역—자기방어, 교육, 관계, 테크놀로지—에 적용해, 좋은 토론이 어떻게 우리의 사적인 삶과 공적인 삶을 모두 향상시킬 수 있는지 보여줄 것이다. 나는 수천 년간 이어져온 토론대회의 전통이 바로 공동체가 '서로 상반된 주장들에도 불구하고'가 아니라 '그런 주장들을 바탕으로' 건설됐다는 증거라고 말하고자 한다. 증언이란 게 흔히 그렇듯 나의 증언도 항상 똑떨어지는 결론으로 이어지진 않는다. 토론의 역사를 살펴봐도 지배와 조작, 그럴듯한 말장난과 배제로 잔뜩 얼룩져 있다. 하지만 토론은 더 멋진 것도 만들어낸다. 이를테면 흥미진진하면서도 새로운 통찰을 던지는 애정어린 반대로 삶과 사회가 더 풍요로워질 가능성을.

그렇다. 사실 지금은 좋은 논쟁에 관한 책을 쓰기에는 좀 곤란한 시대다. 요즘엔 정치색이 다른 이와 대놓고 전쟁을 벌이겠다고 나서는 사람은 별로 없지만 의견 차가 우리 안에서 불러일으키는 온갖 의심과 경멸, 미움은 전에 없이 커진 듯하다. 그래서 논쟁을 할 때 상대의 의도를 일단 부정적으로 해석하고, 상대의 말을 제대로 듣지도 않은 채 자기 말만 쏟아내는 경우가 허다하다. 토론을 하고자 하는 의지는 타오르는데 정작 그런 대화를 지속하는 데 필요한 가치와 기술은 진창에 처박아버린 것이다. 이런 현상을 우리는 '양극화'라고 부른다. 의견 차이가 있다거나 그 차이가 너무 크고 빈번하게 드러난다는 말이 아니라 효과적으로 반대를 표현하지 못한다는 의미에서다. 논쟁을 벌이는 일 자체가 고통스럽고 별 쓸모도 없다.

군중의 환호성 속에서 어떤 사람들은 토론의 희망을 지레 포기했다. 2012년 미국 공화당 대선 후보였던 밋 롬니는 한 사적인 모임에서, 47퍼센트가량의 사람들은 언제나 민주당 편을 들 것인데 그게 누구냐면 바로 소득세를 안 내는 영원한 복지 의존자들이라고 말했다.[1] 4년 뒤 민주당 대선 후보 힐러리 클린턴은 경쟁 후보의 지지자 절반을 "개탄스러운" 사람들이라고 비하했다.[2] 두 정치인 모두 훗날 자신의 실언에 대해 사과했지만, 세상에는 합리적인 주장과 설득이 무용한 사람들이 있다는 금기시되는 생각이 선거 정치에서는 거의 상식으로 통한다.

하지만 그런 믿음이 깨지면 가장 힘들어지는 곳은 바로 우리 가정인지도 모른다. 연인, 친구, 가족 간 침묵이라는 형태로 말이다. 캘리포니아대학교 연구팀은 2016년 미국 대통령선거가 치러진 몇 주 뒤에, 지지 정당이 서로 달랐던 가족의 추수감사절 식사시간이 그렇지 않은 가족보다 30분에서 50분 정도 짧았다는 사실을 알아냈다.[3] "전국적으로 따져보면 추수감사절 저녁식사에 쓰일 수도 있었을 3400만 시간이 사라진 것이다."

지금처럼 토론하기 좋은 때가 없다는 사실을 생각하면 비극적인 일이다. 지금 우리는 전에 없이 개인의 자유를 누리고 참정권을 행사하며 전 세계와 연결되어 있다. 공론장은 그 어느 때보다도 다양해졌고 공적 대화도 더 치열하다. 우리가 반대 의견을 내세우는 방식이 잘못됐다고 해서 이런 중대한 성취까지 깎아내릴 필요는 없다. 과거를 낭만화할 필요가 없다는 소리다. 다만 우리가 다원성을 제대로 포용하지 못하고 서로의 이견을 잘 조율하지 못했을 뿐이다. 그러므로 이제부터라도 우리는 새로운 길을 만들어나가야 한다.

이렇게 다양한 이견이 들끓는 시기에는 성급하게 의견의 일치를 확인하려는, 말하자면 서로의 차이를 무시하고 공통점만 생각하려는 유혹에 빠지기 쉽다. 천성적으로 수줍음이 많은 나는 사실 거의 날마다 이런 본능에 이끌린다. 하지만 이 같은 열망이 얼마나 쓰디쓴 결과를 가져오는지도 경험을 통해 잘 알고 있다.

시드니에서 보낸 유년기 몇 년 동안 나는 내 삶에서 논쟁을 몰아내고 오로지 사람들과 합의하려고 애썼다. 그 경험 덕분에 이견을 제대로 드러내지 않고 맞장구만 치는 삶에는 옹색한 점이 있다고 확신할 수 있게 됐다. 그런 삶을 지속하려면 타협과 자기 배신을 너무 많이 해야 한다. 그러다보면 우리 내면의 가장 소중한 자질들, 이를테면 솔직함, 도전의식, 열린 마음 등과 점점 멀어진다.

세계를 여행하면서 나는 의견 충돌이 없는 정치생활 역시 피폐하다는 걸 확신했다. 사실 국가란 이런저런 논쟁들이 발전해 이룩해낸 결과이기도 하다. 공동체를 바라보는 시각 중에 이만큼 인간의 다양성과 우리의 열린 미래에 경의를 표하는 관점은 없을 것이다. 이와 반대로 통일성만 고집하는 공동체는 역사적으로 폭정과 엉성한 다수결주의로 흘러가기 쉬웠다. 자유민주주의 국가에서 좋은 논쟁은 사회가 반드시 해야 하는 일일 뿐 아니라 추구해야 할 존재이기도 하다.

## 자기 목소리를 낸다는 것

암울했던 이민 초기, 나는 어린 나이였음에도 불구하고 문제가 어디에서 비롯했는지를 잘 알았다. 교회학교에서 다양한 언어가 존재하는 이유는 바벨이라는 도시에서 일어난 언쟁 때문이라고 배운 덕이었다. 한때는 모두 하나의 언어를 사용했는데, 교만해진 인간이 하늘에 닿을 정도로 높은 탑을 건설하기로 했다. 하지만 그 탑이 하늘을 찌르자 화가 난 하느님이 개입했다. 하느님은 사람들의 말을 뒤섞어놓아 더는 서로의 말을 알아듣지 못하게 만들었고, 이어 그 사람들을 온 세상에 흩어져 살게 했다.

이 이야기를 다른 관점에서 보기 시작한 것은 세월이 한참 지나고 나서였다. 탑이 붕괴되자 세상에는 새로운 문화와 방언이라는 형태로 혼돈이 찾아왔다. 토니 모리슨이 노벨상 수상 연설에서 웅변한 이야기이기도 하다.[4] 탑에서 추방당한 우리는 땅에서 살길을 찾았고 이동과 번역이라는 힘겨운 작업을 시작했다.

바벨탑이 무너지면서 우리는 토론을 할 수밖에 없게 됐지만, 대신 더 나은 삶을 얻었다.

사람들은 내게 논쟁을 하면서, 그러니까 친구들과 어울리는 대신 열띤 경쟁을 하면서 어떻게 자기 목소리를 찾았느냐고 묻곤 한다. 오랫동안 나는 마땅한 대답을 찾지 못하고 매번 머뭇거리기만 했다. 하지만 요즘엔 오히려 어떻게 다른 방법이 존재할 수 있었겠느냐는 의문이 든다. 갈등 상황이 생겼을 때 이의를 제기하는 게 반드시 최선의 반응이라고 할 수는 없지만, 그간 숨겨져 있던 무언가를 드러내는 가장 흥미로운 반응이 될 수는 있다. 논쟁은 우리가 몸으로 싸우거나 그저 너그러운 마음으로 좋게 좋게 넘어가는 경우와는 달리 스스로를 드러내게 만든다. 결국 우리는 세상과 갈등할 때 우리가 누구인지, 우리가 믿는 게 무엇인지의 경계를 발견하는 것이다.

오늘날 사회가 병든 징후나 우리가 삶에 결코 만족하지 못하는 원인으로 이런저런 논쟁들을 지목하곤 한다. 모두 일리가 있는 이야기다. 하지만 나는 논쟁하는 일이 하나의 치유책, 즉 세상을 바꿔나가는 도구가 될 수도 있다고 독자들을 진지하게 설득하고 싶다.

내가 토론의 세계를 처음 발견한 2005년 3월의 어느 화창한 오후에는 이런 걸 알지도 못했고 말로 표현할 줄도 몰랐다. 하지만 어떻게든 꼭 붙들고 있기만 한다면, 나를 구할 뿐 아니라 더 밝은 미래로까지 데려다줄 구명 뗏목을 발견한 기분이었다. 무대 가장자리에 서서 청중을 바라보고 있자니 내 안에서 또다른 무언가가 솟아나는 게 느껴졌다. 그건 순순히 물러서지 않겠다는 풋풋한 야심 같은 것이었다.

　순간 호흡이 느려졌다. 준비한 내용의 처음 몇 문장을 떠올리자 내가 딛고 서 있던 땅이 다시 단단해지는 느낌이 들었다. 이젠 절대 이걸 멈추지 못할 것 같았다. 자기 목소리를 낸다는 건 그런 거다. 그다음에 내가 무슨 말을 하게 될지 나조차도 알 수 없는 것.

# 1부

# 토론의 다섯 가지 기술

# 1장

# 논제: 무엇에 대해 싸울 것인가

## 토론거리 찾는 법

"토론은 세상의 작은 구석을 또렷하게 볼 수 있게 해주었다."

초등학교를 졸업하고 몇 달이 지난 2007년 1월 어느 월요일 아침, 내가 입학한 바커중학교의 녹색 정문은 신세계로 들어가는 입구나 다름없었다. 등교 첫날, 나를 비롯한 열두 살짜리 아이들에게 이곳은 초등학교와는 잔인할 정도로 달랐다. 전에는 아이들이 교복을 되는대로 걸쳐 입고 운동장을 제멋대로 누비고 다녔지만, 이곳 아이들은 빳빳하게 풀 먹인 하얀 셔츠를 입고 있어 꼭 입학 안내 책자에 나올 법한 아이들과 판박이였다. 아무렇게나 넓게 뻗어 있는 부시초등학교 운동장과는 달리 너무도 깔끔하게 다듬어진 이 교정을 보는 순간, 나는 그간 내가 알았고 나로서는 하루빨리 습득하지 않으면 안됐던 그 규칙이 이제는 완전히 쓸모없어졌다는 걸 알아챘다.

점심때쯤엔 이게 결코 만만한 일이 아니라는 사실을 깨달았다. 수천 명이 다니는 학교에 단 한 가지 규칙만 있을 리 만무했다. 교실에서는 모두가 선생님에게 깍듯이 굴고 말을 하고 싶으면 공손하게 손을 들어 자기 차례를 기다렸지만, 운동장은 정글의 법칙이 지배했다. 환한 아트리움 건물의 음악실과, 체육관 옆의 쿰쿰한 곰팡내 나는 로커룸에서는 완전히 다른 규칙이 작동했다. 학교에서는 예측 불가의, 그야말로 만화경 같은 풍경이 펼쳐졌다.

호주로 오고 나서 3년 반이 흐르는 동안 나는 장소에 따라 태도를 바꾸는 데 능숙해졌다. 집에서는 친밀한 언어로, 학교에서는 아이들이 좋아하는 유쾌하고 별 뜻 없는 또래 말로 이야기했다. 하지만 이곳 바커에서는 대체 규칙이 무엇인지조차 모르겠다는 게 문제였다. 언제 어떤 농담을 해도 되는 건지, 누구한테 얼마나 나를 드러내도 좋을지 모든 게 오리무중이었다. 결국 직접 부딪혀가면서 해답을 찾아내는 수밖에 없었다.

입학 후 얼마간은 침묵으로 후퇴하는 대신 위안을 얻을 만한 곳을 찾았다. 말수가 적고 태평스러운—모두 J로 시작하는 이름을 가진—짐, 존, 제이크 같은 친구들과 어울렸다. 반에서 의욕 넘치는 아이들은 온갖 몸짓, 발짓과 대화 기술로 자기를 내세우기 바쁜 반면 이들은 매사에 느긋하게 대처하는 듯했다. 우리는 오후가 되면 호주의 대표적인 포장 음식점인 케밥가게에서 따뜻한 감자튀김을 사 와 나눠 먹으며 드문드문 이야기를 주고받았다.

내가 그 아이들에게 절대 하지 않았던 이야기는 나만의 목표가 있다는 것이었다. 그건 바로 토론팀에 들어가는 거였다. 5학년 때 처음 대회에 나간 뒤로 다시 대회에 참가할 기회가 주어진 건 겨우 몇 번뿐이었다. 하지만 시드니의 중학교와 고등학교에는 토론 문화가 단단히 자리잡고 있고, 대부분의 학교에서 매주 지역대회에 참가하는 토론팀을 운영하고 있었다. 학교에서 토론은 특수한 위상을 가졌다. 체스나 퀴즈 대회처럼 토론 역시 운동과 거리가 먼 아이들을 위한 경쟁의 장이었지만, 여느 실내활동들과는 달리 토론팀 출신들이 사회적으로 꽤나 잘나간다는 사실 덕분에 아이들 사이에서 상당히 인정받았던 것이다.

바커에서는 수요일 오후면 누구나 토론 훈련에 참여할 수 있었다. 하지만 금요일 저녁마다 열리는 지역대회에 학교 대표로 참가할 수 있는 사람은 한 학년당 네 명뿐이었고, 그 팀에 들어가려면 오디션을 봐야 했다. 2월 첫째 주에 열리는 오디션을 앞두고 나는 경쟁자가 얼마나 되는지 살폈다. "혹시 토론에 관심 있는 사람……?" 나 말고는 관심 있는 사람이 딱히 없는 듯 보였다. 이 정도면 누워서 떡 먹기일 터. 스포츠는 물론 바커의 다종다양한 특별활동들에 얼마나 고맙던지!

하지만 모든 게 나의 착각이었다. 목요일 오후 4시에 시작한 1차 오디션에 서른 명이 넘는 아이들이 몰려들었다. 영어 교실이 있는 건물 꼭대기층의 흰 패널 벽으로 둘러친 공간은 꼭 냉장고 속 같았다. 더운 바깥 날씨에 맞춰 옷을 입고 혼자 또는 둘이 짝을 지어 온 아이들이 모두 덜덜 떨었다. 오디션을 진행한 사람은 그해 토론팀 지도교사인 근엄한 분위기를 풍기는 틸먼 선생님이었는데, 그는 역사를 가르쳤다.

틸먼 선생님은 오디션을 완전한 토론 형식으로 진행하지는 않을 거라고 설명했다. 논제와 찬반 입장이 정해지면 30분 내로 각자 알아서 자기 입장을 뒷받침하는 두 가지 주장을 담아 발표용 글을 써야 한다고 했다. 초등학생 땐 몇 주 동안 준비할 시간이 주어졌고 시시때때로 선생님과 인터넷의 도움까지 받았는데, 이젠 혼자서 단시간에 준비해야 한다는 거였다. 틸먼 선생님은 말했다. "이 오디션으로 우리 심사위원들이 모든 걸 알진 못하겠지만, 여러분이 얼마나 순발력이 뛰어난지는 알게 될 겁니다."

대기실에서 기다리는 동안 나는 은근히 자신만만해 보이는 학생들이 있다는 사실을 알아차렸다. 3학년 때부터 바커*에 다녔던 아이들은 자신이 초등학교 토론팀에서 활약했고 계속 팀에서 활동하고 싶어한다는 걸 열두 살짜리만의 방식으로 미묘하게 드러냈다. "우린 초등부 대회에서 성적이 꽤 좋았으니까 아마 이 팀에도 들어갈 거야." 한 아이가 이렇게 말하고는 교실을 쓱 둘러보면서 다른 아이들이 자기 말을 제대로 알아들었는지 확인했다.

틸먼 선생님이 내 이름을 불렀다. 나는 선생님이 추가 지시 사항을 전달하거나 격려의 말을 하리라고 생각했지만, 봉투 하나를 내밀 뿐이었고 그 속에 든 쪽지에는 다음과 같이 짤막한 문장이 손글씨로 적혀 있었다. '우리 나라도 징병제를 실시해야 한다. 찬성.'

내가 마지막 단어까지 읽은 뒤론 일이 일사천리로 진행됐다. 봉

---

◆ 바커는 초중고교가 모두 있는 명문 사립학교로, 유치원, 3학년, 5학년, 7학년 입학생을 받는다.

투를 열기 전에는 모든 것이 잠재적 에너지—목표물이 뭐가 될지 궁금해하며 초조하게 기다리는 분위기—에 불과했지만 이제 준비실 옆, 창 없는 방 한구석에는 여기저기서 봉투를 개봉하는 소리와 탄식으로 요란했다. 나는 발표를 준비하는 동안 희한하게도 해방감을 느꼈다. 논제는 나를 새로운 환경으로 데려갔고 내게 새로운 정체성을 부여했다. 나는 자기가 뭘 믿는지도, 다른 사람들이 자신에게 뭘 기대하는지도 잘 모르는 열두 살짜리에서, 중대 사안을 옹호하는 심의위원으로 변신했다.

내가 실제로 어느 쪽 주장을 지지하는지와 상관없다는 사실이 역설적이게도 해방감을 증폭시켰다. 나는 일관성을 지켜야 한다거나 주장에 대한 깊은 확신이 있어야 한다는 부담감 없이 홀가분한 마음으로 이리저리 생각을 굴려보고(찬반 여부를 내가 정하지 않았으니까), 논쟁적인 의제들의 어두운 구석구석을 밝혀보는 일(논제를 내가 정하지 않았으니까)에서 편안함을 느꼈다. 토론에서는 논제의 다른 말이 의제◆였고, 내게 주어진 30분 동안 내가 체험한 게 바로 그것이었다.

틸먼 선생님이 대기실 문을 두드리는 소리에 나는 다시 현실세계로 뚝 떨어졌다. 오디션장에는 긴 탁자가 하나 놓여 있고 선생님 세 분으로 구성된 심사위원단이 앉아 있었다. 그중 한 분은 신입생 오리엔테이션 때 만난 적 있는 둥실둥실한 생물 선생님으로 나에게 호

---

◆ motion. '움직임' '동작' '활동' 등을 뜻하는 단어이기도 하다.

의적인 표정을 짓고 있었다. 그러나 다른 두 분은 먼젓번 참가자들에게 시달릴 대로 시달렸는지 진이 다 빠진 모습이었다.

나는 방 한가운데로 걸어가서는 심사위원들의 얼굴 사이에 번갈아가며 시선을 두었다. 적극적으로 소통하겠다는 의지를 보여주는 내 나름의 눈맞춤 행위였다. 그리고 준비한 이야기를 시작했다. "국가의 안전을 지키는 일은 국민 모두의 책임입니다. 군복무를 통해 국민 모두가 그 책임을 다한다면, 사회는 하나가 되고 군대는 더 강해지며 사람들은 더 행복해질 것입니다." 불안과 주목받고 싶다는 열망이 합쳐져 단어 하나하나를 내뱉을 때마다 톤이 높아지고 목소리가 커졌다. 나중에는 아예 외치다시피 하는 바람에 다시 어조를 누그러뜨리느라 애를 먹었다.

요점은 두 가지였다. 시민 모두가 군복무를 할 책임이 있다는 것, 그러면 더 안전한 나라가 된다는 것이었다. 사실 제대로 된 토론 발언(그게 뭐든)이라기보단 그냥 되는대로 이말 저말을 늘어놓으며 격하게 항변하는 것에 가까웠다. "양심에 대고 자신이 동료 시민들에게 뭘 빚지고 있는지 물어보십시오." 갈수록 민망한 장면을 연출하던 나는 이제 거의 통사정을 했다. 하지만 징병제가 국가 안보에 영향을 미친다는 내 주장이 심사위원들의 마음을 움직였다는 느낌이 왔다. 정치 지도자들에게 군대의 향방에 대한 책임을 더 직접적으로 묻는 일이 중요하다고 말하자, 지친 기색이 완연했던 한 심사위원이 갑자기 눈빛이 초롱초롱해졌다. 나와 같은 시간대에 배정된 다른 학생들도 각자 나름대로 충실하게 저마다 논지를 펼쳤지만 그렇게까지 탁월하다 싶은 이는 없었다. 어쩌면 내게 기회가 있을지도 몰랐다.

다음날 쉬는 시간이 되자마자 구내식당 근처 게시판에 붙은 공지문을 확인했다. 7학년 토론팀 명단이었다. 내 이름은 리스트의 맨 아래에 있었다. 그 밑으로 수요일 오후 4시에 코치와 함께하는 첫 훈련에 참석하라는 말이 적혀 있었다. 토론 논제와 마찬가지로 그 공지문 역시 내겐 새로운 세계로의 입장권처럼 느껴졌다.

## 사실 토론, 가치 토론, 처방 토론

7학년 코치로 온 호리호리한 대학생 사이먼은 바커에 다닐 때 자기 학년 팀에서 실력이 가장 뛰어난 축에 속했다지만 겉보기엔 전혀 그렇지 않았다. 우리 앞에 선 사이먼은 얼굴이 꼭 석류씨처럼 검붉고 울퉁불퉁했다. 무슨 말을 할 때마다 목소리가 맥없이 갈라졌다.

오디션을 본 지 일주일가량 지난 수요일 오후 4시, 열두 명쯤 되는 아이들이 오디션이 열렸던 그 서늘한 방에 다시 모였다. 팀으로 뽑힌 우리 넷—스튜어트, 맥스, 네이선, 그리고 나—은 가까이 모여 앉았지만 가벼운 농담 외엔 별다른 이야기를 나누지 않았다. 나는 어쩐지 유독 네이선에게 마음이 끌렸다. 네이선은 박물학자를 떠올리게 하는 예민한 아이였다. 우리 중 누구도 대회가 고작 2주밖에 안 남았다는 으스스한 사실을 제대로 인지하지 못했다.

곧 훈련이 시작됐고 분위기가 확 달라졌다. 화이트보드 앞에 선 사이먼은 토론 이야기를 시작하자 완전히 딴사람 같았다. 안에서 어떤 힘이 차올라 자세가 꼿꼿해지고 말에 힘이 실렸다. 붉은 낯빛은 그대로였지만 이제 더 생기 넘치고 발그레해 보였다. 사이먼은 마커 뚜껑을 열고 보드에 '논제'라고 적었다.

"여러분이 가장 최근에 벌였던 논쟁으로 한번 되돌아가봅시다." 사이먼이 말했다. "그때 그 장면을 최대한 많이 떠올려보세요. 시간은 언제쯤이었는지, 서로 어떤 논거로 무슨 주장을 했는지, 혹 상대를 모욕하는 발언을 했는지까지 전부 다. 자, 그럼 이제 이 질문에 답해보세요. 뭘 가지고 논쟁을 벌였나요?"

나는 지금은 다른 중학교에 다니는 부시초등학교의 옛 친구와 벌인 언쟁들을 떠올렸다. 대화 장면은 생생히 기억났지만 사이먼의 질문에는 대답하기가 어려웠다. 어떤 언쟁은 무엇 때문에 불거졌는지조차 기억나지 않았다. 마치 불쾌한 기분만 남고 내용은 싹 지워져버린 악몽처럼. 그 외에 다른 것들은 지나칠 정도로 세세하게 떠올랐다. 대부분 사소한 의견 차이로 시작했다가 점점 더 많은 지점에서 부딪치고—또다른 논쟁거리나 그 와중에 발견한 자잘한 논란거리, 예전에 다룬 적 있는 논쟁거리를 불러오기도 하면서—결국엔 그중 어떤 거라도 그 논쟁의 주제라고 할 수 있게 되었다.

"바로 이게 문젭니다. 무엇에 대해 논쟁을 벌이는지 그 주제를 모른다면 뭘 말할지, 어떤 포인트로 상대를 설득할지, 심지어 논쟁 자체를 벌일지 말지까지 어떻게 정할 수 있겠습니까?"

사이먼은 사람들이 실제로 특정 주제에 포커스를 맞추기보단 '마치 주제에 부합하는 양 말하기'를 더 잘한다고 밝힌 사회학 및 언어학 연구를 언급했다. 말하자면 우리는 미묘하게 주제를 바꾸면서, "그 점과 관련해서" 같은 말을 종종 끼워넣으며 마치 그 주제에 관해 말하는 듯한 인상을 준다는 이야기였다. 우리 대부분은 자유롭게 흘러가는 가벼운 대화를 즐기기 때문에 자기 말이 주제에 부합하는지 애써 점검하지 않는다. "그러다보니 이런저런 근거를 대는 척하다가 주제에서 멀어져 결론으로부터 한참 벗어나버린다"고 사이먼은 말했다.

"하지만 우리 토론자들은 그 반대입니다. 언제나 한 가지 주제로 시작하지요. 우리는 이것을 메모장에, 토론 준비실 화이트보드에 가장 먼저 적습니다. 일종의 이름 붙이기를 하는 거지요. 우리가 뭘 반대하는지에 대해 이름을 붙이고, 그걸 우리가 모인 목적으로 삼습니다."

사이먼은 2시간이 넘도록 논제에 관해 가르쳤다. 그 내용은 내가 상상하거나 기대한 것 이상이었다.

사이먼에 따르면, 논제란 두 사람 이상이 견해가 다른 주요 지점에 관한 진술이다. 이를테면 이런 진술.

제인은 신뢰하기 힘든 친구다.

정부는 대형 은행을 구제하지 말아야 한다.

어떤 의제가 적절한 주제인지를 가장 쉽게 확인하려면 반대로 써

보면 된다.

제인은 신뢰하기 힘든 친구다.
제인은 신뢰하기 힘든 친구가 아니다.

정부는 대형 은행을 구제하지 말아야 한다.
정부는 대형 은행을 구제해야 한다.

이처럼 양쪽 모두 그 주장이 자신과 상대가 믿는 바를 정확히 드러낸다고 말할 수 있어야 한다.

토론 주제의 결정적 특징은 찬반 의견이 갈릴 여지가 있어야 한다는 점이다. 따라서 '경제'나 '건강' 같은 일반론적인 주제는 채택될 수 없다. 토론 지점이 분명치 않기 때문이다. '나는 춥다' 같은 순전히 주관적인 의견도 주제가 될 수 없다. 상대가 '아니다, 당신은 춥지 않다'라고 주장할 수 없기 때문이다.

요컨대 사실, 가치, 처방, 대체로 이 세 가지에 대해 논쟁하고 이 셋은 각기 다른 유형의 토론으로 이어진다.

사실 토론은 사물이 존재하는 방식에 대한 주장을 둘러싸고 벌어진다. 보통 'X는 Y다'라는 형태를 띠고 X와 Y 모두 경험적으로 관찰할 수 있다.

라고스는 대도시다.

파리는 2016년보다 2014년에 범죄율이 낮다.

가치 토론은 세상에 대한 우리의 주관적 판단, 즉 우리가 볼 때 사물이 존재하는 방식이나 추구해야 하는 존재 방식이 중심이다. 이때 주장은 'A는 B로 보아야 한다'나 'A는 B라고 믿을 만한 근거가 충분하다'라는 형태를 띤다.

거짓말은 비도덕적이다(라고 보아야 한다).

내일은 더 나아질 것이다(라고 믿을 만한 근거가 충분하다).

처방 토론은 우리가 앞으로 뭘 해야 하는지와 관련된다. 이때는 보통 'C는 D를 해야 한다'라는 형태를 띤다. 여기서 C는 행위자, D는 행동이다.

우리 가족은 체육관 회원권을 구입해야 한다.

정부는 언론의 자유에 아무 제한도 두지 말아야 한다.

이 모든 내용이 아주 흥미진진했지만 훈련 시간이 끝나갈수록 왠지 모르게 실망감도 밀려왔다. 비밀 전략 같은 것도, 결정적 한 방을 날릴 수 있는 비법 비슷한 것도 안 가르쳐주고 이런 분류 체계나 알려주는 게 다라니. 우리는 그날 기술을 연마하는 대신 메모만 잔뜩 한 채 돌아갔다. 나는 궁금했다. 토론대회도 체스 같은 고차원적 기술을 요하는 게임처럼 점점 심원해지다 마침내 현실세계와의 접점이 아예 사라질 수도 있을지.

하지만 그날 밤, 다시금 내 관심사를 붙드는 일이 일어났다.

호주로 이민 오고 나서 처음 몇 년 동안 부모님은 서로는 물론이고 나와도 언쟁을 잘 벌이지 않았다. 시시때때로 의견이 갈렸지만 부모님은 의견 차이 같은 걸로 길게 싸울 여유가 없다고 생각했다. 그것 말고도 할일이 차고 넘쳤다. 작년쯤부터는 대놓고 자기주장만을 내세우기 시작했지만 여전히 갈등의 핵심은 외면하는 경우가 많았다. 웬만해선 별일 없이 넘어갔지만, 한 사람이 성질을 부리기라도 하는 날엔 주장과 주장이 이리저리 꼬이면서 꼬리에 꼬리를 물고 이어졌다.

시드니에 온 지 얼추 4년이 지난 2007년 봄부터 우리 가족은 호주 시민으로 귀화하는 걸 고려하기 시작했다. 어떤 면에서는 세금 같은 현실적인 문제를 해결하기 위한 절차상의 결정이었다. 하지만 아버지에겐 이 선택이 의미하는 바가 중차대했다. 아버지는 우리 문화의 뿌리를 지키는 일이 얼마나 중요한지에 대해 쉼없이 말해왔고, 그런 아버지에게 시민권이란 단어는 실로 무겁게 다가왔던 것이다.

그날 밤 저녁식사를 마친 뒤 조용히 할일을 하고 있는데 아버지가 아래층으로 내려와 한국에 있는 친척들과 통화를 하라고 나를 불렀다. 컴퓨터게임과 메신저에 정신이 팔려 있던 나는 아버지의 요구를 거절하고, 그대로 책상 앞에 앉아 있었다. 아버지는 전화를 끊은 뒤 2층 내 방으로 부리나케 올라왔다. 아버지의 거친 숨소리에 나는 하던 일을 멈췄다.

"너 지금 아빠 말을 무시하는 거야? 고모가 우리 전화 받자고 밤 늦게까지 잠도 못 자고 기다렸는데 너는 그 5분도 아까워? 어째 너는 친척들이랑 절대 대화라는 걸 하는 법이 없어!"

이 마지막 주장은 내가 볼 때 사실이 아니었고, 그러므로 부당했다. 지난달만 해도 친척들과 몇 차례나 연락을 주고받은 터였다. 오늘밤 딴 데 정신이 팔려 있었던 건 사실이지만 그렇다고 이런 질책을 받는 건 부당한 일 같았다.

그래서 나는 스스로를 변호했다. "무슨 말씀이세요? 친척들이랑 얼마나 꾸준히 연락하고 있는데." 처음엔 한국말로 하다가 중간쯤부터는 영어로 말했다. 머릿속 생각을 제대로 표현하려면 내가 쓰기 편한 말로 할 수밖에 없었다. "제가 친구들과 잘 어울리길 바라신 거 아니었어요? 제가 이곳 생활에 적응하는 게 아버지가 가장 원하신 거 아니었냐고요!" 나와 닮았지만 나보다 더 각지고 또렷한 아버지의 얼굴이 점점 벌게지더니 입 가장자리가 바르르 떨리기 시작했다.

방금의 논조를 계속 밀고 나가려다가 갑자기 다른 의문이 떠올랐다. '잠깐, 우리가 애초에 뭣 때문에 언쟁을 벌였던 거지?' 분명 해결책에 대해서는 이견이 없었다. 친척들과 통화를 해야 한다는 점은 둘 다 동의하는 바였다. 우리는 단지 통화 횟수에 대한 사실 주장에서 사소한 이견이 있을 뿐이었지만 어찌된 일인지 어느새 이 주제로부터 멀찍이 밀려나 있었다.

잠시 후 우리 두 사람은 이 언쟁이 한 가지 판단에서 비롯했다는 사실을 깨달았다. 아버지는 내가 한국과 연결고리를 유지하는 일에 지나치게 심드렁할 뿐 아니라 이번에 전화를 받지 않은 일도 그런 무심한 태도에서 시작된 거라고 생각했다.

어느 지점에서 의견이 갈리는지를 확인하고 나자 우리의 대화가 중심을 찾고 더 분명해지는 느낌이 들었다. 논쟁은 자정 무렵이 돼서야 간신히 끝났고 그마저도 나중에 더 이야기해보자는 약속으로 갈무리됐다. 그 퇴각은 우리 두 사람 모두 논쟁의 지형을 어느 정도 파악하고 나서 이루어졌다. "정말 그걸 일일이 다 말해줘야 하는 거냐?" 어느 순간 아버지가 물었고 나는 그 대답이 "그럼요"라는 걸 깨달았다.

이렇듯 토론은 세상의 작은 구석을 또렷하게 볼 수 있게 해주었다. 잠자리에 누운 나는 토론이 다음엔 또 어디를 환히 비춰줄지 궁금했다.

## '동의'도 '반대'도 아닌 어딘가

학교에서는 경쟁하는 법을 배웠다. 바커중학교는 학교 내에서의 경쟁도 어느 정도 장려했지만 보통은 학교 바깥에서, 즉 오랜 숙적인 다른 학교들을 상대로 학생들이 경쟁력을 발휘하기를 권장했다. 학생들의 집단적 자부심은 주로 럭비나 크리켓 팀을 향했지만 무슨 대회건 우리 학교가 승리한다면 열렬히 환호했다. 수학이든 오보에든 일단 좋은 성적을 거두고 돌아오면 조례 시간에 그 아이를 우상처럼 떠받들어주었다.

이런 모습을 보며 나는 수많은 가능성을 읽어냈다. 시드니에 온 초창기에는 최우선 목표가 다른 아이들에게 받아들여지는 것이었지만, 이젠 경쟁에서 이기는 것으로 더 많은 걸 얻을 터였다. 아이들의 인정뿐만 아니라 찬탄까지도. 이런 깨달음은 다가오는 여러 토론대회 출전에 엄청난 압박감으로 작용했고, 우리의 준비 상태에 대한 근심은 더욱 커져만 갔다.

별로 걱정이 없어 보이는 유일한 사람은 사이먼이었다. 두번째 훈련 시간에 그는 화이트보드 앞에 어정쩡하게 서서 우리가 자리를 잡고 앉을 때까지 기다렸다. 그의 목소리는 표정만큼이나 침착했지만 절박감이 묻어났다.

"지난주에 우리는 '사실 주제' '가치 주제' '처방 주제' 이렇게 세 가지 주제와 각각의 논쟁 형태에 관해 이야기했습니다. 하지만 여러분은 이런 분류가 지나치게 깔끔하고 단순하단 걸 눈치챘을 겁니다. 현실에서 우리는 한꺼번에 여러 이견을 갖습니다. 사실, 가치, 처방 영역에서 모두 부딪치는 거죠. 때로는 달랑 한 문장만을 두고도 그렇습니다. 그래서 우리는 언제나 논쟁 주제를 찬찬히 살펴서 제대로 식별해내야 합니다. 여러 겹으로 엉킨 논쟁의 실타래를 잘 푼 다음 그중에 일부를 해결하는 길을 모색해야 합니다."

사이먼은 돌아서서 화이트보드에 논제 하나를 적었다.

우리는 부모로서 아이들을 지역 공립학교에 보내야 한다.

"자, 이제 논쟁의 여지가 있는, 그러니까 찬반을 불러일으킬 만한 단어에 동그라미를 치고 주장을 한번 말해봅시다."

나는 문장을 노트에 받아 적은 다음 '보내야'에 동그라미를 쳤다. 답은 자명해 보였다. 이건 뭘 해야 할지에 대한 논쟁, 즉 처방 토론이었다.

우리는 부모로서 아이들을 지역 공립학교에 **보내야** 한다.

교실에 있던 아이들 모두가 같은 답을 내놓았지만 사이먼은 시큰둥한 표정이었다. "찬반이 나뉠 단어로 또 뭐가 있을까요? 이 문장을 바라보는 상반된 입장을 한번 떠올려보세요. 관점이 다를 수 있는 단어가 아마 또 있을 겁니다. 뭘까요?"

잠시 정적이 흘렀다. 그러다 불현듯 깨달았는지 아이들이 답을 외치기 시작했다. '지역 공립학교'에 대해 의견이 다를 수도 있었다. 이를테면 학교가 어떤 모습인지(예컨대 교사 수라든지)에 대해 서로 다른 사실 정보를 가졌을 수도 있고, 학교의 목적에 대한 가치판단(예컨대 학업 성취인지 지역공동체 개념인지)도 서로 다를 수 있었다. '아이들'에게 필요한 것, 그들의 성격이나 소망뿐 아니라 '부모'의 책임과 의무에 대해서도 의견이 다를 수 있었다.

**우리는 부모로서 아이들을 지역 공립학교에 보내야 한다.**

사이먼은 주제 분석을 해보면 논쟁의 다층적인 성격이 드러난다고 말했다. 쟁점이 한 가지라고 생각했던 것이 사실은 몇 가지 논쟁일 수 있고, 이런 다층성을 인식하지 못하면 서로 딴말을 하게 되었다. "양쪽이 같은 주제를 놓고 이야기하지도 않는데 무슨 진전이 있길 바라겠습니까?"

의견 차이의 다층성을 드러내는 도구가 된 주제 분석은 우리에게 두 가지 도움을 주었다.

우선 주제 분석은 우리로 하여금 논쟁의 핵심, 즉 다른 논쟁거리를 파생시킨 근본적인 충돌 지점을 찾을 수 있게 해주었다. 예를 들어 입학에 관한 논쟁에서 주요 쟁점은 자식과 공동체에 대한 부모의 의무를 어떻게 이해하는가에 달렸을 수 있다. 만일 이 점에 동의한다면 우리는 교착상태를 벗어날 수 있다. 결국 처방에 대한 주장처럼 보였던 것이 사실은 가치판단에 대한 의견 차임을 알았으니까.

두번째로, 주제 분석은 우리로 하여금 어디서 전투를 벌일지를 고를 수 있게, 즉 반드시 이겨야 할 주장과 져도 되는 주장을 구별할 수 있게 해주었다. 가령, 학교엔 모든 기본 시설이 잘 갖춰져 있고(사실), 부모에겐 공립학교 시스템을 향상시킬 의무가 있으며(가치), 아이들을 그곳에 보내야 한다(처방)고 믿는 한 부모가 있다고 가정해보자. 다른 부모는 그에 전적으로 동의할 수도, 전적으로 반대할 수도 있지만 그 사이 어디쯤에 있을 가능성이 더 높다. 이 회색 지대를 다음과 같이 도표로 그려볼 수 있을 것이다.

| 세부 사항만 다름 | 사고방식만 다름 | 접근 방식만 다름 |
|---|---|---|
| 사실에 반대<br>가치에 동의<br>처방에 동의 | 사실에 동의<br>가치에 반대<br>처방에 동의 | 사실에 동의<br>가치에 동의<br>처방에 반대 |
| "학교는 일부 기본 시설이 제대로 갖춰져 있지 않지만, 우리에겐 그걸 향상시킬 의무가 있다. 그러므로 우리는 아이들을 그곳에 보내야 한다." | "학교는 기본 시설이 잘 갖춰져 있다. 우리에겐 그걸 향상시킬 의무는 없지만, 아이들에게 좋은 곳이기 때문에 아이들을 그곳에 보내야 한다." | "학교는 기본 시설이 잘 갖춰져 있다. 우리에겐 그걸 향상시킬 의무가 있지만, 아이들을 꼭 그곳에 보내지 않고도 실천할 수 있다." |

| 세부 사항에만 동의 | 판단에만 동의 | 결론에만 동의 |
|---|---|---|
| 사실에 동의<br>가치에 반대<br>처방에 반대 | 사실에 반대<br>가치에 동의<br>처방에 반대 | 사실에 반대<br>가치에 반대<br>처방에 동의 |
| "학교는 기본 시설이 잘 갖춰져 있다. 우리에겐 그걸 향상시킬 의무가 없으니, 아이들을 그곳에 보내지 말아야 한다." | "학교는 일부 기본 시설이 제대로 갖춰져 있지 않다. 우리에겐 그걸 향상시킬 의무가 있지만, 아이들을 그곳에 보내지 말아야 한다." | "학교는 일부 기본 시설이 제대로 갖춰져 있지 않고, 우리에겐 그걸 향상시킬 의무가 없다. 하지만 아이들에게 좋은 곳이기 때문에 아이들을 그곳에 보내야 한다." |

대부분의 논쟁에서 우리의 목표는 상대와의 차이를 제거하는 게 아니라 좀더 받아들일 만한 수준으로 만드는 것이므로 굳이 전면전을 벌일 필요가 없다. 청중에게 처방책을 설득하는 것이 주목표인 토론자라면, 접근 방식에 대한 동의를 얻는 것만으로도 완전한 동의를 얻는 것만큼의 효과를 이끌어낼 수 있다. 가령 시민으로서 제 역할을 하는 것이 주 관심사인 부모라면, 공동체에 기여할 다른 방법만 있다면 접근 방식의 차이쯤은 받아들일 수도 있다. 이렇듯 주제 분석은 우리에게 동의나 반대가 아닌, 양자 사이 어디쯤에서 타협할 수 있는 새로운 기회를 열어주었다.

나머지 오후 시간에는 지난 대회의 토론 주제들을 보드에 쭉 적어놓고 함께 연습했다. 나는 반론을 펼치는 법에 관해 몇 가지 질문을 했다. "그럼 어떻게 상대편을 이기는 거죠?" 하지만 사이먼은 그에 대해선 짤막하게만 대답할 뿐 다시 우리에게 같은 연습을 시켰다. 그러다 6시가 되어 예정된 훈련 시간이 모두 끝나자 사이먼은 우리를 떠나보냈다. "그럼 금요일 대회 날 봅시다!"

## '토론의 밤' 그리고 짧은 침묵의 시간

금요일 마지막 수업은 화학이었다. 무균 실험실에서 우리는 무미건조한 결론에 막 도달하려는 참이었다. 선생님은 실험대에서 속삭이듯 "적정滴定"이라고 말하면서 비커에 담긴 액체에 분홍색 용액을 떨어뜨렸다. 나는 정신이 딴 데 팔려 있었기 때문에 그 연금술에 관심 있는 척하기가 몹시 힘들었다. 오후 내내 내 휴대폰은 토론팀으로부터 온 메시지로 끊임없이 진동이 울려대고 있었다. "우리 제대로 한번 해보자고!" 서로 전혀 어울리지 않아 보이는 조합—키가 큰 아이, 작은 아이, 목소리가 큰 아이, 조용한 아이—이었지만 우리는 스스로를 한 팀으로 여기기 시작했고 그런 생각을 뒷받침할 만한 근거들을 찾고 있었다.

3시 15분, 종이 울리자마자 나는 팀원들을 만나러 쏜살같이 케밥 가게로 직행했다. 배가 고픈 사람은 아무도 없었지만 2시간 뒤 대회가 시작되기 전에 뭐라도 먹어둬야 할 것 같았다. 나는 테이블을 둘러보다가, 우리들 사이의 분명한 차이 속에서 어떤 유사성이 흐르는 걸 알아챘다. 스튜어트는 의자 끝에 걸터앉아서 어렸을 때 하던 말놀이 장단에 맞춰 토론 주제를 줄줄 내뱉었다. 그러다 다른 아이들이 도전해오면 반색하고 대꾸했다. 맥스는 여느 때처럼 끝까지 냉정하고 합리적인 태도로 반격했다. 네이선은 부드러운 미소를 머금고 나긋나긋하게 대꾸했지만 자기 할말은 반드시 하고 넘어갔다. 그러니까 바로 이런 모습. J로 시작하는 이름을 가진 친구들—짐, 존, 제이크—도 여전히 아주 가깝게 지냈지만, 그제야 나는 마침내 나와 맞는 아이들을 찾았다는 느낌에 전율했다.

호주에는 토론의 밤이라는 게 정례화되어 있다. 중학교와 고등학교에서 다양한 형태로 열리고 규칙도 제각각이지만 대부분 매주 금요일 오후 5시에서 9시 사이에 진행된다. 시드니의 우리 리그는 금요일마다 두 학교가 한 쌍을 이루어 경쟁했다. 그렇게 7학년부터

12학년까지 모든 팀이 돌아가며 한 번씩 겨루었다.

우리 넷이 주제가 공개되길 기다리며 앉아 있는데 선배들이 오더니 조언을 해주겠다고 했다. 드물게 럭비와 토론 팀 모두에서 활약하는 건장한 11학년 선배는 나를 제 앞으로 끌어당기더니 "급소를 공격하라"고 말해주었다. 그날 우리가 상대할 팀은 브리지딘이라는 근처 가톨릭 여학교 학생들이었다. 그 아이들은 우리가 있는 곳에서 50미터 정도 떨어진 분수대 근처를 빙빙 돌고 있었다. 타탄체크무늬 치마에 고동색 블레이저—전형적인 시드니 사립학교 교복—를 입은 그들은 너무 세련돼 보였고, 나는 부디 지금 내가 옷장에 있던 셔츠 두 벌 중 더 깨끗한 쪽을 입었기를 바랐다.

우리 학년 책임교사인 틸먼 선생님과 브리지딘 쪽 책임교사 모두 논제가 공표되길 주시하며 기다렸다. 브리지딘팀과 우리 넷은 우리의 몬터규, 캐풀렛 가문◆이 지켜보는 가운데 방 중앙으로 걸어갔다. 거기서 우리는 잠깐 서로 마주보았다. 아무 소품도 의상도 걸치지 않은 원래 모습 그대로였다. 나와 가장 가까이에 있는 여학생의 얼굴에는 두려움과 확신이 우열을 가릴 수 없이 뒤섞여 있었다.

틸먼 선생님은 우리에게 봉투를 하나씩 나눠준 다음 곧장 스톱워치를 허공으로 들어올렸다. "자…… 시작하세요!" 팀원들이 서둘러 준비실로 이동하는 가운데 나는 주제를 큰 소리로 읽었다. "개발도상국은 경제 발전보다 환경의 지속 가능성을 우선시해야 한다. 찬성:

---

◆ 윌리엄 셰익스피어의 희곡 「로미오와 줄리엣」에서 적대 관계에 있는 두 가문.

브리지딘. 반대: 바커." 우리 팀원들 모두가 날아오르듯 계단을 뛰어 올라가는 소리가 사방에 울려퍼졌고 그 발소리에 나는 의제motion라는 말의 의미를 다시 한번 온몸으로 맛보았다.

준비실은 창고로 쓰이던 먼지가 잔뜩 내려앉은 방이었다. 충만했던 우리의 의기는 어느새 자취를 감추고 말았다. 우리에게 주어진 시간 중 20분이 비생산적인 혼돈 속에 날아가버린 탓이었다. 화이트보드가 시커메지도록 온갖 아이디어를 쏟아냈지만 쓸 만한 건 하나도 없었다. 우리는 너나없이 앞다퉈 불만을 쏟아냈다. 그도 그럴 것이 우리는 우리가 지금 뭘 하고 있는지조차 모르고 있었다. 지구 온난화에 관한 다큐멘터리 〈불편한 진실〉이 불과 몇 달 전에 개봉한 터라, 앨 고어의 실망하는 얼굴만 자꾸 머릿속을 맴돌았다.

그러던 중, 내내 잠자코 있던 맥스가 참신한 아이디어가 떠올랐는지 갑자기 화이트보드 앞으로 걸어갔다. 맥스는 시커먼 보드 가운데를 지우고 다음과 같이 썼다.

개발도상국은 경제 발전보다 환경의 지속 가능성을 우선시해야 한다.

"주제 분석, 그걸 한번 해보자고." 맥스가 말했다. "이 토론은 실제로 무엇에 대한 토론일까?"

우리 넷의 대답은 하나로 모였다. 물론 주요 논쟁은 처방, 즉 무얼 '우선시할지'에 대한 것이었다. 하지만 양 팀은 진술된 사실에 대해서도, '지속 가능성'과 '발전'의 규범적 가치에 대해서도 의견이 다를 수 있었다. '개발도상국'의 조건이나 이들 나라의 권리 및 의무에 대해서도 마찬가지였다.

**개발도상국**은 경제 **발전**보다 환경의 **지속 가능성**을 **우선시**해야 한다.

이 모든 단어들의 반대 가능성을 검토한 우리는 개발도상국의 권리와 의무에 초점을 맞추고, 이들 나라가 기후 문제를 해결하는 데 많은 비용을 부담하게 해서는 안 된다고 주장하기로 했다. 선진국들이 지속 가능성을 위해 발전을 포기하는 비용을 줄이도록 기여한다면 정말 좋겠지만, 개발도상국 입장에서 둘 중 하나를 택해야 한다면 그들은 발전을 선택할 권리가 있었다. 허점이 많은 전략 같았지만 어쨌든 우리는 할말을 반쯤 적은 종이를 들고 준비실을 나섰고, 일단 길을 하나라도 찾았다는 사실에 나는 더없이 안도했다.

형광등을 환하게 밝히고 새단장한 토론장에는 청중이 잔뜩 모여 있었다. 대부분 부모님들이었다. 우리 부모님도 말끔히 차려입고 두 번째 줄에 앉아 계속 손을 흔들었다. 나 역시 부모님을 향해 손을 흔들어 화답했다. 브리지딘팀은 우리보다 먼저 와 있었다. 앉으면서 보니, 토론 준비를 하느라 1시간이나 흘렀는데도 상대팀 아이들 교복은 구겨진 데 하나 없이 빳빳했다.

저쪽에서 의장의 말소리가 들려왔다. "7학년 첫 토론대회에 오신 여러분을 환영합니다. 토론이 진행되는 동안 잠시 휴대폰을 꺼주시기를 다시 한번 말씀드립니다. 자, 이제 찬성팀의 첫번째 토론 주자가 나오겠습니다. 모두 환영해주시기 바랍니다."

브리지딘의 첫번째 주자는 긴장한 기색을 감쪽같이 숨기고 진지한 표정으로 1분이 넘도록 무대 중앙에 가만히 서 있기만 했다. 토론이 시작되길 기다리던 청중이 몸을 앞으로 쭉 빼고 살펴볼 정도가 되어서야 마침내 이야기를 유려하게 풀어나가기 시작했다.

"기후변화는 오늘날 우리 인류가 직면한 가장 큰 위기입니다. 이는 지금 우리 삶 구석구석을 위협하고 있습니다. 개발도상국은 선진국보다 훨씬 많은 오염물질을 배출할 뿐 아니라 그로 인한 재앙에 가까운 환경문제까지 감내하고 있습니다."

찬반 입장이 미리 정해지지 않았더라면, 나도 그 아이의 말에 설득당했을지도 모른다. 그는 놀라울 정도로 열정적이고 유창하게 이야기를 끌어나갔다. 그 아이가 지적한 두 가지 핵심—우리는 수익성보다 지속 가능성을 더 중요하게 생각해야 하고, 실제로 개발도상국은 최악의 기후위기가 당장 발생하지 않도록 막을 수 있다는 것—은 흠잡을 데 없었다. 하지만 우리에게도 가능성이 없진 않을 것 같았다. 우리 팀의 전략은 이런 주장들에 맞서려는 게 아니었으니까.

우리의 첫번째 주자인 네이선이 중앙으로 걸어가려다 책상에 쿵 부딪혔다. 혹시라도 다쳤을세라 청중이 그의 움직임을 살피는 동안 네이선은 균형을 되찾았고 자리에 가서 서자 호흡도 평온한 상태로 돌아왔다. 네이선은 나지막한 목소리로 입을 열었다. "오해가 하나 있다고 생각합니다. 기후변화가 심각한 문제고 개발도상국이 그에

책임이 있다는 건 우리 모두가 다 아는 얘깁니다. 사실 앞의 토론자가 한 말에 동의하지 않는 사람은 별로 없습니다. 하지만 우리 팀이 제기하는 질문은 조금 다른 것입니다. 이를테면 더 친환경적인 세상으로 나아가는 데 필요한 엄청난 경제적·인적 비용은 과연 누가 책임져야 하느냐는 거죠." 네이선은 이렇게 질문하고 나서 잠깐 말을 멈추었고, 그 짧은 침묵의 시간 동안 청중은 새롭게 제기된 이 작은 질문에 살짝 흔들리는 듯했다.

그뒤로 네이선이 이어간 이야기는 사실 허술하기 짝이 없었다. 우리 중 뭔가를 설득력 있게 주장하거나 용의주도하게 반론을 꾸려가는 법을 아는 사람은 아무도 없었다. 우리가 토론에 대해 배운 거라고는 고작 주제 분석이 다였다. 하지만 나는 우리가 앞서간다는 느낌을 떨칠 수가 없었다. 반대편에 앉아 있는 우리의 적수들이 당황한 듯 보였다. 객석 두번째 줄에 앉은 부모님은 서로 마주보더니 다시 사이먼 쪽을 바라봤고 사이먼은 우리를 향해 특유의 미소를 짧게 지어 보였다.

## '우리 안의 다람쥐'가 겁을 먹었을 때

그날 밤 나는 제대로 낚이고 말았다. 승리는 충분한 보상이 되어주었고 인정—조례 시간에 받은 뜨거운 박수갈채—도 빼놓을 수 없었다. 하지만 그뒤 한 주 내내 그보다 더 생생하게 내 기억을 물들인 건 준비실에서 계시처럼 이루어진 발상의 전환, 청중과의 유대감,

엎치락뒤치락하며 느낀 동물적인 긴장감 같은 것들이었다. 이처럼 초창기에는 토론에 대한 내 열정의 원천이 하나가 아니라 여러 가지가 중첩되어 있다는 사실만 어렴풋이 알 수 있었다.

그후 몇 달간 우리 팀은 나날이 발전했고, 그러는 동안 나는 이 활동에서 내가 가장 의미를 두었던 것에 대해 분명한 관점을 얻었다. 토론은 나와 다른 의견을 이해할 수 있게 만들고 그럼으로써 세상의 감춰진 부분들을 드러내주었다. 꾸준히 대회를 치르며 우리는 어느 주엔 올림픽에 대해 토론했다가 또 어느 주엔 세제 개혁에 대해 토론하면서 마치 이 주제들에 대해 강경한 의견을 가진 사람인 양 연기했다. 우리는 사는 곳 바깥으로 단 한 발자국도 나가지 않은 채 생각의 기차를 타고 온 세상을 돌아다녔다.

당시 내가 찾아낼 수 있었던, 토론과 유일하게 비슷한 것은 그즈음부터 좋아하게 된 〈더 뷰〉라는 TV 프로그램이었다. 해당 채널의 앵커 바버라 월터스가 1997년에 만든 이 프로그램은 여성 토론자 네댓 명이 그날의 주요 이슈('오늘의 핫 토픽')에 관해 논쟁을 벌이고, 초대 손님을 인터뷰하는 형식이었다. 방송은 다양한 의견을 공정하게 다루겠다고 약속했고, 이를 위해 세대와 개인적·직업적 배경이 저마다 다른 패널을 모았다.

내게는 이들 공동 진행자의 말이 상상을 초월할 정도로 유창하게 들렸다. 물론 역사 시간에 게티즈버그연설도 읽었고 넬슨 만델라의 육성 녹음테이프도 들었지만, 〈더 뷰〉가 그것들과 닮은 구석은 별로 없었다. 하지만 그 성과는 나름대로 놀라웠다. 정치부터 연예인 가십까지 모든 이슈에 대해 실시간으로 토론하면서 사람들로 하여금 단 하루도 방송을 놓치고 싶지 않게 만들었으니까.

공동 진행자들이 처한 기본적인 상황도 토론자로서의 나의 상황과 비슷해 보였다. 물론 이들은 모두 숙련된 방송인이었고 그들을 돕는 팀이 항상 대기하고 있었다. 그럼에도 그들 역시 뉴욕의 한 스튜디오—ABC TV 스튜디오 23—에 붙박여 1년 내내 쉬지 않고 방송을 만들어갔다. 그들도 세상을 직접 여행하면서 숨겨진 구석구석을 드러내고 싶었을 수 있지만 그 못지않게 자료 조사와 대화의 기술, '오늘의 핫 토픽'을 정하는 일에만 매진할 줄도 알았다.

2007년에서 2009년까지 내 중학생 시절은 온전히 토론 일정에 맞춰 흘러갔다. 부모님과 선생님들은 내게 '이것저것 두루두루' 경험해보라며 학교 밴드부나 그다지 성적이 좋지 못한 스포츠팀에 가입해보기를 권했지만 내 고집을 꺾지는 못했다. 내겐 토론 훈련이 있는 수요일 오후부터 대회가 열리는 금요일 저녁 사이의 50시간이 가장 충만한 시간이었다.

중학교 3년 동안 우리 토론팀은 압도적인 성공을 맛보진 못했다. 토론을 '잘한다'는 말엔 여러 가지 뜻이 담겨 있지만 '성공'이란 말은 오직 한 가지만을 의미했다. 바로 상대를 이긴다는 뜻이었다. 우리 팀은 곧잘 이겼지만 준준결승쯤이면 그 운이 다하곤 했다. 실망은 했지만 토론을 그만두는 건 내 선택지에 없었다. 대회가 열리면 다른 학교의 상대 토론자들을 다 알았고 누가 잘하는지 또 누가 못하는지 그리고 기권했는지를 살폈다. 기권한 사람 그룹에 속하게 된다면—압박감을 견뎌내지 못했다는 뜻이므로—절대로 참기 힘든 수치일 터였다.

이 어중간한 성공 지대에 머물러 있는다는 건 우리 열다섯 살짜리들의 자존심을 구길 대로 구겨놓는 일이었다. 우선 우리는 대부분의 대회에서 이길 만한 논쟁 기술을 갖고 있었다. 다만 그 기술이 토론장에서 우리의 직관을 탄탄하게 뒷받침할 정도는 아니라는 게 문제였다. 그래서 우리는 긴 시간을 들여 우리 자신을 분석하고 상대팀의 허를 찌를 계획을 짰다. 2009년 토론 시즌이 끝나갈 즈음 준비실에서 머리를 쥐어뜯던 우리는 마침내 이런 위험한 질문에 도달했다. 단순히 주제를 분석만 할 게 아니라 그걸 우리 입맛에 맞게 변형시킬 수 있다면 어떨까?

8월에 열린, 우리 학교의 숙적 녹스그래머와의 대결은 주목할 만한 손님 덕분에 유독 관심을 끌었다. 바커의 토론 프로그램을 이끄는 후드 선생님은 점잖고 지혜롭기로 이름난 분으로, 백과사전적인 지식을 자랑하는 영어 선생님이었다. 선생님은 아주 오랫동안 토론팀에 관여해온 이력이 있었다. 코치는 대회에 필요한 구체적인 기술을 가르쳤지만 후드 선생님은 최근 동향이나 근본 원칙, 장기적으로 토론 경력을 쌓아가는 법에 관해 말해주었다.

후드 선생님은 바커에서 가르치는 일 외에 토론대회의 논제 선정 위원으로도 활동했다. 위원회는 매 시즌 경험 많은 교사와 관리자들이 모여 논제를 정했다. 그해 초에 선생님이 이 과정이 어떻게 진행되는지를 설명해주었을 때 나는 거의 정신을 못 차리고 빠져들었다.

후드 선생님은 좋은 토론 주제란 무엇인지에 관한 다양한 이론이 있다고 말해주었다. 하지만 몇 가지 기본 요소에 대해서는 대부분 의견이 일치했다. 주제는 균형잡힌 것이어야 하고(어느 한쪽에도 치우침이 없어야 하고), 깊이가 있어야 하고(적어도 서너 가지 주장을 뒷받침할 수 있어야 하고), 누구나 생각해볼 만한 것이어야 하며(전문가적 지식을 요구하지 않아야 하며), 흥미로워야 했다(도전하고 싶을 만큼 새로워야 했다). "겉보기엔 쉬워 보이지만 문제는 실행에 있지요." 후드 선생님이 말했다.

"예를 들어 경제 분야에서 과로에 대해 토론을 짜보고 싶다고 합시다. 주제는 뭐가 될까요? '우리는 사람들이 지나치게 열심히 일한다고 믿는다'는 문장이 가장 먼저 떠오르겠지만 그건 너무 포괄적이고 뜻도 분명치 않습니다. 그러면 '우리는 과로를 찬양하는 문화가 득보다 실이 더 크다고 믿는다'라고 수정할 수 있겠지요. 하지만 곧, 이 문장에는 여러분들이 포함하고 싶은 정책 차원의 문제가 개입할 여지가 없다는 걸 깨닫게 될 겁니다. 모든 것—이를테면 '우리는 자본주의가 망가졌다고 믿는다'처럼—에 대해 토론하고 싶다는 유혹을 결단코 피해야 합니다. '우리는 주 4일제를 도입해야 한다' 같은 궁극적인 해결책은 오랜 궁리와 여러 번의 수정 작업 그리고 약간의 영감이 더해져 나온 결과라는 걸 알아야 해요.

그래서 논제를 정하는 일이 하루종일 걸릴 때도 있습니다. 제대로 된 논제를 고르려면 정말 여러 가지 것들을 고려해야 하니까요." 후드 선생님은 이어서 말했다. "토론자들과 코치들이 대회 결과를 부정하는 경우가 부지기수죠. 논제가 '엉터리로 조작됐다'면서 말이에요. 그래서 논제는 정말이지 제대로 만들어야 합니다."

나는 설명을 들으며 감동했다. 일상에서 우리는 공정하고 생산적인 대화가 될지 여부는 고사하고 주제가 뭔지조차 생각하지 않고 무작정 이런저런 주장을 제멋대로 펼치곤 했다. 하지만 토론대회의 세계에선 이런 최고의 논제 선정 전문가들이 엄청난 시간을 쏟아부어 단단한 기반 위에서 논쟁이 진행될 수 있도록 한 것이다.

금요일 저녁, 논제 공개와 함께 우리의 시련이 시작됐다. 녹스중학교의 아트리움에서 나는 프랭클린이라는 상대팀 아이와 마주보고 서서 논제가 공개되기를 기다렸다. 그 아이는 큼직한 시계를 차고, 꼭 자기 아버지처럼 머리를 깎은 모습이었다. 일대일 대면은 권투에서 쌍방이 마주보고 대결 자세를 취하는 것과 비슷했다. 말하자면 상대방의 머릿속을 꿰뚫어볼 기회였다. 어떤 이유에서였는지 그날 밤엔 내가 먼저 눈을 깜빡이며 프랭클린의 시선을 피했다. 손에 쥐고 있던 논제 봉투가 유독 까슬까슬하게 느껴졌고 그 안에 담긴 내용─'기분전환용 마약류를 합법화해야 한다. 찬성: 바커. 반대: 녹스'─때문에 속이 울렁거렸다.

타이밍이 별로 좋지 않았다. 우리는 9학년 보건 시간에 불법 마약에 관한 단원을 이제 막 마친 참이었다. 동기부여 차원에서 마약 전과자가 조례 시간에 와서 우리에게 제발 일탈을 꿈꾸지 말고 앞만 보고 올바른 길을 가라고 경고했고, 학기말시험엔 마약 이름과 끔찍하게 망가진 신체 부위 사진을 연결하는 문제가 나왔다. 동굴 속처럼 목소리가 울리는 준비실에서 나를 포함한 우리 팀원들은 허탈한 모습으로 앉아 있었다.

30분쯤 지난 후 우리 넷은 이 토론은 절대 이길 수 없겠다고 입을 모았다. 주 보건부의 공익광고가 우리 머릿속에서 사운드트랙처럼 울려퍼지며 자유지상주의적 충동을 무력화시켰다. 그러다 40분쯤 지났을 때 이런 생각이 떠올랐다. '모든 기분전환용 마약류를 합법화하는 대신 그중 일부만, 그러니까 가장 덜 위험한 것만 합법화한다면?' 팀원들의 표정은 회의적이었지만 나는 그보다 더 나은 선택지가 없다는 걸 상기시켰다. 그래서 우리는 '기분전환용 마약류'를 처방약과 대마초로 한정하고 LSD나 엑스터시처럼 심각한 부작용이 있는 약물은 제외하는 전략을 쓰기로 했다.

토론장에서 우리의 첫 토론자 스튜어트가 확신어린 표정으로 팀의 논지를 전달했다. "우리의 정의definition는 자유와 공중보건 사이에 올바른 선을 긋습니다. 이것은 전문가들의 생각과 일치하는 것이기도 합니다." 스튜어트가 '기분전환용 마약류'의 정의를 제시하자 상대팀 벤치에선 항의하는 소리가 튀어나왔다. 청중은 처음에는 상대팀의 반응에 혼란스러워하다가 우리 전략이 함의하는 바를 깨닫고는 표정이 싸늘해졌다. 녹스중학교 부모들은 불만어린 탄식을 쏟아냈다. 맨 앞줄에 앉은 후드 선생님은 쓰고 있던 무테안경을 벗고 모직 스웨터의 매무새를 가다듬더니 우리와 시선을 마주치지 않고 벽돌 벽만 빤히 노려봤다.

우리의 부정을 이해하지 못한 듯한 유일한 사람은 심판이었다. 스튜어트의 발언이 시작되자, 순진무구한 큰 눈망울과 앳된 얼굴의 이 대학생은 거리끼는 기색도 없이 우리 주장을 받아 적었다. 그는 상대팀의 과장된 행동—"바커는 지금 이 토론의 정의를 완전히 망쳐놓았습니다. 이건 실격 사유에 해당합니다!"—에 놀라 움찔하더니 우리 쪽을 보면서 안타까운 표정을 지었다. 그러나 우리 팀의 세번째 토론자 맥스가 결론을 맺을 때쯤 나는 결국 우리가 이기겠다는 역겨운 진실과 마주하게 됐다.

승리를 거둔 토론이 끝나고 나서 우리는 피드백을 들으러 후드 선생님에게 갔다. 나는 두려움에 떨었지만 가까이에서 보니 선생님은 화나 보인다기보단 피로해 보였다. 마치 거대한 중력으로 어깨와 두 뺨이 아래로 끌어당겨지고 있는 것처럼 보였다. 선생님은 낮고 단호한 목소리로 우리가 토론을 혼란스럽게 만들었다고 말했다. "그러니까 여러분은 대회를 유리하게 끌고 가려고 주제를 엉터리로 정의하거나 해석하는 불공정한 일을 저지른 겁니다."

후드 선생님은 '다람쥐'*와 의제 선정자는 숙적이라고 설명했다. 토론 방해꾼을 일컫는 다람쥐는 우스울 정도로 터무니없는 말을 할 때도 있다. 미국 정부가 이라크전쟁에 개입해야 할지에 대한 토론에서 한 팀이 '개입'을 강한 비난을 담은 단어로 정의했을 때처럼. 다람쥐는 보통 결국 벌을 받는다. "그런 자들은 자승자박하게 되지요.

---

◆ 장기적 이익이나 공동의 이익보다 단기적 이익, 사적·당파적 이익을 우선시하는 사람을 곳곳에 음식을 감춰두는 습성을 가진 다람쥐에 빗댄 것. 토론(특히 의회식 토론)에서는 입론자가 주제를 자기 입맛대로 변형시킬 때 '다람쥐'라고 부른다.

심사위원들은 으레 그런 행동을 강력히 응징하기 마련이고요."

다람쥐가 토론을 쥐고 흔드는 경우도 가끔은 생긴다. 우리가 그랬듯이. 그래서 의제 선정자들은 논제를 정할 때 다람쥐가 악용하지 못하도록 고심에 고심을 거듭한다. 모호성을 없애기 위해 단어를 가다듬고 뜻을 더 명확히 하는 장치를 집어넣는다. 하지만 그들이 하는 일에도 한계가 있다. "다른 사람들처럼 우리 선정위원도 선의에 기댄답니다." 후드 선생님은 한숨을 내쉬었다.

선생님은 낡은 가죽가방에 소지품을 집어넣으며 우리에게 잘 가라고 인사했고 나는 노트에 몇 가지 메모를 추가했다. '다람쥐는 우리 안에 있다. 그 다람쥐는 겁을 먹었다.'

## '정치적 올바름'이라는 말

당시에 내가 몰랐던 건, 잘 살펴보면 공론장은 사방이 다람쥐 천지라는 것이었다. 바커 학생들에겐 9학년에서 10학년으로 올라가는 때가 엄청난 변화를 맞는 시기였다. 중학교 때는 전부 남학생뿐이다가 고등학교에 올라가면 남녀공학이 되었다. 그래서 10학년 첫날—우리의 경우엔 2010년 1월—이 하나의 '변곡점'이었다. 열다섯 사춘기 아이들에겐 그 변화가 무시무시할 정도로 엄청나 보였다. 모두가 잔뜩 신경을 쓰고 등교했고 올드스파이스 디오더런트도 발랐다.

고등학생이 된 첫날 아침은 후덥지근한 공기 속에서 어색한 침묵만 흘렀다. 몇몇 외향적인 아이들과 잘난 척하기 좋아하는 아이들 빼고는 대부분 남자애들끼리 모여 앉아 멀뚱멀뚱 눈만 끔뻑이고 있었다. 우리에게 프랑스어를 가르칠 베르통 선생님은 남녀가 나뉜 모습에 몹시 즐거워하며 교실 왼쪽과 오른쪽을 번갈아 가리키며 말했다. "레 가르송. 레 피유.♦ 레 가르송. 레 피유!"

오후가 되자 태양의 열기가 최고조에 달했는데, 뜨거운 건 태양뿐만이 아니었다. 꼬불꼬불한 식당 줄에서, 중앙 운동장 근처 초록색 벤치에서 아이들이 대화를 나누기 시작했다. 농담과 자잘한 개인적인 이야기들이었지만 전부 한번 들으면 절대 잊히지 않는 종류의 것들이었다. 교정은 곧 시끌벅적해졌다. 금요일 오후쯤엔 세 커플이 탄생했다.

여학생의 등장은 학교 문화를 완전히 바꿔놓았다. 중학생 때는 거칠고 단순한 말만 툭툭 내뱉는 남자아이들을 높이 사는 분위기였지만 고등학교에 오니 '진정성 있게' 대화할 줄 아는 섬세하고 말 잘하는 아이들이 우러름을 받았다. 한때 원시적 투쟁의 장이었던 운동장이 이제는 자기 노출의 장이 되었다. 나는 J들과 운동부원들이 쭈뼛거리며 적응하려 애쓰는 모습을 지켜보았고, 그런 역전 현상에 놀라움을 감출 수 없었다.

이런 문화적 변화와 더불어 우리가 점점 성숙해지면서 운동장에는 정치가 생겨났다. 그 나이 때는 또래 아이들에게 쉽게 영향을 받았고,

---

♦ 프랑스어로 각각 '소년들' '소녀들'이라는 뜻.

한번은 반 아이들 몇 명의 선동에 함께 모여 오랑우탄을 위해 철야 기도를 한 적도 있다. 하지만 시간이 지나면서 아이들은 정치·문화·종교에 대해 자기 견해를 더 강력하게 표출하기 시작했다. 개중 목소리가 큰 아이들은 무엇이 '부당'하고 '불공평'한지에 대해 부러울 정도로 자신 있게 말했다.

2010년, 호주에서 문화에 대한 토론이 열렸다. 그중 '정치적 올바름Political Correctness(PC)'이 너무 지나친 게 아닌지에 관한 논쟁이 있었다. '정치적 올바름'이란 말은 모욕적인 언사를 줄이기 위한 조처를 폄하하는 의미로 쓰이곤 했다. 공적 검열에서 사회적 제재에 이르기까지 전방위적으로 이러한 조처가 이루어졌기에 PC 문화에 관심이 많은 사람들은 언제나 분노할 거리가 넘쳐났다. TV에 나오는 패널들뿐만 아니라 신문 사설에서부터 가족이 함께 탄 자동차 안이나 저녁식사 자리를 거쳐 학교 운동장까지, 어디서든 토론이 벌어졌다.

내게 이런 추상적인 토론에 구체적인 형태를 부여해준 사람은 친구 짐이었다. 짐은 군대 간부처럼 무뚝뚝하고 상황판단이 빨라 중학교에서 인기가 많았다. 중학교는 타인의 감정에 대한 일말의 고려 없이 인종과 성에 대해 신랄한 농담을 마음대로 할 수 있는 안식처였다. 나는 억지로 웃음을 짜내는 듯한 미국 시트콤이나 지나치게 재기 넘치는 BBC의 프로그램보다 그의 간결하고 아이로니컬하고 독한 유머감각이 더 좋았다. 하지만 사실 그 농담에 같이 웃으려면 불편한 내적 갈등부터 재빨리 잠재워야 했다.

짐은 어울릴 친구가 점점 줄어들었다. 함께 놀던 친구들은 그의 농담이 불쾌하다고 꾸짖고 "그런 말은 하면 안 돼"라고 주의를 줬다. 그럴 때마다 짐은 등을 곧게 펴고 그 말을 한 상대의 얼굴을 똑바로 쳐다보면서 같은 말만 반복했다. "이 자식 정치적 올바름 되게 따지네."

호주에선 이 두 단어의 조합이 사람들에게 상당히 부정적인 영향을 미쳤다. 이 용어는 극우 정치인 폴린 핸슨이 1996년 자신의 첫 의회 연설에서, 우리 나라가 "아시아인에게 뒤덮일 위험에 처했다"라는 주장과 함께 꺼낸 말이었다. 그의 말은 호주가 식민통치시대를 어떻게 기억할 것인지를 두고 2000년대 초에 벌인 역사 전쟁에 중대한 영향을 미쳤다. 당시 이 문구는 중층적인 의미를 띠었고 마침내 사실, 가치, 처방에 대한 주장까지 포함하기에 이르렀다. 이를테면 이것이 표현의 자유를 제한하므로 이 문구를 들먹이는 사람은 반자유주의적이고, 따라서 그로 인한 악영향에 대처해야 한다고들 했다.

친구들끼리 긴 논쟁을 펼치는 동안 나는 왜 우리가 그처럼 투박하고 분열적인 용어를 중심으로 갑론을박해야 하는지 의아했다. 마치 주문을 외듯 '정치적 올바름'이라는 말만 던져도 아이들 사이에서 의견이 양분되고 분노의 목소리가 튀어나왔다. 문득 정치적 올바름이라는 말은 절대 중립적이지 않다는 생각이 떠올랐다. 'PC 문화'를 우려해 마지않는 사람들은 그런 문화가 실재할 뿐 아니라 해롭다는 고정불변의 가정과 함께 만들어진 말이기 때문에 이 용어를 사용했다. 그런 사람들은 유리한 입지를 차지하기 위해 부당하게 이 말에 의존했다. 말하자면 그들은 토론 방해꾼, 즉 다람쥐였다.

내가 보기에 그 전략은 매우 악랄했지만 짐의 경우엔 별 악의 없이 이 말을 쓰는 듯했다. 짐은 그냥 자신감도 논리도 부족해서 그러는 것 같았다. 누군가의 생각을 바꿀 수 있다고 혹은 사람들이 선의를 좇을 거라고 믿지 않는다면 토론의 한계를 자기 입맛에 맞게 그어버리고 싶어지는 것이다. 짐의 어투가 거칠고 위협적인 데서도 이런 방어적인 태도를 엿볼 수 있었다.

하지만 토론을 방해하려는 노력은 결국 역풍을 맞기 마련이다. 시간이 지나면서 반대편 역시 이 말을 자기들 입맛에 맞게 전유하기 시작했다. 정치적 올바름을 옹호하는 사람들은 이 개념이 '친절함'을 뜻한다고 재정의했다. 그럼으로써 상대편에 친절함에 반대하는 사람들이라는 얼토당토않은 프레임을 씌웠다. 2002년 노동당 정치인 마크 레이섬은 '새로운 정치적 올바름'이라는 문구를 만들어 "정치 토론에서 이 나라의 제도권 보수주의자들이 위선적으로 요구하는 예의"라고 풀이했다.[2] 요컨대 '정치적 올바름'이라는 말 자체가 점점 양극화되어가고 있었다.

10학년 첫 학기가 끝나갈 무렵이던 4월 어느 날 오후, 우리는 마침내 돌파구를 찾았다. 점심시간에 짐이 PC단의 최근 행각을 목청 높여 비난하고 있을 때 직설적이고 정곡을 잘 찌르는 금발머리 친구 엘리가 끼어들었다. 나는 숨을 한껏 들이쉬었다. 하지만 어쩐 일인지 엘리는 비난이나 날카로운 반격을 하지 않았다. 대신 몇 가지 질문을 했다. "'정치적 올바름'이라는 게 무슨 뜻이니? 그러니까 우리가 지금 뭘 가지고 싸우고 있는 거야?" 짐은 당황한 듯 보였지만 어찌어찌 대답을 찾아냈다. "아무 나쁜 의도 없이 농담하는 사람을 수치스럽게 만드는 거 아니었어?"

10여 분이 지나서야 둘은 논쟁의 핵심을 찾아냈다. 예컨대 그들은 발언의 자유를 공식적으로 금하는 건 바람직하지 않고, 포용적인 학교를 만들기 위해 노력하는 게 좋다는 데 동의했다. 그들이 의견의 일치를 보지 못한 건 농담의 주제, 그리고 화자의 의도나 청자의 경험이 그 주제를 바라보는 방식에 영향을 미치는지 여부였다. 토론 용어를 자기에게 유리하도록 조작하려는 유혹을 피하고 의견이 다른 부분을 양측이 모두 받아들일 수 있는 방식으로 설정한다고 해서 둘 사이에 흐르던 긴장이 사라지지는 않았다. 오히려 서로의 주장이 더 분명하고 파악하기 쉬워졌다.

엘리와 짐의 대화를 들으면서 나는 다람쥐 짓의 가장 큰 해악은 당장의 의견 차이를 회피하려는, 즉 상대에게 맞설 여지를 주지 않고 성급하게 결론을 지어버리려는 충동에 있는 게 아닐까 싶었다. 그런 접근은 당장에 승리를 가져올 순 있을지 몰라도 진정한 의견 교환의 가능성을 지레 닫아버리기도 했다.

제2차세계대전 동안 영국 의회는 새 하원의사당의 설계에 대해 토론했다. 윈스턴 처칠은 적대적 분위기를 조성하기 위해 좁은 직사각형 모양의 공간을 선호한 반면, 의회 내 최초 여성 의원인 낸시 애스터는 합리적인 시대에 어울리는 원형 공간을 주장했다. "저는 장관과 전임 장관들이 꼭 목줄 찬 강아지처럼 앉아서 서로를 마주봐야만 하는 게 아니라면 그게 더 나을지도 모른다고 종종 생각했습니다. 그러면 논쟁이 그렇게까지 격해지진 않을 거라고요."[3] 두 사람이 동의한 대목은 반대의 무대가 중요하다는 점이었다. 처칠은 "우리가 건물을 만들고 그다음엔 건물이 우리를 만든다"[4]라고 표현했다.

우리가 일상적으로 하는 논쟁이라는 건축물은 물리적인 건물보단 대화의 주제와 관련이 있다. 하지만 더 합리적인 디자인—논쟁을 없애기보다 더 나은 표현 방법을 찾는 일—에 대한 애스터의 생각은 우리에게 영감을 불어넣어준다. 주제topic의 어원은 고대 그리스의 토포스topos이고, 토포스는 본디 '장소'라는 뜻이다. 우리가 이곳을 열린 공간, 함께 해답을 찾아나갈 공간으로 여길지 아니면 좁은 전투장, 덫이 놓인 적대적 공간으로 여길지는 우리에게 달려 있다.

학기가 끝날 즈음 후드 선생님이 나를 교무실로 불러 종이 한 장을 건넸다. 차갑고 깨끗한 종이를 보니 논제 공개 때 우리가 받았던 봉투가 떠올랐다. 선생님이 말했다. "매년 열리는 전국대회에 출전할 주 대표 토론팀 오디션 초대장이야. 네가 한번 나가보렴."

# 2장

# 논증: 어떻게 설득할 것인가

## 논점 말하는 법

"토론은 말과 생각이라는 두 가지 능력으로
우리가 누구인지를 역설하는 일종의 스포츠다."

퀴퀴한 냄새가 나는 시드니여자고등학교의 1층 복도를 지나 어둑한 교실에 들어서자 아이들 다섯 명이 의자에 푹 파묻혀 생각에 잠겨 있었다. 그중 내가 아는 사람은 데브라 하나뿐이었다. 데브라는 나보다 고작 몇 살 많은 열일곱에 이미 우리 지역의 강자로 명성이 자자했다. 코치들은 데브라의 저력을 약화시킬 전략을 짰지만 전적이 너무 화려했다. 2010년 5월 청명한 가을 아침, 햇살이 내리쬐는 창가에 자리를 잡고 앉은 데브라는 존재감이 더 커 보였다. 곱슬곱슬한 머리카락과 하품을 하며 드러낸 치아 교정기가 햇살에 반짝였다.

뉴사우스웨일스주 대표 토론팀을 선발하는 오디션 규칙은 단순했다. 백 명의 참가자 중 대부분은 탈락하고 남은 열두 명이 주 대표 토론팀을 구성한다는 것이었다. 이 열두 명은 몇 달 동안 함께 훈련을 받고 전국 최고의 코치들로부터 피드백을 받은 다음, 그중에서 다시 절반이 떨어져나가고 절반만 남겨진다. 그렇게 남은 여섯 명—팀원 네 명과 후보 두 명—이 호주에서 가장 인구가 많은 뉴사우스웨일스주를 대표해, 봄에 열리는 전국대회에서 겨루게 된다.

대기실에 앉아 있던 아이들 중 누구도 내게 대체 왜 그런 낮은 확률에 도전하려 하는지 묻지 않았다. 다행이었다. 마땅히 대답할 말이 없었으니까. 지난 5년간 나는 토론을 생존 도구로 여겨왔다. 토론은 내가 나의 목소리를 내고 혼란스러운 세상을 이해하는 방법이었다. 계속하다보니 열정도 생겼다. 하지만 이 작고 서늘한 방에서 딱딱하게 굳은 표정의 아이들을 보고 있자니 또다른 종류의 욕망이 스멀스멀 차올랐다.

호주에 와서 살기 전에는 진짜 야심에 사로잡힌 적이 한 번도 없었다. 학교에서 일등은 아니어도 꽤 좋은 성적을 받았고, 잘하는 것보다 참여하는 게 중요한 방과후 활동을 골라서 했다. 2003년 초 서울의 한 초등학교 3학년이었을 때도 나는 반장은 생각조차 않고 대신 총무부장을 맡았다. 그해 말 시드니로 이민 오면서, 학창시절 이름을 날렸던 부모님은 아무래도 내가 그들의 야심 있는 성격을 닮지 않은 것 같다고 걱정했다.

하지만 호주에 오니 무언가가 달라졌고 나도 그랬다. 4학년이 되자 나는 문법 규칙, 시간표, 동네 지리 등을 익혀 학교에 본격적으로 적응하기 시작했다. 이런 지식들을 나라는 사람의 존엄을 지키는 데 필수적인 요소로 여겼다. 밤을 새워가며 공부했고 주말에도 공부에 몰두했다. 그렇게 5학년에 올라갔을 때 처음으로 한 과목에서 학년 최고점을 받았다. 그 순간 내 안에서 '전교 일등도 안 될 게 뭐야?' 라는 목소리가 들려왔다.

10학년이 된 지도 반년이나 지난 때였지만 나는 내 열망을 자기 비하적인 농담이나 하며 꼭꼭 숨기고 있었다. 모난 돌이 정 맞는다는 걸 알아서였다(호주에선 야심이나 성취 욕구가 강해 다른 사람들보다 앞서려는 사람을 안 좋게 보는 시선이 있다). 하지만 그날 아침 오디션에 온 정신을 모으고 있는데 갑자기 그동안 쓰고 있던 가면이 벗겨지는 느낌이 들었다.

예정된 시작 시간인 10시에서 20분이 지나자 아이들은 기다리다 지쳐 이리저리 몸을 비틀어댔다. 조끼를 걸친 조그마한 다이슨은 불안한 기색을 감추지 못하더니 예정된 시간이 지연되는 데 불만을 쏟아냈고, 교실 뒤쪽에 있던 키 크고 하늘하늘한 롱원피스를 입은 시에나는 자기만의 생각에 빠진 채 교실 한구석에서 빙글빙글 돌았다. 데브라와 나만 원래 자세 그대로 가만히 앉아 있었다. 하지만 데브라는 두려움 때문에 얼어 있는 건 아닌 듯했다.

다이슨의 분노가 최고조에 달해 손가락을 치켜드는 순간, 뒤쪽 문이 열리더니 검은색으로 차려입은 대학생 하나가 차가운 공기를 휘감고 대기실로 들어왔다. 그는 보조 코치 중 한 명이라고 자신을 소개했다. 우리와 나이 차이가 얼마 안 났을 테지만—기껏해야 이십대 초반—그의 표정과 태도에선 왠지 모를 권위 같은 게 자연스레 뿜어져나왔다. 그가 입을 열었다. "오늘 아침 토론 순서는 다음과 같습니다. 첫번째 찬성 주자: 서보현. 첫번째 반대 주자: 데브라

프리먼. 두번째 찬성 주자……"

보조 코치는 순서를 모두 알려준 다음 논제를 공개했다. '사형제는 절대 정당화될 수 없다.'

## 침묵을 깨고 나온 첫 문장

고등학교 토론은 보통 준비 시간이 60분이다. 그 시간의 1차 목표는 입장을 뒷받침할 네다섯 가지 주장을 만들어내는 일이다. 첫번째와 두번째 주자가 이 주장들을 펼치고 세번째 주자는 반론에 초점을 맞춘다. 준비는 보통 다음과 같은 순서에 따라 이루어진다.

| 시간(분) | 준비 순서 | 개요 |
|---|---|---|
| 0~5분 | 브레인스토밍 | 팀원 각자 논제에 대한 자신의 생각들을 적는다. |
| 5~15분 | 토의 | 팀원들끼리 아이디어를 공유한다. |
| 15~40분 | 입론 구성 | 가장 설득력 있는 주장 네다섯 가지를 골라 살을 붙인다. |
| 40~55분 | 스피치 준비 | 각자 자기 차례에 할 이야기를 적는다. |
| 55~60분 | 최종 토의 | 함께 최종 전략을 짠다. |

준비실은 늘 '열역학제2법칙'—고립계에서는 시간이 지날수록 엔트로피가 증가한다—이 작동하는 곳이다. 제한된 시간 안에서는

단체 활동의 장점이 발현되지 않는다. 게다가 각 토론자가 자기 팀에 대해 짊어진 책임은 또다른 압박이 된다. 준비실에는 전자기기와 외부 자료의 반입이 허용되지 않기 때문에 토론자들은 오직 기본 원칙, 발견적 추리법heuristic, 머릿속을 뒤져 반쯤 기억나는 사실 같은 원시적 도구에만 의존해야 한다. 그러다보니 준비실은 늘 일촉즉발의 상태이고, 때로는 급기야 터져버리기도 하는 불가마로 돌변한다.

하지만 시드니여자고등학교의 이 널찍하고 외풍 심한 교사 휴게실에선 정반대의 분위기가 우리의 발목을 붙잡고 있었다. 휴게실 한가운데의 거대한 테이블에 모여 앉은 우리 셋—다이슨, 온순한 럭비 선수 벤, 그리고 나—은 불안한 표정으로 서로를 쳐다보았다. 우리는 마지못해 아이디어 하나를 공유하면서 다섯 개는 숨긴 채 꺼내놓지 않았다. "내 생각엔 우리가……"라든지 "아마도 가장 좋은 주장은……"이라고 말을 시작했다가도 다음 말을 제대로 잇지 못했다. 토론 준비는 팀원들 간 협력이 필수지만 오디션은 개개인에게 성과가 부여되기 때문이었다. 타인에게 관대하고픈 욕구가 이런 부조화를 바꿔놓을 수는 없었다.

벤과 내가 몇 가지 아이디어를 교환하는 동안 다이슨은 자기 노트에다 무언가를 잔뜩 끄적였다. 15분이 흘러 간신히 토의가 끝났고 우리 셋은 각자 구석으로 흩어져 개별 스피치 원고를 썼다. 나로서는 나쁘지 않은 상황이었다. 실제로 나는 우리 논제에 찬성하는 쪽이었고 그 주제에 관해 사전지식이 제법 있었다(토론에선 매우 드문 경우다). 그러므로 내가 하고 싶은 말이 뭔지를 알았다.

11시 반이 되어 우리 셋은 조용히 원고를 걷어 2층 토론장으로 올라갔다. 2층 복도는 시끌벅적했다. 나는 부모님이 다리가 후들거릴 때 해보라 조언해준 대로 발뒤꿈치에 힘을 꽉 주고 걷는 상상을 하며 소음이 나는 쪽으로 향했다. 초록색 카펫이 깔린 넓은 교실엔 열두 명의 초대 손님—코치, 이제 이삼십대가 된 이전 주 대표 팀원—이 맨 앞 두 줄에 앉아 있었다. 안으로 들어가자 그들은 우리를 바라보며 숨을 길게 내쉬었다.

맨 앞줄 의자 앞에 자리를 잡고 서려는데 붉은 수염에 가죽 재킷을 입은 건장한 남자가 내게 중앙으로 가라고 손짓했다. 순간 청중이 자기 앞 책상을 드럼처럼 두드리기 시작했다. 그 불규칙한 리듬은 교실 전체가 진동할 때까지 계속됐다. 등에서 뜨거운 열기가 덩굴손처럼 뻗쳐오르는 게 느껴졌다. 누군가 반쯤 먹다 남긴 빵에서 풍겨오는 라드와 회향씨 냄새에 욕지기가 났다.

교실을 둘러보면서 편히 시선 둘 곳을 찾기로 했다. 청재킷을 멋지게 맞춰 입은 젊은 커플도 아니고, 날카로운 눈매의 전前 세계 챔피언도 아니었다. 결국 나는 첫번째 줄에 앉은 두 사람 머리 사이로 보이는 빛바랜 카펫 조각에 시선을 고정시켰다. 그런 다음 깊이 숨을 들이마시고는 준비한 원고의 첫 문장을 내뱉었다.

"사형제는 국가에 의한 살인입니다. 이것은 사법제도의 가장 나쁜 점들—이를테면 그 자의성, 비효율성, 가난한 사람들에게 적대적인 경향 등—이 돌이킬 수 없는 대가를 치르도록 만듭니다."

토론자가 침묵을 깨고 말하는 이 순간은 의미심장하다. 토론자에겐, 고요한 표면 아래에 흐르던 저항과 매혹의 물줄기와 만나는 강렬한 순간이다. 그 경험은 인식—청자의 미묘한 표정 변화, 그들이 펜을 움직이며 뭔가를 쓰는 모습—덕분이기도 하지만 직관이 더 크게 작동한다. '내가 지금 잘하고 있는가?'라는 질문에 거의 원초적으로 대답을 감지하는 경험이다.

"제 첫번째 주장은 사형제가 잔혹하고 비정상적이라는 것입니다. 가장 인간적인 사형은 다음과 같이 이루어집니다. 수감자들은 10년이 넘는 세월 동안 날마다 언제 죽을지 모른다는 두려움에 떱니다. 그중에는 무고하게 수감된 사람들도 있겠죠. 그러다 어느 시점이 되면 우리가 상상할 수 있는 가장 끔찍한 경험을 하게 됩니다. 천천히 단계적으로 사형이 이루어지죠."

나는 청중 일부가 내 주장에 빨려들고 있단 걸 느꼈다. 처음엔 그저 의례적으로 고개를 까닥이더니 어느새 점점 크게 고개를 끄덕이고, 평가하는 듯한 차가운 눈빛도 부드러운 공감의 눈빛으로 변했다. 그런 변화에 고무된 나는 목소리가 점점 커지고, 더 확신에 찬 어조로 말하기 시작했다. 나는 듣는 사람들과 눈을 마주치면서 내가 얼마나 확신에 차 있는지 전하려고 안간힘을 썼다. 온갖 수사법을 동원하느라 첫 주장이 길어진 탓에 두번째 주장을 심하게 축약해 전달해야 했지만, 나머지 시간을 잘 배분해 예정된 시간을 20초 남기고 결론에 도달할 수 있었다.

"정의로운 사회에 그런 비인간적인 행위가 들어설 자리는 없습니다. 그 같은 행위가 존재하는 한 우리 중 누구도 당당히 고개를 들고 다니기 어려울 것입니다. 여러분, 부디 이 제안에 동의해주십시오."

청중이 박수를 쳤고 나는 상대팀 벤치를 슬쩍 돌아봤다. 긴장한 나머지 마치 한 쌍의 대리석 기둥처럼 뻣뻣하고 창백해진 두 토론자 사이에서 데브라가 머리카락을 말아올리는 게 보였다. 데브라는 가방에서 철테 안경을 꺼내 썼다. 안경을 쓰니 훨씬 더 날카로워 보였다. 내가 자리로 돌아와 앉기 무섭게 데브라는 내가 서 있던 자리에 섰다. 그는 시작부터 나보다 훨씬 선명하고 또랑또랑한 목소리로 말했다.

"조금 전 토론자가 한 말은 논증이 아니라 자기 확신입니다. 그는 자기가 한 말을 뒷받침할 어떤 근거도 제시하지 않았습니다. 자신이 믿는 바를 말하면서 정서를 자극하는 말만 잔뜩 했을 뿐이죠. 유감스럽지만 그런 이야기는 토론에 적합하지 않습니다.

여러분, 여러분의 노트를 한번 들여다보십시오. 그리고 자문해보십시오. 상대팀의 말에 동의하더라도, 아니 동의한다면 더더욱이요. 저 팀에서 자신들의 결론을 뒷받침할 확실한 증거를 제시했나요?"

순간 내 얼굴이 빨갛게 달아올랐다. 처음엔 이해가 잘 안 되고 화가 치밀었다. 대체 무슨 말을 하는 건지, 자기가 뭐라고 저런 말을 하는지 알 길이 없었다. 그러다 시간이 조금 지나자 불편한 질문이 스멀스멀 고개를 내밀었다. 설마 데브라의 말이 맞나? 나는 스피치 원고를 다시 들여다보려 했지만, 데브라와 나를 번갈아보는 청중의 시선을 느끼곤 그대로 얼어붙어서 표정을 관리하려고 노력했다. 데브라는 내 실수를 조목조목 짚어낸 자신의 해부 결과를 주된 논지로 삼았다.

"근거나 증거가 없는 주장('사형제는 누가 봐도 혐오스럽다'라는 주장)은 자기 확신에 불과합니다. 증거가 없는 주장('사형제가 범죄를 예방한다는 건 억지 논리다'라는 주장)은 추측입니다. 그리고 오직 증거에만 기댄 주장('조지아주에서 실패한 사례는 사형제가 결코 신뢰할 수 없는 제도임을 보여준다'라는 주장)은 일반화입니다."

나는 이 용어들을 잘 알고 있었다. 중학교 토론팀에 들어갔을 때 논증의 기초 시간에 가장 먼저 배운 개념들이었다. 그때부터 온갖 대회와 일상생활에서 수백수천 번이나 논증을 해온 터였다. 내가 뭔가를 놓친 걸까?

데브라가 자기 확신과 일반화라는 말을 할 때 히읗 발음을 어쩌나 강조하던지 이 단어들이 내 귀엔 거의 욕처럼 들릴 지경이었다. 그 치아교정기 올가미에 단단히 걸려서 온몸이 멍들고 긁힌 느낌마저 들었다. 그랬다, 이런 게 바로 호되게 당한다는 거였다.

## 〈여인의 향기〉와 진실의 힘

토론이 끝나고 부모님과 동네 베트남 음식점에 저녁을 먹으러 갔다. 다닥다닥 놓인 삐걱거리는 테이블마다 손님이 꽉꽉 들어차 있었고 육수와 기름 냄새가 진동했다. 주 대표팀 선발대회 결과 발표가 1시간도 채 남지 않았기에 나는 밀려드는 잡생각들로부터 정신을 돌리게 해주는 그 소음과 습기와 강한 향신료 냄새가 오히려 고마웠다.

우리는 주방 근처에 자리를 잡고 앉았다. 나는 부모님에게 내가 대회를 망친 이유를 간신히 설명했다. "네 말이 맞는 것 같구나." 어머니가 대수롭지 않게 말했다. "틀림없이 심판들은 진실을 봤을 게다." 삶은 새우를 까던 아버지가 고개를 끄덕이며 말했다. "결국 중요한 건 그거야." 아버지의 더할 나위 없이 진심어린 목소리에 문득 불만과 분노의 불씨가 되살아났다.

부모님에게 '진실'보다 더 위안을 주는 말은 거의 없었다. 두 분은 '진실은 반드시 승리한다'라는 믿음으로 나를 키웠다. 그건 두 분의 기독교 신앙과 헛소리 혐오에 딱 들어맞는 금언이었다. 부모님이 볼 때 현실을 모호하게 흐리려는 시도는 수상쩍기만 한 게 아니라 반드시 실패할 수밖에 없었다. 마찬가지로 아침이면 태양이 떠오르듯 진실은 반드시 제 모습을 드러내게 되어 있었다.

우리 가족이 아주 좋아하는 영화 중에 〈여인의 향기〉라는 1992년도 작품이 있다. 알 파치노가 삶의 끝자락에 이른 늙은 퇴역 군인 역할로 나온다. 프랭크 슬레이드라는 이 캐릭터는 눈먼 술주정뱅이에 괴팍한 성격의 소유자다. 그의 가족은 추수감사절 휴가 동안, 명문 사립고등학교 베어드스쿨의 가난한 장학생 찰리 심스를 고용해 슬레이드를 돌보게 한다.

영화는 주로 둘 사이에 일어나는 일들로 전개된다. 슬레이드는 찰리에게 진짜 남자가 되라고 가르치고, 찰리는 슬레이드에게 생에 또다른 기회를 줘보라고 설득한다. 두 사람은 함께 뉴욕에 가서 고급 레스토랑 오크룸에서 식사를 하고 탱고를 추고 차를 타고 전속력으로 달린다. 하지만 찰리의 머리 위에는 먹구름이 드리워 있다. 비행을 저지른 학우들을 밀고하기를 거부하는 바람에 학교에서 입장이 곤란해져, 곧 징계위원회가 열리고 퇴학당할 위기에 처한 것이다.

찰리는 궁지에 몰린다. 다른 목격자는 상황을 모면하기 위해 거짓말을 하지만 찰리는 진실을 털어놓기를 거부하고, 이에 격분한 교장이 그를 즉시 퇴학시키겠다고 나선다. 그때 슬레이드가 나타나 용기와 리더십과 남자다움에 대해 5분여에 걸친 장광설을 쏟아낸다. 연설은 체계도 일관된 논리도 없지만 부족한 부분은 격정으로 메운다. "나는 판사도 배심원도 아니오. 하지만 이거 하난 확실히 말할 수 있소. 그 아이는 누군가를 팔아 자기 미래를 사는 짓 따위는 절대 하지 않을 거라고! 그런 걸 우리는 품격이라 부른다오, 친구."[1] 슬레이드와 찰리는 승리를 거두고 전교생의 열광적인 박수갈채를 받으며 학교를 떠난다.

영화는 진실이 결국 승리한다는 부모님의 생각을 알 파치노의 목소리로 대변한다. 거칠고, 간결하고, 다듬어지지 않은, 그러하기에 정확히 순수한 목소리로. 뉴잉글랜드의 명문 사립고등학교처럼 꽉 막힌 곳에서조차 그런 목소리는 통했다. 거짓과의 경쟁에서는 언제나 진실이 이겼다. 어렸을 땐 그 영화에서 큰 위안을 얻었지만 최근에 보았을 땐 어떻게 알코올의존증인 퇴역 군인이 미 북동부의 징계위원회에서 그토록 말을 잘할 수 있는지 의문스러웠다.

마침 2010년대 중반에는 막 세상이 변하고 있는 것 같았다. 미국은 수년간 '버서리즘birtherism'이라는, 버락 오바마 대통령이 케냐에서 태어났다고 엉터리 주장을 하는 언론계 인사, 논객, 소셜미디어 사용자의 느슨한 연대와 싸워오던 중이었다. 유사 이래 음모론은 언제나 존재했지만 이 정도로 강력한 영향력을 발휘한 건 전례없는 일이었다. 주요 언론에서는 버서리즘을 꾸준히 기사로 다루었다. 3월부터 진행된 한 여론조사에 따르면 응답자의 4분의 1이 오바마가 미국이 아닌 다른 나라에서 태어났고, 따라서 대통령 자격이 없다는 데 동의했다.[2]

워싱턴에서 지구 반 바퀴를 돌아야 나오는 우리 고등학교 운동장에서조차 한 아이가 페이스북에서 오바마의 출생과 관련된 정보를 봤다고 우겼다. 우리는 대체로 그런 억지 주장을 웃어넘겼지만, 나는 이런 이론을 믿지도 부정하지도 않으면서 "흥미롭다"고 말하는 게 무척 불편했다.

NBC 뉴스와의 인터뷰를 보니 버락 오바마는 누구 못지않게 당황스러워 보였다. 그는 "뉴미디어 시대에 엉터리 정보가 꾸준히 양산되도록 만드는 네트워크 메커니즘이 존재한다"고 인정했다. 하지만 미국 시민들에게는 그런 허튼소리를 꿰뚫어보는 지혜가 있다고 주장했다. "저 밖에 무슨 뜬소문이 돌아도 저는 그리 크게 걱정하지 않을 겁니다." 하지만 내가 보기에 가장 정직한 대답은 다음과 같이 딱 잘라 한 말이었다. "1년 열두 달 제 출생증명서를 이마에 붙이고 다닐 수는 없지 않겠습니까? 사실은 그냥 사실인 겁니다."[3] 그가 한 말은 모두 진실이었고 아주 약간은 서로 모순적이었다.

저녁식사 자리에서 모락모락 김이 피어오르는 쌀국수를 앞에 두고 나는 데브라와의 설전을 돌이켜봤다. 당시 내 상황이 꼭 우리 시대의 모습을 그대로 보여주는 것만 같았다. 자신이 진실이라 믿는 걸 고집스레 붙들고 있으면서도 설득력 있는 논거는 부족한 모습을. 진실이 시험대에 오르고 쉽사리 모호해지는 순간에는 절대 그 진실 자체의 지배력에 의지해서는 안 된다. 이런 시대일수록 단순히 진실을 알아내는 데서 그칠 게 아니라 오히려 그걸 타인들에게 전달하는 기술이나 기법, 그 단순하고도 오래된 작업에 더 신경써야 하는 게 아닐까?

결과는 디저트를 먹으려는 찰나에 전달됐다. 타피오카 펄을 뜨려는데 주머니 속 휴대폰이 부르르 떨렸다. 이메일이 뜨는 데 몇 초가 걸렸다. 어머니는 차를 홀짝이며 딴청을 피웠다. 아버지는 몸을 기울여 내 손아귀의 휴대폰만 바라봤다. 메시지가 떴다. "귀하가 뉴사우스웨일스주 대표팀에 선발된 것을 알리게 되어 기쁘게 생각합니다."

## 토론이라는 건물, 논증이라는 벽돌

5월 마지막 주 토요일에 첫 모임이 잡혔고, 나는 그 주 내내 별일 없다는 듯 평소처럼 지내려고 노력했다. 내가 주 대표로 뽑혔다는 소식은 학교에 작지만 확실한 반향을 불러일으켰다. 친구들과 선생님들은 주 대표 토론팀이 뭔지도 잘 몰랐지만 놀라워하며 두루뭉술한 말들을 건넸다. "주 대표라니! 기분이 어때?" 나는 이런 말들이 불편했다. 내가 주 대표로 뽑혔다고 해서 실력이 나아진 건 전혀 아니었기 때문이다. 나는 일주일 전 오디션장으로 걸어들어가서 흠씬 두들겨맞고 온 그 열다섯 살짜리였다. 하지만 부모님과 선생님, 친구들의 기대는 날이 갈수록 하늘 높은 줄 모르고 치솟았다. 금요일 밤에는 침대에 누워 오랫동안 잠들지 못했다. 지금 내 위치와 내가 있어야 할 곳의 간극을 생각하면서.

모르는 사람이 봤다면 대체 왜 건조하고 흐린 토요일 아침 9시에 열두 명의 아이들이 시드니여자고등학교 입구로 모여드나 싶었을 것이다. 아마 나라도 그랬을 터다. 그 속에는 시합을 마치고 바로 달려온 축구부 주장, 클래식음악과 뮤지컬을 사랑하는 사근사근한 모범생, 온갖 남의 일을 훤히 꿰고 있는 마당발 친구, 그리고 데브라와 내가 있었다. 코치가 문을 열고 들어오며 우리가 모인 이유라 할 답을 말했다. "주 대표 토론팀 여러분, 환영합니다!"

코치들이 우리를 지난주에 오디션이 열렸던 2층 교실로 데려갔다. 형광등이 켜진 그 동굴 같은 방에서 우리 열두 명은 딱딱한 초록색 플라스틱 의자에 앉았다. 처음엔 분위기가 좀 어색했다. 내가 아는 토론은 팀 대 팀, 학교 대 학교로 겨루는 집단 활동이었다. 하지만 다른 친구들이 하는 말을 주워듣자니, 이런 상위 단계에선 더 개별적으로 실력이 평가된다고 했다. 각자 나름대로 유명한 아이들이었고 라이벌도 있었다. 코치는 우리를 올스타라고 불렀지만 내 머리에 떠오른 이미지는 성좌였다. 반짝이는 것들이 느슨하게 연결되어 있어 멀리서 보면 하나의 그룹으로 보이는 것.

몇 분이 지나자 오디션 때 봤던 붉은 수염 남자가 헐렁한 플란넬

셔츠를 입고 성큼성큼 칠판 앞으로 걸어갔다. 그는 자기 이름이 브루스고, 지금 시드니대학교 법학과에 재학중이며, 주 대표팀의 메인 코치 두 사람 중 하나라고 자신을 소개했다. 그런 다음 마크라는 더 호리호리하고 나이들어 보이는 코치를 가리켰다. 브루스에 대해 인상깊었던 것은 호주인의 트레이드마크라고 할 법한 느긋하고 태평한 모습이 전혀 보이지 않는 태도였다. 그는 목소리에도 힘이 넘쳐 사람 자체가 역동적인 느낌이었다.

"우선 전에 있었던 토론에 대해 피드백을 좀 해드리겠습니다. 여러분들 대부분이 아마 논증하는 방법을 제대로 못 배웠거나 잊어버린 것 같습니다. 토론대회 출전자들로서는 정말 큰 문제입니다. 논증은 목록 나열도 구호 외치기도 아니고, 격려 연설도 자기감정의 정직한 표현도 아닙니다. 여러분의 관점을 애매모호하게 뒷받침하는 건 논증이라고 할 수 없습니다. 그럼 뭘까요? 논증은 어떤 것들이 존재하는, 또는 존재해야 하는 방식에 대한 결론입니다. 핵심 주장과 일련의 근거 및 증거로 정당화되어야 하고요."

브루스는 뒤돌아서서 칠판에 논증의 기본 단계들을 적어내려갔다.

첫째, 논증을 하려면 결론부터 밝혀라. 즉, 청자가 받아들이길 원하는 사실, 가치, 처방부터 시작해라.

밥은 좋은 사람이 아니다.
**결론**

둘째, 결론 뒤에 왜냐하면이라는 말을 집어넣고 나머지 문장을 채워라. 이것이 핵심 주장 또는 증명해야 할 대목이다.

밥은 좋은 사람이 아니다.
**결론**

왜냐하면 그는 다른 사람의 감정을 배려하지 않기 때문이다.
**핵심 주장**

셋째, 핵심 주장에 왜냐하면이라는 말을 집어넣고 나머지 문장을 채워라. 이것이 근거, 즉 주장을 뒷받침하는 내용이다.

밥은 배려심이 없다.
**핵심 주장**

왜냐하면 그는 친구들과 타인에게 종종 모질게 굴기 때문이다.
**근거**

넷째, 근거를 증거, 즉 실제 사례에서 찾은 정보나 사실로 뒷받침하라.

지난 금요일 저녁식사 때 그가 셰릴의 직업에 대해 상처 주는 말을 했다.
**증거**


논증을 향상시킬 여지는 거의 무한대에 가깝다. 토론자는 언제나 더 많은 근거와 증거를 제시할 수 있고, 나아가 더 나은 근거와 증거를 떠올릴 수 있다. 그러면 주장을 뒷받침할 더 좋은 논거도 많아진다. 하지만 핵심은 근거와 증거 없이는 논증이 불가능하다는 사실이다.

"그렇다면 이게 다일까요?" 브루스가 물었다. "핵심 주장과 이를 뒷받침하는 일련의 근거와 증거로 정당화한 결론?" 내가 막 고개를 끄덕이려는 찰나 그가 외쳤다. "아니죠! 우리가 빠뜨린 게 뭘까요? 우리는 아직 핵심 주장이 결론을 정당화한다는 걸 보여주지 않았습니다. 네, 맞습니다. 우리는 밥이 다른 사람의 감정을 배려하지 않는다는 걸 보여줬습니다. 하지만 이것만으로 정말 그가 좋은 사람이 아니라고 결론지을 수 있나요? 혹시 그냥 눈치가 없는 사람일 수도 있지 않을까요?"

브루스는 돌아서서 칠판에 마지막 단계를 썼다.


다섯째, 핵심 주장을 다른 근거와 함께 결론지어라.


밥이 배려심이 없다는 사실은 그가 좋은 사람이 아니라는 뜻이다. 왜냐하면 그의 의도야 어떻든, 그는 다른 사람들에게 상당히 고통을 주기 때문이다.

**연결고리**

브루스는 이 마지막 단계를 논증의 '두 가지 입증책임', 즉 청자를 설득할 기회를 갖기 전 핵심 주장이 입증해야 할 두 가지라고 설명했다. 이런 책임은 우리가 일상에서 접하는 거의 모든 주장에 적용되며, 흔히 '진실'과 '중요성'이라는 조건으로 알려져 있다.

**진실:** 핵심 주장은 옳거나 믿을 만하다.
**중요성:** 핵심 주장은 결론을 뒷받침한다.

위 주장―밥은 다른 사람의 감정을 배려하지 않기 때문에 좋은 사람이 아니다―에서 두 가지 입증책임은 다음과 같다.

**진실:** 밥은 실제로 다른 사람의 감정을 배려하지 않는다.
**중요성:** 만일 밥이 다른 사람의 감정을 배려하지 않는다면, 우리는 그가 좋은 사람이 아니라고 결론지어야 한다.

논증이 똑바로 서려면 두 개의 다리가 필요하다. 만일 토론자가 핵심 주장이 진실임을 보여주지 못한다면 주장 전체가 고려할 가치가 없어진다. 마찬가지로 핵심 주장의 중요성을 보여주지 못한다면 듣는 이는 고개를 이렇게 갸우뚱할 것이었다. ¯\_(ツ)_/¯.

두 가지 책임 중 더 간과되기 쉬운 건 중요성이었다. 토론자는 더 많은 근거와 증거로 주장을 뒷받침하느라 바쁜 나머지 그게 왜 중요한지를 설명할 시간이 부족한 경우가 많았다. 이건 큰 문제였다. 왜냐하면 진실이지만 중요하지 않은 주장은 듣는 사람의 마음이나 행동이 바뀌게끔 설득하지 못하기 때문이다.

물론 두 가지 입증책임을 완수한다고 해서 반드시 청자의 마음을 돌려놓을 수 있는 건 아니지만 두 책임 중 하나라도 완수하지 못한다면 필패할 터였다. 그리스신화에 나오는 카산드라*를 떠올리게 하는, 옳지만 설득력이 없는 말이 될 테니까.

좀 추상적으로 느껴졌지만, 브루스가 칠판에 적어내려간 많은 예들을 보고 있자니 학교에서 접한 주장이 하나 떠올랐다. 몇 달 전 함께 어울리는 친구들 중 사회적 사안에 가장 관심이 많은 조애나가 우리 모두에게 채식주의자가 되자고 설득한 적이 있었다. 조애나는 고기나 유제품 종류를 하나하나 들먹이며 끔찍하기 짝이 없는 동물 학대 이야기를 들려주었고, 각종 통계와 시청각 자료를 증거로 대며 그 이야기가 사실임을 입증했다. "거기 뭐 들었어?" 점심시간에 조애나가 물었고 나는 대충 얼버무렸다. "어, 그냥 샌드위치야." 하지만 조애나는 가공육냄새를 단번에 알아챘고 우리는 곧 칠면조 산업에서 이루어지는 여러 잔혹 행위에 대해 많은 이야기를 하게 됐다.

조애나의 개입은 효과가 있었다. 이 토론에서 딱히 반론을 제기

---

◆ 아폴론에게 예언 능력을 받았지만 설득력을 빼앗긴 그리스신화 속 예언자.

할 수 없었던 나는 이참에 채식주의자가 한번 되어보기로 결심했다. 어머니는 며칠간 나를 놀리면서 처음엔 두부로, 나중엔 삶은 계란으로 단백질 음식을 대체해주었다. 하지만 나는 방목 계란 두 판도 다 못 먹고 두 손을 들었다.

브루스가 알려준 두 가지 입증책임 이론은 지난 경험을 새로운 시각으로 바라보게 해주었다. 조애나는 축산업이 동물들에게 엄청난 고통을 주기 때문에 고기를 먹지 말아야 한다고 주장했다. 그러면서 그 주장이 진실임을 믿게 해줄 근거와 증거를 댔고 나는 받아들였다. 하지만 한편으로는 동물들이 받는 고통 때문에 내가 고기를 더 까다롭게 고르고 덜 먹는 대신, 본격적인 채식주의자가 돼야 한다는 데 여전히 설득되지 못했다. 나는 조애나의 주장이 진실임은 확신했지만 그 중요성에 대해서는 감응하지 못했던 것이다.

시드니여자고등학교에서의 강의는 11시가 거의 다 되어 마무리됐다. "논증은 토론이라는 건물을 짓는 데 기본적으로 필요한 벽돌과 같습니다. 어떻게 보면 이 벽돌이 전부라고 할 수 있습니다. 토론자는 논증을 하고 또 깨부수는 일을 하는 사람입니다." 브루스는 앞으로 두 달 동안 잘해보자고 말한 다음 우리를 보냈다. 아침 시간이 끝나갈 무렵 건물 밖으로 나오니 구름이 걷히고 해가 슬며시 고개를 내밀고 있었다.

## '크로톤의 밀로'와 같은 노력

최종 팀을 선발하기까지 한 달 정도밖에 남지 않은 상황에서 행운은 계속 나를 비껴갔고 굴욕적인 경험만 점점 늘어갔다. 자유무역에 관한 토론 때는 마음씨 좋은 12학년 학생이 '비교우위'에 관해 논증하면서 내게 단어 하나하나를 또박또박 불러줘야 했다. 미디어 독점에 관한 토론 때는 상대가 '서보현의 저 중구난방식 주장이 무슨 말인지 도무지 모르겠다'는 말을 적어도 세 가지 방식으로 변주한 다음 단번에 뭉개버렸다. 그런 기억들이 계속 머릿속을 맴도는 탓에 나는 갈수록 의기소침해졌다.

조금씩 나아지고는 있었지만, 나와 다른 토론자들의 경험 차는 극복하기 힘들었다. 그들은 전부 나보다 한두 학년 위였다. 한 주에 평균 네 가지 논증을 한다고 치면 그들은 최소 백육십 가지 논증을 더 해본 셈이었다. 이제 나는 논증의 기초에 대해서는 그들 못지않게 잘 이해했지만 경험—무작정 하고 또 하는 고된 일—까지 복제할 수는 없는 노릇이었다.

처음엔 팀 구성이 무작위로 이루어졌지만 최종 4인에 대한 코치의 생각이 점차 좁혀지면서 나는 강력한 후보보다는 이미 몇 차례 연습에 빠진 사람들과 대결하는 일이 잦아졌다. 막다른 골목에 다다른 거였다.

그러던 어느 날 예상치도 못했던 곳에서 해답을 찾았다.

고대사 시간은 늘 너무 지루했다. 우리가 공부하는 그 시대의 사회는 지금의 현실과 아무 상관도 없어 보였고 항아리들도 내 눈엔 다 똑같아 보였다. 하지만 6월 마지막 주 금요일 오후에 배운 고대 그리스의 교육법에 관한 부분에는 유달리 관심이 갔다.

자유민의 아들들은 수사학 예비 훈련(프로김나스마타progymnasmata)을 받았다. 이는 생생한 묘사(에크프라시스ekphrasis)에서부터 예찬의 표현(엔코미움encomium)까지 열네 개의 수사학적 기술로 구성됐다. 학생들이 완벽한 연설을 할 수 있도록 고안된 것으로 페파이데우메노스pepaideumenos, 즉 '교양인'이 갖춰야 할 중요한 기술이었다.

박식하고도 예리한 영국인인 그레고리 역사 선생님은 엔코미움의 구조를 시간을 들여 설명했다. 선생님은 '실바 레토리케', 즉 수사학의 숲이라는 이름의 웹사이트에서 다음 예문을 차용했다.[4]

그 사람의 출신 배경(민족, 국가, 조상, 부모)을 기술하라.

그 사람의 성장 배경(교육, 각종 기예 훈련)을 기술하라.

그 사람의 행실을 기술하되 그의 생각, 신체, 혹은 운의 결과로 기술하라.

다른 사람과 비교해서 그를 더 우러를 수 있도록 하라.

그 사람을 따르도록 권고하거나 기도로 마무리하라.

반 아이들은 지루함을 못 견디고 끄응 한숨을 내쉬었다. 하지만 고대사 시간은 가끔 색다른 지혜를 선사하기도 했는데 내겐 이 예비 훈련 이야기가 그랬다. 물론 가장 진지한 학생들조차 그 훈련이 지루하고 틀에 박힌 것이라는 데 동의했다. 그냥 정해진 형식만 따르기 바쁜 케케묵은 훈련이라는 얘기였다.

하지만 그레고리 선생님은 단념하지 않았다. 선생님은 양손을 허리춤에 걸치고 싱긋 웃으며, 이 훈련은 애초에 지루하도록 만들어진 거라고 했다. "이건 특별한 사람들이 특별한 경우에 쓰는 특별한 비법이 아닙니다. 그냥 음계 같은 거예요. 그 효과는 반복을 통해 천천히 나타나지요."

고대 그리스인들은 그들만의 비유법이 있었다. 어떤 수사학자는 이 예비 훈련을 크로톤의 밀로가 기울인 노력에 비유했다. 레슬링 선수인 밀로는 날마다 송아지를 들어올리는 훈련을 한 끝에 결국 다 자란 황소를 들 수 있게 됐다는 이야기였다.[5] 교과서에서는 다음과 같이 강조했다.

> 그림을 그리고 싶어하는 사람이 직접 그림을 그리지는 않고 아펠레스와 프로토게네스와 안티필루스의 작품만 계속 들여다본들 아무 소용이 없듯이, 수사법을 배우려는 사람이 날마다 글쓰기 연습을 하지 않는다면 (…) 옛 작가의 말도 그들의 온갖 사상이나 맑은 언어도 아무 소용이 없다.[6]

이 말에 담긴 메시지가 뭘까? 시민은 거저 되는 게 아니라는 것이다. 노력을 통해서만 다른 사람들에게 연설하는 위치에 오르고, 다른 사람들의 공을 판단하는 자격을 얻을 수 있었다. 그런 자리에 오르려면 영감이나 타고난 재능보다 꾸준함이 더 중요했다.

그레고리 선생님은 그런 노력이 결국 예술적 기교를 만들어낸다고 설명했다. 고대시대가 끝나고 1천여 년이 흘러 르네상스시대가 됐을 때 이탈리아의 출판업자 알두스 마누티우스가 이 예비 훈련을 되살렸다. 그가 출판한 고대 그리스 수사법 교과서가 유럽 전체에 퍼져나갔고, 학자들에 따르면 이 책이 존 밀턴과 윌리엄 셰익스피어의 가장 중요한 작품들이 탄생하는 데 기여했다고 한다.[7]

그레고리 선생님이 역사 이야기를 풀어내는 동안 나는 이 예비 훈련에서 어떤 가능성을 희미하게 감지했다. 어쩌면 이 필연적 거래—고된 반복 훈련과 숙달을 맞바꾸기—가 내가 주 대표팀에 선발되는 데 도움이 되지 않을까 하는 생각이 들기 시작했다. 만일 내 문제가 경험 부족이라면 노력으로 그 모자란 시간을 보충할 수 있지 않을까?

나는 교실 뒤쪽 온갖 소음이 뒤섞여 메아리치는 좁은 공간에서 노트를 꺼내 조심스레 한 장을 찢었다. 그런 다음 나만의 수사법 훈련을 위한 설계안을 적어내려갔다. 논증을 가장 기본적인 형태로 간소화하여 네 가지 W, 즉 '무엇을What' '왜Why' '언제When' '그게 왜 중요한가Who cares'를 중심으로 구조를 짰다.

핵심이 **무엇**인가?

그게 **왜** 진실인가?

전에 **언제** 그런 일이 일어났나?

**그게 왜 중요한가?**

단순하지만 좋은 논증의 가장 중요한 부분을 모두 포함하는 구조였다. 예컨대 '배심원 제도를 폐지해야 한다'라는 논제에 찬성하는 쪽이라면 다음과 같이 쓸 수 있을 것이다.

**무엇을?** 우리는 배심원 제도를 폐지해야 한다. 왜냐하면 용인하기 어려울 정도로 엉터리 판결이 나오는 경우가 많기 때문이다.

**왜?** 배심원들은 법률적 증거라는 개념을 잘 모른다. 그들은 미디어에 지나치게 휘둘릴 뿐 아니라 그들이 속한 사회의 편견에서 자유롭지 못하다.

**언제?** 다수의 미국 법률가들이 'CSI 효과'를 증언하고 있다. CSI 효과란 배심원들이 수사 증거를 이해하는 데 TV 프로그램이 미치는 왜곡된 영향을 설명하는 용어다.

**그게 왜 중요한가?** 잘못된 판결은 희생자, 피고인, 사회 전반에 정의롭지 못한 결과를 낳는다. 또한 사법제도에 대한 신뢰마저 약화시킨다.

이 네 가지 W는 우리가 일상에서 벌이는 논쟁에도 적용된다. 비록 요점을 미리 정리해볼 수는 없더라도 어느 정도는 이 네 요소를 넣어 시도해볼 수 있다. 예를 들어 다섯 명으로 이뤄진 가족 중 장녀가 개를 입양하겠다는 아버지의 계획에 반대한다고 하자. 이때 장녀는 네 가지 W에 답하는 방식의 논증을 통해 자신의 주장을 강화할 수 있다.

**무엇을?** 우리는 개를 입양하지 말아야 한다. 왜냐하면 아무도 산책을 시키지 않을 것이기 때문이다.

**왜?** 다들 바쁘다. 수요일에는 모두 8시 이후에야 귀가한다.

**언제?** 지난번에 키우던 금붕어도 아무도 돌보지 않는 바람에 죽었다.

**그게 왜 중요한가?** 개는 매일 산책시켜주지 않으면 행복하지 않고, 우리 식구는 이 새로운 집안일을 놓고 날마다 싸울 것이다.


교실 안 공기가 조금씩 따뜻해지기 시작했다. 비록 구석에 있는 가스 난방기는 아직 작동하지 않는 것 같았지만. 이 열기에 힘입어 나는 4주 동안 논증 백 개를 쓰기로 했다. 그 정도면 마법을 불러일으키고도 남을 정도로 무지막지한 숫자라고 생각했다.

# 네 가지 W 만들기 연습

이 새로운 결심을 실천하는 첫날엔 부모님에게조차 숨긴 개인 학습 시간에 네 가지 W 만들기 연습을 했다. 하지만 곧 시간제한을 두고 해야 한다는 걸 깨닫고는 등교하는 전철에서, 그리고 점심시간에 짬을 내 도서관에서 연습하기 시작했다. 우선 '상속세는 100퍼센트로 정해야 한다'라는 의제에 찬성하는 논증 두 개를 썼다. 그리고 '감염병 예방접종을 의무화해야 한다'라는 주제에 대한 찬반 내용을 하나씩 썼다. 그렇게 시간이 흘러갔다.

학교 친구들은 곁눈질로 나를 바라봤다. J들은 내가 학교 공부를 하는 줄 알고 야유를 퍼부었고, 내가 진짜 이유를 알려주자 이젠 영문을 몰라 하면서 걱정하기 시작했다. "너 괜찮은 거야?" 토론팀 동료들조차도 내가 이걸 너무 진지하게 여기는 게 아니냐고 물었다. "네가 그랬잖아. 주 대표팀 선발은 순전히 운에 달렸고 예측불허라서 너는 별로 신경도 안 쓴다고. 기억 안 나?"

나는 이 수사학 훈련 시간을 마음껏 즐겼다. 내 남은 인생 동안 논증하면서 뭘 주장할 일이 별로 없을 것 같았기에 더욱 그랬다. 십대 아이들에게 진지한 질문을 던지고 대답을 기다리는 어른은 드물었다. 그나마 영어나 역사 같은 과목은 에세이 쓰기 숙제라도 내주지만 다른 과목 대부분은 벼락치기 암기에 보상을 주었다. 교실뿐 아니라 학교 운동장이라는 정글에서도 추론보단 힘과 평판의 법칙을 모토로 삼았다.

이런 논증의 가뭄 상태는 십대가 지나도 계속되는 것 같았다. 우리를 어른으로 취급하는 유일한 영역인 상거래 역시 질문을 받을 일도 근거를 제시해야 할 일도 별로 없었다. TV에서는 대기업들이 수영복과 복근 이미지를 이용해 탄산음료와 생명보험을 팔았고, 인턴십을 하고 있는 상급생들은 하루하루 그저 지시대로 행동하고 자잘하게 주어진 일들을 해내며 보내기 바쁘다고 했다.

정치 또한 다를 바 없었다. 2010년 중반 무렵 호주에서는 정말 한심한 연방선거운동이 펼쳐지고 있었다. 중도좌파 정당인 노동당의 줄리아 길라드 총리와 그의 적수로 나선 보수정당 자유당의 당수 토니 애벗은 서로에 대한 심한 적대감과 본질적인 토론의 부재라는 두 가지 해악을 드러냈다. 양측 모두 핵심 지지층을 겨냥한 '미래로 가자' '호주를 지키자' 따위의 단순한 구호 몇 마디에만 매달렸다.

전문가들은 이런 현안들에 대해 여러 의견을 내놓았다. 가장 먼저 화살이 향한 곳은 눈앞의 이익에만 급급한 정치꾼이었고, 그다음은 투표로 선출된 정치인보다 여론조사원과 당직자에게 더 큰 권한을 주는 정치 문화였다. 하지만 언론계 인사들이 급격히 늘어나면서 그들의 위선도 점점 눈에 띄기 시작했다. 시청률에 연연하는 저널리즘과 터무니없는 논평으로 점철된 뉴스를 24시간 내보내는 언론과 공중파에, 진짜 토론과 논증이 들어설 공간이 어떻게 남아 있겠는가?

하지만 시민들에겐 닭이 먼저냐 달걀이 먼저냐 하는 식의 이 볼썽사나운 시시비비가 더 긴박한 문제, 바로 지금 우리가 부끄러운 짓을 하고 있다는 사실을 외면하는 행동으로만 보였다. 어찌된 일인

지 이 나라는 어느새 자기 확신과 빈정거림과 공허한 구호를 먹고사
는 무논리 공화국이 되어 있었다.

경쟁적 토론의 세계는 이 모든 것으로부터 벗어나는 도피처가 되
어주었지만 이곳 역시 결코 만만하진 않았다. 자기 확신은 설익고
피상적인 생각에 어떤 의심도 없이 목소리를 내주었지만, 올바른 논
증은 구태의연한 믿음을 심문하고 새로운 믿음을 쌓아올리기를 요
구했다. 네 가지 W에 대답하고 두 가지 입증책임을 충족시키려 애
쓰면서 나는 감상적이고 엉클어진 생각더미를 일관되게 정리해갔
다. 종이에 적힌 완결된 논증을 보면서 종종 "그래, 이게 진짜 내가
믿는 거지"라고 생각하곤 했다.

가장 좋았던 점이 뭐였느냐고 묻는다면, 그 방법이 통했다는 점
이다.

나는 연습 토론에서 더 잘해나가기 시작했다. 혼자 추가 연습을
한 덕분에 쓸 수 있는 아이디어가 많아졌고 주어진 시간 안에 더 많
은 이야기를 할 수 있겠다는 자신감도 생겼다. 토론에서는 실력이
향상되면 즉각적인 희열이 찾아왔다. 예술가들은 고귀한 이상을 추
구하느라 고군분투하지만 우리 토론자들은 한 주 한 주 더 감각적인
스릴을 좇았다. 망연자실한 상대편의 침묵, 코치가 고개를 끄덕이는
모습, 몇 초 동안 쉴새없이 쏟아지는 박수갈채 같은 것들을.

이런 보상회로에는 독이 되는 것도 있었다. 토론은 말과 생각이
라는 두 가지 능력으로 우리가 누구인지를 역설하는 일종의 스포츠
다. 그렇다보니 토론자들은 토론에서 승리하는 일을 마치 인간적 가

치를 인정받은 것처럼 여기기 쉬웠다.

이제 토요일 아침 연습 시간에 다른 후보들이 나를 자기네 대화나 프로젝트에 끼워주는 등 전보다 친절하게 대해주었다. 내 위상이 높아졌다는 이 무언의 인정이 불편하기도 했지만 그 추락이 얼마나 치명적이든 저 위로 올라가고 싶다는 욕망이 그보다 더 강렬하게 솟아올랐다.

## 듣는 사람을 생각하며 말하기

최종 선발 토론은 7월이 막바지를 향해 가는 고요한 겨울 저녁 6시에 시작됐다. 첫 오디션 때 함께 모여 기다렸던 바로 그 답답한 방에 다시 모인 우리 여섯은 둥글게 모여 서서 이런저런 대화를 나누었다. 아이들은 농담을 던지고 허세를 부리며 긴장을 숨기려 애썼지만 단조롭고 날 선 목소리에선 고스란히 긴장감이 묻어났다. 무리에서 저만치 떨어져 서 있던 데브라조차 대중없이 쿵쿵 발을 굴렀다.

5시쯤 되자 브루스가 방으로 들어왔다. 헝클어진 머리카락에 팔짱을 낀 그는 어려운 결정을 내려야 하는 사람처럼 보였다. "여기까지 온 것 자체가 대단한 성취라는 사실을 알았으면 좋겠습니다." 그가 말했다. "여러분 한 사람 한 사람이 우리 주를 대표해서 전국대회에 나갈 수 있는 뛰어난 사람들입니다. 하지만 우리는 여러분 전부를 데리고 가지는 못합니다."

브루스는 짙은 색 청바지의 왼쪽 호주머니에서 꼬깃꼬깃하게 접

흰 종이 한 장을 꺼냈다. "자, 이제 시작하는 게 좋겠군요." 브루스가 스피치 순서를 일러주었다. 나는 데브라와 언제나 전전긍긍하는 12학년 마이카와 함께 찬성팀에 배정됐다. 내가 첫번째, 데브라와 마이카가 각각 두번째, 세번째 주자였다. 우리 셋이 가까이 모이자 브루스가 주제를 읽어주었다. "에코타주ecotage는 도덕적으로 정당하다."

이 엄숙한 단어들의 조합을 들으니 등골이 오싹해졌다. 나는 에코타주에 대해선 아무것도 아는 게 없었고 내 옆에서 미동도 않고 나지막이 쎄근거리는 마이카 역시 그 개념을 잘 알고 있는 것 같지 않았다. 데브라를 찾아 두리번거렸지만 그는 이미 떠난 후였다. 나는 가방을 챙겨들고 마이카까지 챙겨 우리의 운명을 마주하러 복도로 나갔다.

청소도구실처럼 생긴 준비실로 가니 데브라는 벌써 테이블 상석에 앉아 있었다. 마이카와 내가 쭈뼛쭈뼛 의자를 빼고 앉으니 데브라가 마치 전쟁을 진두지휘하는 장군 같은 폼으로 몸을 앞으로 숙였다. "너희들 에코타주가 뭔지는 알지?" 나는 침을 꿀꺽 삼키고는 마이카를 쳐다봤다. 그의 얼굴이 순식간에 창백해졌다. 데브라가 눈을 치켜떴다. "환경에 해로운 프로젝트를 지연시키거나 중단시키려고 공공 기물을 파손하거나 재산상의 해를 가하거나 방해하는 행위를 말해."

이후 10여 분 동안 데브라는 에코타주에 대한 우리의 질문에 대답을 해주었다. "벌목용 사슬톱 같은 삼림 벌채 장비를 망가뜨리기 위해 나무에 못을 박아둔다든지 하는 거야. 보통 이런 행동은 사람을 다치게 하려는 의도는 없지만, 그렇다고 그런 가능성을 아주 배제하진 않아." 혼란이 어느 정도 가라앉은 뒤 마이카와 나는 가능한 논증과 전략 아이디어를 주고받았다. 서로에게 경쟁심을 느꼈지만 한 팀으로서 함께 해결해나가는 수밖에 없었다.

40분이 지났을 때 우리는 각자 방 한구석으로 흩어져서 자기가 할 말을 적었다. 나는 논증 두 개를 써야 했다. 에코타주는 환경에 이롭고, 그 외엔 다른 뾰족한 대안이 없다는 것이었다. 각 논증을 위해 두 가지 입증책임을 완수하고 몇 가지 근거와 예로 이를 입증하는 데까지 서둘러 나아갔다. 첫번째 논증에서는 먼저 왜 에코타주가 환경에 해로운 프로젝트를 실제로 중단시키기가 용이한지에 대해 여섯 가지 근거를 적고, 그다음엔 왜 환경 보존이 재산권 보호보다 더 긴박하고 중대한 문제인지에 대해 세 가지 근거를 적었다. 나는 빠르게 죽죽 써나갔다. 몇 주 동안 혼자 훈련한 효과가 있었다.

두번째 논증을 적기 시작하면서 시계를 보니 8분이 남아 있었다. 나는 준비실을 얼른 훑어봤다. 마이카는 꼭 게처럼 웅크리고 메모지에 코를 박고 있었다. 이제 가속도가 붙은 듯했다. 내 반대편에 있는 데브라는 펜을 내려놓은 채 창밖의 텅 빈 주차장만 바라보고 있었다. 나는 데브라 쪽을 향해 속삭이듯 물었다. "생각나는 게 없어?" 그는 천천히 내 쪽을 보더니 조금 귀찮은 듯 얼굴을 찌푸리며 쌀쌀맞은 목소리로 말했다. "글쎄, 그건 봐야 알지." 그러고는 다시 창밖으로 시선을 돌렸다.

2층 토론장에서는 브루스를 포함해 코치 넷이 긴장어린 딱딱한 웃음을 지으며 우리를 맞았다. 구석구석 친근하게 느껴졌던 방인데, 이렇게 늦은 시각에 보니 새삼 낯설었다. 겨울 저녁 어스름 속, 희미한 오렌지색 가로등 불빛이 교실 벽에 묘한 그림자를 드리웠다. 나는 바로 시작해야 한다는 걸 알았다. 한기에 부르르 몸을 떨면서 방한가운데로 걸어간 다음 차분히 숨을 골랐다.

방안의 모든 시선이 내게로 향하는 게 느껴졌지만 이번에는 시선을 피하지 않았다. 대신 차분한 표정으로 노트에 적어놓은 첫 몇 줄을 확인한 다음 말을 시작했다.

"탐욕스러운 기업과 결단을 내리지 못하는 정부 때문에 환경이 계속 파괴되는 걸 보면서 시민들은 어려운 결정에 직면하게 됐습니다. 그냥 체념하고 넘어갈 것인가, 아니면 싸울 것인가. 저희 찬성팀은 파괴범이 아니며 그런 행동이 합법화돼야 한다고 주장하지 않습니다. 저희가 바라는 것은 필사적인 저항 행동의 도덕적인 측면에 대한 정당한 설명입니다."

내가 정신없이 두 가지 논증을 하면서 침을 튀겨가며 근거와 증거를 늘어놓는 동안 심판들 역시 열과 성을 다해 빠르게 메모했다. 내 뒤에선 상대팀이 숨을 거칠게 내쉬며 서로 속삭였다. "우리 저말에 뭐라고 대꾸해?" 광범위하고 복잡한 논증으로 청자들의 입을 떡 벌어지게 하려던 계획이 제대로 먹히고 있는 듯했다. 그래서 더욱 박차를 가했다. "다른 마땅한 정치적 대안이 없다는 다섯번째 근거는 환경정책 의제 설정에 기업들의 기부가 미치는 영향입니다. 여섯번째 근거는……"

그렇게, 전광석화처럼 빠르게 흘러간 것 같으면서도 영원처럼 길었던 8분이 지나고 마침내 결론에 도달했다. "기물 파손과 생명의 터전 파괴 중 하나를 선택해야 한다면 부디 지구의 편에 서주십시오." 마지막엔 목이 쉬어 목소리가 갈라졌다. 심판들이 손뼉을 쳤고 나는 쌕쌕거리며 내 자리로 휘청휘청 돌아와 앉았다. 이 정도면 됐다는 위험한 생각이 들며 아드레날린이 솟구쳐오르는 느낌이었다.

다음 토론자는 슈레야라는 생기발랄한 학생이었는데 그 역시 나와 비슷했다. 슈레야는 마치 대결이라도 하듯 가슴을 한껏 내밀고는 팔짱까지 끼고 서서, 도덕적으로 옳은 말들을 속사포처럼 쏟아냈다. "에코타주는 이런 프로젝트를 실행하는 노동자들의 생명에 가해지는 매우 실질적인 위험에 대해 믿을 수 없을 정도로 무신경했습니다. 부상의 위험은 잠시 접어둡시다. 지속적인 방해 행위로 인한 경제적 불안은 또 어떻습니까?"

내 왼편에 앉은 마이카는 빨간색과 초록색 펜으로 반론 아이디어를 한가득 적어놓은 종이 쪼가리와 포스트잇 뭉텅이를 뒤적이며 허둥거렸다. 하지만 오른편에 앉은 데브라는 마치 토론에 무관심한 사람처럼 보였다. 데브라는 그 차가운 파란 눈으로 심판들을 주시하다가 가끔씩 펜을 집어들어 짧게 메모했다. 나는 몇 차례 반론 아이디어를 말해주려 했으나 데브라는 번번이 내 말을 묵살하고 다시 상념에 잠겼다. "무슨 말을 하는지 지켜보는 거야." 그가 말했다.

마침내 데브라의 차례가 왔다. 그는 자리에서 일어나 차분한 걸

음걸이로 방 중앙으로 갔다. 일단 자리를 잡고 서자 그는 거의 몸을 구부리다시피 해 청중과 눈을 맞추고는 낮은 목소리로 말문을 열었다. "지금까지 이 토론에서 엄청나게 많은 주장들이 나왔습니다. 다들 열의가 정말 대단한 것 같습니다. 뭐, 그것도 좋습니다. 하지만 저는 어떤 논증은 좀더 자세히 확인해봐야 한다고 생각합니다."

데브라는 어떤 논증이 심판에게 납득이 됐는지 혹은 안 됐는지를 알아채고는 그에 따라 자기 이야기를 풀어나가려는 것 같았다. 슈레야와 내가 지나치게 추상적이었다면 데브라는 세부 사항들을 파고들었다. "'폭력'이니 '재난'이니 하는 말도, 우리 팀에서 나온 '개입'이니 '저항'이니 하는 말도 다 잊으십시오. 이것은 지구가 더 망가지는 걸 막기 위해 깜깜한 밤에 나무에 못을 박고 건설 현장을 폭파시키는 일에 관한 이야기입니다." 우리가 다양한 주장을 뒷받침하는 객관적인 증거를 제시했다면 뒤이어 그는 성심껏 설득 작업에 돌입했다. "자, 이제 이런 행동들이 왜 의미가 있는지 말하겠습니다. 지금의 법률들이 방대한 환경 파괴 행위를 가능하게 한다면, 그런 법률에 저항하는 일 또한 우리의 책임이기 때문입니다."

데브라와 나는 논증에 거의 같은 도구를 활용했다. 하지만 나는 이런 기술을 청자에 대해 우위를 점하는 데 사용한 반면, 데브라는 같은 방법을 청자의 자연스러운 궁금증을 감지하고 해소해주는 데 사용했다. 데브라는 그 네 가지 W를 스스로에게 되물으면서 '왜?' '그게 왜 중요하지?'라고 궁금해할지 모르는 청자를 향해 답변했다. 다른 사람을 자기 생각의 공저자로 삼은 거였다.

나의 토론을 다시 떠올려보니 몹시 씁쓸해졌다. 나는 잠시라도 멈춰 서서 청자가 내게 듣고 싶어할 말이 무엇일지를 고려해보지 않았다. 오히려 청자를 압도하려고만 했다. 무분별한 정치인이나 전문가들과 다를 바 없이, 말로서 의혹에 답하는 대신 의혹을 짓눌러버리고, 설득하는 대신 입이 떡 벌어지게 만들고, 공감하는 대신 경탄을 자아내기 바빴다. 나는 사람들을 향해서가 아니라 사람들에게 대고 말을 한 것이다.

데브라가 하는 이야기를 듣다보니 제2차세계대전 말미에 있었던 일화가 하나 떠올랐다. 1944년 덴마크의 물리학자 닐스 보어―원자의 물리적 모형을 맨 처음 내놓은 사람―는 세계가 곧 엄청난 위험에 빠질 거라고 확신했다. 그는 뉴멕시코주의 로스앨러모스―사막에 위치한 맨해튼계획의 산실―에 수차례 방문하고 나서, 이 파국적인 무기 경쟁을 막는 유일한 길은 미국이 핵폭탄 제조에 거의 성공했음을 소련에 알리는 것뿐이라고 결론지었다. 그해 내내 로비를 한 끝에 그는 마침내 윈스턴 처칠, 프랭클린 루스벨트와 면담하는 자리를 갖게 되었다.

면담은 한심하기 짝이 없었다. 처칠의 보좌관에 따르면, 보어의 "완곡하고 철학적이고 모호한 표현"과 "도저히 알아듣기 힘든, 속삭이는 듯한 목소리"에 처칠은 완전히 흥미를 잃어 예정된 시간보다 일찍 자리를 파하고 나서 이렇게 선언했다고 한다. "머리숱이 어마어마한 그 사람을 당신이 내 앞에 데리고 온 그 순간부터 난 그가 별로 맘에 안 들었어."[8] 면담 전부터 과연 자기가 과학자의 말을 알아들을 수 있을지 불안해하던 루스벨트는 그보다는 예의가 있었다. 하지만 그의 보좌관은 나중에 "대통령께서 그 사람이 한 말을 조금이라도 알아들었는지 의심스럽다"고 했다.

아마 보어의 돈키호테식 임무 수행은 애초부터 실패할 운명이었을 것이다. 소련에 대한 연합국의 불신이 갈수록 깊어졌고 타국 출신 과학자 역시 못 미덥기로는 마찬가지였으니.

하지만 철학자 칼 포퍼가 보어와의 논쟁에 대해 기술한 대목을 읽었을 땐—"그는 다른 사람이 말할 기회를 전혀 주지 않고 혼자서만 계속 떠들었다. 상대가 간신히 한두 마디 할라치면 바로 말꼬리를 자르고 다시 끼어들었다"—이런 상상을 해보지 않을 수가 없었다. 만약 보어에게 듣는 사람의 의심과 몰이해를 뒤집을 여유가 있었더라면 세계는 어떻게 바뀌었을까?⁹

데브라는 스피치를 마무리하고 자기 자리로 돌아왔다. 나는 그의 온기에 더해 땀냄새가 살짝 섞인 달콤한 향수 냄새에 압도당하는 기분이었다. 교실 뒤에 앉아 있던 심판 넷은 크게 기쁘지도 감동받지도 않은 듯 보였다. 대신 그들의 얼굴에는 마침내 응답을 들은 사람들이 짓는 안도감 같은 것이 어린 표정이 떠올라 있었다.

## 마침내 세계학생토론대회에 나가다

나는 주 대표팀에 들어가지 못했다. 대신 후보로 선정된 덕분에 2010년 8월에 열린 전국대회에 대표팀과 함께 갈 수 있게 되었다.

그리도 입고 싶었던, 윗주머니에 우리 주를 상징하는 진홍색 워라타 꽃이 새겨진 청색 블레이저 유니폼을 입고서.

그때부터 모든 일이 빠르게 진행됐다. 그로부터 1년 뒤인 2011년에 나는 퍼스에서 열린 전국대회에 뉴사우스웨일스주를 대표해 참가했고, 우리 팀은 우승을 거두었으며, 나는 호주 국가대표팀의 다섯 멤버 중 한 사람으로 뽑혔다. 덕분에 나는 스코틀랜드의 항구도시 던디, 남아프리카공화국의 수도 케이프타운으로 날아가 세계학생토론대회에 나갔고, 거기서 우리 팀은 결승전에서 패배의 쓴맛을 보아야 했다.

열여섯과 열일곱을 이렇게 정신없이 보내며, 나는 대회의 수준이 어떻든 토론은 결국 논증으로 귀착된다는 사실에 위안을 받았다. 또한 처음에는 완벽한 논증―천재성의 산물―을 이상으로 여겼지만 이제는 분명히 알게 되었다. 진짜 이상적인 상태는 팀원들의 기여, 청자의 기대, 사랑하는 사람들이 중요하게 여기는 가치 등 수많은 요소가 합쳐져 만들어진다는 사실을.

이런 논증들은 대담무쌍하게도 스스로 진실임을 주장했다. 하지만 퀼트처럼 조각조각 꿰어 만드는 논증은 진실에 대한 하나의 관점을, 고정된 실체가 아닌 공유된 진실로 구체화해나가는 일인 것 같았다. 이는 한 사람의 연설이 아니라 서로 의견을 나누는 과정에서 이루어졌다.

열여덟 살 생일을 몇 주 앞둔 2012년 8월 마지막 주 금요일, 태즈메이니아섬에서 열린 전국대회에서 나는 호주 대표팀 주장으로 뽑혔고 브루스는 대표팀 코치가 됐다. 객석에서 최종 발표를 기다리던 부모님은 1월에 튀르키예 안탈리아에서 열리는 내 마지막 세계학생 토론대회에 함께 가겠다고 그 자리에서 약속했다. 그날 밤 침대에 누워, 호주로 이민 오고 나서 보낸 9년이란 세월을 헤아리다보니 논증이 이제 나를 또 어디로 데려다줄지 궁금해졌다.

# 3장

# 반론: '좋은 반대'가 '좋은 토론'을 이끈다

## 제대로 반박하는 법

"상대의 주장을 무너뜨리고 나면,
그다음엔 더 나은 대답을 제시해야 한다."

"헛소리야, 헛소리, 헛소리." 뒤에서 으르렁대는 소리가 들렸다.

나는 브루스를 2010년 가을 주 대표팀 오디션 이래 3년 동안이나 봐왔기에 그의 표정을 읽는 데는 선수가 되었다. 182센티미터의 키에 럭비 선수 같은 체격의 그는 평소에도 대결하는 듯한 자세로 농담 아니면 비난조로만 말하는, 진짜 속내는 절대 대놓고 말하는 법이 없는 촌스러운 사람이었다. 하지만 나는 눈이나 입술 가장자리에 잡히는 주름처럼 그가 숨기지 못하는 미묘한 신체 변화로 인정과 우려와 공감의 기색을 읽어내는 법을 알아차렸다.

그러나 2013년 1월 26일 토요일 저녁 이스탄불의 쓸쓸한 겨울 공기 사이로 땅거미가 내려앉을 무렵, 브루스에게 또다른 표정이 있다는 걸 알게 됐다. 바로 순수한 분노였다. 얼굴이 붉으락푸르락하더니 볼에서부터 붉게 물들어 머리카락이 시작되는 데까지 번져나갔다.

"음, 그건 정말이지……"

위이이이잉!

바깥 저멀리에서 경보음 같은 게 나기 시작했고 몇 초 지나지 않아 웅장한 음악으로 이어졌다. 소리는 곧 2층에 있는 우리 숙소의 얇은 벽을 뚫고 들어와 진득한 액체처럼 온 방안을 가득 채웠다. 오후 6시 36분은 무슬림들의 저녁 예배인 마그립 시간이었다. 브루스는 한숨을 내쉬며 소파에 털썩 주저앉더니 꼭 폭발을 저지당한 화산 같은 얼굴로 신음소리를 냈다.

우리 여덟—호주 대표팀 다섯과 브루스, 그리고 보조 코치 둘—은 일주일 전 튀르키예에 도착했다. 도착한 날 아파트 옥상에서 내려다본 도시 풍경은 신기루처럼 빛나는 동시에 생경했다. 그런데 세계학생토론대회가 열리는 안탈리아 인근 도시행 비행기 탑승을 고작 몇 시간 앞둔 지금은, 하늘에 잔뜩 먹구름이 껴 칠흑같이 캄캄한 밤이 기다리고 있음을 예고했다.

지난 일주일 동안은 엄격한 스케줄에 따라 지냈다. 하루에 3시간짜리 토론 세션(준비, 토론, 평가에 각각 1시간씩 할당한)을 몇 차례나 가졌고 사이사이 반복연습, 강의 듣기, 자료 조사를 했다. 이만 장의 화려한 타일로 만들어진 블루모스크, 갈리폴리의 무덤들, 제1차세계대전 때 호주를 포함한 연합군이 처절하게 패배한 현장을 다녀온 걸 제외하고는 여행을 즐기는 일은 최대한 나중으로 미뤘다.

하지만 이 모든 노력에도 불구하고 확 진전되는 느낌이 없었다.

사실 우리는 다섯 달 전 호바트 전국대회에서 한 팀을 이룬 뒤로 겨우 일주일 전에야 다시 만난 거였다. 여러 면에서 우리 다섯—닉, 타이론, 조, 제임스, 나—은 여전히 생판 모르는 사람이나 다름없었다.

우리 각자는 결코 실력이 모자라지 않았지만 훈련 과정에서 팀워크가 잘 발휘되지 않았다. 나는 주장으로서 우리 팀을 하나로 만들고자 안간힘을 썼지만 뜻대로 잘되지 않았다. 우리 팀 실력이 각 팀원이 지닌 능력치의 합에 못 미칠 것 같다는 두려움이 슬금슬금 밀려왔고, 그로 인한 압박감이 좀처럼 가라앉지 않았다. 닉, 타이론, 나 이렇게 셋은 곧 대학 입학을 앞두고 있었다. 이번 대회가 우리가 참가하는 마지막 세계학생토론대회가 될 터였다. 브루스 역시 이번 대회를 끝으로 국가대표팀 코치를 내려놓기로 한 상황이었다.

기도 알림 소리가 멈추자 브루스가 외치듯 말을 이어갔다. 이제 그의 목소리에는 수심이 묻어났고 그가 고른 단어에서는 지금까지와는 다른 긴박함이 느껴졌다. "너희들은 지금 토론을 포기하고 있어. 상대방에게 이의 제기를 하지 않고 자꾸 그냥 넘어가는데, 대체 왜 반박을 안 하는 거지?"

브루스는 연습 토론에서 우리의 스파링 상대가 되어준 두 보조 코치—키가 크고 말씨가 부드러운 멜버른 출신의 크리스와 책을 좋아하고 신랄한 어투를 가진 브리즈번 출신의 크리스틴—를 가리키며 말했다. "너희들은 지금 쟤네가 살인을 저지르고 도망가는데 그냥 가만히 보고만 있다고." 둘은 우리를 측은한 표정으로 바라봤다.

틀린 말은 아니었다. 바로 직전 우리는 예술 분야에 대한 공적 지원 제도의 장점을 주제로 토론을 했는데, 상대팀의 기세에 위축된 나머지 그들의 주장에 휘둘리고 말았다. 우리는 그들의 논점을 바로 반박하는 대신 당연한 걸로 받아들이고는 그에 대항할 만한 논증을 찾기 바빴다. "맞습니다. 하지만……"으로 상대의 말을 받았다. 그 주 내내 이런 경향을 몇 번이나 지적했던 코치는 이제 이 문제를 정면 돌파하기로 마음먹은 것 같았다.

"이렇게 해보자. 상대가 새로운 논점을 제시할 때마다 무조건 '헛소리'라고 생각해. 그런 다음 어떻게든 그 이유를 생각해내."

코치는 잠시간 이를 시연해 보였다.

"상대가 그 정책이 핵전쟁 가능성을 높인다고 하면, 너희는 그건 '헛소리'라고 생각해."

"상대가 이 법이 집회의 자유를 어긴다고 하면, 너희는 그건 '헛소리'라고 생각해."

"상대가 그런 반대가 비합리적이라고 하면, 너희는 그건 '헛소리'라고 생각해."

이 후렴구를 듣고 있자니 무슨 불경한 콜 앤드 리스폰스Call-and-response♦를 듣는 느낌이었다.

---

♦ 한 명 혹은 그 이상의 음악가가 멜로디를 제시하면 나머지가 응답하는 식으로 연주하는 합주 방식.

"그리고 다음 연습 때는 좀 다른 걸 시도해보자. 이 말을 속으로만 하지 말고 크게 외쳐보는 거야."

우리는 돌아가면서 그렇게 해보았다. 소리 내는 방법은 제각각이었지만 내 입에서 나오는 소리는 특히나 형편없었다. 지나치게 부드럽게 시작해서 느닷없이 힘을 꽉 줬다가 어중간하게 끝을 맺었다. "헛쏘리이" 같았달까. 시선을 노트북에 두고 있던 코치는 고개를 들진 않았지만, 그가 얼마나 신경쓰고 있는지 생생히 느껴졌다. 분명이 연습도 바로 나 때문에 하는 거였다.

## 내가 '지킬 박사와 하이드'가 된 이유

나는 살아오는 내내 갈등이 두려웠다.

내가 서울에서 다녔던 초등학교의 콘크리트 본관 뒤쪽은 포장이 안 된 갈색 흙바닥이었다. 상급생들은 어른들의 눈을 피해 그곳에서 주먹다짐을 하곤 했다. 몸싸움은 몇 분 동안 이어졌다. 서로의 주변을 돌면서 용기를 끌어모은 둘은 환호하는 군중의 동물적인 소리와 함께 공격을 개시했다. 그러나 결정적인 순간에 패배를 결정짓는 건 힘이 아니었다. 누구의 의지가 먼저 무너져내리느냐가 승패를 갈랐다.

겨우 초등학교 1학년이었던 나는 이런 폭력적인 장면이 펼쳐지자속이 울렁거렸다. 속에서부터 신맛이 올라와 목구멍까지 치밀었다. 물론 군중 속에 섞여 안전하게 싸움을 구경하는 방법도 있었겠지만,

그때 나는 구경꾼과 싸움하는 사람 사이의 경계가 무척 희미하다는 사실을 뼛속 깊이 느꼈다. 그래서 학교의 반대쪽, 그러니까 화단과 주차장이 있는 쪽에 머물면서 새하얀 교복을 얼룩 하나 없는 상태로 유지했다.

하지만 부모님은 나와 생각이 달랐다. 아들이 먹고 먹히는 치열한 세상에 맞설 준비가 전혀 안 된 것을 걱정한 부모님은 수줍은 아이에 대한 한국인의 공통 처방, 태권도 학원에 등록했다. 도장은 수영장 아래 꿉꿉한 지하층에 있었다. 염소 냄새와 찐득찐득한 매트는 시간이 흘러도 절대 익숙해지지 않았다. 처음에는 스트레칭과 반복적인 품새 연습을 강조하는 탓에 꼭 발레처럼 느껴지기도 했지만, 시간이 지나며 점점 태권도를 좋아하게 되었다.

나는 2년 반 만에 서울에 있는 세계태권도본부 국기원에서 검은띠 심사를 받았다. 태권도의 메카로 알려진 그곳은 직접 가보니 1970년대에 지은 커다란 체육관이었다. 원형극장처럼 빙 둘린 객석이 내려다보는 가운데 우리 백여 명의 선수는 열두 명의 심판 앞에서 품새 시범을 보였다. 심사위원들은 연단에 앉아서 주의깊게 지켜보고 있다가 실수하는 사람을 골라냈다.

심사의 마지막 순서는 겨루기였다. 나는 몇 주 동안 이에 대비했다. 하지만 막상 그 순간이 닥치자 연습과 실전의 차이가 말할 수 없이 커 보였다. 나는 내 앞의 도인처럼 생긴 소년과 눈을 맞췄다. 우리는 가까이 다가가서 허리 숙여 인사했다. 그 아이가 먼저 한 방을 날렸다. 주먹은 쿵 하는 소리와 함께 내 가슴팍에 꽂혔다. 나는 살짝 뒤로 물러난 다음 체중을 실어 그 아이의 갈비뼈 아래 옆구리를 힘껏 찼다.

빳빳하게 풀 먹인 흰 도복 아래, 뼈와 뼈 사이의 내장 깊숙한 곳에서 다시 한번 이 모든 게 너무 싫다는 느낌이 확 올라왔다. 그렇게 검은띠를 손에 쥔 나는 뒤도 안 돌아보고 곧장 태권도를 그만두었다.

그뒤로 10년 동안은 이 타고난 기질로 윤리—세상을 살아가는 방식에 대한 이론—를 파고들었다. 하지만 일상에서는 언쟁을 피하고 무시하며 그것으로부터 숨으려고 노력했다. 대답을 회피하고 농담으로 에두르는 기술이 늘어갔다. 이 열성적인 갈등 회피 덕에 친구들은 나를 좋아했다. 친구들이 사소한 다툼에 시간을 낭비하는 동안 나는 모두와 사이좋게 지내는 편안함을 즐겼다.

이 같은 갈등 회피를 생활의 지혜로 보는 관점은 역사가 꽤 길다. 고대 이집트의 파피루스문서("침묵이야말로 당신이 우위를 점하는 방법이다. 다른 사람들은 부정적인 말을 쏟아내어 평가자들을 역겹게 만들지만 침묵하는 당신은 관리자들에게 좋은 사람이라는 평가를 얻는다")[1]부터 기업교육가이자 뛰어난 디베이터였던 데일 카네기의 대표작 『인간관계론』("이 세상에서 논쟁을 활용하는 최고의 방법은 그걸 피하는 것이다")[2]에 이르기까지 예의, 정중함, 상냥함, 매너라는 이름으로 수두룩하게 찾아볼 수 있다.

이런 충고는 21세기를 살아가는 우리에게 더없이 자명한 지혜처럼 보인다. 우리의 공공생활의 특징 중 하나가 합리적 논쟁의 부재라면, 또다른 특징은 정치적 반대 집단들 간에 점점 커져가는 증오와 적대감이다(두 현상 모두 비이성unreasonableness이라는 단어와 더할 나위 없이 잘 어울린다).

한 언론인이 "호주 정치사에서 타락의 신기원을 열었다"[3]라고 표현할 만큼 한심했던 2010년 선거 이후 적대적이고 가차없는 당파주의의 시대가 시작됐다. 그 징후는 2012년, 줄리아 길라드 총리가 어쩌다 '마녀를 몰아내자'라고 적힌 시위 피켓 앞에 서 있게 된 야당 지도자를 여성혐오자라고 격렬히 비난하는 연설을 의회에서 장장 15분 동안 하면서 나타났다.

그 연설은 전 세계에서 화젯거리가 됐지만 정작 호주에서는 지지 정당에 따라 복잡하고 양극화된 반응으로 나타났다. 야당 지도자는 정부를 향해 "교묘하게 젠더 문제를 활용하지 말라"고 응수했고, 다수의 주요 일간지는 이를 기사 제목으로 삼았다. 토론은 사라지고 사람들은 그 연설에 대한 반응을 바탕으로 서로를 여성혐오자 또는 남성혐오자라고 불렀다.

이런 분노의 정치와 문화 전쟁의 시대에 갈등은 오히려 삶의 신중한 선택일 뿐 아니라 미덕처럼 보였다. 정치 싸움에 대한 나의 혐오는 무관심이나 무지나 두려움 때문이 아니었다. 오히려 이탈리아 철학자 노르베르토 보비오가 말한 "의도된 목표의 허무함 때문에 파괴적이 되는 것을 거부하는" 온유함, 즉 '미테차mitezza'와 유사했다.[4] 나는 이런 도덕적 태도에 대해 신학적 정당성까지 부여했다. 성경에 따르면 나머지 한쪽 뺨을 내미는 건 어리석음도 나약함도 아닌 지혜였다.

그렇게 나는 모순적인 삶을 살고 있었다. 토론대회에서는 기를 쓰고 위로 올라갔지만 일상생활에서는 변함없이 온순하게 지냈다. 내 토론을 보러 온 친구들은 나의 변신에 입을 떡 벌렸다. 부모님은 지킬 박사와 하이드가 따로 없다며 나를 놀렸다. 하지만 나는 모든 게 제대로 굴러가고 있다고 생각했다.

논쟁은 바보와 광신도들의 오락거리가 된 지 오래였다. 나는 조용하고 절제된 중립지대를 지키며 싸움을 내려다보고만 있는 것에 기꺼이 만족했다.

## 반대는 토론 상대에 대한 예의다

테이블 주변에는 긴장감이 감돌았다. 훈련 과정 거의 내내 브루스가 무언가를 가르쳐주면 우리는 그걸 받아 적었다. 고급 식당 셰프처럼 우리는 타당한 이유가 아니라 더 분명한 설명을 요구했다. 하지만 이번엔 달랐다. 헛소리라고 말하는 건 상대방을 존중하라는 기존의 가르침과 정면으로 배치되는 일이었다. 그런 행동은 힘의 어두운 부분을 맛보는 것이었다.

브루스는 테이블 주위를 죽 둘러봤다. 그리고 안경을 고쳐 쓰더니 턱을 긁적였다. 반쯤 먹다 남은 시미트(겉에 깨를 입힌 쫀득한 튀르키예 빵) 조각을 내려놓은 그가 말을 이었다. "상대를 이기려고 그러라는 게 아니야. 지금 너희는 상대편 논증을 제대로 듣지도 않고 무턱대고 동의하고 있어. 상대가 하는 말을 제대로 듣는 기본적인 예의도 없이 상대방에게 판단을 미루고 있다고."

나는 내 메모지를 슬쩍 내려다봤다. 상대편 논증을 적는 공간이 많이 비어 있었다. 단어와 짧은 문구 몇 개가 드문드문 적혀 있을 뿐이었다. 나는 무턱대고 동의하는 건 이상적인 전략이 아님을 이해했다. 더불어 그게 일종의 자기기만이 될 수도 있다는 것도 알게 되었다. 실제로는 상대의 논증이 우리보다 훨씬 뛰어남에도 그저 주장이 강할 뿐이라 여기며 넘어가는 것일지도 몰랐다.

"게다가 너희는 상대의 논점들 중 어떤 것에도 진짜로 동의하지 않아. 그렇지 않니?" 브루스의 목소리가 서서히 커졌다. "맞아. 너희는 그냥 입을 꾹 다물고 있는 거야. 그건 비겁한 사람들이나 하는 짓이야. '음, 그것참 흥미로운 생각이군요' 하면서 진짜 생각을 감추는 거나 다를 바 없다고. 대놓고 반박하는 건 우리 자신만을 위한 게 아냐. 그건 토론자로서의 기본 의무야. 너흰 상대방의 논증에 제대로 대응해줘야 해. 그래야 상대방도 개선할 기회가 생기지. 청중에게도 이야기의 다른 측면을 볼 권리가 있고."

브루스가 말을 이어갈수록 나는 그의 충고에 낙관주의가 흐르고 있음을 더욱 절감하게 됐다. 반론은 우리 자신만이 아니라 토론 상대에 대한 신뢰의 표시였다. 상대가 우리의 허심탄회한 의견을 들을 자격이 있고 그걸 품위 있게 받아들이리라는 판단이 담긴 행위였다. 헛소리라고 말하는 건 반대에서도 긍정적인 무언가를 얻어낼 수 있는 우리의 능력을 믿는 행위였다.

이와 반대로, 갈등 회피는 훨씬 더 어두운 가정들을 전제로 삼았다. 의견 충돌이 분열적이고 완전히 파괴적이진 않더라도 별 효용이 없으리라는 가정 말이다. 그건 인간을 훨씬 더 냉소적으로 바라보는 데서만 나올 수 있는 관점이었다. 이는 서로가 서로에게 공정하게 행동하리라고 믿지 못한다는 말이었다.

나는 두 관점 중 어느 게 옳은지 확신할 수 없었지만 브루스는 마지막 훈련을 끝냈고, 나는 이제야 올바른 질문에 맞닥뜨렸다고 느꼈다. 반론이 과연 반대의 파괴적인 힘을 넘어선 무언가가 될 수 있을까, 라는.

## 고등학생을 위한 토론 올림픽, 세계학생토론대회

겨울이라 안탈리아 해안을 따라 목걸이처럼 반짝이는 초대형 리조트의 불빛이 그리 밝지 않았다. 수영장의 바는 '오프시즌'이라고 적힌 표지판을 내건 채였고, 저녁식사 시간이 끝나자마자 모든 조명이 희미해졌다. 일요일 저녁, 대회가 열리는 화려하고 널찍한 델핀임피리얼호텔에 도착하니 다른 팀들은 대부분 우리보다 먼저 와 있었다.

세계학생토론대회는 고등학생을 위한 토론 올림픽이라고 할 수 있다. 1998년에 캐나다, 영국, 홍콩, 뉴질랜드, 호주, 미국 여섯 개국으로 시작했다가 나중에는 몽골과 바베이도스를 포함한 육십여 개국이 참여해 2주 동안 겨루는 연례행사가 됐다. 2년 전인 2011년, 내가 참가한 첫 세계대회인 스코틀랜드 던디 대회 개막식에서 나는 각국에서 모인 아이들의 민속 의상과 신기한 말투에 경탄을 감추지 못했다. 시드니도 꽤 다양한 인종이 모여 사는 곳이지만 스코틀랜드 사교춤을 배우는 루마니아인이나 말레이시아인을 본 적은 없었으니까.

그렇게 전 세계 대표들이 모여 토론하는 걸 보고 있자니, 각 나라마다 어떻게 주장을 펼치는지 엿볼 수 있었다. 해외여행이 처음인 경우가 대부분인 열여섯에서 열여덟 살짜리 아이들이 출신국에 따라 너무도 다른 방식으로 토론하는 걸 보니 좀 당황스러웠다. 예컨대 싱가포르 학생들은 복잡한 논증을 마치 기술관료처럼 완벽하게 했고, 동유럽 학생들은 마르크스와 비평가들을 들먹였으며, 캐나다 학생들은 웃는 얼굴로 상대방의 허를 찔렀다.

하지만 새로움에 대한 충격도 금세 사라지고 나는 곧 이 표면적인 차이 아래 엄연한 유사성이 있음을 인식했다. 거의 모든 참가자들이 근거와 증거를 대야 한다는 책임감을 가지고 임했고, 수사학적 도구라는 공통의 우물에서 말을 건져올렸다. 이 책 좋아하고 혜택받은 십대들은 좋은 논증의 어휘와 문법을 무기로 전 세계에서 통할 설득의 언어를 찾고 있는 듯했다.

그동안 이 대회는 몇 안 되는 부유한 영어권 국가가 지배해왔다. 그중 호주는 여덟 차례 우승을 차지해 최고의 자리에 올라 있었다(그다음으로는 스코틀랜드와 뉴질랜드가 각각 네 차례씩 우승 트로피를 받아 공동 2위 자리를 지키고 있었다). 하지만 요즘엔 경쟁이 더 치열해져서 한국, 슬로베니아, 아랍에미리트 같은 나라들이 꾸준히 결승전까지 진출했다. 호주가 마지막으로 우승을 거둔 해는 무려 7년 전인 2006년이었다.

경기 방식은 단순했다. 각 팀마다 여덟 차례의 예선전을 치르고, 거기서 이긴 열여섯 개 팀이 8강전을 거친 다음 4강전을 진행하는 식이었다(결승까지 갈 경우 경기를 열두 차례 치러야 했다). 어떤 토론에서든 승리를 거머쥘 유일한 길은 청중을 설득할 수 있는 반론이었고, 이를 통해 팀마다 한 라운드에 평균 4점 정도를 획득했다. 최종 우승을 하려면 총 마흔여덟 개의 논증을 물리쳐야 했다.

체크인을 하고 나서 우리는 바로크풍 가구로 꾸며진 훈훈한 복층 스위트룸을 전쟁 상황실로 만들었다. 브루스는 소파와 가구들을 옆으로 밀고 그 자리에 큰 테이블과 딱딱한 등받이의자를 가져다놓았다. 나머지는 침대 위에 뉴스를 요약한 종이와 논제를 죽 적어놓은 종이를 늘어놓고, 노트북 충전을 위한 콘센트 사용 순서를 정하고, TV를 켜 BBC 채널을 틀었다. 그리고 연습을 시작했다.

이 마지막 연습 시간에는 각자가 진짜로 걱정하는 게 무엇인지가 그대로 드러난다. 만일 당신에게 세계대회를 준비할 틈이 몇 시간밖에 남지 않았다면 그동안 뭘 하겠는가? 우리 중 일부는 논증 쓰기 연습을 했고 또다른 일부는 출제 가능성이 높은 논제를 찾았다. 내가 할일은 오로지 반론 연습이었다.

반론, 즉 상대의 논증을 무너뜨리는 기술은 이론상으론 무척 단순하다. 수년 전 브루스가 내게 설명해준 대로 논증에는 두 가지 입증책임이 따른다. 바로 핵심 주장이 진실이며, 그것이 결론을 뒷받침한다는 걸 보여주는 일이다.

> 우리는 마리화나를 불법화해야 한다.
> **결론**

> 왜냐하면 건강에 해롭기 때문이다.
> **핵심 주장**

> **진실:** 실제로 마리화나는 건강에 해롭다.
> **중요성:** 만약 마리화나가 건강에 해롭다면, 우리는 그걸 불법화해야 한다.

이 두 가지 책임을 다하지 않고서는 어떤 논증도 성공할 수 없다. 바꿔 말하면, 결국 그 논증이 진실이 아니거나 중요하지 않다고, 혹은 둘 다라고 보여주기만 하면 그 논증을 기각시킬 수 있다는 말이다.

> **진실이 아님:** 마리화나는 사실 건강에 나쁘지 않다.
> **중요하지 않음:** 설령 마리화나가 건강에 나쁘다고 해도 불법화해서는 안 된다.

문제가 중대하든 사소하든 이것이 모든 반론의 기초다.

우리는 새 차를 사야 한다.
**결론**


왜냐하면 지금 차는 구식이기 때문이다.
**핵심 주장**


**진실이 아님:** 지금 차는 사실 구식이 아니다.

**중요하지 않음:** 설령 지금 차가 구식이라고 해도, 새 차는 사지 말아야 한다.


어떤 논증이 두 가지 입증책임을 다하지 못했음을 보여주는 데는 몇 가지 방법이 있다.

우선 진실 반론은 주장의 정보가 불충분하다고 말하는 것이다. 그것이 사실이 아님을 보여주거나("아니다. 요즘 사람들도 해치백 스타일을 꾸준히 찾는다") 증거가 부족함을 보여주는("당신은 사람들의 자동차 취향이 변했다고 믿을 만한 어떤 근거도 제시하지 않았다") 방식이 될 수 있다. 핵심 주장이 결론을 뒷받침하지 못하도록 상충하는 정보를 제시할 수도 있다("잡지 『카 데일리』에서는 그렇게 말하지만 자동차 애호가들의 생각은 좀 다르다").

중요성 반론은 두 가지 형태를 띤다. 하나는 그 주장이 중요하지 않다고 말하는 방법이다. 즉, 그 논증이 결론을 뒷받침하는 근거를 제시하지 못한다고, 상대가 논리적 비약을 했거나 관련성을 잘못 판단했을 수 있다고 말하는 것이다("우리가 왜 꼭 최신식 차를 몰아야 하죠?").

다른 하나는 그 주장이 다른 고려 사항들보다 덜 중요하다고 말하는 방법이다. 물론 그 논증이 결론을 뒷받침하기는 하지만 그럼에도 그 결론을 기각할 충분한 근거가 존재한다고 말하는 것이다. 이는 더 나은 대안이 될 수도 있고("그렇다. 우리는 최신식 자동차를 몰아야 한다. 하지만 지금 차를 튜닝해서도 그런 효과를 얻을 수 있다"), 다른 중요한 고려 사항들이 될 수도 있다("그렇다. 우리는 최신식 자동차를 몰아야 한다. 하지만 형편을 고려해야 한다").

물론 실전에서 해내는 건 결코 쉽지 않다.

불교 경전에 '사차카'라는 사사건건 따지기 좋아하는 남자가 부처와 싸우고 난처한 상황에 처하는 이야기가 나온다. 부처는 사차카에게 만일 자신의 질문에 세 번 만에 답을 못하면 "머리를 일곱 조각 내버릴 것"이라고 경고한다.[5] 내겐 이 이야기가 반론을 준비하는 내 기분을 그대로 표현해주는 듯했다. 반론 만들기는 엄청난 중압감을 짊어진 채로, 제대로 찾을 수 있을지 없을지 모르는 해답을 찾는 일이었다.

## 대회 전날 밤의 두려움

팀원들 모두가 잠자리에 들고 난 늦은 밤 나는 호텔 주변을 산책했다. 그러다 황량한 수영장에 놓인 플라스틱 의자에 자리를 잡고 앉으니 근처 건물의 열린 창 너머로 다른 팀들이 연습하는 소리가 들려왔다. 그중 어느 여학생의 당찬 목소리가 유독 선명히 들렸다. 그는 풍부한 성량으로 빠르게 논증을 해나갔다. 내가 아이디어 하나를 막 이해하려고 하면 그다음 아이디어로 옮겨가는 식이어서 결국 나는 아무 내용도 따라잡지 못했다. 가슴이 쪼그라들었다. 이 기회가 나만 버려두고 홀쩍 날아가버릴까봐 몹시 두려웠다.

## 어쨌든 '끼어들기'는 힘이 세다

대회 첫날, 월요일 아침은 7시에 조식과 함께 시작됐다. 샹들리에가 달린 1층 연회장은 딱히 특별할 게 없었다. 몸에 안 맞는 양복을 입은 십대 수백 명이 호텔 뷔페에 차려진 음식들 사이를 이리저리 오가고 있었다. 그런데 안으로 들어서는 순간 온갖 소음이 한꺼번에 내 귀를 덮쳤다. 긴 테이블에 둘러앉아 미지근한 보온 용기 옆에서 모두가 외치고 설명하고 앓는 소리를 내며 논쟁에 열중하고 있었다.

토론대회에서 이런 장면을 마주할 때마다 나는 정말 당황스러웠다. 대체 이 아이들한테는 어떻게 논쟁할 에너지가 더 남아 있을 수 있는지! 그 치열한 토론대회를 치르는 와중에도 온종일 토론이라니. 가만 보니 그중에는 경쟁을 더 하고 싶어하는 아이들도 있고 공짜 연습의 기회를 누리고 싶어하는 아이들도 있는 것 같았다. 하지만 그 밖의 다른 아이들에 대해선 의문을 가질 필요도 없었다. 그게 바로 그들의 정체성이었으니까. 어쨌든 동행자 없이 혼자 토론자들로 북적이는 방에 들어가려면 누군가가 내게 접근해올 위험을 각오해야만 했다.

페루와 칠레인 학생 둘이 스페인어로 논쟁하는 테이블에서 아침을 반쯤 먹어가는데 누군가 내 쪽으로 다가오는 게 보였다. 검은색 양복을 입은 키 크고 다부진 그는 얼핏 길쭉한 삼각형처럼 보였다. 나는 내 오른쪽 자리가 비어 있음을 확인하고는 스크램블드에그가 담긴 접시로 다시 시선을 돌렸다. "여기 자리 비었어?" 그가 자리에 앉을 때 흘끔 보니 정중앙에 가르마를 타 마치 하강하는 까마귀 날개 같은 머리 모양을 하고 있었다. "필리핀에서 온 가브리엘이라고 해." 그는 이렇게 자기소개를 하더니 아몬드 모양의 까만 눈으로 나를 빤히 바라봤다.

"이타주의는 신화에 불과하다는 거 알지?" 나는 아예 대화의 싹을 잘라버리고 싶었지만 가브리엘의 낭랑하고 새된 목소리가 어쩐지 살짝 자존심을 건드렸다. "아주 간단히 설명할 수 있지. 우리 조상들 중에 협력을 더 잘하는 사람이 그렇지 않은 사람보다 살아남을 확률이 높았다는 거. 그러니까 세상을 위해 선행을 한다는 이야기는 사실 전부 다 헛소리인 거지." 나는 끼어들고 싶은 충동을 참아내느라 몸이 배배 꼬였다.

세계학생토론대회의 도드라지는 형식적 특징은 토론에서 이의 제기(혹은 잘못된 정보를 지적하기point of information(POI))가 가능하다는 점이다. 자기 차례인 토론자에게 주어지는 8분간의 스피치는 완전히 '보호'받지만 그 시간 외에는 상대가 이의 제기를 할 수 있고 토론자는 그걸 받을지 말지 선택할 수 있다. 다만 적어도 한 번은 반드시 수락해야 하기 때문에, 이를 받을 경우 상대는 보통 질문을 가장한 반론을 펼친다("만약 이타주의가 진화의 산물이라면 왜 그런 본능은 다른 충동들처럼 억누르지 않을까요?"). 이의 제기 규칙은 영국 의회의 전통에서 비롯했다. 그래서 이의 제기를 하면서 그들의 몸짓까지 따라 하는 사람도 있다. 오른손은 치켜들고 왼손은 자기 머리에 얹는 것이다. 이는 자리에서 일어설 때 가발이 벗겨지지 않게끔 한 손으로 머리를 눌렀던 옛날 의원들에게 경의를 표하는 몸짓이다.

이의 제기는 토론자로 하여금 더 책임감 있게 말하도록 한다는 데서부터, 그때그때 상황의 변화에 따라 더 순발력 있게 대응할 수 있도록 토론자들을 훈련시킨다는 이유에 이르기까지 다양한 방식으로 정당화됐다. 하지만 나는 이런 끼어들기의 주된 기능은 토론에 일종의 볼거리를 제공하는 것이라고 생각했다. 강한 이의 제기는 토론자의 집중력을 흐트러뜨리고, 끼어든 사람이 우월하거나 위협적으로 보이게 했다. 반면 날카로운 지적에 제대로 응수하는 토론자는 천하무적이 되어 관중의 열렬한 환호를 이끌어냈다.

말하기를 강함으로, 듣기를 약함으로 해석하는 사회에서는 끼어들기가 엄청난 힘을 발휘한다. 누가 누구의 말을 자르느냐—대가족, 사회집단, 일터에서—는 꼭꼭 숨겨져 있던 위계마저 훤히 드러낸다. 또한 성차별주의 같은 추한 편견을 반영하기도 한다. 여성의 말을 가로막고 자기 말만 하거나 반대로 여성이 말을 자르면 불이익을 주는 식으로 말이다. 한편 일상생활에서나 격식 있는 자리에서 시의적절한 끼어들기는 대화의 흐름을 바꿔놓기도 한다.

버락 오바마와 밋 롬니는 내가 기억하는 한 가장 예의바른 후보들이었는데, 2012년 10월 16일에 치러진 두번째 대선 토론에서 분당 평균 1.4회(90분 동안 126회)나 서로의 말에 끼어들었다.[6] 한번은 오바마가 "저는 사실 끼어들기를 당해도 아무렇지도 않습니다"라고 대수롭지 않게 말했다. 그날 두 사람 모두 입증해야 할 것이 있었다. 도전자 롬니는 미국 대통령의 적수가 될 수 있음을 보여야 했고, 오바마는 흐리멍덩하다는 혹평 일색의 재앙 같던 첫 토론을 어떻게든 만회해야 했다. 결국 두 사람 모두 같은 방법을 택했다. 바로 끼어들기였다.

언론은 그 선택에 반기듯 기사를 쏟아냈다. "오바마, 롬니와의 뜨거운 두번째 토론에서 반격"[7] "두 라이벌 맨주먹으로 재대결"[8]. 하지만 한 정치학자는 그 토론에서 끼어들기가 얼마나 자주 일어났는지를 세고는 거기에서 다른 위험을 발견했다. "오바마 대통령은 전보다 훨씬 공격적인 태도를 취해서 조금은 득을 봤을 것이다. 하지만 그렇게 끼어들기를 많이 하는 행동은 정치 토론에서 취해야 할 기본예절의 경계를 허물어뜨린다."[9]

다시 아침식사 테이블 이야기를 이어가자면, 가브리엘의 논증에 통쾌하게 응수할 방법을 열심히 찾던 나는 끼어들고 싶은 충동을 잠시 누르기로 했다. 맞은편에 앉은 페루 학생 한 명이 심심했는지 이 토론에 가세했다. 하지만 이건 청중을 위한 볼거리가 아니었다. 그러니까 내가 굳이 끼어들어 반론을 펼쳐야 할 이유가 없었다. 일상적인 대화에서 끼어들기는 언제나 그다지 바람직하지 않은 결과를 가져왔으니까.

일상 대화에서는, 논쟁이 어떻게 시작됐든 그 끝이 예측 불허였다. 중요한 이야기를 꼭꼭 숨겨뒀다가 나중에 짠 하고 들이미는 사람도 있고, 본질에서 눈을 돌리게 하려고 엉뚱한 이야기를 던지는 사람도 있었다.

게다가 끼어들기 좋아하는 사람은 논증이 아니라 결론을 공격하는 데 혈안이 되기 일쑤였다. 대부분의 결론에는 적어도 한 가지는 수긍할 만한 대목이 있었지만, 상대가 그걸 제대로 파악하리라는 보장은 전혀 없었다.

끼어들기는 상대에게 방향을 전환할 기회를 주기도 했다. 상대는 결론을 입증하는 새로운 논증을 하거나("그럼 진화 이야기는 잠깐 접어둡시다. 우리가 타인을 돕는 건 나중에 그의 도움이 필요할 수도 있기 때문이에요") 애초의 목표 주장을 바꿀 수도 있었다("적어도 어떤 행동이 이타주의에 의한 건지 아닌지는 우리가 판단할 수 없습니다").

마지막으로, 끼어들기는 상대로 하여금 상대방이 자기 말을 제대로 듣지 않았다고 결론 내리게 했다. 끼어들기를 당한 사람은 나머지 대화를 묵살하거나 그걸 항변의 구실로 활용할 수 있었다("제대로 말할 기회가 한 번도 없었습니다. 왜 그렇게 방어적이죠?"). 끼어들기를 너무 많이 하면 상대가 생각을 바꿀 가능성이 아예 차단될 수 있었다.

그렇다면 왜 끼어드는가? 한 가지 대답은 상대에게 얼마간 권력을 행사하기 때문이었다. 하지만 나는 그때마다 지배 본능의 저변에는 어떤 나약함이 깔려 있다는 사실을 얼마나 절감했는지 모른다. 솔직히 나는 가브리엘의 말이 내게 미칠 효력이 두려웠다. 그가 나를 설득하거나 할말이 없게 만들까봐 불안했다. 그런 방어적인 마음이 드는 걸 보니, 끼어들기는 일종의 거래라는 게 보였다. 적어도 지지는 않으려고 이길 기회를 포기하는.

2005년 처음 토론을 시작했을 때, 이 활동에서 가장 좋았던 게 바로 끼어들기를 당하지 않는다는 약속이었다. 실제로 나는 그런 자유 덕분에 하고 싶은 말을 제대로 할 수 있게 되었다. 이 끼어들기 금지 규칙은 다른 중요한 효과도 있었다. 상대의 말에 즉각 반대의 목소리를 내지 못하는 대신 차선책에 의지해야 했는데, 바로 상대의 말을 귀기울여 들으며 최고의 반론을 준비하는 거였다. 그렇게 우리는 모든 토론에서 '흐름을 따르는' 법을 배웠다. 흐름을 따른다는 건 상대방이 하는 모든 말을 잘 요약해 적는다는 뜻이었다.

7학년이 되니 사이먼 코치가, 상대의 논증을 단순히 기록하는 데 그치지 말고 강화해서 대응 전략을 짜라고 가르쳤다. 만약 상대가 적절한 예나 중대한 논거를 빠뜨렸다면 "아마 저 팀의 토론자는 이렇게 말할 수 있었을 겁니다……"라고 덧붙이며 알려주라고 했다. 우리 귀엔 자책골을 넣으라는 말이나 다름없이 들렸다. 하지만 사이먼은 가장 강력한 반대 주장에 대응할 때야말로 청중을, 그리고 어쩌면 상대까지도 설득할 가능성이 극대화된다고 강조했다. 이런 전략은 토론을 더 높은 수준으로 끌어올리고 상대편을 더 진지하게 여기도록 만들었다. 말 잘하는 토론자는 상대방의 실수에 고소해하지만 진짜 훌륭한 토론자는 자기가 먼저 나서서 실수를 바로잡아주었다.

이의 제기는 경청에 바탕을 둔 토론 정신을 훼손했다. 이는 한때 길고 사려 깊은 과정의 마지막 단계였던 것을 '헛소리라고 생각하기'라는 자동반사적 반응으로 바꿔놓았다. 그런 움직임—개입, 책임—이 가져다주는 이득은 진정한 설득이라는 중대한 가치를 조금 양보함으로써 얻어졌다.

## 어떤 논증에도 허점이 있다는 것

아침식사 테이블에서 가브리엘은 이타주의의 진화적 근거에 대한 일장연설을 얼추 마무리지어가고 있었다. 개미 군체 연구에 대한 마지막 부연 설명은 특히나 듣기 고통스러웠다. 같은 테이블에 앉아 있던 다른 아이들도 처음에는 관심 있는 척했지만 이젠 지루해 죽겠다는 얼굴이었다. "그러니까 그게 바로 내 논점을 입증해준다는 거지. 이타주의는 결국 이기주의일 뿐이다, 이 말이야."

내가 하고 싶었던 말은 그는 지금 자신의 주장 엇비슷한 것도 전혀 실천하지 않고 있으며, 그의 논증은 허점과 유사과학적 속임수로 가득하다는 사실이었다. 하지만 대신 나는 이렇게 물었다. "진화는 잠깐 제쳐두자고. 그럼 거대 자선단체들이 수십억 명의 목숨을 구하는 엄청난 일을 하는 것에 대해선 어떻게 생각해?"

가브리엘은 타이를 고쳐 매더니 주스를 한 모금 꿀꺽 삼켰다. 그의 생각이 개미총에서 현실세계로 열심히 달음박질치는 게 느껴졌다. "음……" 그가 잠시 머뭇거렸다. "음, 노동자를 착취하는 회사를 경영하면서 자선단체에 기부하는 억만장자는 결국 위선자일 뿐이라고 생각하는데." 이어진 논증은 과장되고 조잡했지만 어느 정도는 설득력이 있다는 걸 인정하지 않을 수 없었다. 가브리엘이 "반대 의견 있어?"라고 물었을 때 나는 잠깐 할말을 찾지 못했다.

대회에서든 일상에서든 상대의 말을 경청한다고 해서 반드시 이길 수 있는 건 아니다. 오히려 더 나은 논증에 압도되거나 설득당할 가능성도 있다. 하지만 우리는 이 거래를 받아들였다. 어쩌면 상대를 납득시킬 수 있을지도 모르고 또 그런 논쟁을 주고받으며 단순히 이기는 것보다 중요한 풍성한 배움을 얻을 수 있을지도 모르니까.

이런 생각은 오랫동안 잊고 있던 5학년 때의 기억을 떠오르게 했다. 2005년 겨울에 우리 반은 호주의 수도 캔버라에 있는 국회의사당으로 견학을 갔다. 그곳에서 우리는 단정한 모직 재킷을 입은 나이 지긋한 여성과 이야기를 나눌 기회가 있었다. 그는 국회 의사록을 한 글자 한 글자 옮겨 적고 편집하는 일을 하는 사람이었다.

어린 나이였음에도 우리는 뉴스에서 정치가들이 서로 논쟁을 벌이는 영상을 시청하곤 했다. 20초 남짓한 짧은 영상들을 보면서 우리가 보인 반응은 극단으로 나뉘었다. 그들 중 말을 더 잘하는 사람은 마치 우리가 넘볼 수조차 없는 지혜를 가진 듯 천하무적으로 보였고 나머지는 그냥 지루하고 뻔해 보였다.

그런데 그 사람들이 주고받는 말을 통째로 옮겨 적는 게 일인 공무원을 만난 거였다. 말하자면 그는 이 나라에서 최고로 잘 듣는 사람이라 할 수 있었다. 우리 반 아이 중 하나가 그에게 오랫동안 이 일을 하면서 배운 게 뭐냐고 물었다. 그는 손가락 두 개를 들어올리며 말했다.

대부분의 논증은 여러분이 생각하는 것보다 더 낫다는 것.
어떤 논증에도 허점은 있다는 것.

## '노'를 많이 한다고 '예스'가 되지는 않는다

아침식사를 마친 우리 팀원들은 아무 표시도 없는 버스를 타고 가파른 언덕 꼭대기의 그림 같은 학교로 이동했다. 어디 높은 곳으로 가지중해 해변을 내려다본다면 아마 숨이 멎을 정도로 아름다웠을 것이다. 하지만 학교 교정에 발을 내딛는 순간 나는 초조한 긴장감에 휩싸였다.

오전 10시부터 점심때까지 진행된 첫번째 라운드에서 우리는 독일팀을 상대로 손쉽게 승리를 따냈다. 독일팀은 지식은 많았지만 경험이 부족했다. 우리는 경계심을 풀고 느슨한 반론으로 점철된 무난한 스피치를 했다. 브루스는 우리에게 화를 냈다. "너희들은 아직도 너무 물러터졌어. 이건 연습이 아니라고. 상대방이 하는 논증을 단하나라도 그냥 넘겨선 안 돼. 다음 라운드에서도 그렇게 여유 부리다간 끝장이야. 정신 바짝 차리고 더 세게 나가."

나는 그가 무슨 말을 하는지 알았다. 우리의 다음 상대인 멕시코 팀은 이 대회에서 가장 공격적이고 만만치 않은 상대로 명성이 자자했다. "쟤네들한텐 아주 조금만 빈틈을 보여도, 젠장……" 점심식사 줄에 서 있던 덴마크 남자아이 하나가 속삭였다. 나는 다진 고기가 잔뜩 든 두툼한 보렉빵을 먹는 데만 집중해보려고 애를 썼다. 하지만 나도 모르게 자꾸만 멕시코팀이 있는 식당 뒤쪽을 흘끔흘끔 돌아보았다. 검은색 양복에 새빨간 타이를 맨 그들은 물만 홀짝홀짝 마시며 음식에도 별 관심이 없는 듯 보였다.

두번째 라운드가 시작되기 전에 나는 복도를 왔다갔다하면서 에미넴의 〈Lose Yourself〉를 크게 틀어놓고 들었다. 전에는 애써 에미넴을 찾아 들어본 적도 공공장소에서 리듬을 타며 어슬렁거려본 적도 없는 나였다. 대회를 앞두고는 주로 조용한 구석에 가만히 앉아서 심호흡을 했다. 하지만 이번만큼은 공격성이라는 인간의 본능에 가까이 다가가고 싶었다. 나를 놓아버리고 싶었다.

두번째 라운드는 오후 3시에 강당에서 열렸다. 나무판으로 장식한 동굴 같은 홀은 이백 명이 앉을 수 있는 규모였다. 안에 들어가니 꽉 닫힌 창문이 눈에 들어왔다. 따뜻한 실내 공기는 사람들이 내뱉은 숨결 냄새로 가득했다. 두 팀이 걸어들어오자 학생 청중이 곧바로 알아채고 귀가 먹먹해질 정도로 열렬히 손뼉을 쳤다.

세 명의 심판단 중 단장을 맡은 명철해 보이는 이십대 언저리의 덴마크 여성이 장내를 정리하고 논제를 읽었다. "미디어가 공인의 사생활을 침해하지 못하도록 해야 한다." 그는 우리 팀의 첫 토론자 닉에게 찬성 주장을 시작하라고 했다. 갑작스레 가라앉은 분위기에 당황한 청중은 교복 윗단추를 풀고 본격적으로 관전하는 자세를 취했다.

닉은 낭랑하고 소년 같은 목소리로 말문을 열었다. "사생활의 자유는 사람들이 의미 있는 삶을 살 수 있도록 해줍니다. 우리는 이 권리를 법으로 인정해야 합니다. 왜냐하면 정치가와 그 가족도 원칙을 저버린 언론사들의 무자비한 행태로부터 보호받을 자격이 있기 때문입니다." 닉의 스피치가 절반쯤 진행됐을 무렵 상대편 아이들이 큰 소리로 말하기 시작했다. 그 아이들은 싸우듯 외치면서 격분한 몸짓을 했다. 이의 제기가 가능한 시간 동안 그들 셋은 자리에서 일어나 10초에 한 번씩 이의 제기를 했다. 닉이 목소리를 높이지 않으려고 힘겹게 노력하는 모습이 보였다. 책상 앞에 앉은 나는 좀전에 그토록 억지로 꾸며내려 애썼던 분노가 어느새 진짜 분노에 자리를 내주고 있음을 느꼈다.

첫번째 반대 측 토론자는 키는 작지만 대단한 카리스마를 지닌 폴라였다. 폴라는 미처 자기 이름이 불리기도 전에 연단으로 걸어나갔다. 그러고는 한동안 가만히 서서 일부러 침묵을 이어가며 천천히 원고를 정리했다. 20초가 지나고 30초가 지났다. 그러다 청중이 막 엉덩이를 들썩이려는 찰나 고개를 들고 말을 시작했다.

"민주주의는 시민들이 좋은 대표자를 고르는 능력에 그 성패가 달려 있습니다. 정치가들은 자신의 개인적인 믿음과 경험, 관계에 기초해서 의사결정을 합니다." 처음에는 또랑또랑하고 진지했던 폴라의 목소리가 갈수록 커졌다. "정보에 대한 접근은 과한 게 아니라 우리의 마땅한 권리입니다. 개인적인 것이 정치적인 것이고, 정보는 힘입니다." 목소리가 마치 활활 타오르는 불꽃처럼 모음에서 확 부풀어올랐다가 자음에서 타닥 소리를 냈다.

나는 펜을 집어들고 폴라의 논증을 적기 시작했다. "언론은 사생활을 침해할 수 있다. 왜냐하면 사적 정보가 시민들이 좋은 대표자를 뽑는 데 도움이 되기 때문이다."

이 주장은 두 가지 입증책임을 완수했다.

> **진실:** 실제로 사적 정보는 시민들이 좋은 대표자를 뽑는 데 도움이 된다.
>
> **중요성:** 만일 사적 정보가 시민들이 좋은 대표자를 뽑는 데 도움이 된다면, 언론은 사생활을 침해할 수 있다.

공격할 수 있는 지점이 세 군데 있었다. 나는 이 논증이 진실이 아니거나, 중요하지 않거나, 다른 요소들이 더 중요하다고 말할 수 있었다.

> **진실이 아님:** 아니다. 사적 정보는 시민들이 좋은 대표자를 뽑는 데 도움이 되지 않는다. 이런 정보 대부분은 가십이나 뜬소문일 뿐이다.
>
> **중요하지 않음:** 사적 정보가 시민들이 좋은 대표자를 뽑는 데 도움이

된다고 해서, 언론이 사생활을 마음껏 침해해도 되는 건 아니다. 정보를 얻을 수 있다고 후보자들 집에 CCTV를 다는 일은 절대 허용되지 않을 것이다.

**다른 요소가 더 중요함:** 언론이 정치인의 사생활을 침해해도 되는 이유가 충분하다고 해도, 그런 행위는 정치인의 가족과 사랑하는 이들에게 또다른 피해를 입힐 수 있다.


폴라가 말을 할 때마다 두툼하게 땋은 머리가 목에 닿았다 떨어졌다 했다. 이 리듬에 맞춰 목소리가 점점 커지더니 마침내 결론에 이르렀다. "민주주의는 자유롭고 적극적인 언론 없이는 살아남을 수 없습니다. 여러분에게 촉구합니다. 부디 이 말에 동의해주십시오." 청중이 우레와 같은 박수로 동의의 뜻을 전했다.

단상에 올라선 나는 자기들끼리 속닥거리는 청중 앞에서 스스로도 놀랄 정도로 단단하고 거만한 목소리로 말했다. "상대팀 토론자들이 언론에 대해 지금 한 말은 전부 거짓말입니다. 언론은 뭘 하나 파고들 때마다 불륜이니 체중 감량이니 비행 자녀니 하는 수백 가지 다른 사안들을 들춥니다. 그런 정보는 오히려 공론을 단순화시킵니다. 여러분은 멕시코팀의 주장을 받아들여선 안 됩니다. 저 팀은 지금 허상을 팔고 있기 때문입니다."

내 목표는 폴라가 한 모든 논증에 대해 헛소리라는 딱지를 붙이는 것이었다. 정신없이 반증을 해나가면서 내가 남긴 파괴의 잔해—어긋난 전제, 해체된 연관성, 엉터리 비유—에 스스로도 입이 떡 벌어졌다. 나는 곧 말이 생각을 앞지르는 위험한 상태에까지 도달했지만 그때쯤엔 아예 통제 불능이었다. 자신감이 어찌나 넘쳐나는지 이젠 양적으로나 질적으로나 용인될 수 있는 선을 넘어선 인신공격까지 감행했다. "논증이라기보다는 터무니없는 생각을 줄줄이 늘어놓은 것"이라거나 "잔혹한 상상의 산물" "듣고 있기 힘들 정도로 멍청한 논점" 따위의 말을 해가면서. 상대팀은 분노에 차 소리를 내질렀지만 나는 멈추지 않고 내가 가진 특권을 실컷 누렸다.

내가 자리에 앉을 때쯤엔 강당 안 공기가 눈에 띄게 싸늘해져 있었다. 폴라와 팀원들은 씩씩대며 어쩔 줄 몰라 했다. 그쪽 코치—세계 곳곳의 외딴 도시에 가서 토론대회를 꾸리기로 유명한, 대담하고 성미가 급한 사람—는 서둘러 분위기를 반전시킬 준비가 된 것 같았다. 청중은 자세를 곧추세우며 이 혈투에 몰입했다. 나는 치솟은 아드레날린으로 몸이 떨리는 걸 감추려고 팔을 꽉 잡았다.

토론이 끝나고 우리는 줄을 지어 강당을 나갔다. 폴라는 나와 악수하기 전에 잠깐 주춤거렸다. 그와의 악수는 짧고 차가웠다. 심판단이 최종 결정을 내리는 데는 보통 30~40분이 걸렸다. 이 끔찍한 연옥에서 아주 잠깐 고통을 덜 수 있는 방법은 코치에게 결과를 예측해달라고 부탁하는 것이었다.

난간을 친 발코니로 나가자 바람이 세차게 불었다. 브루스는 알 수 없는 표정을 짓고 있었다. 그는 검은 선글라스를 끼고 먼 곳을 응시하면서 오른손으로 머리를 쓸어넘겼다. 나는 "저기……"처럼 들리는 소리를 불쑥 내뱉었다. 브루스는 우리를 향해 몸을 돌렸지만 우리와 시선을 맞추지는 않았다. "너희들, 정말 잘했다. 하지만 아마도 지지 않을까 싶어."

코치는 우리의 열의만큼은 정말 좋았지만 상대팀의 말을 논박하겠다는 의욕만 너무 앞선 나머지 중요한 핵심을 놓쳤다고 했다. 상대의 오류를 입증하는 것과 자신의 말을 증명하는 건 전혀 다른 문제라는 거였다.

"이 토론에서 너희들이 해야 할 일은 상대팀이 형편없는 주장을 한다거나 나쁜 녀석들이라는 걸 보여주는 게 아니야. 언론의 자유에 대해 포괄적인 제약을 허용하도록 청중을 설득하는 거지. 나는 너희들이 그걸 잘한 것 같진 않아. 노를 제아무리 많이 한들 예스가 되진 않아."

브루스는 최고의 토론자는 자신의 반론을 반드시 긍정적인 주장으로 마무리짓는다고 설명했다. 최고의 토론자는 자신이 반대하는 것을 공격한 다음 방향을 틀어 자신이 지지하는 것을 옹호하고, 그럼으로써 '그게 아니라면 무엇?'이라는 질문에 응답한다.

"만약 언론사들의 목적이 공적 이익의 증진이 아니라면 그들의 목적은 무엇일까? 만약 정보를 얻을 권리가 우선적인 원칙이 아니라면 무엇이 우선적인 원칙이 돼야 할까?" 그는 반론의 마지막 단계는 반대 주장을 하는 것이라고 설명했다. "일단 상대의 주장을 무너뜨리고 나면, 그다음엔 더 나은 대답을 제시해야 해."

## 아리스토텔레스에게 배운 분노 극복법

아리스토텔레스는 『수사학』에서 분노에는 일말의 쾌락이 깃들어 있다고 했다. 이는 누군가(또는 누군가의 관심의 대상)가 잘못되었다는 인식과 함께 시작된다. 이런 깨달음은 고통을 주지만 잘못한 자에 대한 '확실한 복수'의 욕망도 함께 불러일으킨다. 복수에 대한 생각—떠올리는 것만으로도 짜릿한—은 분노에서 빼놓을 수 없는 부분이다. "그래서 그는 분노를 이렇게 멋지게 표현했지. '분노는 뚝뚝 떨어지는 꿀보다 훨씬 더 달콤해서 인간의 마음속에 점점 퍼져나간다.'"[10]

발코니 건너편의 상대팀을 바라보면서 나는 토론이 이런 쾌락에 얼마나 순식간에 잠식당할 수 있는지를 깨달았다. 처음에는 온당한 의도를 가지고 토론을 시작했지만, 나중에는 내 목표가 상대를 상처 입히고 모욕하는 것으로 바뀌어 있었다. 이제 분노는 그 자체로 동기였다. 신기하게도 나의 스피치는 갈등을 혐오했을 때와 똑같은 모습을 하고 있었다. 상대의 실수를 조롱하거나 상대의 성격을 공격하면, 진짜 논쟁거리와 씨름해야 하는 훨씬 더 어려운 임무를 차치해 둘 수 있다는 점. 그리하여 양쪽이 본래 논점으로 돌아가려면 맨 처음부터 다시 시작해야 한다는 것까지.

아리스토텔레스가 볼 때 분노의 반대는 평온함이었다. 분노에서 벗어나려면 우리를 평온하게 만드는 것들을 활용해야 했다. 이를테면 웃음이라든지 번영과 성공의 기분이라든지 만족감 같은 것들을.[11]

이 철학자는 그 목록에 '타당한 희망'도 포함시켰는데, 반대 주장은 내게 그런 희망의 구현처럼 보였다. 결함 많은 옛 대답의 잔해 속에서 이제 새로운 무언가를 건져올려야 했다.

## 승리 - 승리 - 승리의 와중에 고민한 것

네덜란드인 심판이 우리가 2대 1로 승리했다고 발표했다. 다행히 나와 팀원들은 깜짝 놀란 표정을 짓지 않을 정도의 눈치는 있었고, 상대팀 역시 그 자리에서 항의하지 않을 정도의 상식은 있었다. 우리는 전부 똑같이 멍한 표정을 짓고 있었다. 하지만 청중은 예상치 못한 결과에 수군거리기 시작했다. 반대표를 던진 인도 출신의 심판은 팔짱을 낀 채로 유감어린 표정을 지어 보였다.

그다음 주에 나는 폴라와 두 번 마주쳤다. 한번은 목요일 밤에 열린 '문화 엑스포'에서였다. 각 팀이 자기 나라를 다른 참가자들에게 소개하는 부스를 차렸다. 다른 팀들처럼 우리도 간식만 잔뜩 준비해놓고 문화 소개는 건성으로 했다. 마카다미아 초콜릿이 다 떨어지고 나서는 사람들에게 호주 욕을 가르쳐주었다.

그날 저녁에는 기분좋은 이정표를 세웠다. 예선전의 4분의 3 지점을 통과할 때까지 계속 승리만 거두었으므로, 본선 진출이 거의 보장된 거나 다름없었다. 인도네시아팀 부스 근처를 어슬렁거리는데 옆에 폴라가 서 있었다. 그는 미니 솜브레로를 한아름 안고 있는데 표정은 토론할 때 그대로였다. 나는 고개를 까딱이며 "으흠"

하는 소리를 내고는 벽 쪽으로 바싹 붙어 지나갔다.

그날 밤 나는 반대 주장에 대해 좀더 생각해보았다. 그런 전환—상대편의 주장에 반대하다가 나의 제안을 주장하는 일—은 토론에도 도움이 되지만 일상에서도 매우 중요했다. 반대는 사실, 가치, 처방에서 더 나은 해답을 내놓기 위한 기초를 마련한다. 하지만 그 답을 실제로 실현시키는 복잡한 일을 하려면 점잖은 비평가의 자세를 벗어나 실수와 반대의 위험을 무릅쓰고 어떤 입장을 밝혀야만 한다.

그다음 폴라를 본 것은 금요일 결승 진출 파티 때였다. 이 역시 대회의 일부로, 이 파티에서 어느 팀이 16강에 진출하는지 발표했다. 파티장에선 리애나의 초창기 노래가 쿵쿵 울려나왔고 조명은 온통 하이네켄 병 색깔이었다. 어떤 팀들은 오로지 저녁 9시에 하는 발표를 들으려고 교복을 입은 채로 파티에 왔고, 또다른 팀들은 클럽에 갈 때 입을 법한 검은색 옷과 칵테일드레스를 차려입고 꼭두새벽까지 춤출 준비를 하고 왔다. 이상하게도 이 모든 게 정말 자연스러워 보였다.

우리는 마지막 예선전에서 캐나다팀에 지는 바람에 5등으로 본선에 진출했다. 이 정도면 선전한 셈이었지만 톱 티어 선두권에는 못 낀 거였다. "하나도 신경쓸 것 없어." 코치가 말했다. "내일부터 완전히 새로 다시 시작하는 거니까."

파티장을 빠져나오다가 폴라와 마주쳤다. 오렌지색 가로등 불빛 아래에서 그는 무언가에 열중하고 있었다. 그냥 조용히 지나가려는데 내 발소리가 뜻대로 되지 않았다. 우리는 서로 눈이 마주쳤고 나를 알아본 폴라의 눈빛은 어째서인지 차갑게 변하지 않았다.

"안녕." 우리는 인사했고 잠시 머뭇거리다 이야기를 나누기 시작했다.

## 토론대회에서는 승리도 실수도, 모두 투명하게 전시된다

승리와 실수가 투명하게 전시되는 토론대회라는 어항에서는 온갖 뉴스가 들불처럼 빠르게 퍼져나가고, 한번 얻은 명성은 눈 깜짝할 사이에 하늘을 찌른다. 그해 세계학생토론대회에서는 한 가지 화젯거리가 다른 자잘한 가십들을 일거에 잠재웠다. 인구가 백만 명에 불과한 남아프리카의 입헌군주국 에스와티니왕국팀에 대한 것이었다. 세계대회 참가가 두번째인 이 팀은 예선전에서 2등이라는 성적을 거두었고, 이어서 진행된 본선에서 스코틀랜드, 이스라엘, 그리스 같은 강팀을 연이어 격파하는 괴력을 선보였다.

에스와티니왕국팀의 성공은 처음에는 "기개가 넘친다"든지 "투지가 강하다"든지 "진정한 챔피언"과 같은 칭찬을 가장한 말들로 회자됐다. 하지만 계속 전진해나가자 그들을 둘러싸고 점점 가시 돋친 말이 퍼져나갔고, 신화 만들기도 가속화됐다. "걔네들은 우리 눈앞에서 형식을 새로 발명한 천재들이야." 엘리베이터에서 한 에스토니아 여학생이 말했다. 호텔 수영장에서 그리스인 심판이 "코치가 저기 보이는 저 사람이야. 호텔 바 근처에서 왔다갔다하는 저 인류학자. 바로 저 사람이 전략을 다 짠 거야"라고 내게 말해주기도 했다.

에스와티니왕국팀은 자기네들은 그냥 인터넷으로 토론 영상을 보면서 열심히 연습했을 뿐이라고 했지만 그 말을 믿는 사람은 별로 없었다. 2월 4일 월요일, 전업주부에게 정부가 급여를 지급하는 문제에 대해 토론한 준결승전에서 그들이 싱가포르팀을 이겼을 때는 사람들이 일시에 헉하고 숨을 들이쉬는 바람에 순간 건물이 진공상태가 됐다는 이야기까지 들려왔다.

그와 반대로 우리 팀의 잇따른 승리는 별 주목을 받지 못했다. 호주는 몇 년 동안 우승 트로피를 가져오지 못했지만 여전히 강력한 우승 후보로 꼽혔다. 우리가 승리했다는 소식에 소스라치게 놀라는 사람은 아무도 없었다. 준결승전에서 우리가 심판단 만장일치로 아일랜드를 이기고 결승전에 진출하자, 사람들은 우리에게 에스와티니왕국이라는 다윗과 싸우는 골리앗이라는 역할을 주었다. 준결승전이 끝나고 호텔로 돌아오는 버스에서 브루스는 우리에게 마음의 준비를 단단히 하라고 일렀다. 그는 "내일 너희는 이 대회 역사상 가장 멋진 역사를 쓴 팀을 상대로 싸우는 거야"라고 강조했다.

결승전 날 저녁 공기는 상쾌했고 달은 보이지 않았다. 에스와티니왕국팀과 우리는 어둑어둑한 델핀임피리얼호텔 대연회장 주차장을 함께 가로질러 걸었다. 에스와티니왕국 소년 셋은 소매를 걷어올린 가벼운 셔츠 차림으로 편하게 이동했지만, 양쪽 옆구리가 조이는 블레이저 차림의 우리는 그러지 못했다. 하지만 함께 토론장으로 걸어들어가 사백여 명의 청중이 내는 소리와 열기를 마주하자 우리 여섯은 너 나 할 것 없이 순식간에 다리가 얼어붙었다.

7시가 되어 무대에 올라 자리를 잡고 앉자, 아홉 명의 심판단 중 한 명이 장내를 정돈했다. 심판단은 경험 많은 토론 교사와 코치, 전前 세계 챔피언으로 구성됐다. 다양한 나라의 의복을 갖춰 입은 그들을 보니 유엔안전보장이사회가 안건을 통과시키는 장면이 떠올랐다. 나는 객석을 두리번거리며 브루스를 찾았다. 브루스 옆에는 부모님이 앉아 있었는데 시차와 긴장 때문에 눈에 피로한 기색이 역력했다. 이어서 무대 맞은편에 앉은 에스와티니왕국 아이들에게로 시선을 돌렸다. 땀에 젖은 이마가 머리 위 조명에 반사되어 반들거렸지만 눈빛만큼은 한 치의 흔들림도 없이 차분했다. 나는 펜 뚜껑을 열고 숨을 골랐다.

심판장은 대회 조직에도 관여하는, 부드러운 목소리를 가진 나이 지긋한 여성이었다. 그가 토론장에 모인 모두를 향해 논제를 발표했다. "결승전 논제는 '튀르키예는 유럽연합에 가입하지 않는 게 낫다'입니다. 찬성: 호주, 반대: 에스와티니왕국."

내 옆에 앉아 있던 우리 팀의 첫 주자 닉은 스피치의 도입부를 홀로 나지막이 중얼거렸다. 책상 아래로 어찌나 다리가 후들거리는지 나는 벤치가 통째로 흔들릴까봐 허벅지를 모으고 힘을 꽉 주었다. 닉은 자리에서 일어나 연단으로 걸어갔다. 그가 말문을 열자 객석이 차분해졌다. "옛날이야기에서는 어느 한쪽이 결국 자신들이 불한당임을 깨닫게 되는 때가 옵니다. 우리 호주팀은 이제 그 사실을 받아들였습니다. 하지만 볼드모트가 해리 포터에게 말하듯 말해보자면, 튀르키예의 유럽연합 가입은 튀르키예를 위해서는 좋은 생각이 아닙니다."

닉은 유럽연합 가입이 튀르키예의 정치적 독립에 해롭다는 사실을 다각도로 입증한 다음 경제 발전에도 손해라는 사실을 입증했다. 관례적으로 세계학생토론대회의 결승전은 각 팀이 미리 조사 시간을 가지고 할 이야기를 작성하는 '준비된' 토론이다. 논리적으로 생각하면 이 방식이 부담을 덜어줄 것 같지만 실은 그 반대다. 완벽에 가까운 수준이 요구되기 때문이다.

에스와티니왕국팀의 첫 주자는 낮은 목소리로 침착하게 말하는 와반투로, 닉의 주장에 조목조목 반박 세례를 퍼부었다. 그는 우리 측의 핵심 주장 하나하나에 대해 힘 하나 들이지 않고 반대 주장을 두서너 가지씩 제시했다. 청중은 속시원하다는 듯한 표정으로 서로 속삭이며 토론자와 벤치에 앉은 우리를 번갈아 쳐다보았다. 나는 와반투가 제시한 논거들의 문제점을 각각 네다섯, 여섯 가지씩 쉬지 않고 적어내려갔다. 그때 객석의 브루스가 팔짱을 끼고 고개를 끄덕이는 모습을 확인했다. 나는 방향을 바꾸었다.

곧 내 차례가 왔다. 연단에 올라서자 모든 시선이 내게로 집중됐고 청중의 윤곽이 뿌옇게 한눈에 들어왔다. 사람들 앞에 서서 포문을 열 준비를 하는 이 순간이 얼마나 친숙하게 느껴지던지! 청중을 내려다보니 누가 적이고 누가 아군인지 더이상 분간되지 않았다.

두번째 토론자인 나의 역할은 상대팀의 입론을 최대한 격파하는 것이었다. 보통 때였다면 직전 토론자가 주장한 내용을 모조리 무력화시키는 거친 공격으로 시작했을 것이다. 하지만 이번에는 다르게 접근하기로 했다. "지금까지 두 팀은 유럽연합에 가입하든 가입하지 않든 오직 그 재앙 같은 결과에만 초점을 맞추었습니다. 양 팀 모두 파멸을 예견한 것이죠." 나는 잠시 말을 멈추고 목을 가다듬었다. "제가 하고 싶은 말은, 만약 튀르키예가 유럽연합 바깥에 계속 머무른다면 더 자유롭고, 더 번영하고, 더 통일된 국가가 되리라는 긍정적인 이야기입니다."

그런 다음, 이의를 하나씩 제기할 때마다 새로운 반대 주장과 묶어서 반론을 펼쳤다. "그래서 우리는 튀르키예가 유럽연합 안에서는 영향력을 제대로 행사하지 못하리라고 생각합니다. 대신 튀르키예의 국제적 위상을 높이려면 강력하면서도 자율적인 외교정책을 유지하는 것이 최선이라고 말씀드리고 싶습니다." 비판에서 긍정적 주장으로의 전환은 반론의 긴장감을 감소시키는 면이 있었다. 그 결과 우리 팀은 더 큰 표적이 되었다. 나는 대화를 진전시켰다는 만족감을 얻었다. 마지막은 이렇게 마무리지었다. "그러므로 여러분, 유럽연합에 반대표를 던지지 마십시오. 변화에 반대표를 던지지 마시고, 에스와티니왕국팀에 반대표를 던지지도 마십시오. 대신 이 나라를 위한 더 나은 비전에 표를 던지시기 바랍니다." 나는 자리로 돌아와 앉았다.

흰 멜빵에 온통 검은색 옷으로 차려입은 에스와티니왕국팀 주장은 혼자 무어라 중얼거리며 뛰쳐나오다시피 일어나 단상으로 나갔다. 파넬레는 평균키에 마른 체격이었지만 마이크에 입을 가까이 갖다대는 솜씨가 어찌나 날렵하고 자연스러운지, 순간 절대 만만한 상대가 아니겠다는 느낌이 확 들었다. "저 팀의 도전을 한번 받아들여봅시다. 유럽연합에 가입한 튀르키예가 마주할 긍정적인 미래는 어떤 걸까요? 바로 더 많은 국민들을 위해 봉사하는 더 큰 나라가 된다는 것입니다." 파넬레는 쩌렁쩌렁 울리는 목소리로 속사포처럼 말했지만 이따금씩 속도를 늦추고 입을 마이크에 바짝 갖다대고는 중대한 통찰을 속삭이듯 말했다. 2000년대 말 퍼프 대디 콘서트에서나 본 적 있는 모습이었다.

파넬레의 반론을 들으며 나는 놀라운 점을 발견했다. 그 역시 내 반대 주장에 반론만 제기하지 않고 또다른 반대 주장을 제시한 것이다. "그럼 자율적인 외교정책에 관해 말해봅시다. 자율성은 좁은 선택지 안에서 선택할 자유에 관한 것일 뿐 아니라 가능한 선택지의 범위에 관한 것이기도 합니다. 유럽연합 회원이 되면 그 선택의 범위가 넓어집니다." 그렇게 반대 의견에 또 반대 의견을 내놓다보니 나중에는 모두가 원래 논증에서 멀어져 생판 낯선 영역에 도달했다. 우리는 마침내 단순한 공격과 수비를 하는 대신 진화를 이룬 거였다. 새로운 아이디어가 탄생했고, 그와 함께 우리가 의견을 달리하는 영역의 경계도 달라졌다. 토론은 8시 15분이 넘어서야 끝이 났다. 아홉 명의 심판단에 이어 청중이 장내를 빠져나가는 동안 나와 팀원들은 오래오래 포옹을 나누었다. 브루스가 무대 위로 올라와 우리가 정말 자랑스럽다고 말해주었다. 맨 앞줄에 앉아 있던 부모님은 밝은 얼굴로 사람들의 응원을 받고 있었다.

심판단이 다른 방에서 논의하는 동안 나는 뷔페에서 저녁을 먹으며 청중의 의견이 양분됐다는 느낌을 받았다. 친구들은 이번 토론이 막상막하였다고 했고, 모르는 사람들이 다가와서는 안됐지만 우리가 진 것 같다고 말해주었다. 그러니까 우리가 상대팀을 당황하게 만든 건 아니었다. 하지만 나는 그 순간만큼은 이전과는 다른 종류의 만족감을 느꼈다.

## "2013년 세계학생토론대회의 최종 우승팀은……"

의회민주주의 역사에서 보통 야당(소수당)이 된다는 건 긴 휴가를 갖는다는 뜻이다. 18세기 영국에서는 야당이 의회에 참석해야 한다는 규정 자체가 없었다. 그래서 대부분은 여름 별장 같은 데로 가서, 선거에서 패배한 상처를 회복하고 권력을 되찾을 전략을 짰다. 정당은 언제나 안정을 찾지 못하고 끊임없는 내분과 징계로 소란했다.

이 타락한 상황을 바꾸기 시작한 사람이 에드먼드 버크였다. 아일랜드의 보수정당인 휘그당 정치가이자 학자인 버크는 정당을 위해 '야당이 일관되게 수호해나갈 프로그램'[12]을 만들었다. 그러면서 정당이 "성원 모두가 지지하는 특정 원칙에 입각하여 공동의 노력으로 국가이익을 추구하는 사람들의 결합체"[13]가 되어야 한다는 비전을 내세웠다.

야당의 존재에 대한 이런 관점은 1700년대에는 별로 호응을 얻지 못했다. 경쟁 관계에 있던 한 정치가는 버크 쪽에 보낸 편지에 이렇게 썼다. "헛된 반대를 일삼는 걸로 나라에 봉사할 수는 없습니다.

저는 공직을 얻지 않고 나라에 봉사할 수 있는 길은 없다고 생각합니다."

하지만 한 세기가 지난 뒤엔 버크의 제안이 규범으로 받아들여졌다. 대안 정부나 국왕의 충성스러운 반대자 같은 말이 정식으로 사용되기 시작했고 야당은 섀도캐비닛shadow cabinet을 구성하고 의회의 공식 안건에 영향을 미치는 특권 등을 공식적으로 부여받았다.

정치에 충성스러운 반대가 있다면 토론에는 반대 주장이 있다. 두 영역 모두 갈등과 의견 불일치를 통해 함께 앞으로 나아가고자 한다. 분노가 주로 (상대의 또는 관계의) 파괴로 이어지는 반면, 반대는 결코 경계를 넘어서지 않는 경쟁 형태를 추구한다.

델핀임피리얼호텔에 우리의 재소집을 알리는 벨이 울렸다. 청중이 다시 들어오고 두 팀이 무대 양쪽 끝에 모여 섰다. 장내가 조용해졌다. 앞줄에 앉은 브루스와 부모님은 얼굴을 잔뜩 찡그린 채 기대감에 부풀어 있었다.

개인별 성적이 먼저 발표됐다. 나는 베스트 스피커로 호명됐고 파넬레가 2등이었다. 나는 무대 건너편을 향해 고개를 까딱했고 파넬레도 똑같이 했다. 하지만 우리 둘 다 그 순간을 즐기기에는 너무 초조했다. 얼마나 떨리는지 서로 쳐다보기도 힘들 정도였다.

이어서 큼직한 체크무늬 치마를 입은 나이 지긋한 스코틀랜드인이 트로피를 들고 무대로 나왔다. 가느다란 은색 트로피에 장내가 술렁였다. 청중은 바짝 앞으로 당겨 앉았다. 우리 팀원들은 서로 너무 바싹 붙는 바람에 다 같이 넘어질 뻔했다. 깐깐해 보이는 싱가포르인 심판장이 마이크를 입 가까이로 가져갔다.

"2013년 세계학생토론대회의 최종 우승팀은, 호주팀입니다!"

떠나는 날 아침식사 후 호텔 로비에서 나는 에스와티니왕국팀 주장과 마주쳤다. 낡은 운동복 셔츠와 바지를 입은 파넬레는 한결 편안한 표정이었다. 그는 내게 어느 대학에 가느냐고 물었고, 나는 하버드라고 대답했다. 파넬레는 로비 반대쪽에 있던 사람이 고개를 돌려 쳐다볼 정도로 크게 웃었다. 그는 자기도 하버드에 지원했다면서 아직 결과를 기다리고 있다고 했다. 그리고 씩 웃으면서 말했다. "누가 알아, 혹시 미국에서 우리가 한 팀이 될지."

# 4장

## 수사법: 감동이라는 무기 혹은 전략

### 마음을 움직이는 법

"우리가 새로운 무언가를 만들어야 한다는 뜻이었다.
사람들의 손을 잡아끄는 대신
그 손을 가만히 잡는 말하기 양식을."

그날 오후는 시작부터 좋지 않았다. 폭우에 천둥까지 치는 바람에 3시 반으로 예정된 캠퍼스 축하 행사가 차질을 빚었다. 미국 전직 대통령 부부가 참석하기로 한 VIP 파티도 무산됐다. 행사가 시작된 것은 5시가 다 되어서였다.[1] 수학자이자 성직자이기도 한 총장이 기도로 개막식을 열었다. 연설은 라틴어로 이루어졌다.

이어서 한 무더기의 사람들이 떼를 지어 나타났고, 사십대 끝자락에 다다른 키 174센티미터의 미국 전직 대통령 아들이 연단으로 올라가 영어로 연설을 시작했다. 그의 이야기는 슬펐지만 사람들에게 희망을 주었다.

그는 머나먼 과거를 회고하는 것으로 말문을 열었다. 그에 따르면 근세 유럽에서 문학과 학문이 부흥했을 때 엘로퀀스Eloquence◆라는 뮤즈가 천년의 잠에서 깨어나 세상이 바뀌었음을 발견했다.[2] 엘로퀀스는 사라져버린 지위를 되찾으려 노력했지만 만만치가 않았다. 그가 가장 좋아하던 언어들은 자취를 감추었고 사람들은 그가 하는 말을 알아듣지 못했다.

아주 오래전 로마 공화국이 몰락하면서 시민들을 설득하던 말이 독재자를 숭배하는 말로 바뀌는 동안, 뮤즈는 몸이 떨리고 피로하고 마비가 오는 등 쇠락의 징후를 느꼈다. 이후 몇백 년을 간신히 버티다가 암흑시대**가 시작되자 결국 혼절하여 오랜 잠에 빠져들었다.

암흑시대가 끝나고 잠에서 깨어난 엘로퀀스는 새로워진 세상을 돌아다니면서 자신이 한때 가장 활발히 활동했던 곳 세 군데를 둘러보았다.

대중 포럼들—마을 광장과 극장—은 대체로 텅 비어 있었다. 더 심각하게는 소피스트와 사기꾼들이 들어차 있기도 했다. 하지만 뮤즈를 떠날 수밖에 없도록 만든 건 더 추한 광경이었다. 그가 가장 아끼던 연설가 중 하나였던 키케로의 머리가 돌로 변해 연단의 장식품으로 놓여 있었던 것이다.

법정에서 본 광경은 그보다 충격적이었다. 법원으로 이어지는 계단을 올라가니 자신의 아이 페르수아시온Persuasion이 족쇄를 찬 채 법전에 묶여 있었다. 라틴어를 더듬거리며 수천 권의 책에 짓눌려 있는 자신의 모습도 보였다.

그래도 숙의를 거듭하는 의회에서는 상황이 나은 편이었다. 새로

---

◆ 유창함, 웅변술, 설득력, 수사법 등을 뜻하는 단어.
◆◆ 서로마제국이 멸망한 후 이어진 중세 서유럽의 경제적·지적·문화적 쇠퇴기.

생겨난 유럽 의회에 들어가서 각고의 노력으로 그들의 언어를 배우고 정치가들을 도울 수 있었으니까. 그럼에도 절대 예전의 자신으로 돌아가지는 못했다.

1806년 6월 12일 존 퀸시 애덤스는 하버드대학교 수사학 및 연설학 첫 보일스턴 교수♦ 취임 연설에서 이 이야기를 들려주며 말문을 열었다.

하버드대학교는 1636년 설립될 때부터 수사학, 즉 설득하는 말하기의 기술을 교과과정에 포함했다. 강의를 듣는 학생들은 매달 한 차례씩 각자 발표할 연설을 준비해야 했다. 이는 청교도 목사 배출이라는 학교의 설립 목적을 반영한 조처였다. 하지만 결정적 계기는 보일스턴 교수직 기부금으로, 이를 받은 뒤부터 수사학은 교과과정으로 확고하게 자리잡아 이후 수 세대에 걸쳐 이어졌다.

사실 애덤스는 이 자리에 적격자는 아니었다. 그는 학자가 아닌 정치가였고, 자신의 화술에 대한 의구심 때문에 늘 괴로워하던 사람이다. 그는 일기에 자기가 "말이 너무 느리고 머뭇거리거나 말이 엉키는 일이 잦으며" 항상 적확하지 않은 단어로 문장을 마무리한다고 자책했다.[3]

애덤스는 이 수사학을 정치적 이상과 접목시키는 것이 자신이 할 일이라고 생각했다. 그의 아버지는 그에게 철학자 데이비드 흄이, 더 거슬러올라가 고대 그리스 때부터 사람들이 이상으로 삼았던 '웅

---

♦ 보스턴 상인 니컬러스 보일스턴의 유산 기부와 유언으로 생겨난 명예교수직.

변술'이 미국 정치의 특징이 되기를 희망한다고 말한 적이 있었다.[4] 이에 존 퀸시 애덤스는 차세대 미국 지도자의 수사학적 기량을 길러 주는 일에 나섰다.

애덤스는 이것이 엘로퀸스에게 희망의 빛을 주는 일이라고 믿었다. 엘로퀸스는 유럽의 전제군주에게 억압받고 의회에서 고통받았다. 이 뮤즈가 거처할 새집이 있다면 바로 미국일 터였다. 애덤스는 "모든 시민이 나랏일에 깊이 관심 갖는 진정한 공화제에서는 (…) 결코 웅변의 목소리가 공허해지지 않을 것이다"라고 선포했다.[5]

이 최초의 보일스턴 교수는 마흔이 되는 날 강의를 시작해서 3년 동안 학생들을 가르치다가 공직으로 돌아갔다. 그가 마지막으로 강의하던 날 예배당은 빈자리 하나 없이 꽉 찼다. 나중에 이 학교에서 가르치게 된 랠프 월도 에머슨은 "그의 가르침은 케임브리지◆에 오래도록 울려퍼졌다"라고 썼다.[6] 애덤스가 떠난 다음해에 그의 강의는 책으로 출간되었고, 그는 유럽의 고전 작가들이 지배한 장르에 중요한 족적을 남긴 미국인으로 인정받았다.

1825년 존 퀸시 애덤스는 미국 대통령으로 취임했다. 임기를 마치고 나서는 미국 의회에서 열성적으로 노예제 반대에 앞장서며 여생을 보냈다. 그가 대법원에서 애미스태드호를 타고 노예로 끌려온 아프리카 사람들을 옹호하는 논리를 장장 8시간에 걸쳐 펼쳤을 때, 그의 명성은 정점에 달했다. 고대 그리스의 웅변가 이소크라테스를

---

◆ 보스턴 근처에 있는 도시로 하버드대학교 본캠퍼스가 있는 곳.

칭했던 '올드 맨 엘로퀀트'라는 별명까지 붙었다.

나는 2013년 8월 시드니에서 꼬박 하루가 걸려 보스턴으로 오는 동안 이 노인의 삶에 대해 읽었다. 비행기 안에서는 기운 없이 축축 처졌다. 긴 비행시간, 좁은 개인 공간, 답답한 공기, 음식 모두 다 별로였다. 하지만 미국 역사책을 읽다가 이 대목을 만났을 땐 누가 비행기 창을 확 깨부수기라도 한 듯 상쾌한 기분이 들었다.

애덤스 이야기는 나의 목적지가 어디인지를 알려주었다. 거창한 생각에 몰두하기 좋아하는 열여덟 살짜리에게는 미국에 대한 그의 생각이 미래를 향한 엄청난 약속처럼 느껴졌다. 이러니저러니해도 그곳은 한 사람이 나라의 미래를 논하는 것으로 유명해질 만큼 열린 민주주의의 전통을 이어가는 젊은 공화국이었다.

이런 관점에서 보니 애덤스는 내게 단순히 정치가라기보다는 어떤 정신의 구현으로 느껴졌다. 그의 일생을 보면 피나는 노력과 공부로 온갖 불우한 조건을 극복하고 마침내 빛을 발하게 된 사람이었다. 확실히 그에겐 신화적인 요소가 있었다(그 전직 미국 대통령 아들은 어떻게 봐도 입지전적 인물이 아니었지만). 하지만 이는 어느 정도 낭만적으로 각색해놓은 미국사의 한 부분이기도 했다. 이 나라는 자기네가 세상의 중심이라고 주장하면서도 다른 한편으론 스스로를 변방의 도전자라고 여겼으니까.

아, 애덤스 이야기가 웅변술에 관한 것이 맞냐고? 사실 방금 한 이야기는 그냥 재미난 사족이다.

## '무엇을 말하는가'보다 '어떻게 말하는가'

수사법을 처음 알게 된 것은 6학년 때였다. 부시초등학교 맨 끝의 빨간 벽돌 건물 교실 바닥에 양반다리를 하고 앉은 우리에게, 머리카락을 보라색으로 물들인 열정적인 길크리스트 선생님은 조목조목 설명해주었다. 그는 내가 처음으로 좋아한 선생님이기도 했다. "수사법은 설득하는 말하기의 모든 요소와 관련되어 있어요. 단어, 말, 몸짓, 구조 같은 것들 말입니다. 주장이 무엇을 말하는가에 관한 것이라면 수사법은 어떻게 말하는가에 관한 것입니다." 선생님이 말했다.

"나를 보세요. 제가 지금 어떻게 서 있지요?" 길크리스트 선생님은 자유자재로 몸을 쫙 폈다가 등을 구부렸다가 하면서 갖가지 포즈를 취했다. "제 목소리는 어떻게 들리나요?" 중년의 선생님은 바로 우리 눈앞에서 우렁찬 목소리로 연설하는 정치가로 변신하더니 한순간 목소리도 제대로 못 내는 수줍은 사람이 되었다. 반 아이들은 얼마나 몰입했는지 눈을 깜빡이는 것조차 잊어버릴 정도였다.

하지만 길크리스트 선생님이 이 변화무쌍한 연기를 마치고 수사법의 오랜 기원을 소개하기 시작하자 아이들 대부분이 집중력을 잃어갔다. 나는 아이들의 시큰둥한 태도를 충분히 이해했다. 일상에선 괴짜나 잘난 척하는 사람으로 취급당하고 싶지 않다면 로고스 같은 단어를 쓸 수 없을 터였다.

하지만 내게는 선생님이 내뱉은 단어 하나하나가 당장의 관심사였다. 그전까지는 말하는 방식이 그 전달력에 영향을 미친다고 내게 알려준 사람이 아무도 없었다. 2006년인 그때까지만 해도, 영어를 배우긴 했지만 억양, 발음, 관용구의 미묘한 차이 때문에 이방인이라는 티가 났다. 나는 내 생각이 다른 아이들보다 절대 시시하거나 가치가 덜하다고 여기지 않았지만 그것이 제대로 받아들여지는 건 또다른 문제라는 걸 알았다.

나로서는 타고난 재능이 아닌 교육을 통해 수사적 기량을 얻을 수 있다는 사실을 부정할 이유 또한 전혀 없었다. 호주로 이민 온 뒤 나는 노트에 단어와 구문을 차곡차곡 적고, 문장을 조용히 소리 내어 읽고, 테이프에서 흘러나오는 말을 듣고, 제스처를 따라 하는 힘든 과정을 통해 언어를 습득했다. 그런 내겐 수사적 기술을 천재성의 산물로 여길 이유가 없었다.

길크리스트 선생님과의 수업에서 배운 것 중 특히 뇌리에 박힌 한 가지가 있었다. 소피스트라 불리는 고대 그리스의 수사법 선생들은 아테네 사람이 아니었다. 그들은 먼 나라에서 온 학자와 연설가였다. 말하자면 이민자였다.

중학교 토론팀에서는 수사법을 하나의 기교로 접근했다.

바커중학교 코치들은 대단한 전달력을 기대하지도 않았지만 그렇다고 허술한 전달력을 용인하지도 않았다. 우리로 하여금 연습에 연습을 거듭해 '나쁜 버릇'이나 산만한 말버릇("음" 같은 말)과 몸짓(안절부절못하거나 팔짱을 끼는 행동)을 고치도록 했다. 그 방법은 이랬다.

**숫자 세기:** 다른 사람 앞에서 아무 주제로나 1분 동안 말해라. 상대에게 당신이 '그 나쁜 행동'을 몇 번이나 하는지 세어달라고 해라. 그 행동을 한 번도 하지 않을 때까지 반복해라.

**재시작:** 아무 주제로나 1분 동안 말해라. '그 나쁜 행동'을 할 때마다 그 문장을 다시 시작해라. 문제없이 깔끔하게 할 때까지 반복해라.

**벌칙:** 다른 사람 앞에서 아무 주제로나 1분 동안 말해라. '그 나쁜 행동'을 할 때마다 상대방이 벌칙을 주도록 정해라(예를 들어 종이를 던지게 한다든지). 벌칙을 한 번도 안 받을 때까지 반복해라.

교실에서는 수사법에 대한 논의가 과장과 관념으로 흘러간 반면, 토론팀에서는 명료화하는 접근법을 취했다. 우리는 무조건 이겨야 했기 때문에 언어와 말에 신경을 썼다.

말하기 훈련은 지루했지만 열심히 하면 웅변술이 늘고 사람들이 귀기울여 듣게 만들 수 있었다. 그때만 해도 나는 훌륭한 수사법을 배우려는 노력이 나를 더 넓은 세상으로 데려가줄 뿐 아니라 하버드대학교—과연 내가 속할 수 있을지 의문을 가졌던 곳들로 나를 데려다준 짧은 토론 인생에서 중요한 이정표가 된 곳—합격이라는 선물까지 안겨주리라는 사실을 알지 못했다.

2013년 8월 26일 아침에 커다란 짐 가방 두 개를 끌고 하버드에 들어선 순간, 나는 길크리스트 선생님 수업을 듣던 내가 결국 여기까지 왔구나 실감했다. 대학 악단의 합주 소리조차 그 광채를 흩뜨리지 못하는 아름다운 늦여름날이었다. 데님 옷을 입고 상자와 가구 행렬을 요리조리 피하며 앞서 걸어가던 어머니가 기숙사에 들어가야 할 사람은 바로 자신이라고 말했다. 어머니는 "내가 여기서 배우는 게 더 나을 텐데 말이지"라면서 짐짓 항의하는 표정을 지었다.

내가 배정받은 기숙사는 스튜라우스홀이라는 4층짜리 콜로니얼 양식 건물로 중앙 마당 끝에 있었다. 나는 짐 가방을 끌고 가파른 계단을 올라가다가 열 명쯤 되는 학생들을 만났다. 앳된 얼굴들이 땀에 얼룩져 번들거렸다. C-31호는 벽난로가 갖춰져 있고 벽이 나무 판자로 마감된 아늑한 방이었다. 룸메이트 셋과 그 가족들은 빗자루와 육각 렌치를 들고 바쁘게 움직였다. 서먹한 분위기에 순간 움찔했지만 앞으로 함께 지낼 친구들이라는 생각에 꾸역꾸역 환한 미소로 반갑게 인사를 건넸다. 우리는 곧 서로 가까이 붙어앉아 함께 쓸 가구를 조립하며 조잘조잘 이야기를 나누었다.

나는 세 명의 룸메이트 중 특히 조나에게 끌렸다. 조나는 날카로운 푸른 눈과 붉은 머리카락으로 눈에 확 띄는 외모에 운동선수처럼 탄탄한 몸매를 가졌지만, 몸짓과 움직임에서는 타고난 온화함이 풍겨나왔다. 그가 가방에서 맨 처음 꺼낸 책은 거액의 정치 후원금의 영향에 대해 폭로한 책이었다. 그의 부모님은 매사추세츠주 노샘프턴에서 온 외향적이고 호감 가는 타입으로 우리 어머니와 이야기가 잘 통했다.

분홍색 벽에 경쾌한 음악이 끊임없이 흘러나오는 멕시코 음식점

보더 카페에서 룸메이트 가족들끼리 점심식사를 하는 동안, 격식을 차린 대화가 지겨워진 나는 정치 이야기로 조나를 슬쩍 찔러보기로 했다. "나는 미국 진보주의자들이 정치 후원금 모금 운동에 지나치게 예민하게 군다고 생각해. 사람은 온갖 방법으로 자신의 정치적 대의를 추구해. 돈으로는 왜 안 돼?" 사실 나는 토론대회에서 한 적 있는 이 주장을 그다지 진심으로 믿지는 않았지만 이야기를 계속 끌고 나갈 순 있을 것 같았다. 다른 두 룸메이트는 얼른 자기들끼리 다른 이야기를 시작했지만 조나는 손에 들고 있던 케사디야를 접시에 내려놓았다. "너 그 말 진심이야?"

그뒤로 5분여간 조나의 목소리는 커지지도 톤이 높아지지도 않았지만 어딘가 모르게 달라졌다. 다급함이 묻어나는 진지한 목소리에 말투는 논쟁적이기보다는 설명적이었다. 그는 양손을 쫙 펼치며 일말의 비꼼도 없이 정의니 공정이니 하는 말을 했다. "그래, 그래서 우리가 이런 거에 예민하게 구는 거야." 말이 끝날 무렵엔 그의 붉은 머리카락이 더 빨개져 있었다.

나는 조나에게 토론대회에 나가본 적 있느냐고 물었다. "너 그거 전문이지?" 조나는 잠시 말을 멈추더니 농담조로 말했다. "근데 난 그런 거 별로야Not my cup of tea." 그는 내가 영국인이라고 생각했는지도 몰랐다.

식당 밖으로 나온 뒤 나는 손을 흔들어 어머니를 공항까지 모셔다줄 택시를 잡았다. 눈시울이 촉촉해진 어머니를 보니 문득 쓰라린 깨달음이 찾아왔다. 앞으로 거의 한 해 동안 어머니를 못 보고 여름

방학 때나 겨우 만날 텐데 그 기간도 몇 달, 몇 년이 아니라 고작 몇 주에 불과할 터였다. 이 사실을 어떻게 생각도 못하고 있었던 건지! 나는 혹시 부모님도 그랬는지 궁금해졌다. 그러다 지구 반대편에 있는 대학을 선택하는 데 필요한 비용엔 자기기만도 포함되는 게 아닐까 싶어졌다. 어머니는 택시에 올라타기 전에 가방에서 뭔가를 꺼냈다. 튀르키예 안탈리아의 예술가에게 구입한 석상이었다. "이게 널 지켜줄 거야." 어머니가 말했다.

그날 오후는 각종 오리엔테이션에 참석하느라 정신없이 보냈고, 대학은 실로 말이 넘쳐나는 곳이라는 걸 알게 됐다. 천육백 명에 달하는 신입생 중에 특출나게 현명한 사람은 없어 보였지만, 대부분 말로 자기 생각을 표현하는 데는 너무도 뛰어났고 다들 재기 넘쳤다. 모두가 어떻게든 스스로에 대해 설명하려고 애썼다.

그런 환경에서 논증은 중요한 역할을 했다. 논증은 사람들 앞에서 자신의 생각을 내보이고 요지를 증명하고 서로를 평가하는 자연스러운 방법이었다. 저녁식사 테이블에서는 대중문화 이야기로, 취침 전에는 정치 이야기로 다들 옥신각신했다. 나는 가급적 논쟁을 자제하려 했지만 이 타고난 토론자들에게 친밀감을 느끼지 않을 수 없었다.

11시쯤 되니 녹초가 됐다. 룸메이트들은 이미 잠자리에 들었고 나는 소파에 드러누워 부모님에게 문자를 보냈다. 그리고 거실 전등을 막 끄려는데 갑자기 똑똑 하고 문을 두드리는 소리가 났다. "누구세요?" 나는 길게 대화하는 걸 정말 좋아한다고 낮에 고백하던 아래층 아이인가 싶었다. 하지만 이 시간에······?

똑똑 소리가 한번 더 났다. "나야, 파넬레."

아홉 달 전 처음 만났을 때 깡마른 소년이었던 파넬레는 훨씬 건장하고 여유로워 보이는 청년이 되어 있었다. "야, 보현, 보현!" 그는 거실로 들어오면서 곧 웃음이 터질 듯 명랑한 목소리로 내 이름을 불렀다.

나는 어떻게 날 찾았느냐고 묻지 않았다. 여기에 온 첫날이 어땠냐고 묻는 것도 사실 별 쓸모 없는 말로 느껴졌다. 나는 몇 달 동안 품고 있었던 질문을 했다. "그런데 그때 에스와티니왕국팀은 어떻게 그렇게 잘한 거야?"

그는 웃음을 터뜨렸다. "어떻게 아프리카 사람들이 결승전까지 진출했냐고?" 나는 당황해서 그런 뜻이 아니라고 강변했다. 파넬레는 자기네 팀은 토론대회 영상을 마르고 닳도록 본 다음 자기들이 토론하는 모습을 찍어서 모든 내용과 동작, 나쁜 버릇, 몸짓 등을 하나하나 분석했다고 설명해주었다. "그냥 열심히 연습한 거야. 마법의 탄환 같은 건 없어." 나는 그건 정말 맞는 말이라며 맞장구쳤다.

파넬레는 자기도 내게 물어볼 게 있다고 했다. "보현, 우리 세계대학생토론대회에서 같이 한번 이겨보는 거 어때?"

내가 미처 대답하기도 전에 파넬레는 준비한 것 같기도 하고 즉흥적인 것 같기도 한 주장을 펼쳤다. 갈수록 목소리가 커지고 표현도 강렬해졌다. 자기 시간뿐 아니라 내 시간까지 당당히 뺏는 뻔뻔할 정도로 야심찬 그의 모습에 어이가 없었다. 하지만 말을 제대로 골라 쓸 줄 아는 그 재주만큼은 도무지 부정할 수가 없었다. "이게 바로 너야." 파넬레가 말했다.

그 말을 귀기울여 듣고 있자니, 나를 여기로 데려다준 것이 이곳을 잘 통과하게 해줄 수도 있겠다는 생각이 들기 시작했다.

## 소크라테스 vs. 고르기아스

이후 본격적으로 수업이 시작되면서 캠퍼스 분위기도 바뀌었다.

하버드 학부생들은 2학년 2학기에 전공을 택했다. 이것저것 두루두루 경험해보고 나서 정하라고 배려한 시스템이었다. 나는 우선 철학을 공부하고 싶었다. 토론자에게 어울리는 과목 같았다. 그래서 둘째 주 화요일에 철학과 오픈하우스 행사가 열리는 곳으로 부리나케 달려갔다.

철학과 건물인 에머슨홀 2층, 먼지 쌓인 웅장한 도서관으로 뒤늦게 걸어들어가니 앞에 앉은 교수진이 전공에 대해 설명하고 있었다. 설명은 점점 더 추상적이 되어갔다. "우리의 목표는 정답을 찾는 게 아니라 이미 나온 답의 논리를 검토하는 것입니다" "그러다가 더 나은 질문이 생긴다면 좋지요" "'질문이란 무엇인가?' 하고 물을 수도 있겠지요" 신중하게 고른 말들이 웅얼웅얼 방안을 떠돌았다.

나중에는 어쩌다 논리학자와 대화를 나누게 되었다. 모직 조끼를 입은 그 노교수는 자신이 꺼내놓은 쿠키가 라이프니츠 비스킷이라고 신이 나서 외쳤다. "무려 철학자 비스킷이라고요." 그가 들뜬 목소리로 말했다. 나는 물을 한 모금 마신 다음, 내가 고등학생 때 토론을 했었는데 이게 철학 훈련에 도움이 된다고 생각하는지 물었다. 교수는 안경을 똑바로 고쳐 쓰며 대답했다. "아마 아닐 거예요. 그 점에 대해 우리는 고르기아스보다 소크라테스 편이니까요."

오후에 나는 그 교수가 한 말이 어디에 나오는지 찾아봤다.

기원전 483년에 태어난 고르기아스는 떠돌이 수사학자인 소피스트로, 대중을 가르치거나―"헬레네는 트로이전쟁에 책임이 없습니다"[7]―젊은이들에게 웅변술을 가르쳤다. 그는 육십대 나이에 고향 시칠리아섬 레온티니에 대한 군사적 보호를 요청하러 아테네로 왔다가 그대로 눌러앉았다. 일부 비평가는 비웃었지만 그가 사람들에게 미치는 영향에 대해서는 결코 부정할 수 없었다. 그는 군중을 끌어모았고 무아지경에 빠뜨렸다.

어느 날 밤 저녁식사 파티에서 그가 장황하게 말을 늘어놓고 있는데 손님 하나가 다가와서 그에게 신문하듯 질문을 던졌다. 소크라테스라는 이름의 허름한 차림새를 한 이 철학자는 고르기아스에게 대놓고 물었다. "당신을 무얼 하는 사람이라고 불러야 하오? 당신이 가진 기예는 무엇이오?" 고르기아스가 대답했다. "수사학입니다, 소크라테스."[8]

이 소피스트는 처음에는 자신감이 넘쳐흘렀다. 그는 수사학엔 다수를 설득하는 힘이 있다고 말했다. "이 능력만 있다면 의사도 훈련사도 노예처럼 부릴 수 있다"라고 했다. 그러자 소크라테스가 질문했다.

소크라테스는 고르기아스의 말을 일단 긍정한 다음 비틀었다. "수사학은 (…) 옳고 타당한 것에 대한 믿음을 만들어내지만 그것들에 대한 지침은 주지 않지요." 설득의 기술은 진실과는 관련이 없고 청자의 마음을 사로잡기 위해서라면 수단과 방법을 가리지 않는다는 말이었다. 고르기아스는 그 점을 순순히 인정했다. "소크라테스, 수사학도 다른 경쟁적 기예와 마찬가지로 아무나 붙들고 싸워서는 안 됩니다. 수사학자도 권투 선수와 마찬가지로 자신의 힘을 남용하지 말아야 합니다."

고르기아스는 사람들이 지루해할 것 같다면서 이쯤에서 토론을 끝내려 했지만 군중은 계속하라고 부추겼다. 그래서 철학자는 다시 공격에 나섰다.

**소크라테스:** 그러니까 당신 이야기는, 건강 문제에 대해서도 수사학자가 의사보다 더 설득력이 있다, 이 말입니까?

**고르기아스:** 그렇습니다. 대중한테는요.

**소크라테스:** 그러니까 당신 말은 무지한 사람한테는 그렇다는 거지요? 자신에겐 설득력이 부족하다는 것을 아는 사람들.

**고르기아스:** 맞습니다.

**소크라테스:** 하지만 만약 그 사람이 의사보다 더 설득력을 갖춘다면 의사보다도 힘이 커지겠군요?

**고르기아스:** 그렇지요.

**소크라테스:** 그는 의사가 아닌데도요. 그렇지요?

**고르기아스:** 그렇습니다.

소크라테스는 마침내 자신에게 필요한 인정을 받아낸 다음 이런 결론에 도달했다. 수사학은 기예라기보다는 즐거움과 만족을 주는 아첨의 한 형태라고.

"저는 이것을 기예가 아닌 하나의 경험일 뿐이라고 봅니다. 왜냐하면 수사학은 대상의 본질을 설명하거나 정당화하지 못하기 때문입니다." 소크라테스는 수사학이 철학보다는 요리법에 가깝다고 말했다. 그뒤로 고르기아스는 별다른 대꾸를 하지 않았다.

이 특별한 토론 후에도 수사학은 수백 년 동안 번성했다. 키케로나 쿠인틸리아누스 같은 고대 로마인은 그리스 전통을 더 강화했고, 중국인과 인도인도 고유의 이론과 정전을 만들었다. 중세 유럽의 대학에서는 수사학이 산술, 기하학, 천문학, 음악, 문법, 논리학과 함께 일곱 가지 기초학문에 포함되었다.[9]

하지만 나는 2000년 전에 소크라테스가 내린 결론을 외면할 수 없었다. 요즘엔 '소피스트'라는 말이 멸칭으로 쓰이고, '수사법'은 공허하고 둔감하고 가식적인 말을 가리킬 때 '그건 수사법에 불과하다'는 식으로 사용된다. 사람들이 수사법에 대해 생각하는 건 고대의 유물 아니면 정치·문화 엘리트나 즐기는 사치였다. 이 단어는 선동가나, '빙빙 돌리지 말고 똑바로 말하라'는 사인을 보며 말하는 TV 프로그램 진행자들로부터 더 조롱받았다.

존 퀸시 애덤스가 연설한 뒤로 200여 년이 흐른 지금 수사학은 대학에서조차 완전히 자취를 감춘 듯하다. 학생들이 경제학, 컴퓨터 공학, 통계학, 생명과학 등 가장 인기 있는 학과의 기초과목을 수강하게 된 뒤로는, 구내식당에서 두서없이 이루어지던 대화가 각 과목에 대한 이야기들로 바뀌었다.[10] 심지어 인문학조차 대놓고 이야기를 나누기에는 어쩐지 꺼려지는 분위기였다. 한때 모두에게 필수과목이었던 대중 연설은 여든 명 정원의 선택과목으로 축소되었고 가장 최근에 보일스턴 교수로 임명된 두 명은 모두 시인이었다.[11]

수백 년에 걸친 수사학의 쇠퇴에는 다른 흐름의 영향도 있었다. 우선 현대 과학이 부상하면서 수사학이 부정확하고 비합리적이라는 관점이 힘을 얻었다. 17세기 영국에서는 철학자 프랜시스 베이컨이 과학적 방법을 통해 도출해낸 결과를 전달하기에 적합한 수사법이 필요하다고 주장했다. 그는 '상상적 스타일'의 여지를 남겨두긴 했지만 '장식적인 비유나 수사 등 공허한 표현'은 다 뺀 단순한 말을 옹호했다.[12] 그의 생각은 훗날까지도 굳게 이어졌다.

또한 인쇄술과 대량 출판 시대가 도래하면서 주된 소통 방식이 말에서 글로 바뀌었다. 1870년대 하버드대학교 총장으로 부임한 찰스 엘리엇은 공통 교과과정을 선택 모델로 바꾸어, 학생마다 '타고난 개별 성향'에 따라 수강할 과목을 자유롭게 고르도록 했다.[13] 몇 안 되는 필수과목에 대해서도, 230년 만에 처음으로 웅변술을 선택과목으로 바꾸고 대신 글쓰기를 신입생 필수과목으로 지정했다. 19세기가 끝날 때쯤엔 미국 대학 대부분이 이 시스템을 택해 '전 학년에 있는 수사학 과목을 1학년 한 해 [작문] 과목으로' 대체했다.[14]

게다가 사회가 다방면에서 문화적으로 풍요로워지면서 좋은 언어에 대한 전통적인 관념은 시대에 뒤처진 이야기가 되었다. 1920년대에 설립된 영국 BBC 방송은 남성 전문가들로 정확한 발음을 조언해주는 자문 위원회를 구성했다('privacy'는 prive와 acy를 합친 발음이고, 'respite'는 respit처럼 발음된다는 사실을 알려주었다).[15] 하지만 제2차세계대전 이후 위원회는 해체되었고 방송엔 다양한 지역 억양이 등장하기 시작했다. 최근에는 싱가포르 영어Singlish처럼 그간 냉대받아온 토착어가 제자리를 찾는 데 노력을 기울이면서 좋은 수사법에 대한 보편적 관심이 더 줄어들었다.

마지막으로, 수사학의 쇠퇴는 반엘리트 정서의 부상과도 관련이 있었다. '정치적인 발언'에 대한 오늘날의 경멸은 정치가들의 거짓말과 교묘한 말장난 등 노골적인 언어 왜곡에 대한 온당한 반응이다. 또한 권력자들이 행동은 우리 이익에 반하게 하면서 말만 번지르르하게 한다는 의심의 반영이기도 하다. 이런 맥락에서, 당시 런던 시장 보리스 존슨이 처칠에 대해 연설하다가 '반복을 활용한 3단 점강법'[16]을 구구절절 설명하는 걸 듣던 사람들은 당연히 짜증을 낼 수밖에 없었다.

2013년 9월 초, 대학 첫 학기가 시작된 지 몇 주 안 된 시점에서는 이 모든 흐름이 공모해 지금의 현실을 만든 걸로 보였다. 자연히 한 가지 단순한 질문이 떠올랐다. 그렇다면 '지금은 어떤 수사학이 바람직할까(그리고 가능할까)'라는.

# 끝없이 토론하다

월요일 저녁 7시만 되면 파넬레는 슈트라우스홀의 내 방을 찾아왔고 우리 둘은 24시간 운영하는 갑갑한 러몬트도서관으로 토론 연습을 하러 갔다. 의회식 토론팀인 하버드대학교 토론팀은 세계 최고의 토론팀에 속했다. 하지만 옥스퍼드나 케임브리지와는 달리 독립 건물은 고사하고 방도 하나 없었다. 그래서 쉰 명이 넘는 회원들은 논쟁할 곳을 찾아 이리저리 캠퍼스를 떠돌아다녔다.

대학과 고등학교 토론은 미묘하지만 중요한 차이가 있었다. 대학에서는 각 팀 인원이 셋에서 둘로 줄어드는 탓에 개별 토론자의 부담이 커지고 파트너십도 더 중요해졌다. 토론자의 성격도 달라졌다. 고등학교에서는 토론이 조숙한 아이들의 유일한 피난처였지만 대학에는 토론 말고도 수백 가지 클럽과 활동이 있었다. 그러다보니 토론에 일편단심인 사람들만 남았고, 그들은 마치 냄비 바닥에 눌어붙은 설탕처럼 씁쓰레한 감정을 느끼곤 했다. 모두 매우 진지했고 여기에 미쳐 있다시피 했으며 자주 억울해했다.

파넬레와 나는 충분한 자격에 대해서는 생각하지 않고 토론팀에 가입했다. 매년 서른 명가량의 신입생이 들어왔고 그중 스무 명 정도는 승산이 없음을 깨닫고 몇 달 안에 빠져나갔다. 우리 둘은 어떻게든 마지막까지 버텨볼 셈이었다.

우리를 오만하게 만든 것은 서로에 대한 인정이었다. 토론 연습실 밖 캠퍼스에서는 온통 건조하고 적확한 학술 언어를 사용했지만,

파넬레와 나는 거창한 아이디어와 촌철살인의 재담에 푹 빠져 있었다. 우리는 오후와 저녁 시간 내내 끝도 없이 대화를 나누었다. 고작 열아홉이지만 나보다 한 살 많은 파넬레에게는 내게는 낯선 자기 확신이 있었다. 그는 낮게 울리는 목소리로 정치적·사회적 의제에 대해 이야기했다. 내가 농담을 던지면 그는 바닥을 데굴데굴 굴렀다. 우리의 의견이 다를 때면 나는 양가감정에 시달렸다. 한편으로는 그가 내 견해에 동조해주기를 바랐고 다른 한편으로는 그가 자신의 의견을 고수해주기를 바랐다.

처음 몇 주 동안 우리 둘은 토론팀에 불만이 딱 하나 있었다. 월요일 연습 시간에 우리가 실제로 말할 기회가 없다는 점이었다. 대신 똑똑하고 강단 있는 2학년인 코치 대니얼이 금융위기와 전쟁법에 대해 진지하게 강의했다. 그보다 더 실용적인 시간들조차 지루하긴 마찬가지였다. 네번째 시간인 9월 셋째 주 월요일 저녁은 겨울이 다가오고 있음을 알리기라도 하듯 쌀쌀했다. 대니얼은 우리에게 각자 노트를 꺼내라고 했다. "오늘밤에는 '흐름 따라잡기flowing', 즉 상대방이 말하는 동안 받아 적는 연습을 해보겠습니다." 그는 자신의 사례집을 열었다. 지난 토론 주제와 다양한 논증으로 빼곡한 엄청나게 두툼한 회색 바인더였다. 그는 '동물을 윤리적으로 대우하는 사람들People for the Ethical Treatment of Animals(PETA)'이 채식주의를 주장하는 글 중 한 문단을 읽기 시작했다.

해마다 수백억 마리의 동물들이 식용으로 도살당하고 대부분 끊임없는 두려움과 고통을 견디며 살아가고 있다. 오늘날 미국에서 식용으로 기르는 동물들은 거의 전부 무리에서 분리되어 더러운 창고에 수천 마리씩 욱여넣어진다. 그리고 지독하게 불결한 환경에서 일생을 보낸다. 이 동물들은 진통제도 없이 몸이 훼손당하고, 자신에게 자연스럽고 중요한 모든 것을 빼앗긴다. 도살장에서는 수많은 동물들이 자신이 죽는다는 사실을 인식하고 도망가려 몸부림친다.[17]

뭘 써야 할까? 문제는 이 문단이 묘사적이라는 점이었다. 각 주장이 폭넓게 저자의 결론을 뒷받침했지만 모든 주장에 별개의 대응이 필요하지는 않았다. 예를 들어 창고가 불결하다는 주장은 어떻게 봐도 핵심을 비켜난 주장이었다.

나는 고등학교 때 먼저 핵심 주장을 분리해내는 게 좋다고 배웠다. 일단 상대의 결론('우리는 채식주의를 실천해야 한다')을 찾고 그 뒤에 왜냐하면이라는 단어를 붙인 다음 화자가 어떻게 그 문장을 채울 것인지 묻는 것이다. 그렇게 하니 이 문단에서 두 개의 핵심 주장이 드러났다.

우리는 채식주의를 실천해야 한다. 왜냐하면……

동물들이 끔찍한 환경에서 길러지기 때문이다.
동물들이 절대 용인할 수 없는 방식으로 도살당하기 때문이다.

이러한 더 높은 수준의 듣기 방식을 실시간으로 적용하기는 무척 어려웠다. 대니얼이 열두 개의 주장을 적는 동안 우리 신입생들도 최선을 다했다. 종이를 넘겨가며 사인펜으로 아주 빠르게 써내려가는 사람도 있고 점점 뒤처져도 침착함을 잃지 않고 직공처럼 꾸준히 써내려가는 사람도 있었다. 마치 모두가 떨어질 게 뻔한 비서직 시험을 치르는 것 같았다. 대니얼은 "연습이 완벽을 만든다"라는 말만 툭 던지고 밖으로 나갔다.

파넬레와 나는 컴컴하고 바람 부는 캠퍼스를 걸어 기숙사로 돌아오면서 불만을 터뜨렸다. 동아리에서 강조한 정확한 훈련은 우리가 생각하던 것과는 좀 달랐다. 우리는 토론이 전방위적이고 열정적이고 도발적이라고 생각했다. 우리는 잘 자라는 인사를 나누고 헤어지면서 지난 한 달은 연습 기간이었다는 사실에서 위안을 얻었다. "반복 훈련은 그냥 반복 훈련일 뿐 진짜 토론은 아니지." 파넬레가 선언하듯 말했다. 미국 의회식 토론대회는 한 해 내내 전국 각지에서 매주 한 차례씩 치러졌고, 그 첫 토너먼트가 다가오는 주말 맨해튼의 컬럼비아대학교에서 열릴 예정이었다.

## '단어 - 문장 - 문단'의 규칙

9월 20일 금요일 정오 무렵 파넬레와 나는 브로드웨이에서 우측으로 돌다가 눈앞에 펼쳐진 광경에 순간 걸음을 멈추었다. 바로 몇 발짝 앞에, 멋진 붉은 벽돌 건물 행렬 사이로 거대하고 활기찬 광장이

떡하니 펼쳐져 있었다. 5시간 동안 버스를 타고 오느라 머리카락은 납작하게 눌리고 옷에서는 쉰내가 났지만 불어오는 산들바람을 맞으니 영혼이 살아나는 느낌이었다.

파넬레는 중앙도서관 계단을 올라가다 말고 이오니아식 기둥과 튀르쿠아즈빛 지붕 사진을 찍었다. 그러더니 내 어깨에 팔을 두르고는 드디어 때가 왔다고 말했다.

참가자들은 다음 라운드가 시작되기 전 총회실이라고 거창하게 이름 붙인 널찍한 방에서 대기했다. 방안에는 묘한 긴장감이 감돌고 퀴퀴한 커피 냄새가 났다. 미국 전역의 백여 개 대학에서 온 학생들이 따뜻한 실내를 우왕좌왕 돌아다니면서 가십을 떠들고 떠오르는 말을 되는대로 주고받았다. 파넬레와 나는 끼어들기도 외면하기도 어려워서 애매하게 뒷문 근처만 어슬렁거렸다.

첫 라운드에서 우리는 펜실베이니아주의 리버럴 아트 칼리지인 스워스모어대학 1학년과 대결하게 되었다. 초조한 모습의 두 학생—커다란 안경을 쓴 키 작은 남학생과 혼자 맹렬히 무언가를 중얼거리는 여학생—은 우리와 함께 옆 건물의 지정된 장소로 향했다. 작은 세미나실 테이블에 모두 둘러앉으니 몇 년 동안 토론장에서 느껴온 것과는 또다른 긴장감이 밀려왔다. 하지만 스워스모어의 첫 토론자가 군사용 드론 사용 금지에 대한 자신의 입장을 밝히고 논거를 읽기 시작하자 너무도 익숙한 그 리듬에 나도 모르게 몸을 실었다.

우리가 스워스모어를 이겼고 이후 늦은 오후까지, 유급 육아휴직부터 자유무역의 문제점에 이르는 다양한 주제를 놓고 겨루어 속속 승리를 따냈다. 사실 예선전에선 기량을 숨기고 때를 기다리는 게 지혜로운 처신일 테지만, 파넬레와 나는 정반대로 달렸다. 우리는 우리가 배운 모든 기술을 전시하기 바빴고—네 가지 W에 답하고 상대에게 치명적인 이의 제기를 하는 등—세 명도 안 되는 청중 앞에서 마치 엄청난 관객이 지켜보는 양 있는 대로 폼을 잡았다.

그날 밤 11시쯤 우리는 1달러짜리 피자와 미지근한 음료를 먹으면서 실컷 우쭐댔다. 4전 4승의 전적으로 본선 진출권은 이미 따놓은 상황이었다. 우리는 원대한 환상 속에서 우리가 싹 다 쓸어버리자는 말을 내뱉으며 식당을 나와 암스테르담가를 걸었다. 하룻밤 신세를 지기로 한 파넬레 고향 친구의 기숙사로 가니 우리가 잠잘 바닥이 깨끗이 치워져 있었다.

다음날 아침엔 잔뜩 구름이 끼었다. 오전은 서서히 긴장감이 고조되며 흘러갔다. 파넬레와 나는 마지막 예선전에 이어 브라운대학교 4학년 팀을 상대로 치른 8강전에서도 승리를 거두었다. 승리할 때마다 모두가 깜짝 놀랐다. 다음 라운드를 기다리는 빈 시간에 우리는 총회실 밖 복도에서, 멀리서 우리를 관찰하는 사람들을 향해 은근히 보란듯이 음악에 맞춰 리듬을 탔다.

오후 2시쯤 방 안쪽에서 곧 4강전이 시작된다는 사실을 알리는 소리가 들려왔다. "4강전은 EG014호 강의실에서 열립니다. 찬성: 하버드. 반대: 베이츠. 심판단: 코널리, 헤세, 고시." 파넬레와 내가 짐을 챙기러 총회실로 향하는데 사람들이 양쪽으로 길을 터주었다.

지하층으로 내려갈 때는 토론팀 4학년 선배들이 충고를 쏟아냈다. 그중에는 이번 대회에 출전했다가 탈락한 선배들도 많았다. "상대 팀에 싸움을 걸어" "고개 드는 거 잊지 마" "숨쉬는 것도!"

EG014호 강의실은 보일러실의 냄새가 나고 온기도 느껴졌지만 난방장치는 보이지 않았다. 서른 명이 넘게 모였는데 대부분 모르는 사람들이었다. 그들은 목을 쭉 빼고 우리가 들어오는 모습을 지켜보았다. 메인주의 리버럴 아트 칼리지인 베이츠대팀은 이미 자리를 잡고 앉아 겸손을 담은 자조어린 농담과 칭찬, 다정한 말을 늘어놓으며 심판단의 호감을 사느라 분주했다. 둘 중 더 적극적이고 모호크족처럼 꾸민 키 큰 여학생 데이나가 하품을 하더니 "드디어 왔군!" 하고 외치며 우리를 반겼다.

곧 장내가 조용해졌고 나는 사람들을 향해 자리를 잡고 섰다. 논제는 '사회운동은 입법보다는 사법적 절차를 통해 변화를 추구해야 한다'였다. 흥분으로 발그레 달아오른 사람들의 얼굴을 보면서 초장부터 그들의 입을 떡 벌려놓아야겠다고 생각했다. 잔뜩 기대했던 팀이 그에 부응하지 못하면 사람들은 잔인할 정도로 재빨리 등을 돌려버리기 때문이었다. 나는 단호한 눈빛으로 청중을 둘러본 다음 말문을 열었다.

"지연된 정의는 부정당한 정의나 마찬가지입니다. 오랫동안 부정당해온 사람들의 삶을 기부와 영구 유임 가능성의 제단에 무릎 꿇은 비겁한 정치인들의 손에 맡기는 한, 또 한 세대가 냉랭한 거부와 무관심이라는 지옥을 겪게 될 것입니다."

나는 청중의 동요를 감지했다. 처음에는 착각인가 했는데 점점 확실하게 느껴졌다. 나는 선언하듯 말했다. "이 정치적 혹한기에 법정은 이제 희망의 보루가 되었습니다. 민주주의에 꼭 필요한 이 보호막에 우리는 엄청난 빚을 지고 있습니다." 방 한구석에서 간신히 참는 듯한 킬킬거리는 소리가 나더니 그 소리가 점점 커졌다가 잠잠해졌다. 그 짧은 순간 나는 망망대해에 홀로 내동댕이쳐진 듯한 기분이 들었다. 난생처음 다리에 힘이 쭉 빠져 절룩거리며 자리로 돌아왔고, 땀에 전 몸으로 자리에 앉을 땐 간신히 육지로 돌아온 느낌이었다.

이어서 데이나가 자리에서 일어났다. 연단으로 걸어가는 데이나의 초록색 눈동자와 눈이 마주쳤다. 그때 나는 데이나가 내 말에서 중대한 약점을 잡아냈음을 알아챘다. 데이나는 노트를 내려놓은 다음 환한 미소로 모두에게 자기 말을 들을 준비가 됐는지 물었다. 그 목소리는 편안하면서도 힘이 있었다. "앞에서 한 말이 대체 뭐였죠?" 데이나가 잠깐 말을 멈췄고 사람들은 몸을 앞으로 바짝 당겨 앉았다. "말을 정말 예쁘게 잘하네요. 너무 듣기 좋습니다. 그런데 알맹이가 없습니다. 그냥 수사적 표현뿐이에요. 법정에서 진보적인 결정이 내려진다는 저 주장을 가만히 한번 생각해보십시오. 정의, 평등, 민주주의…… 네, 그래요, 다 좋습니다. 그런데 대체 우리가 어떻게 선례에 얽매인 그 정치적 엘리트들의 손에 우리의 미래를 맡길 수 있는지 실제 근거를 제시했나요?"

토론에서 패배를 향해 가는 라운드에 앉아 있는 것보다 더 끔찍한 경험은 없다. 하지만 내 실패의 극장에 참여자이자 증인으로 꾸역꾸역 남아 있는 수밖에는 다른 도리가 없었다. 나중에 상대팀은 뿌듯한 얼굴로 친구들과 동료들의 칭찬 세례를 받았다. 오후 4시쯤 우리의 패배가 공식화되었고, 파넬레와 나는 짐을 싸서 메가버스가 서는 정류장으로 향했다. 보스턴으로 더 일찍 돌아가는 버스가 있는지 알아보기 위해서였다. 사람들로 벅적대는 무심한 도시를 걸으며 우리는 우리 팀에 유독 신경써준 2학년 선배를 위로했다. "걱정하지 마세요. 우리한테는 또 기회가 있을 거예요."

남은 주말 내내 나는 사람들을 붙들고 지역 토론전을 맹렬히 비난했다. 사실 내 말을 들어주는 사람은 조나와 파넬레뿐이었다. "이 리그에서는 수사법을 눈곱만큼도 중요하게 생각하지 않아. 토론에서 '말을 예쁘게 잘한다'는 게 무슨 뜻이겠어?" 나는 파티가 열린 썰렁한 기숙사 방 한쪽 구석에서 쉬지 않고 불만을 늘어놓았다. 두 사람은 내 불평을 열심히 들어주었지만 그들의 애처로운 끄덕임을 보며 나는 그들이 나를 견뎌주고 있음을 알았다.

월요일 밤 토론 연습 때 신입생 반은 또다시 흐름 따라잡기 연습을 반복했다. 연습은 이전과 마찬가지로 쉽지 않았다. '손 근육을 키워야 한다'는 대니얼의 고집에 나도 모르게 얼굴을 찌푸렸다. 장애인 혜택 시스템에 관한 코치의 이야기를 듣다 문득 토요일 4강전 때 있었던 신기한 일이 하나 떠올랐다. 내가 첫 토론자로 나서서 말하는 동안 청중 중에 펜을 들고 받아 적는 사람이 아무도 없었던 것이다.

그 사실을 깨닫고 나니 처음엔 기분이 좀 상했지만 나중에는 다른 의문이 떠올랐다. '만약 받아 적었다면 뭘 적었을까?' 나는 그 주제에 대한 입장과 정치가들에 대한 생각을 밝혔다. 청중에게 그들이 내 말에 동의하는 게 매우 중요하다고도 말했다. 그 밖에는 딱히 받아 적을 법한 말이 떠오르지 않았다.

그건 어느 정도 내가 의도한 바이기도 했다. 나는 청중이 내 강력한 아이디어에 할말을 잃게 만들고 싶었으니까. 하지만 그 결과 내 뜻을 명확하게 내보이고 청중에게 그에 대해 스스로 생각해보게끔 하는 데 실패하고 말았다. 화려한 쇼를 보여주려다가 그만 스스로 단순한 볼거리로 전락해버린 것이다.

말하는 태도가 도움이 되지는 못할망정 방해물은 되지 말아야 한다는 건 이미 잘 알았다. 그러니까 숫자 세기, 재시작, 벌칙 훈련을 하는 거였다. 청중이 실제 메시지보다 나쁜 말버릇과 몸짓에 정신을 빼앗기지 않게 하려고.

하지만 그동안 단어 선택 자체를 명확히 하려고 애써본 적은 없었다.

훈련을 마치고 기숙사 책상 앞에 앉은 나는 명료하게 말하는 방법을 적어보았다.

일단 개별 단어 차원부터 규칙을 만들어나갔다.

| 단어 | | |
|---|---|---|
| **규칙 1**<br>추상적인 단어 사용 금지 | 단어를 더 큰 범주로 대체하거나, 더 구체적인 단어가 있는데 굳이 추상어를 사용하지 말 것. 자신의 주장이 더 폭넓게 적용 가능하거나 중요해 보이게 하려고 이런 유혹을 느낄 수 있지만, 실제로는 핵심과 더 멀어지기만 할 뿐이다. | **나쁜 예:** "교육제도는 실패했다."<br><br>**좋은 예:** "초중고교와 대학에 예산이 부족하다." |

그다음엔 문장 차원의 규칙을 적었다.

| 문장 | | |
|---|---|---|
| **규칙 2**<br>헷갈리는 은유 사용 금지 | 은유를 간이 센 양념이라고 생각하라. 한 번에 하나씩만 쓰고 웬만하면 둘 이상 섞어 쓰지 말 것. 사실 우리가 쓰는 많은 문구들이 은유다. '알맹이와 쭉정이를 구분하라' 같은 표현처럼. | **나쁜 예:** "불의가 군림하면서 우리가 숨쉬는 공기 구석구석에 스며들었다."<br><br>**좋은 예:** "불의가 군림하면서 우리 모두를 신민으로 만들고 있다." |
| **규칙 3**<br>과한 단서(조건) 달기 금지 | 단서, 예외, 반대 주장은 핵심 주장을 확실히 한 다음에 덧붙일 것.<br>무결한 주장을 하려다가 메시지 전달이라는 기본적인 임무를 완수하는 데 실패할 수 있다. | **나쁜 예:** "생명권은, 이 말을 정의하는 일이 아무리 간단치 않다 하더라도, 우리가 가진 매우 중요한 권리들 중 하나다."<br><br>**좋은 예:** "생명권보다 더 중요한 권리는 없다." |

마지막으로 문단 차원의 규칙을 적었다.

| 문단 | | |
|---|---|---|
| **규칙 4**<br>중요한 내용을<br>중간이나 뒤에<br>배치하기 금지 | 결론부터 먼저 말하고 입증은 최소한으로 할 것. 그래야 주장의 분명한 방향을 알고 딴 길로 새지 않을 수 있다. | **나쁜 예:** "일단 이 안은 비용 대비 효율은 높지만 홍보하기에 우려되는 점이 있습니다. 그러므로 저는 이 안에 반대합니다."<br><br>**좋은 예:** "이 안은 채택되어서는 안 됩니다. 물론 이 안에도 일장일단이 있는데 그것은……" |
| **규칙 5**<br>무분별한 반복<br>금지 | 반복이 어떤 도움이 될지 생각도 안 해보고 무작정 메시지를 반복하지 말 것. 같은 주장을 표현만 바꿔가며 여러 번 하면 오히려 메시지가 약화되기 쉽다. 듣는 사람이 핵심을 들을 준비가 안 돼 있다면 너무 부담을 줄 수 있다. 80퍼센트 정도 전달했다 싶으면 다음 이야기로 넘어갈 것. | **나쁜 예:** "아이들이 새 학교에서 행복하지 않다. 확실히 불만이 많다. 이 학교가 아이들에게 전혀 안 맞는 것 같다. 아이들은 학교가 끔찍하다고까지 말한다."<br><br>**좋은 예:** "아이들이 새 학교에서 행복하지 않은 게 확실하다. 얼른 대처할 방안을 강구해봐야 한다." |

딱히 새로울 것도 대단할 것도 없는 규칙이었다. 뭘 넣기보다는 빼기에 중점을 두었고, 중간 휴지caesura니 제유 synecdoche 같은 고리타

분한 말도 없었다. 하지만 내겐 이 규칙들이 수사법에 대한 또다른 관점을 구현한 것 같았다. 감탄 대신 진실을 열망하고, 근본적인 아이디어를 다른 것으로 대체하기보단 더 발전시켜서 온전히 살아남도록 하는 수사법이었다.

## 과잉 금지 - 인격 부여, 그리고 화룡점정

남은 1학년을 보내며 파넬레와 나는 대회에 점점 적응해갔다. 대회에서 우승은 못했지만 우리 둘은 단단한 실력을 갖춘 토론자이자 떼려야 뗄 수 없는 파트너가 되었다. 내게 '말을 예쁘게 잘한다'고 놀리듯 말하는 사람들은 계속 존재했지만 더는 그런 비판이 쓰라리지 않았다. 한편 대학 강의실에서는 학자처럼 묵직한 스타일로 쓰고 말하는 법을 배웠다. 봄학기 때는 철학 대신 그보다 더 자유로운 정치학과 영문학의 벌판을 누비고 다녔다. 하지만 그전에 내 글이 '냉철한 철학자의 글쓰기 스타일'이라는 칭찬을 듣기 위해 마음속 철학자와 씨름해야 했다. 이 모든 것을 나는 발전의 증표로 이해했다. 하지만 마치 내 생각을 읽고 조롱이라도 하듯 나와 친한 친구는 완전히 반대 방향으로 가고 있었다.

조나의 1학년 시절은 반反토론주의자의 궤적을 따랐다. 조나는 종교학, 영문학, 사회학 과목을 수강했다. 타고난 공감 능력으로 근거나 증거 못지않게 감정과 직관에 대해서도 자주 이야기했다. 가지런히 손질되어 있던 콧수염은 어느새 풍성하게 자라 있었다. 정치에 대한 조나의 확고한 신념은, 한쪽 편을 고른 다음 그편의 성공을 위해 체계적으로 일을 해나가야 한다는 것이었다. 조나는 토론자들이 어느 라운드에서는 자유지상주의를 주장했다가 또다른 라운드에서는 민주사회주의를 주장할 수 있다는 점이 몹시 불편한 듯했다. "대체 그게 어떻게 가능한 거지?" 내가 얼빠진 표정으로 바라보자 조나는 이렇게 덧붙였다. "그러니까 깊이 들어가보자면 말이야."

내가 주말마다 토너먼트 경기를 치르러 미국 전역을 돌아다니는 동안, 조나는 학교에 머물며 대학이 화석연료 기업의 기부금을 거부하도록 요구하는 운동에 참여했다. 2014년 봄학기가 끝나가는 4월의 마지막 주 수요일에 이들은 대학 당국이 이 문제에 관한 공개회의 제안을 받아들일 때까지 총장실을 점거하기로 계획을 세웠다. 조나는 내게 시위에 나오라고 했다. "재미있을 거야. 우리도 다른 사람들을 설득하는 연설을 하거든."

농성은 수요일 아침 동이 트기 전부터 시작됐다. 안개 자욱한 기숙사 창밖에는 부슬부슬 비가 내렸고, 시위자들의 밝은 오렌지색 티셔츠와 피켓이 보였다. 나는 아침을 먹고 조나를 보러 내려갔다. 바깥공기는 놀랍도록 찼고 비바람에 시위자들의 머리카락이 극적인 모양으로 휘날렸다. 조나는 쉰여 명의 군중 앞쪽에서 양손으로 커다란 피켓을 들고 서 있었다. 나는 시위자들이 커피와 견과류만으로 버티려는 것 같아 걱정됐지만 그 이야길 꺼내자 조나가 나를 쫓으려는 듯 손을 내저었다.

시위대가 반원 모양으로 둘러섰고 마이크 주변으로 연설자들이 주르르 섰다. 나는 뒷줄로 물러났다. 연설은 처음에는 순탄치 않았다. 다들 마이크에 너무 가까이 대고 말을 했고, 단숨에 0에서("제 말 들리세요?") 100으로("곧 대멸종이 시작될 것입니다!") 점프했다.

딜레마였다. 전달할 말은 너무 중요한데, 애초부터 신실했던 몇 명 외에는 그렇게 많은 진실을 빠르게 소화할 수 없었다. 나는 그들이 지지하는 특정 사안에 집중해 연설을 하는 게 도움이 되지 않을까 하는 생각이 들었다. 아직 지구온난화까지 가기는 무리지만 대학 총장과의 공개회의에 대한 해결책은 될 터였다. 그런 생각을 하자, 내가 그간 토론에 대해 생각해온 몇 가지 다른 규칙이 떠올랐다.

| 과잉 금지 | | |
|---|---|---|
| **규칙 6**<br>감정 연기 금지 | 설명하려는 대상과 톤이 맞는 단어를 고를 것.<br>그러지 않으면 감정 연기, 즉 감정이 현상황과 분리되는 공연이 돼버린다. 과장과 완곡어법이 그 예다. | **나쁜 예:** "이것은 재앙입니다!"<br><br>**좋은 예:** "이것은 저를 불편하게 했습니다."<br><br>**나쁜 예:** "이것은 나중에 후회하게 될 실수였습니다."<br><br>**좋은 예:** "우리가 한 실수 때문에 사람들이 직장을 잃습니다." |

| 규칙 7<br>암시하기 금지 | 대놓고 옹호하기 꺼려지는 결론을 암시하지 말 것.<br>도그 휘슬dog-whistling,◆ 즉 나중에 부인하고 빠져나갈 수 있도록 넌지시 입장을 암시하는 암호를 사용하는 게 그 예다. 또 다른 예는 주장해야 할 때 수사적 질문을 던지는 것이다. | **나쁜 예:** "저는 우리의 생활 방식을 지키고 싶습니다."<br><br>**좋은 예:** "저는 이민을 줄이고 동화정책에 더 집중해야 한다고 믿습니다."<br><br>**나쁜 예:** "달 착륙에 대해 정부가 숨기는 것이 무엇입니까?"<br><br>**좋은 예:** "달 착륙은 농간입니다." |

하지만 나중에 발언한 몇은 대단했다. 미국 중서부에서 온 약간 어리숙해 보이는 학생은 일생을 환경에 무심한 채로 살아온 자신이 어떻게 이 운동에 참여하게 됐는지 들려주었다. 또 평생 활동가로 살아온 이는 화석연료 공급 라인이 지역공동체를 와해시킨 이야기를 들려주었다.

이들은 거창한 주장을 하지 않았다. 이것저것 다 끌어오는 대신 한 가지만을 이야기했다. 이론과 추상화 대신 일화와 묘사에 집중했다. 그들의 발언은 토론대회라는 기준에서 볼 땐 효과적이지 않아도

---

◆ 사냥개에게 명령을 내리기 위해 부는 개 호각에서 비롯된 말. 이 호각소리는 초음파를 활용해 사람에게는 들리지 않고 개에게만 들린다. 여기서는 특정 집단만 알아들을 수 있는 은유적 상징이나 구호를 뜻한다.

그 호소력만큼은 대단했다. 나는 그들이 어떻게 저마다의 개성으로 설득력을 발휘했는지 계속 곱씹어보았다.

| 인격 부여 | | |
|---|---|---|
| **규칙 8**<br>경로 밝히기 | 당신이 믿는 바가 '무엇'이고 '왜' 믿는지만 설명하지 말고 '어떻게' 믿게 됐는지를 덧붙일 것. 청자는 자기 생각이 바뀔 수도 있다는 사실을 두려워하기 쉽다. 말하는 사람을 신뢰하고 자신과 동일시할 수 있도록 왜 그렇게 믿게 되었는가를 설명해야 한다. | **나쁜 예:** "의무적 양형 제도는 매우 부당합니다."<br><br>**좋은 예:** "저는 경험을 통해, 의무적 양형 제도가 매우 부당하다고 믿게 되었습니다. 그 경험이란……" |
| **규칙 9**<br>이해 당사자 지목하기 | 이익과 해악은 늘 대상이 존재한다. 반드시 '누군가'에게 이롭거나 해롭다. 청중에게 그 대상이 누군지, 왜 그들의 이익을 고려해야 하는지를 말해줄 것. | **나쁜 예:** "술을 금지하면 암시장이 만들어집니다."<br><br>**좋은 예:** "술을 금지하면 범죄자들이 중독자와 아이들을 노리고 불법 시장을 만들 것입니다." |

각 발언자마다 몇 분 동안 연설했다. 입 밖으로 나온 말은 대부분 그 자리에서 휘발돼버렸지만 어떤 문구는 오랫동안 내 마음에 머물렀다. 이 문구들은 노력과 계획의 산물인 동시에 상상의 산물이기도 했다. 발언자는 그저 적확한 단어를 찾은 것이었다. 토론에서는 그걸 '박수 유도 발언applause line'이라고 부른다.

| 화룡점정 | | |
|---|---|---|
| **규칙 10**<br>박수 유도 발언 찾기 | 엄격한 규칙 같은 건 없지만 박수 유도 발언은 보통 간결하고 완결된 생각을 담고 있으며 중언부언하지 않고, 독창적이고, 이상주의적이다. | **나쁜 예:** "훌륭한 시민은 끝없이 요구만 하지 않습니다. 자신이 할 수 있는 방식으로 어떻게든 사회에 기여하고자 합니다."<br><br>**좋은 예:** "국가가 여러분에게 뭘 해줄 수 있는지 묻지 말고, 여러분이 국가를 위해 뭘 할 수 있는지 물으십시오." |

오후에 조나를 찾아가 내가 시위에서 얻은 교훈을 말해주었다. 청중은 과잉 금지, 인격 부여, 화룡점정을 활용한 수사법에 감응된다는 것, 이 각각은 모두 우리가 인간으로서 지닌 어떤 충동에서 비롯한다는 것, 이 세 가지 규칙을 다 활용하는 연설자가 합리적 주장만으로는 불가능한 방식으로 사람들을 설득할 수 있다는 것을.

조나는 내 말을 듣더니 자기도 다 안다는 듯한 표정을 지었다. "신념만으로는 사람을 움직이지 못해." 그가 어깨를 으쓱하며 말했다. "사람이 사람을 움직이지."

소크라테스는 고르기아스에게 수사학이 어리석음, 비이성, 변덕 같은 인간의 약점을 이용하기 때문에 나쁘다고 말했다. 하지만 그 반대도 진실이었다. 우리는 바로 그 같은 약점 때문에 수사학이 필요했다.

타인을 설득하려면 무지, 비논리와도 싸워야 하지만 무심함, 냉소주의, 무관심, 이기심, 허영과도 싸워야 했다. 이런 장벽들이 모여 절대 넘을 수 없는 문턱을 만들었고, 그 문턱을 넘어서서 뭐든 하게 만들려면 어마어마한 노력이 필요했다. 그 문턱이 어찌나 높은지 우리는 옳다 한들 설득력을 갖지 못했다. 상대는 핵심을 이해할지언정 (심지어 옳다고 수긍할지언정) 마음이나 행동은 바꾸려 하지 않았다.

연설자가 이런 관성에 대항하려면 비상한 힘에 기댈 필요가 있었다. 나는 공감, 동정심, 연민, 도덕적 상상력 같은 우리의 미덕을 소환하는 수사법으로 이 악에 대처하는 것이 최선이 아닐까 싶었다.

존 퀸시 애덤스와 조지프 매킨 목사에 이어 세번째로 보일스턴 교수가 된 사람은 에드워드 티럴 채닝이라는, 스물여덟의 잡지 편집자였다. 1819년에 열린 취임식에서 채닝은 고전적 수사학의 종언을 선언했다. 그는 사회가 한때 "불안정하고 불규칙했지만" 지금은 안정적이고 교육받은 사람도 많아졌다고 주장했다.[18] 웅변술은 고대의 군중을 광분시킬 수 있었지만 현대의 청중은 훨씬 분별력이 있었다.

그러므로 연설자의 힘은 예전보다 많이 약해졌다. 채닝은 "웅변가는 이제 중요한 사회적 명사가 아니다. 그저 일반 대중과 함께 공동의 이익에 대해 고민하는 한 사람일 뿐이다"라고 말했다.

내겐 이것이 큰 손실로 보이지 않았다. 이렇게 다 타버린 유물의 잿더미에서 수사학의 현대적 부활을 위해 건질 것이 하나도 없다면? 이는 우리가 새로운 무언가를 만들어야 한다는 뜻이었다. 사람들의 손을 잡아끄는 대신 그 손을 가만히 잡는 말하기 양식을.

## 가장 멀리 있는 사람에게까지 가닿도록

5월 말이 되자 학교는 한 학년의 막을 내렸다. 해가 높아지고 날이 점점 습해지면서 나와 세 룸메이트는 신입생 기숙사에서 2학년 기숙사로 이사했다. 조나와 나는 한 해 더 같이 살게 되었다. 곧 우리의 또다른 룸메이트가 될 느긋한 친구 존은 조지아주 애틀랜타에서 온 프리스비 챔피언으로, 여름방학 동안 보관할 소지품을 작은 상자에 꾸려놓고 남은 며칠을 우리와 함께 보냈다.

살림이 절반쯤 빠져나간 썰렁한 기숙사 밖 캠퍼스에는 거대한 진홍색 깃발이 주르르 내걸리고 접이식 의자가 한가득 설치되었다. 대학은 한 해의 대부분을 사일로처럼 홀로 우뚝 서 있다가 졸업 시즌에 아주 잠깐 빗장을 열고 전 세계 구석구석에서 온 3만 2000여 명을 품었다. 오로지 학위를 수여하고 연설을 잔뜩 하기 위해서였다.

졸업식 연사가 된다는 건 가문의 영광이었다. 학생들에겐 기회가 두 번 주어졌다. 졸업식 전에 열리는 기념행사 때와 졸업식 때였다. 기념행사 연사는 학생들이 뽑았고 졸업식 연사는 교수들이 선정했다. 그 과정은 대학 당국이 맡아 신중하게 진행했다. 그런데 1800년대에 클레먼트 모건이라는 한 남자 때문에 이 과정이 완전히 혼돈에 빠진 사건이 있었다.

초기에는 기념행사 연사를 선정하는 일종의 불문율이 있었다.

'서부와 남부 출신, 유대인, 아일랜드인은 안 되고 흑인은 말할 것도 없다'는 것이었다.[19] 그 자리는 보스턴 명문가 자제들을 위한 것이었다. 하지만 1890년 졸업생들이 반란을 일으켰다. 딱 한 표 차이로 노예 집안 출신의 클레먼트 모건이 연사로 뽑힌 것이다.[20]

온갖 신문이 이 사건을 기사로 다루었고, 일부 기사는 이제 졸업식에서 '흑인 세탁부'가 보스턴 사회를 대신할 거라고 조롱했다. 하지만 반란은 모건에서 끝나지 않았다. 1890년 졸업식이 있기 한 달 전인 5월, 대학은 여섯 명의 졸업식 연사를 선정하는 연례 대회를 개최했다. 졸업반 학생의 10분의 1에 해당하는 마흔네 명이 일곱 명의 위원단 앞에서 오디션을 보았다. 위원단은 현직 보일스턴 교수와 앞으로 그 자리를 맡을 이들로 꾸려졌다. 클레먼트 모건은 개리슨*에 대한 연설로 또 한번 연사로 선정되었다. 그런데 이번에는 아프리카계 미국인 학생이 또 있었다. 다섯 위원이 일등으로 뽑은 그 학생은 바로 W. E. B. 듀보이스**였다.

하지만 연사 중에 흑인이 둘이나 된다는 사실이 문제라고 생각하는 교수들이 있었다. 그 주말 동안 찰스 엘리엇 총장이 개입했고, 결국 위원단은 모건을 빼고 그 자리에 백인을 앉히기로 결정했다. 제임스 세이어 법학 교수는 "더없이 훌륭한 기회를 이처럼 한심하게 날려버리는 것"에 항의해 교수직을 내려놓으며 말했다. "노예의 아

---

◆ The Garrison. 1883년 노예제 폐지론자 윌리엄 개리슨이 주도해 설립한 미국 노예제 폐지 협회.
◆◆ 사회학자이자 역사학자이며, 20세기 초 미국에서 가장 영향력 있었던 민권운동가.

들로서 그들을 위해 발언할 자격이 충분한 순혈 흑인 학생이 자기 인종을 위해 그처럼 감명깊은 연설을 할 기회는 두 번 다시 오지 않을 것이다."[21]

6월 20일 금요일 아침 졸업생들은 캠퍼스에 모여 샌더스극장을 향해 졸업 축하 행진을 했다. 하늘은 청명하고, 선선한 바람이 여름의 열기를 흩어놓았다. 하지만 극장 안은 어두침침하고 습했다. 극장 한가운데에 매달린 470킬로그램에 달하는 거대한 샹들리에 불빛이 줄줄이 놓인 마호가니 벤치를 희미하게 비추었다.

클레먼트 모건은 자신의 졸업 기념행사 연설 제목을 에머슨의 시구에서 딴 '또다시 어찌할 바 모르는 이들을 도우십시오'라고 붙였다.[22] 그는 전형적인 졸업식 연설 형식으로 말을 시작했다. 모교에 관한 달콤쌉쌀한 이야기와 이런저런 듣기 좋은 말을 늘어놓았다. 하지만 중반부쯤에 이르러서는 이런 가슴 아린 비유를 했다.

대중 연설가들은 가장 멀리 있는 청중에게 가닿는 연설을 하는 것을 목표로 삼는다고 합니다. 가장 멀리 있는 사람이 제대로 들을 수 있다면, 나머지 사람들은 말할 것도 없지 않겠냐는 거지요. 그렇다면 여러분은 어떻습니까? 여러분은 세상과 관계를 맺을 때, 인류를 위해 봉사할 때, 가장 낮은 곳에 있는 사람에게 가닿는 일에 신경을 쓰나요? (…) 여러분과 같은 혜택을 받지 못하고 역경에 처한 사람, 무지와 무례함과 비참함의 늪에서 불완전한 인간의 방식으로나마 더 높고 더 낮고 더 고귀하고 더 진실한 무언가를 갈망하고 그걸 얻으려고 분투하는 사람에게요.

이 연설에서 모건은 개인의 경험을 통해 보편적인 원칙을 이야기했다. 그가 졸업생들에게 궁극적으로 하고 싶었던 말은 '민주주의가 실패하지 않도록' 전력을 다해달라는 호소였다.

닷새 뒤 같은 극장에서 듀보이스가 졸업 연설을 했다. 그는 전 남부연방 대통령 제퍼슨 데이비스를 연설 주제로 삼았다. 그는 제퍼슨 데이비스를 "다른 사람들의 자유를 박탈할 자유를 위해 싸우는 기이한 사람들의 챔피언"이라고 묘사했다.[23] 듀보이스는 데이비스가 그냥 한 개인이 아니라 국가적 모순의 화신이라고 보았다.

어떤 국가가 문명을 방해한다는 말은 말 자체가 성립되지 않는 모순 어법입니다. 또 어떤 인간 문화 체계가 '한 인종이 다른 인종의 폐허 위에서 발전한다'라는 원칙을 가진다는 건 정말 수준 떨어지는 희극이자 거짓말입니다. 하지만 이것이 바로 제퍼슨 데이비스가 제안한 문명이었습니다.

듀보이스는 모건과 정반대 방향으로 갔다. 추상적인 관념을 남부연방 지도자의 전기로 구체화한 것이다. 청중은 연설에 공감했다. 한 교수는 워싱턴에 본사를 둔 어느 잡지에 이렇게 썼다. "유색인 졸업식 연사 듀보이스는 그날 완벽한 성공을 거두었다. 내가 본 모든 청중이 그의 연설에 고개를 끄덕였고 그는 졸업식의 스타로 거듭

났다."[24]

## 비난과 조롱 속에서도 꿋꿋이 살아남은 전통

여름방학이 시작되기 전 화창한 금요일 아침 나는 마지막으로 캠퍼스를 이리저리 거닐었다. 메모리얼교회 옆에 커다란 무대를 설치하고 있었다. 그 모습을 보니 1890년에 특별한 성취를 이루어낸 두 사람이 다시 떠올랐다. 그들이 무대로 걸어들어올 때만 해도 특별히 눈에 띄는 게 없었을 것이다. 모건은 168센티미터 키에 어깨가 넓은 남자였고 듀보이스는 깡마른 몸에 단정하게 콧수염을 기른 남자였다. 극장 뒤쪽에서 보면 둘 다 엄지손가락만큼 작아 보였을 것이다. 하지만 말을 시작하면서는 청중의 시선을 완전히 사로잡았을 게 분명했다.

두 연사는 선구적인 길을 걸어갔다. 클레먼트 모건은 하버드 로스쿨에서 공부한 뒤 민권 변호사이자 지역 정치가가 되었다. W. E. B. 듀보이스는 하버드에서 박사학위를 받은 첫 흑인으로, 전미유색인지위향상협회National Association for the Advancement of Colored People(NAACP)의 창설을 도왔다.

졸업식 주간에 그들은 이제 막 커리어를 시작하려는 젊은이로서 하고 싶은 말을 입증해 보였다. 모건과 듀보이스는 수사학의 별이 지고 미국 전역에서 작문 수업이 그 자리를 대체하는 순간 하버드에 도착한 사람들이었다. 웅변술이 비방과 배제의 도구로 사용되는 일이 많았지만 그들은 바로 그 웅변으로 어떤 흔적을 남기고자 했다. 그렇게 그들은 수백 년간 비판과 조롱 속에서도 꿋꿋이 살아남은 수사학의 전통을 이어 보였다.

며칠 전 나는 파넬레와 내가 하버드대학교를 대표해 12월에 말레이시아 쿠알라룸푸르에서 열리는 세계대학생토론대회에 나가게 됐다는 사실을 알았다. 어쩐지 마음이 위축되어, 우리 앞에 놓인 7개월간의 혹독한 훈련이 벌써 두려워졌다. 하지만 다른 한편으론, 말과 발언을 그토록 진지하게 여기는 공동체에 속한다는 사실만으로도 이 힘겨운 준비에 보답이 되는 듯해 마음이 놓였다.

나와 100미터쯤 떨어진 곳에서 올해의 졸업 연사들이 연설 연습을 하고 있었다. 170센티미터가량의 키에 덥수룩한 머리카락을 늘어뜨린 졸업생 연사 한 명이 메모리얼교회의 우뚝 솟은 기둥 옆 느릅나무 아래에 서 있었다. 카랑카랑하고 생기발랄한 목소리로, 중동 지역에서 보낸 어린 시절 이야기를 하는 걸 듣고 있자니 멀리 있는 그가 무척 가깝게 느껴졌다.

그의 연설은 아랍의 봄에 바치는 헌사로, 청자로 하여금 저 스스로를 환경의 영향을 받았으나 거기에 구속받지 않는 사람으로 볼 수 있도록 해주었다.[25] 그는 작가 랜다 자라의 말을 인용하여, 어떤 장소에서 살아가는 경험을 "맨발로 달리면서 발바닥에 달라붙은 모래와 돌과 선인장과 씨앗과 풀을 모아 신발을 만드는 일"에 비유했다. 그리고 졸업생들에게 대학 문밖으로 걸어나가서 부디 세상에 좋은 '발자국'을 남겨달라고 요청했다.

은유는 단순하면서도 우아했다. 나는 그 말을 계속 곱씹으면서, 이 세상 속에 존재하는 그의 모습과 그의 마음속에 존재하는 세상의 모습을 그려보았다.

# 5장

# 침묵: 잘 반대하는 기술

## 반대할 때를 아는 법

"목표는 모든 논쟁을 배제하기보다는
우리가 가장 가치 있는 반대에 집중할 수 있도록
나쁜 논쟁을 배제하는 일이었다."

세계대회에 나가려면 여비가 필요했다. 토론만큼 비용이 안 드는 활동도 없지만—필요한 거라곤 종이, 펜, 신문 구독이 거의 전부이니—교통비와 숙박비가 계속 드는 탓에 우리 팀은 늘 돈에 쪼들렸다. 2014년 12월에 열리는 세계대학생토론대회에 앞서 우리 팀원들은 보스턴의 고등학교 지역대회에서 코치, 심판, 짐꾼, 관리자로 일했다. 내겐 미국 고등학교의 신기한 토론 세계를 엿볼 수 있는 기회였다.

10월의 어느 상쾌한 토요일 아침, 나는 케임브리지 린지앤드라틴스쿨의 육중한 문을 빼꼼히 열고 몸을 밀어넣었다. 따뜻한 중앙 건물 안으로 들어서니 엄청난 소음에 귀가 먹먹했다. 마치 깊은 물속으로 들어간 느낌이었다. 미국고등학생토론대회에 대해 처음 받은 인상은 규모가 엄청나다는 거였다. 전미웅변및토론협회National Speech & Debate

Association(NSDA)는 매년 15만 명 이상의 학생과 코치를 관리했고 대회가 한 번 열릴 때마다 미국 전역에서 수천 명이 참가했다.[1] 생기발랄하게 말을 쏟아내는 이 군중 사이에 서 있는 경험은, 한 사람으로서 우리가 얼마나 미미한지 확연히 인식하게 한다는 점에서 특별하게 느껴졌다.

나는 아침에 몇 차례 심판으로 참여하고는 점심 전 남는 시간에 식당과 가장 가까운 방에서 열리는 라운드를 구경해보기로 했다. 그 비좁고 공기 탁한 교실로 걸어들어가 다른 예닐곱 명의 청중과 함께 자리를 잡고 앉으니, 캘리포니아에서 온 잘생긴 학생이 토론자로 연단에 섰다. 그는 잠깐 편안한 미소를 짓더니 몸을 앞으로 쭉 빼며 "모두 준비됐어요?"라고 물었다.

내가 미처 고개를 끄덕이기도 전에 토론자는 스톱워치를 누르고 곧장 비인간적인 속도로 말을 내뱉기 시작했다. 몸을 잔뜩 웅크린 자세로 미동도 없이 입만 뻐끔거렸다.

의회는시리아전쟁은지난세기에발생한인류최악의비극이었고모든자유국가가이전쟁을멈추는데필요한모든수단을활용하고반인륜적범죄에책임있는사람들을잡아들여야한다면서시리아에대한군사적개입을위해연합체를결성하기로결의했습니다.

그러더니 숨을 몰아쉬었다. 숨을 들이쉴 땐 마치 물에 빠진 사람처럼 "헉, 헉" 하면서 두 번 연속으로 정신없이 들이마셨다. 나는 그의 얼굴 가장자리가 퍼렇게 변하는 걸 보면서 청중을 둘러보았다. 모두가 차분하게 침묵을 지키고 있었고, 나는 방관자로서 공범이 된 건 아닌지 의문스러웠다.

## 더 많은 정보를 전하기 위한 '스프레딩'의 명암

그날 오후 나는 인터넷 검색을 통해 그게 바로 '스프레딩spreading'이라는 걸 알게 되었다. 스프레딩은 '정책 토론'이라는 토론대회 형식에서 쓰이는 기법이다. 분당 350~500단어를 말하는 걸 뜻하는데,[2] 그 정도로는 세계에서 가장 빠른 축에 들지 못했다.[3] 정말 탁월한 사람으로는 신기록을 세운 전자기기 판매원 스티브 우드모어(636단어, 1990년)와 그의 기록을 갱신한 숀 섀넌(655단어, 1995년)이 있었다.[4] 그래도 분당 350~500단어 정도면 제일 빠르게 말하는 경매인보다 두 배, 일상 대화를 나누는 보통 사람보다 세 배 더 빨랐다.

자연스럽게 그런 속도로 말하게 된 사람은 별로 없었다. 그것은 열의를 가지고 엄청나게 훈련한 결과였다. 잰말놀이tongue twisters 연습을 한다든지("간장공장 공장장은 장 공장장이고, 된장공장 공장장은 강 공장장이다"), 논증에서 모든 단어와 단어 사이에 임의의 단어를 삽입한다든지("거짓말은 바나나 도덕적으로 바나나 받아들일 바나나 수 바나나"), 입에 펜을 물고 스피치를 하는(발음을 더 과장되게 하게 하기 위해) 식이었다. 강경파 선수들은 세계에서 가장 빠르게 말하는 사람의 조언을 존중했다. "숨 참는 연습을 하십시오…… 숨을 쉬면 당연히 말이 느려집니다."[5]

그런 속도는 위험할 수도 있었다. 프린스턴대학교의 정책 토론팀도 팀원들에게 30분 이상 말하기 훈련을 하지 말라고 경고할 정도였다. "성대를 다칠 수도 있다. 웃으라고 하는 말이 아니다. 정말로 그럴 수 있다."[6] 떠도는 이야기도 많았다. 이 연습을 한 토론자가 일상에서도 말을 천천히 할 줄 모른다든지, 목에 폴립이 여러 개 생겼다든지, 속도를 유지하려 애쓰느라 코카인에 중독됐다든지 하는 이야기들이었다.

어떤 이들은 더 많은 논증과 더 많은 논점을 제시하기 위한 이 단순한 비법을 찾아낸 선구자로 1960년대 말 휴스턴대학교 토론팀을 지목했다. 그 기원을 훨씬 더 과거에서 찾는 사람도 있었다.[7] 또한 더 철학적인 차원에서 그 발생을 설명하는 이들도 있었다. 1960년대에 정책 토론대회에 활발히 참여했던 한 토론자는 2011년 『크로니클 오브 하이어 에듀케이션』에서 이렇게 말했다. "제가 토론대회에 나갔을 때는 사람들이 요즘보다 훨씬 천천히 말했지만, 1940년대와 1950년대 토론자들은 말이 빨라진 게 다 우리 탓이라고 합니다. (…) 기억이 마술을 부린 거지요."[8]

정책 토론대회는 참여자들이 주제를 미리 조사해 올 수 있다. 이런 형식적 특징이 스프레딩과 결합되어 강력한 효과를 냈다. 최고의 스프레더는 분당 편지지 한 장에 들어갈 단어를 말할 수 있기 때문에, 주어진 8분 동안 전달할 수 있는 정보의 양이 어마어마했다. 토론자들은 20킬로그램에 달하는 방대한 자료를 통 하나에 모아 바퀴

달린 카트에 싣고 다녔다. 자신을 두 통짜리라고 밝힌 북텍사스 출신의 한 토론자는 1986년에는 "우리 상대 중에는 네 통, 여섯 통을 싣고 다니는 사람도 흔했다"라고 책에 썼다.[9]

스프레딩은 수십 년간 미국 정책 토론대회의 두드러진 특징이었지만 이에 진지하게 맞서는 일이 두 차례 일어났다.[10] 첫번째는 1979년 오하이오주 신시내티에서 열린 정책 토론대회 결승전 때였다. 전미토론연합National Forensic League(NFL)의 사무총장 데니스 윈필드는 속도 경쟁이 이제 선을 넘었다는 걸 깨달았다.

> 10억 초 전에 진주만이 공격을 받았습니다. 10억 분 전에는 예수가 이 땅을 걸어다녔습니다. 10억 시간 전에는 인간이 존재하지 않았습니다. 어제 오후만 해도 연방 정부에서 10억 달러가 사라지기 전이었습니다. 1979년 결승전을 듣고 나서는 (…) 1시간 남짓 동안 10억 개의 단어가 뿜어져나오는 걸 듣는 기분이었습니다.[11]

이런 결론에 도달한 사람은 윈필드만이 아니었다. NFL의 주요 후원자가 된 필립스 퍼트롤리엄 컴퍼니의 한 임원은 도저히 토론의 흐름을 따라가기가 불가능함을 깨닫고 이 생각을 연합 지도부에 전달했다. 신시내티 인콰이어러 기자는 같은 토론대회를 다룬 기사에서 이렇게 썼다. "스피치에 대해 한 가지 지적하자면, 말을 하느라 너무 바쁜 나머지 상대의 말을 들을 여력이 없다는 점이다."[12]

그로부터 몇 달 뒤에 윈필드와 다른 여덟 명의 운영위원은 '링컨-더글러스 토론'이라는 새로운 토론 형식을 승인했다. 새 형식의 가장 큰 특징은 토론자가 일반인으로 구성된 심판을 설득해야 한다는 점이었다. "산더미 같은 증거와 축약어로 된 토론 전문 용어의 사용"을 피하고 "천천히, 설득력 있게, (가능하면) 재미있게" 해야 했다.[13]

하지만 스프레딩만큼은 결국 통제하지 못했다. 링컨-더글러스 토론자들은 더 많은 정보를 끼워넣으려고 말하는 속도를 높이기 시작했고, 곧 이런 행태가 널리 퍼져 사람들은 이게 과연 정책 토론과 다른 점이 무엇이냐고 묻게 되었다.

그렇게 20여 년이 흘러 2002년, 생각지도 못했던 곳이 이 상황에 개입했다. CNN 창립자이자 전 브라운대학교 토론팀(실력을 크게 발휘하지는 못했다) 부회장인 억만장자 테드 터너가 새로운 토론의 후원자가 되면서였다.[14] 정책 토론을 대신하겠다며 만든 링컨-더글러스 토론이 표방했던 것과 마찬가지로, 링컨-더글러스 토론을 대신하겠다며 새로 만든 공적 포럼 토론 역시 일반 청중을 설득할 수 있는 말하기 형식을 내세웠다.

스프레딩을 막으려는 또다른 시도는 2006년 캘리포니아주 챔피언 두 사람이 느낀 환멸에서 비롯되었다. 롱비치의 저소득층 거주지역 공립학교에 다니는 두 아프리카계 미국인 학생 루이스 블랙웰과 리처드 펀치스는 토론의 현실과 괴리된 면들이 사회적 약자를 더 소외시킨다고 믿었다. 그들은 특히 스프레딩을 비판했다. "토론은 토론 같아야 한다. 그게 정책 토론이라면 진짜 논쟁을 해보자. 누가 가장 빨리 말할 줄 아느냐로 경쟁하지 말고."[15]

정책 형식이라는 별난 형식하에 토론자들은 자신의 발언 시간을 활용해 논의에 내포된, 이를테면 신인동형설 같은 도덕적 가정에 대해 이의를 제기하거나 '크리틱'◆한 다음, 이 비판을 유념해 심판해달라고 요구할 수 있었다. 그런데 블랙웰과 펀치스는 개별 논증이 아니라 토론 자체에 대해 비판하기 시작했다. 그들은 헐렁하고 편한 복장을 하고 파울루 프레이리의 『페다고지』를 읊으면서 사이사이에 욕설도 했다.

2006년 토론 시즌 때 블랙웰과 펀치스는 몇 차례 주목할 만한 승리를 거두었지만 매년 켄터키에서 열리는 전국대회 출전권을 따내는 데는 실패했다. 이 두 사람에 대한 다큐멘터리 영화 〈다짐Resolved〉에서 미 대법관 새뮤얼 얼리토―전 프린스턴대학교팀 토론자―가 한 발언이 이 롱비치팀에 대한 일반적 반응을 잘 요약해 보여준다. "저는 토론대회에는 절대 바꾸면 안 되는 어떤 속성이 있다고 생각합니다. 그런 속성을 무시한다면 토론대회의 의의가 사라질 것입니다."

혹자는 말하는 속도가 빨라지고, 그 결과 정보 과잉이 일어나는 것이 현대적 현상이라고 설명했다. 1980년대에 개인용 컴퓨터가 보급되면서 우리 모두가 온갖 사실과 숫자의 홍수 속에 있게 됐고, 이후 모바일 기술과 초고속 인터넷이 발달하면서 끊임없이 새로 올라

---

◆ kritic. 상대의 주장에 암묵적으로 깔린 가정이나 전제를 문제삼는 논증을 말한다.

오는 정보를 언제든 내려받을 수 있게 됐다. 2012년 저널리스트 제이 캐스피언 강은 잡지 『와이어드』에서 정책 토론자를 "고도로 효율적이고 완벽하게 최적화된 정보처리자"라고 표현했다.[16]

토요일 늦은 밤, 나는 다음 토론 심판을 준비하면서 이른 오후에 본 장면을 떠올렸다. 스프레딩은 무슨 장난 같아 보였다. 토론대회 자체가 이미 충분히 기이한 활동인데 설상가상이었다. 숨이 넘어갈 듯 말을 내뱉는 모습에서 어두운 욕망이 고동치는 소리가 들려오는 듯했다. 타인을 설득하는 대신 압도하고 싶다는 욕망의 소리가.

## 세계대회를 향한 기나긴 여정

나는 이 링컨-더글러스 토론과 경쟁하는, 의회식 토론 또는 '팔리 parli'라 부르는 전통을 따르는 축이었다. 정책 토론자들은 스스로를 난해한 예술 훈련을 받은 엘리트 공연가로 여기는 반면, 의회식 토론자들은 자신을 평범한 시민으로 여겼다. 의회식 토론에서는 일반적인 스피치와 어느 정도 시선을 사로잡는 행위까지 점수를 주었다. 외부 정보가 차단된 상태로 짧은 시간 내에 준비해야 하기에 '순발력'이 가장 중요했다. 그러니 토론 장면이 소크라테스식 문답보다는 실제 논쟁과 더 비슷했다.

의회식 토론대회는 1341년에 만들어진 영국 하원의 토론에서 영감을 받아 시작됐지만, 활동 자체는 떠들썩한 런던 술집과 카페에서 유래한 것이었다. 1600년대에 사람들이 모여 즉흥적으로 그날의 정치를 논하던 전통이 수 세대에 걸쳐 분화되면서 더 공식적이고 계급의식이 강화된 토론회가 만들어졌다.[17] 17~18세기 계몽주의시대의 특징인 이 떠들썩하고 경쟁적인 토론 문화는 이후 대학에서 자연스레 제2의 안식처를 찾았다. 영국에서는 세인트앤드루스(1794년), 케임브리지(1815년), 옥스퍼드(1823년) 학생들이 토론 동아리를 만들어, 1882년까지 백다섯 개에 달하는 의회식 토론회가 생겼다.[18] 바다 건너 미국에서는 1765년 프린스턴대학교에서 제임스 매디슨, 에런 버 등의 학부생 집단이 선두에 나서서 토론회를 만들었다.[19]

지금은 전 세계에서 대학생 토론이 이루어진다. 세계대학생토론대회를 보면 잘 알 수 있다. 세계대학생토론대회는 1980년에 시작된 뒤로 매년 육십 개국 이상에서 오백 개가 넘는 팀이 참여하는 연례행사가 되었고, 소설가 샐리 루니, 미국 상원의원 테드 크루즈, 전 매킨지 사장 케빈 스니더 등이 거쳐갔다. 대회에서 최고의 토론자가 탄생하는 모습을 수십만 명이 온라인으로 지켜보면서 토론대회는 하나의 유행이 되었고, 말레이시아와 남아프리카와 리투아니아의 중학교에서까지 토론대회를 진행하기에 이르렀다.

10월과 11월, 황량한 겨울이 시작된 보스턴에서 나는 남는 시간을 오로지 세계대회 준비에만 몰두했다. 정기적으로 만나는 사람이라곤 내 룸메이트인 조나와 존이 거의 전부였다. 연애를 해볼까 하던 마음도 파넬레가 『이코노미스트』를 한아름 안고 들어오는 광경에 저멀리 날아가버렸다. 나는 또다른 과외활동이었던 하버드 학생신문 크림슨 일도 그만두었고 자연히 기자가 되겠다는 꿈마저 뒤로 미루었다. 그때부터 삶이 좁고 빠르게 흘러갔다.

12월 세계대회를 향한 기나긴 여정에서 파넬레는 실로 기적과도 같은 동반자였다. 철학과 경제학 강의를 들은 그는 생각이 한층 예리해졌고 대화의 폭도 부러울 정도로 넓어졌다. 명랑함을 미덕으로 여기는 대학 기숙사에서 파넬레는 품위와 책임감이라는 고상하기 짝이 없는 관념을 끈질기게 따랐다. 그는 캠퍼스에서 온갖 평가를 해대며 돌아다니는 똑똑한 괴짜였다. 무엇보다도, 우리는 서로를 웃게 만들었다.

두바이에서 파넬레의 가족과 함께 크리스마스이브를 보낸 다음 우리 둘은 두바이보다 크리스마스에 무심한 몇 안 되는 곳 중 하나인 말레이시아 쿠알라룸푸르로 건너갔다. 우리가 도착한 12월 25일 아침 일찍 뜬 해는 절대 누그러지는 법이 없었다. 강렬한 햇살에 온몸에 땀이 흘러 마치 인화된 사진처럼 얼굴이 번들거렸다. 먼지를 뒤집어쓴 택시를 타고 호텔로 향하는 동안, 나는 후드티를 벗으며 대회에서 멋진 스타일을 보여줄 생각일랑 깨끗이 버리기로 했다.

페트로나스 트윈타워에서 1킬로미터 남짓한 거리에 있는 풀먼호텔에 들어서자, 곧 어른이 될 날을 앞둔 아이들의 각종 우스꽝스러운 행동들과 허세가 눈에 들어왔다. 검은 옷을 입은 마르크스주의자 무리가 회전문 옆에서 담배 연기를 내뿜으며 오가는 사람들을 쏘아보았고, 불룩 나온 배와 맨발의 자칭 폴스타프◆들이 시빗거리를 찾

---

◆ 셰익스피어의 희곡 「헨리 4세」에 등장하는 장난기 많은 허풍쟁이 술주정꾼.

아 로비를 서성거렸다. 미래에 컨설턴트로 일할 가능성이 높은 아이들이 편안한 조끼 차림으로 안전한 중이층 자리에서 고고하고 무심하게 이 모든 것을 지켜보았다. 고등학생 대회 때 느꼈던 동지애와 숭고한 목적의식은 어디에서도 찾아볼 수 없었다. 이곳 대학생토론대회에는 오직 경쟁의 논리만 존재할 뿐이었다.

다음날 아침 대회 첫 라운드가 시작되기 몇 시간 전에 파넬레와 나는 요란한 알람시계 소리에 얕은잠에서 깨어났다. 이를 닦고 셔츠를 다리면서, 고등학생 때 늦게까지 잠도 안 자고 실시간으로 중계하는 세계대학생토론대회를 지켜보던 일이 떠올랐다. 나는 모든 라운드를 녹화해 그걸 얼마나 돌려보고 또 돌려봤는지, 전 라운드를 통째로 외울 정도였다. 당시에 내가 몰랐던 건 그 빛나는 사람들이 카메라 뒤에서는 시차 때문에 몽롱하고 잔뜩 겁에 질려 있었으리라는 점이다.

에어컨을 지나치게 세게 틀어놓은 버스를 타고 지역 대학으로 가는 동안 파넬레와 나는 기대치를 낮추려고 애를 썼다. "이번에 실컷 한번 두들겨맞아보고 내년에 진짜 잘해보자"라는 파넬레의 말에 나는 "첫 참가 때부터 잘하는 경우는 거의 없어. 스무 살, 스물한 살짜리 2학년생은 말할 것도 없고"라고 대답했다. 하지만 버스에서 내려 땅에 발을 딛는 순간, 울렁거리는 이 느낌이 버스 때문이 아니라는 걸 깨달았다. 지칠 줄 모르고 콩닥거리는 나의 심장박동 때문이었다.

놀랍게도 우리는 말 그대로 연전연승을 했다. 파넬레와 나는 아홉 차례의 예선전을 치르면서 시리아의 인터넷 접속을 차단하고, 개발도상국의 도시화를 장려해야 한다고 심판들을 설득했다. 이어서 우리는 8강전, 4강전, 준결승전까지 통과하며 '패싱'*의 윤리에 대해, 세속적 범아랍주의의 쇠퇴에 대해, 여성을 위한 경제특별지구의 창설에 대해 토론했다. 일주일 내내 파넬레와 나는 우리의 진전을 돌아볼 생각조차 하지 못했다. 의식하는 순간 이 마법이 깨질 것만 같았기 때문이다.

그러나 건강이 악화되는 건 모른 체할 수 없었다. 스트레스, 빈약한 식사, 환기가 안 되는 실내 환경, 운동부족 등 우리의 컨디션을 망쳐놓을 요소는 도처에 있었고 실제로 불운이 닥치는 건 시간문제일 뿐이었다. 파넬레와 나는 풀먼호텔을 아침 7시에 나서는 일이 갑자기 이전보다 고통스럽게 느껴졌다. 칼칼해진 목이 원래 상태로 가라앉는 데도 점점 더 오래 걸렸다. 최종 결승전이 열리는 1월 3일 토요일은 습한 날씨와 북적이는 사람들만으로도 지치기에 딱 좋은 날이었다. 그날 아침 침대를 빠져나오면서 시트를 보니 온통 땀에 젖어 축축했다. 1.5미터 떨어진 침대에서는 파넬레가 끙끙거리며 뒹굴고 있었다.

오후 5시쯤 우리는 정장에 타이까지 매고 호텔 연회실 뒤편에 도착했다. 그 좁은 공간은 온통 연옥도로 장식되어 있었다. 네 개의 똑

---

◆ 둘 이상의 인종적 배경을 가진 사람이 자신에게 유리한 인종을 정체성으로 주장하는 행위. 주로 아프리카계 미국인과 백인 혼혈이 사회·경제적 이익을 위해 백인 행세를 하던 행위를 일컬었다. 지금은 아시아계나 라틴계 등 여러 인종에 확대되어 쓰이는 개념이며, 계급 및 젠더 불평등과도 연관되는 현상이다.

같은 회색 방으로 연결되는 썰렁한 복도에서 나는 등을 곧게 펴고 불안한 얼굴로 다른 팀들을 바라보았다.

영국 의회식 토론이라고 알려진 세계대학생토론대회 형식은 시작할 땐 미국식 토론과 똑같았다. 두 사람으로 구성된 찬성팀이 반대팀 두 사람과 마주보고 섰다—두 팀을 각각 여당과 야당이라고도 불렀다. 하지만 영국 의회식 토론 형식은 양측에 2인 팀을 하나씩 더해 제1여당팀, 제1야당팀, 제2여당팀, 제2야당팀, 이렇게 총 네 팀이 참여했다. 각 팀은 다른 세 팀과 경쟁해야 했다. 말하자면 각 팀은 반대당을 이겨야 할 뿐 아니라 같은 당의 다른 팀보다도 더 나은 주장을 펼쳐야 했다. 준비 시간은 15분, 각자에게 주어진 발언 시간은 7분이었다.

오늘밤 토론에서는 우리가 제2야당이었다. 우리는 런던의 사립대학인 BPP대학교에 다니는 우리보다 나이 많은 두 영국 토론자 뒤편의 야당 벤치에 앉았다. 호주 출신의 빛나는 로즈Rhodes 장학생◆과 영민하고 신랄한 학부생으로 구성된 옥스퍼드팀이 제1여당을, 고등학생토론대회 때 만난 적 있는 이들로 구성된 시드니대학교팀이 제2여당을 맡았다.

우리와 다른 세 팀은 각자 회랑의 한 자리씩을 차지하고 서로 시선을 회피하고 있었다. 10분이 다 가도록 신발이 리놀륨 바닥을 긁어대는 소리만 들렸다. 그러다 나폴레옹처럼 무뚝뚝해 보이는 남자

---

◆ 영국 정치가 세실 로즈의 유언에 따라 운영되는 세계적인 장학 프로그램. 옥스퍼드대학교에서 유학하는 학생들 가운데 선발해 장학금을 수여한다.

심판이 우리 앞에 와서 논제를 읽었다. 그는 추가 설명은 전혀 하지 않고 대신 논제를 한번 더 읽었다.

오직 불법 무장단체를 통해서만 취약한 시민들에게 자금이나 자원, 편의시설이 조달될 수 있다면, 인도주의 기구들은 이들에게 그것을 제공해야 하거나 적어도 제공하는 일이 허용되어야 한다.

무대로 나가는 문과 가장 가까운 초록색 방에서 파넬레와 나는 패닉상태에 빠졌다. 우리 둘 다 토론의 맥락을 제대로 이해하지 못했고, 몇 가지 떠오른 생각들—불법 무장단체에 대한 자금 지원의 도덕적 문제와 이들 조직을 합법화하는 것의 위험—은 제1야당팀이 바로 덮쳐 난도질해놓을 게 뻔했다. 우리는 10분 동안 토의하며 텅 빈 메모지를 노려보다가 한 가지 방향을 정했다. 무장단체에 몸값을 지불한다면 자선단체에 대한 대중의 지지가 격감할 것이라는 주장이었다. 이 주장은 반박의 여지가 거의 없을 정도로 범위가 협소해서 상대팀이 아예 건드리지 않고 지나갈지도 몰랐다.

내가 앉은 자리에서 보니 천여 명의 청중이 단일한 배경처럼 보였다. 드문드문 검은 덩어리가 잔물결을 일으키거나 반짝였지만 대부분은 여전히 정체를 알 수 없었다. 눈에 보이지 않는 부분은 소리로 이해했다. 군중 사이에서 흘러나오는 한숨과 중얼거림은 다양한 색깔의 기대를 드러냈다. 첫 두 스피치 때는 토론자들이 하는 말을 잘 들으려고 애썼지만 청중이 내는 소리가 꼭 사이렌 소리처럼 웅웅

거려 집중할 수가 없었다.

처음 문제가 생겼음을 알린 징조는 두번째 찬성 스피치 때였다. 대회 출전자 중 가장 똑똑한 토론자에 드는 옥스퍼드팀 토론자가 오른팔을 머리 위로 올려 마치 채찍질을 하듯 슬쩍 휘두르더니, 인사도 서론도 건너뛰고 바로 논증을 시작했다. 그 여학생은 30초 만에 네 가지 주장을 간결하게 정리해서 말하더니—무장단체를 재정의하는 데서부터 빈곤이 갈등을 지속시키는 이유에 이르기까지—각각에 대해 일사천리로 설명을 덧붙였다. 그 스피치를 받아 적으면서 나는 손목 힘줄이 닳아 끊어지는 기분이었다.

열심히 반론을 생각하고 있는데, 턱시도 차림의 우아한 바리톤 목소리를 가진 두번째 BPP대학교 토론자가 걸어나와 연단 가장자리에 섰다. 그는 만일 이 안이 통과된다면 이들 비영리기구의 지지자들이 "돈을 기부할 가능성이 훨씬 줄어들 것"이라고 주장했다. 바로 우리가 하려던 주장이었다. 갑자기 심장이 쿵쾅거렸다.

토론장에서 패널레는 꼭 원자로 같았다. 반대 주장들이 제 생각과 충돌할 때면 일일이 말로 다 설명하지 못할 정도로 생각이 많아졌다. 하지만 오늘밤엔 잠잠했다. 조명에 비친 그의 얼굴엔 공포가 어려 있었다. 아마 내 얼굴도 그랬을 것이다.

"뭐 생각나는 거 있어?"

"아니. 너는?"

"나도 없어."

그다음 스피치가 끝날 때까지도 우리는 아픈 몸을 붙들고 가만히 앉아 차례만 기다렸다.

마침내 차례가 왔을 때, 내 걸음걸이와 자세를 예의주시하는 청중의 시선을 느끼며 연단으로 걸어갔다. 그 짧은 시간에 나는 스스로와 멀찍이 떨어져 나 자신을 바라보기 시작했고, 말을 시작할 무렵에는 이미 저만치 떨어져서 나를 내려다보고 있었다. 목소리는 괴상하게 높고 억양에 맞춘 몸짓은 어색하게만 느껴졌다. 말을 시작하고 90초쯤 흘렀을 때 나는 가속페달을 밟기 시작했다.

그렇습니다. 이들 무장단체는 다른 자금원을 찾겠지요. 하지만 그것도 나쁠 것 없습니다. 우선 그러려면 시간이 더 걸리니 이때 국가가 개입할 시간을 벌 수 있을 것입니다. 두번째로는 다이아몬드 광산이라도 인수할 만큼 대단한 힘을 가진 조직은 사실 별로 없습니다. 세번째로는……

나는 초스피드로 읊어대는 것에서 야릇한 편안함을 느꼈다. 속도와 성량이라는 외피 안에서 단단히 보호받는 느낌이었다. 물론 청중은 내 주장을 따라잡느라 숨이 가쁘겠지만, 적어도 내가 길을 잃었다거나 무능하다거나 겁에 질렸다고 생각하지는 않을 터였다. 그래서 나는 목을 앞으로 쭉 내민 채로 숨을 참고 말을 이어나갔다. 이렇게 방어적인 자세를 취하고 있자니 스프레딩의 즐거움이 뭔지 그제야 알 것 같았다.

스피치를 끝내자 감각이 하나씩 제자리로 돌아왔다. 무대 조명은 여전히 눈부셨고, 눈썹에 매달려 바르르 떨고 있던 땀방울들이 꼭 눈물처럼 볼을 타고 흘러내렸다. 나는 흥분을 가라앉히고 앞에 놓아둔 메모지를 집어들었다. 이제 곧 청중은 열화와 같은 박수를 보낼 것이었다. 하지만 이 짧은 침묵 속에서 나는 내가 알아야 할 모든 것을 들어버렸다. 바로 우리가 졌다는 것을.

## 논쟁 여부를 결정하는 생각 점검 리스트

결승전이 끝나고 다음날 아침 파넬레와 나는 호텔을 빠져나와 필리핀행 비행기를 탔다. 우리는 일주일 동안 친구 악샤르네 집에서 프라이드치킨과 간장양념치킨을 번갈아 먹으면서 살을 찌우고 침대와 한몸이 되어 오래오래 누워 있었다. 열흘 내내 쩌렁쩌렁하게 떠들어대는 소리만 듣다가 일상 대화의 은근한 소음(그리고 침묵)을 접하니 별 뜻 없이 호응하는 "음" 하는 소리마저 감미로운 음악처럼 들렸다.

사실 나는 지칠 대로 지쳐 있었다. 쿠알라룸푸르 대회 때문이 아니라 10년이 넘도록 오직 이 하나에 강박적으로 매달려왔기 때문이었다. 내 옷 중엔 잉크 자국이 묻어 있지 않거나 호주머니에 인덱스 카드나 포스트잇이 들어 있지 않은 게 없었다. 대회를 한 번 치를 때마다 목이 쉬어서 회복에 몇 날 며칠이 걸렸고 그 기간도 갈수록 길어졌다. "넌 이걸 왜 하는 거야?" 어느 날 밤에 악샤르가 물었다. 나는 무어라 말하려 했지만 아무 말도 할 수 없었다.

2015년 1월 마지막 주 일요일, 고요히 눈이 내리는 저녁에 나는 파넬레에게 휴식이 필요하다고 말했다. 멀어진 친구들과 놓친 파티가 너무 많았다. 나 때문에 오랫동안 고생했을 룸메이트 존과 조나가 내게 맡겨놓은 화분도 말라비틀어져 있었다. 기말시험도 치러야 할 터였다. 무엇보다도 그간 우리가 가꿔온 환상의 파트너십을 내가 충실히 지켜나갈 수 있을지 확신이 서지 않았다. 우리의 딱딱한 대화는 꼭 헤어지는 연인들이 할 법한 대사 같았다. 파넬레는 충분히 이해한다고 말했다. 그의 우울한 표정에 나는 그만 얼마든지 다른 파트너를 찾아봐도 된다고 덧붙이고야 말았다.

내가 토론 경력을 정리하고 있던 그즈음 캠퍼스에서는 이제 막 토론이 불붙기 시작했다. 선지자 무함마드의 만평을 실은 풍자 주간지 『샤를리 에브도』의 파리 사무실 직원 열두 명이 살해되는 사건이 일어나면서였다. 이어진 몇 달 동안 유럽에서는 '이민자 위기'가 발생했다. 미국에서는 경찰의 아프리카계 미국인 살해가 늘어났고, 이 문제는 중간선거 여론조사에 반영되었다.

하버드가 정치에 열을 올리는 곳은 아니었다. 한때 반문화주의가 만연했던 적도 있지만 그것도 다 옛날얘기였다. 캠퍼스에서 가장 남용되는 마약은 아마 리탈린*이었을 것이다. 가장 인기 있는 과외활동은 컨설팅, 금융 등 다양한 화이트칼라 직종을 흉내내는 활동이었다. 대부분 정치 같은 데 신경쓰기엔 너무 바쁘다고 말했다.

---

◆ ADHD 치료에 쓰이는 약물로 각성 효과가 있다.

이런 현실 때문에 캠퍼스에서 뜨겁게 달아오른 정치적 논쟁은 실제보다 더 양극화되어 보였다. 정치적 발언을 하는 사람들은 의견이 가장 극단적인 사람들이었다. 그런 의견들이 곁가지로 남았다면 아마 별문제 없었을 것이다. 하지만 이 논쟁이 이메일과 소셜미디어를 점령하고, 이어서 식당에서 이루어지는 대화에까지 침투하면서 사람들은 더는 가만히 지켜보기만 해선 안 되겠다고 느꼈다. 그러다 종종 격렬한 토론이 벌어지기도 했다.

나는 그 소동을 대부분 무시하고 지냈다. 날이 좀 풀리고 케임브리지 주민들이 날씨 때문에 우울하던 기분에서도 벗어나는 2월과 3월에는 파넬레, 악샤르, 존, 조나를 포함한 여덟 명의 친구들과 더 가까워졌다. 우리는 다 같이 모여서 밤을 새워 과제를 하고, 침실 세 개짜리 기숙사 방에서 함께 파티를 벌였다. 가장 좋았던 시간은 식당에서 가장 큰 테이블이나 바깥 잔디밭에 둘러앉아서 해가 저물도록, 아니면 동이 틀 때까지 이야기를 나눈 시간이었다.

우리 여덟은 서로 농담 따먹기를 하거나 잡다한 사생활 이야기를 하면서 시간을 보냈다. 다른 친구들이나 기숙사생이 합류하면 더 진지한 이야기를 나누었다. 그들은 오바마케어의 대법원 심리, 파리기후변화협약 준비 같은 뉴스를 꺼냈고 이런저런 의견을 보탰다. 이런 대화가 나오면 으레 다들 파넬레와 나를 쳐다보면서 "잠깐, 너희 둘이 맨날 하던 게 이런 논쟁 아니었어?"라고 물었다.

파넬레는 한마디로 대답했다. "제기랄, 맞아." 파넬레는 반대의 유혹에서 절대 벗어나지 못했다. 바로잡아야 할 점이나 해야 할 주장이 있으면 도저히 참지를 못했다. 그의 이런 면은 대부분의 경우 모두에게 도움이 되었지만, 이따금씩 끝없는 싸움에 휘말려 끝내 자책하게 만들기도 했다.

나는 그와 정반대로 행동했다. 내가 토론에서 배운 한 가지 교훈은 토론은 시작하긴 쉽지만 끝내기는 어렵다는 것이었다. 실제로 시작, 중간, 끝을 정해놓은 게임에서조차 경쟁심이 모든 걸 뒤덮어버리는 경우가 얼마나 많은가! 그렇게 되면 토론자는 실수를 저지르며 사람들을 긴장과 분노의 도가니로 몰아넣었고 그 감정은 토론이 끝나고 나서까지 그대로 남았다. 이런 위험을 생각하면 반대에 뛰어들기로 결심하기 전에 먼저 잘 생각해보아야 했다.

그때쯤 나는 논쟁에 뛰어들지 말지의 여부를 결정하는 체크리스트를 만들어두었다. 논쟁이 순탄하게 이루어질 가능성이 가장 높은 네 가지 조건을 담은 체크리스트였다. 그 조건이란 반대가 실재real하고, 중요important하고, 구체적specific이며, 그 목적이 상호 수용aligned 가능한 것이어야 한다는 것(RISA)이었다.

**실재할 것:** 먼저, 실제로 의견 차이가 있는지부터 확인해야 한다. 어떤 논쟁은 진짜 반대가 없는 상황에서 전개된다. 그런 논쟁은 주제를 찾는 다툼일 뿐이다. 또 타인의 행동을 잘못 해석하거나 알고 보면 언어나 강조점의 차이일 뿐인 것에 딴죽을 거는 경우도 많다. 가장 힘든 경우는 갈등은 있지만 의견 차는 없는 상황이다. 예컨대 '나는 네 사촌이 싫어'라는 주장은 이의를 제기할 수는 있지만 토론 주제로는 부

적합하다. 의견이 아니라 개인의 호오에 관한 문제이기 때문이다.

**중요할 것:** 다음으로, 의견 차이가 과연 반대를 정당화할 만큼 중요한지를 판단해야 한다. 우리는 수많은 사안에 대해 의견이 다르다. 이런 차이들은 대부분 위협적이기는커녕 바람직하기까지 하다. 하지만 이 차이들 중 일부는 반대를 유발한다. 우리가 논쟁을 벌일 만큼 중요하다고 판단하는 경우다. 그런 판단을 어떻게 해야 하는지에 대해 자세히 설명하진 않겠지만 각자 한 번쯤은 생각해보라고 권하고 싶다. 나의 경우 가장 중요하게 느끼는 주장은 내 근본 가치를 건드리거나, 내가 사랑하고 존경하는 대상과 관련된 것이다. 하지만 논쟁의 중요성을 고려하지 않은 채 그저 본능—자존심이나 방어 본능—에 이끌리거나 쉽게 갈등을 일으키는 사람에게 휘말려 반대에 뛰어드는 경우가 허다하다.

**구체적일 것:** 세번째로, 반대의 주제는 양측이 할당된 시간 안에 어떤 결론을 향해 진전을 이룰 수 있을 만큼 구체적이어야 한다. '경제'나 '가족 문제'처럼 거대한 주제가 토론에 부적합한 이유다. 반대는 축소되기보다는 확장되는 경향이 있다. 노아 바움백의 영화 〈결혼 이야기〉나 리처드 예이츠의 소설 『레볼루셔너리 로드』의 끝도 없이 이어지는 감당하기 힘든 주장들을 한번 떠올려보라. 점점 더 많은 것에 반대하다가 결국엔 전방위적인 논쟁이 되어버리고, 결국 발화자의 동기든 배경이든 할말 못할 말 다 하는 상황에 이른다. 분명하게 정의된 주제

는 이처럼 논쟁의 범위가 확대되는 것을 막는다.

**목적이 상호 수용 가능할 것:** 마지막으로, 내가 반대에 나서는 이유가 과연 상대방의 이유와 양립할 수 있는지를 확인해봐야 한다. 사람들은 다양한 이유로 논쟁에 뛰어든다. 정보를 얻으려고, 다른 관점을 이해하려고, 다른 사람의 생각을 바꾸려고, 그저 시간을 보내려고, 심지어 타인의 기분을 상하게 하려고. 우리가 논쟁을 벌이는 이유가 상대와 같아야 할 필요는 없지만 상대의 동기를 우리가 받아들일 수 있어야 하고 그 반대도 마찬가지다. 예컨대 우리는 상대의 생각을 바꾸려고 논쟁하고 상대는 단순히 무언가를 배우려고 하는 거라면, 이 정도는 아마 우리도 받아들일 수 있을 것이다. 하지만 만일 상대가 오로지 우리에 대한 분노를 표출하려고, 또는 우리 감정을 상하게 하려고 논쟁을 지속하고 싶어하는 거라면 우리는 그 자리를 벗어나야 한다.

| 실재할 것 | 실제로 양측에 의견 차이가 있다. |
|---|---|
| 중요할 것 | 의견 차이가 반대를 정당화할 만큼 중요하다. |
| 구체적일 것 | 반대의 주제가 양측이 할당된 시간 안에 어떤 결론이나 개선을 향해 진전을 이룰 수 있을 만큼 구체적이다. |
| 목적이 상호 수용 가능할 것 | 양측이 논쟁을 벌이는 이유를 서로 받아들일 수 있다. |

하지만 아무리 열심히 이 틀을 적용하려 애써도, 나는 여전히 나

쁜 토론에 휘말리곤 했다.

　가차없이 겨울을 향해 달려가는 가을학기와는 대조적으로 봄학기는 우리에게 여러 가지 희망의 이유를 주었다. 3월 말쯤 되면 한층 온화해진 공기가 느껴지기 시작했고 4월이면 나무마다 싱그러운 잎이 돋고 알록달록한 꽃이 만발했다. 게다가 봄학기는 장장 세 달의 방학이 있는 찬란한 여름으로 이어졌다. 그때가 대학생인 우리가 유일하게 진짜 세상과 만날 수 있는 때이기도 했다. 하지만 우리와 방학 사이에는 한 가지 장애물이 놓여 있었다. 마치 일식처럼 태양을 가리는, 시험이라는 장애물이었다.

　하버드의 시험 기간은 2주였고, 이 기간엔 학생들에게서 최악의 모습을 엿볼 수 있었다. '시험'이라는 단어는 사회적 품위나 개인적 의무를 다 내팽개쳐도 용서되는 조커 카드였다. 학점은 여름 인턴십이나 졸업 후 취업 기회처럼 우리의 이기심을 부추기는 동기에 실질적인 영향을 미쳤다. 아이들은 몇 주 동안 친구를 저버렸고 스터디 그룹 멤버들끼리도 서로 아웅다웅했다. "제 부모 말곤 누가 말리겠어." 파넬레는 황량한 캠퍼스 풍경에 고개를 절레절레 흔들었다. "아님 하느님이나."

　5월 초의 눈부신 어느 화요일 오후, 경제학 시험이 24시간도 채 안 남았을 때였다. 나는 조나와 함께 점심을 먹기로 한 식당에 좀 늦게 도착했다. 내 룸메이트는 몹시 화가 난 모습이었다. 그가 아침에 오늘 캠퍼스 내 자전거 수리점 아르바이트가 있는 날이라 점심시간이 빠듯하다고 미리 일렀건만, 나는 시험 준비에 몰두한 나머지 그걸 까맣게 잊었던 것이다. 의자를 빼 앉으려는데 조나가 나를 질책하기 시작했다. "너 요즘 계속 이런 식이야. 내 시간 따윈 안중에도 없는 것 같아. 네가 늦은 게 벌써 다섯번째야. 오늘도 너한테 아침에 미리 일러줬잖아. 수리점에 손이 모자란다고. 사장이 날 어떻게 생각하겠어? 내가 너처럼 늦은 적 있어?" 조나는 화를 냈다.

내가 자기 시간 따윈 안중에도 없다는 조나의 주장을 당장 반박하고 싶었다. 하지만 나는 심호흡을 하면서 네 가지 체크리스트를 떠올렸다. 그 주장은 실재하고(신경이 쓰이니까!), 중요하고(이건 인성 문제였으니까), 구체적이고(우리는 내가 부주의했던 특정한 경우들에 대해 논쟁했으니까), 그 목적을 서로 수용할 수 있었다(둘 중 누구도 상대방의 동기에 의문을 품지 않았으니까). 그래서 나는 이렇게 대답했다. "절대 그렇지 않아. 나도 네 시간을 소중히 여겨. 너는 내 가장 친한 친구니까."

하지만 말하다보니 조나의 다른 주장이 다시 떠올라 나는 쥐어짜듯 대답했다. "그런데 요즘 계속 이런 식이라니? 지난 금요일에 너도 과학관에서 나를 30분 가까이 기다리게 했잖아." 나는 반응을 살피려고 그의 얼굴을 한번 살피고는 계속해서 말했다. "게다가 너희 사장은 파리 한 마리도 해치지 못하는 히피잖아. 내 생각엔 네가 아르바이트 일을 너무 진지하게 여기는 것 같아. 내가 늦은 건 사실이야. 하지만 이게 정말 인성 운운할 일이야?"

내가 한마디씩 덧붙일 때마다 조나는 인상을 찌푸렸고 얼굴은 갈수록 벌게졌다. 자기 쟁반을 챙겨들고 남은 일을 하러 자전거 수리점으로 갈 때쯤엔 낯빛이 거의 비트색이었다. "나중에 기숙사에서 다시 얘기해." 조나는 씩씩거리며 말했다.

눅눅해진 샐러드와 함께 식당에 홀로 남겨진 나는 방금 일어난 일을 이해해보려 애썼다. 우리의 논쟁은 특정한 사안을 두고 시작됐지만, 갈수록 점점 커져서 이제 수습이 불가능해 보일 정도였다. 상대의 모든 주장을 반박하는 일은 바보 같은 짓이라는 걸 나도 어느 정도 알았다. 그건 자신의 주장을 발전시킬 시간을 낭비하고 스스로가 불합리한 반대론자임을 자인하는 꼴이었다. 하지만 조나의 어이없는 주장이 너무도 내 신경을 긁어 도저히 생각대로 해나갈 수 없었다.

이 사건으로 네 가지 체크리스트의 한계가 보였다. 어떤 주장이 아무리 진전 가능성이 높아 보여도, 시간이 지나면서 점점 수렁에 빠져들 수 있었다. 조나는 다양한 불만을 쏟아놓는 것으로 대화를 시작했고 나도 내 나름의 불만을 덧붙였다. 그러다 결국 우리는 통제 불능으로 치달아 온갖 날카로운 말로 서로를 찔러댔다.

나는 기존의 원칙을 다시 생각해보았다. 논쟁이 이렇게 쓸데없이 확대되는 걸 막으려면 이 논쟁 자체가 그만한 가치가 있는지만 묻는 게 아니라, 논쟁 안에서의 주장들 중 어떤 주장에 대응할 것인지도 선택해야 하는 게 아닐까. 두 가지 타당한 근거를 토대로 선택할 수 있을 듯했다.

**필요:** 분쟁을 전반적으로 해결하기 위해 특정 주장을 밀고 나갈 필요

가 있는가?

**진전:** 필요하든 필요하지 않든, 특정 주장에 대응할 경우 분쟁의 전반적인 해결에 다가갈 수 있는가?


둘 중 하나에만 '그렇다'여도 대응할 이유는 충분하다.

조나가 제기한 애초의 불만 중 두 가지 주장만이 이 기준을 충족했다. 하나는 내가 다섯 번이나 늦었다는 말이었다. 그것은 내가 부주의한 사람이라는 핵심 증거였기에 나는 대응할 필요가 있었다. 다른하나는 내가 이날 오후에 배려가 부족했다는 지적이었다. 그 지적은 전반적인 분쟁 해결에 꼭 필요한 건 아니었지만, 분쟁을 촉발시킨 당장의 원인을 생각하면 진전을 이루는 데 도움이 될 수 있었다.

그의 나머지 불만들은 괘념치 않고 그냥 넘어갈 수 있었다. 그 불만들에 대해서도 서로 생각이 다를 수는 있었지만 그럼에도 분쟁의 포괄적인 차원에서는 진전을 볼 수 있을 터였다. 우리의 의견 불일치가 전면전이 되지 않게 하려면, 어느 정도 받아들일 수 있는 의견 차이는 남겨두어야 했다.

오후에 기숙사로 돌아오면서 매사추세츠가에 있는 24시간 운영하는 상점에 들러 화해의 선물로 간식거리를 몇 개 샀다. 나는 걸으면서 조나에게 할말을 연습했다. 2층 우리 방으로 올라가면서는 잘 반대하는 데 필요한 지혜에 대해 생각했다. 언제 부딪치고 언제 그냥 덮어둘 것인지 하는 판단력은 과연 어떻게 생겨나는지 궁금했다.

그때만 해도, 쓸데없는 논쟁은 절대 안 하겠다는 나의 결심을 깨뜨리는 새로운 도전들이 그해에 펼쳐지리라는 사실은 알 길이 없었다.

## 반대로부터 안전한 공간 vs. 안전하게 반대할 공간

6월 16일 아침, 여름 인턴으로 일하는 사무실에서 몇 블록 떨어진 트럼프타워에서 도널드 트럼프가 황금색 계단을 걸어내려와 대통령선거에 나가기로 했다고 공표했다. 그의 연설은 과장("저는 신이 만들어낸 가장 위대한 대통령이 될 것입니다")[20]에서 터무니없는 주장("저보다 벽을 더 잘 세울 사람은 없습니다. 절 믿으세요. 게다가 아주 저렴한 비용으로 만들 것입니다")[21]으로 이어졌고, 심지어 악의("그자들은 마약을 들여오고, 범죄를 저지르고, 강간도 서슴지 않습니다. 물론 좋은 사람도 일부 있겠지만요")[22]까지 있었다.

그날 밤 아파트 옥상에서 함께 술을 마시던 뉴욕 출신 친구들은 내게 그저 지나가는 일일 뿐이라고 장담했다. "오래전부터 그런 이야기를 했던 사람이야. 그자를 진지하게 여기는 사람은 아무도 없어." 나를 포함해 외국에서 온 나머지 친구들은 미국 정치가 얼마나 이상한지에 대해 진부한 이야기를 늘어놓았다. 그러고 나서 우리는 그날 저녁을 긴 여름의 여느 날들과 다를 바 없이 흘려보냈다.

하지만 3학년 첫 학기를 맞아 9월에 캠퍼스로 돌아왔을 땐 트럼프가 진지한 화젯거리가 되어 있었다. 가장 반대의 목소리를 높인 사람들은 여성, 이민자, 소외계층이었다. 이들은 자신들이 이 후보의 표적이 되었다고 느꼈다. 비좁은 2층 기숙사 방에서 지역공동체의 사회적 유대를 주제로 연구하던 조나는 우려되는 지점들을 설명해주었다. 제조업 붕괴로 황폐화된 공동체 내의 정치적 환멸과 경제적 좌절감, 인터넷에서의 잘못된 정보의 무차별적 확산, 겉으론 점잖은 척하지만 그 아래로 흐르는 외국인 혐오와 심각한 편견 같은 것들이었다.

나는 이런 우려들을 이해했지만 그 어떤 것도 진지하게 받아들이지는 않았다. 내 분석의 깊이는 고작 트럼프가 TV 리얼리티 쇼 〈셀러브리티 어프렌티스〉의 진행자라는 점에 주목하는 정도였다. 하지만 이 악의 가득한 배우가 언론의 자유라는 보호 아래 엄청난 증오를 발산하는 게 얼마나 위험한지는 뚜렷이 보였다. 그런 사람에게 보여야 할 합당한 반응―발언을 제한해야 하는지 아니면 그걸 민주적 자유를 수호하기 위한 대가로 받아들여야 하는지―에 대한 토론을 보면서 나는 캠퍼스도 곧 논쟁의 전장이 될 수밖에 없음을 깨달았다.

지난해에는 미국과 영국의 대학들이 분열을 초래할 수 있는 사람에게 수상 소감이나 공개 강의를 요청하는 일을 두고 논쟁이 일었다. 4월에는 기숙사에서 15킬로미터 정도 떨어진 매사추세츠주 월섬에 위치한 브랜다이스대학교에서 아얀 히르시 알리라는 이슬람 비판가에게 명예학위를 수여하겠다고 약속했다가 철회한 일이 있었다. 종교에 관한 과거 발언 때문이었다. "처음엔 영예로웠던 일이 이젠 수치스러운 순간으로 전락했다. (…) 그들은 내가 그냥 침묵하기를 바라는 것이다."²³ 알리는 『타임』에 성명서를 썼고, 이 글은 사람들에게 널리 공유되었다.

역사적으로 정치적 우파는 문제적 시각을 가진 사람이 자신의 메시지를 퍼뜨릴 플랫폼을 갖지 못하도록 막는 데 능숙했다. 예를 들어 보수적인 대학 당국은 맬컴 엑스 같은 혁명가가 캠퍼스에 들어오는 것을 금지했다. 요즘엔 캠퍼스가 '안전한 장소'로 남아 있어야 한다는 진보적 요구를 우파 정치가와 언론계 인사들이 문화전쟁의 무기로 활용했다. 그들은 그런 행위가 자유와 고등교육, 심지어 서양 문명까지 오염시킨다고 말했다─미력한 학생 단체의 결정을 두고 모든 사람이 왈가왈부하도록 만든, 실로 인상적인 침소봉대가 아닐 수 없었다.

여러 면에서, 이 복잡한 플랫폼 빼앗기 논쟁은 과거의 뼈아픈 경험 탓이었다. 1968년 영국 보수당 정치가 이넉 파월은 영국으로의 대량 이민에 반대하는 선동적인 연설을 했다. 그는 "앞을 내다보면 먹구름이 잔뜩 끼어 있는 것 같습니다. 로마인들처럼 저 역시 '티베르강이 피로 물드는' 광경을 보게 될 모양입니다"²⁴라고 말했다. 이 '피로 물든 강' 연설은 영국 정치에 해악을 끼쳤다. 1969년 지방선거에서 파시스트 극우정당 국민전선이 마흔다섯 명의 후보를 내고 평균 8퍼센트의 득표율을 기록함으로써²⁵ 파월 자신의 연설 속 예측이 실현된 것이었다. "제가 주말에 할 연설은 로켓처럼 저 위로 '피융' 날아갈 것입니다. 로켓은 땅으로 다시 떨어지지만 제 연설은 저 위에 그대로 머물러 있겠지요"라는.²⁶

역사학자 에번 스미스가 저서 『플랫폼 주지 않기No Platform』에서 말했듯, 극우파의 부상을 막으려는 좌파 단체들은 극우파 지도자의 대중 연설 기회를 부정하는 공통 전략을 사용하는 경향이 있었다.[27] 1972년 9월 국제마르크스주의그룹 기관지 『레드 몰Red Mole』은 '인종주의자에게는 플랫폼을 주지 말라'고 요구하고, 회원들에게 국민전선 같은 단체가 모이거나 대중에게 메시지를 전파하지 못하도록 막아달라고 요청했다. 국제사회주의자들은 중대한 금지 사항을 추가했다. 파시스트와 공개 토론을 벌이지 말라는 것이었다. "그들과 토론하는 모든 진보주의자는 자신의 의지와는 반대로 결국 그들을 돕는 셈"이라는 이유였다.

연설을 방해하는 게릴라식 행동은 임시방편일 수밖에 없었지만 1974년 4월 이들 좌파 단체의 학생 대표들은 이를 지속적으로 유지할 방법을 찾았다. 전국학생연합National Union of Students(NUS)의 활동가들은 전국의 각 대학 학생회들이 '플랫폼 주지 않기' 정책을 채택하게 하는 투표 결과가 나오도록—20만 4619표 대 18만 2760표로—움직였다.[28] 결의안은 대학생들에게 노골적인 인종주의자나 파시스트 단체 "또는 그와 유사한 견해를 지지한다고 알려진 개인이 대학 내에서 발언하지 못하도록 필요한 모든 수단(모임을 방해하는 것을 포함해)을 동원해서" 막으라고 촉구했다.[29] 가디언은 이에 대해 신랄하게 비판했다. "학생들은 기억해야 할 것이다. 좌절감 때문에 결국 사회를 구성하는 한 부분인 권리를 부정하는 것은 하나도 새로운 일이 아니라는 것, 그게 바로 파시즘이 고전적으로 써온 방식이라는 것을."

전국학생연합의 정책과 이 '플랫폼 주지 않기' 개념에 대한 여론은 이후 40여 년 넘게 계속 진화했다. 예컨대 1980년대에 마거릿 대처 정부는 대학에 "그 어떤 단체의 기조라도" 개인적 신념이나 정책 목표를 구실로 "부정당하지 않도록" 보장하라고 명령함으로써 이 정책에 철퇴를 가했다.[30] (요즘 전국학생연합은 파시스트 조직과 인종주의 조직 여섯 곳에 한해서만 이 정책을 유지한다).[31]

영국의 '플랫폼 주지 않기' 토론에서 오간 핵심 주장들이 마침내 미국 캠퍼스에서도 재현되었다. 2015년 1월, 시카고대학교는 표현의 자유에 관한 성명을 발표했다. "생각이 일부 또는 대다수의 사람들이 볼 때 (…) 불쾌하고, 현명치 못하고, 비도덕적이고, 방향이 틀렸다고 해서 토론이나 숙의가 억압되어서는 안 됩니다."[32] 9월에는 버락 오바마 대통령이 여기에 말을 보탰다. "여러분이 찬성하지 않는 의견을 지닌 사람이 말을 걸어온다면 그 사람과 논쟁을 벌여야합니다. 나는 너무 예민해서 당신이 하고자 하는 말을 듣고 싶지 않다며 그들의 입을 닫게 해서는 안 됩니다."[33]

하지만 그 무엇도 내가 이 열띤 토론에 참여하도록 만들지는 못했다. 이 주제에 관해서는 이미 문제의 복잡성을 충분히 인식한 터였다. 나는 농담이나 곁가지 이야기로 은근슬쩍 빠져나갔다. 그러던 9월 마지막 주 어느 고요한 저녁, 마침내 이제 더는 회피할 수 없는 상황에 처하고 말았다.

해마다 가을이면 우리 하버드대 토론팀은 운영 예산의 상당 부분을 지원받는 대가로 다른 대학팀들과의 대회를 주최했다. 나는 일상적인 팀 운영과는 거리를 두었지만 운영위원단은 내게 가장 논쟁이 심한 업무에 속하는 논제 선정 작업을 도와달라고 요청했다. 저녁식사를 할 무렵이 되어, 나는 퀸시하우스◆로 가는 문을 열고 식당으로 이어진 계단을 올라가다가, 나도 모르게 숨을 참고 있었다는 사실을 깨달았다.

토론 경력이 가장 많은 우리 열 명은 운영위원단의 회의 장소인 정겨운 퀸시하우스 뒤쪽 식당의 좁은 타원형 테이블에 모여 앉았다. 일단 우리는 서로 팔꿈치가 부딪칠 정도로 열심히 치킨샐러드를 먹었다. 15분쯤 지나자 누군가 첫 의견을 피력했다. "우리가 논제의 경계를 좀더 넓히지 않는다면 이 활동에 무슨 진전이 있겠어?" 하와이 출신의 진지한 슬램◆◆ 시인 팀이었다. "맞아. 하지만 토요일 아침에 화성에다가 토론장을 차려놓을 수는 없잖아." 응급실에서 자원봉사를 하는 의대생 줄리아가 응수했다. 이 첫 충돌로 대담해진 다른 학생들도 본격적인 대결 자세를 취했다.

최악의 논쟁은 이런저런 이유로 무척 논쟁적인 주제들을 놓고 벌어졌다.


유럽은 홀로코스트 부정을 합법화해야 한다.


---

◆ 하버드대학교의 기숙사 건물 중 하나.
◆◆ 공연이나 경연을 펼치며 무대에서 랩처럼 낭송하는 시 형태.

정부는 성전환수술을 지원하지 말아야 한다.

신은 없다.


이런 주제는 나의 체크리스트를 놓고 봐도 애매했다. 가장 논쟁적인 주장들 중 상당수는 실재하고, 중요하고, 구체적이며, 목적이 상호 수용 가능하지만, 그걸로 충분한 걸까? 아니면 어떤 주장들은 그저 피하고 보는 게 상책일까?

1600년대 중반 영국 철학자 토머스 홉스는 한 가지 분명한 해답을 내놓았다. 그는 "반대 자체가 공격적이고 (…) 〔누군가를〕 바보라고 부르는 것과 마찬가지이기 때문에" 토론은 결국 끔찍한 갈등을 낳을 수밖에 없다고 믿었다.[34] 종교처럼 첨예한 문제에서는 이 현상이 배가되었다. 그런 문제에 대해서는 공개 토론을 삼가고 정치철학자 테리사 베얀이 '예의바른 침묵civil silence'이라 명명한 태도를 유지해야 할 의무가 있었다.[35]

나는 예의바른 침묵을 지키라는 주장에는 동의하지 않았지만, 특히 민감한 주제일 경우엔 토론의 대립적 형식이 부적절하다고 생각했다. 토론장 최악의 불한당은 스스로를 이단자라 부르는, 언론의 자유를 잔혹한 언사에 대한 허가증으로 오인하는 사람들이었다. 진리를 추구하기 위해서는 감정을 완전히 배제해야 한다는—그러지 않으면 그저 '응석'일 뿐이라는—생각은 대부분의 사람들을 사상의 장에서 등을 돌리도록 만들 게 틀림없었다.

논제 선정 회의 때 그런 생각들을 하다가 불쑥 무심하게 질문을 던졌다. "음, 불필요한 골칫거리는 좀 피하는 쪽으로 하면 안 될까?" 순간 정적이 감돌았다. 내 옆에 있던 자유지상주의자들이 당장이라도 펄쩍 뛸 태세를 하고 있었지만 맨 처음 목소리가 들려온 곳은 테이블 저 끝이었다.

데일은 '공정equity' 문제에 전문인 오랜 팀원이었다. 공정은 대명사 사용부터 괴롭힘에 관한 정책까지 다양한 분야에 필요한 기준을 이야기할 때 쓰이는 포괄적인 용어로, 토론 공동체 내의 안전과 포용성을 증진하는 데 사용되었다. 데일은 내성적이고 부드러운 말투로 이야기했지만 윤리적 문제에 대해서만큼은 늘 진지했다. 내 질문에 데일은 긴 이야기로 답해주었다.

보수적인 소도시에서 자란 그는 금기로 여겨지는 생각들—이를테면 젠더, 정치, 도덕성—을 발전시킬 공간을 토론대회에서 찾았다고 했다. "물론 토론이 끔찍하게 흘러가는 경우도 꽤 있었지. 하지만 적어도 토론대회에서는 뭔가를 주장해야 하는 게 규칙이고 사람들은 인신공격으로 태세 전환을 하는 대신 정해진 주제에 매달려야 했어. 만약 토론에서 이런 이야기를 할 수 없다면 어디서 할 수 있겠어?"

데일이 설명한 것은 다른 종류의 안전한 공간이었다. 반대로부터 안전한 공간이 아니라 안전하게 반대할 공간. "민감한 주제를 피하기보단 어떻게 그런 주제에 대해 좋은 토론을 할 수 있을지를 논의해야지. 우리가 그런 일을 해주기를 바라는 사람들이 있다고."

그래서 우리는 첨예한 문제들에 대해 좋은 공적 토론을 주최할 방법을 찾아보기로 했다.

우선, 한 가지 엄격한 규칙을 만들었다. 토론에서 모두의 평등한 도덕적 지위에 의문을 제기해서는 안 된다는 것이었다. 이것은 예의보다도 자기 보호의 문제였다. 따라서 누구든지 발언할 권리가 있고, 어떤 주장이든 동등한 숙고의 대상이 되어야 한다는 생각이 토론대회의 기본 바탕이었다. 만약 그 전제를 빼버린다면 토론은 그저 가식적인 행위에 불과할 터였다. 그러므로 '북유럽인은 도덕성이 없다'나 '이슬람교도는 사회에 위협적인 존재다' 같은 주장은 토론 주제가 될 수 없었다. 이 활동의 기본 정신과 충돌하기 때문이다.

다음으로, 우리는 공적 토론을 주최하는 일의 상징적 의미를 고려했다. 공적 토론을 주최하거나 그에 관여하는 결정은 개인적 결정일 뿐 아니라 정치적 결정이기도 하다. 케이블TV에서든 시의회에서든 대학 캠퍼스에서든, 공적 토론에는 어떤 함의가 담겨 있다. 그 주제는 우리가 관심을 가질 만큼 가치 있고, 두 가지 합리적 입장이 존재한다는 것. 결국 토론 플랫폼이 부여한 정당성은 반대가 실재하고, 중요하고, 구체적이며, 목적이 상호 수용 가능해야 했다! 그러고 보니 나의 체크리스트는 편리한 발명품이라기보다 우리가 이미 갖고 있던 좋은 반대에 대한 기대를 구체화한 것이었다. 만약 이런 기준에 미달하는 주제를 우리가 인정해준다면 토론 활동 자체에 대한 신뢰가 떨어질 터였다.

마지막으로, 우리는 어떤 주장이든 그에 따르는 부담을 짊어지는 사람이 있다는 사실을 명심했다. 자기 목소리를 내고 도전받는 경험은 누구에게나 고통스럽지만, 토론이 개인적인 사안과 날것 그대로 관계될 때는 고통의 무게가 배가되었다. 토론자로서 우리는 그런 사람들에게 더 주의를 기울여야 했다. 그들이 '눈송이'—지나치게 민감한 사람을 조롱조로 칭하는 말이다—여서가 아니라, 그저 상처 입고 지치기 쉬운 우리와 같은 인간이기 때문이었다. 그러므로 우리는 반대할 자유보다는 잘 반대할 책임을 더 중요하게 생각해야 했다.

이 체크리스트—논쟁 참여 여부를 결정하기 위한 네 가지 체크리스트와 공적 반대를 위한 정치적 고려—는 장애물처럼 보였다. 논쟁이 한창 달아올라 당장 받아쳐야 하는 순간에 속도를 늦추고 상황을 고려해야 한다는 거였으니까.

대학에서 내게 가장 중요한 영향을 미친 멘토 중 한 명인 문학자 일레인 스캐리 교수님은 동의가 필요한 상황에서는 '차단clogging'—속도를 늦추고 사람들이 동의 사항을 반복해서 확인하도록 하는 장애물과 일종의 검문소—이 훌륭한 역할을 한다고 생각했다. 예컨대 결혼식은 양측이 상대의 마음을 확인할 충분한 기회를(긴 행진 통로를 포함해서) 주고, 비필수적인 의료에는 몇 주 혹은 몇 달간의 숙려기간이 주어졌다.

스캐리 교수님은 차단이 갈등 상황에서 특히 중요하다고 주장했다. 집단생활의 목적 중 하나가 위해를 막고 평화를 유지하는 것이라면, 국가와 시민들이 누군가에게 고의로 위해를 가하는 결정을 내리는 일보다 심각한 건 별로 없을 터였다. 이는 정말 신중하게 내려져야 하는 결정이기에, 이를테면 유죄판결과 처벌 사이에는 수차례의 항소 절차가 있다. 또 르네상스시대에 있었던 일대일 결투에는 「결투 규칙codes duello」 같은 자료에서 알 수 있듯, '멈춤' 동작을 비롯해 참가자가 철수할 기회를 잡을 수 있는 정교한 동작이 많았다. 스캐리 교수님이 볼 때 갈등 상황 중 가장 시급하게 합의가 필요한 대상은 핵무기였다. 그 가공할 파괴력이 합리적 숙고의 가능성을 배제하기 때문이다.

나는 스캐리 교수님의 이론이 뜻하는 바를 훨씬 작은 차원의 분쟁에 적용해 이해했다. 일상에서 우리가 맞닥뜨리는 가장 심각한 분쟁은 말로 하는 논쟁이다. 언쟁은 우리를 고갈시키고 상처 준다. 하지만 언쟁에는 멈춤 장치, 즉 이 언쟁에 참여하는 데 동의하는지를 묻는 기회가 없다. 대신 감정부터 폭발시켜 잔인한 말들을 쏟아내고, 과연 반대할 가치가 있는 주제였는지는 그뒤에야 자문한다.

내게는 두 개의 체크리스트―내가 정리한 네 가지 체크리스트와 두 가지 논제 선정 기준―가 논쟁의 필수 차단 장치였다. 목표는 모든 논쟁을 배제하기보다는 우리가 가장 가치 있는 반대에 집중할 수 있도록 나쁜 논쟁을 배제하는 일이었다. 반대할 일이 너무 많은 세상에 살아가는 우리는 스스로가 치를 전투를 잘 골라야 했다. 또 나중에 깨달은 사실이지만 열띤 토론에서 벗어나 각자 시간을 갖는 것도 큰 도움이 될 수 있었다.

# 다시 토론의 세계로, 그리고 승리

논제 선정 회의를 하고 몇 주 뒤, 캠퍼스에 차가운 가을 공기가 내려 앉자 나도 모르게 다시 토론대회 생각이 났다. 가장 최근 리그 결과 와 대회 영상을 검색해보다가 그런 마음이 들었고, 파넬레와 지난 토론들에 관해 긴 대화까지 나누었다. 콜럼버스데이가 낀 10월 둘 째 주 주말이 될 때까지 나는 수업을 오가며 이런저런 생각을 곱씹 고 수사학적 펀치라인을 혼자 우물거렸다.

토론과 거리를 둔 아홉 달 동안 나는 그럭저럭 잘 지냈다. 머리를 기르고 규칙적으로 운동도 했다. 친구들은 내가 이제 주말마다 토론 장으로 떠나지 않고 캠퍼스에 그대로 머무른다는 걸 확인하고는 자 신들의 생활을 나와 더 많이 공유하기 시작했다. 연애 감정을 주고 받는 데도 시간이 걸렸다. 10년 전인 2005년에 토론을 시작한 뒤로 처음으로 승리와 먼 생활을 했고 그건 그것대로 괜찮았다.

하지만 그 시간 동안 토론의 어떤 면들은 그리웠다. 토론에 대해 나 역시 인정했던 비판 중 하나는 토론이 번지르르한 말잔치에 불과 하다는 것이었다. 상업적 대리모나 세금 정책처럼 복잡한 문제를 어 떻게 고작 2시간 동안 주고받는 말로 다룰 수 있느냐는 비판이었다. 나의 경우, 토론 바깥세상에서의 시간이 그런 생각을 떨쳐버리게 했 다. 일상에서 나는 중첩된 여러 주제를 넘나드는 대화 속에서 불쾌 한 생각이나 자극적인 논평을 접하면 그 즉시 반응하는 경향이 있었 다. 이와 반대로 토론은 미리 준비하고, 반대 관점을 귀기울여 듣고,

주어진 주제에 천착하게 만들었다. 이 활동은 분명 학계의 연구 활동보다는 덜 섬세하지만 비극적인 상황을 유발하는 일도 적었다.

나는 토론대회 트로피를 기숙사 방 먼지 소복한 책장 맨 위에 올려두었다. 시선이 가장 덜 가는 곳이어서였다. 이 싸구려 트로피들은 모양이 대개 비슷했다. 단이나 컵 위로 사람 한두 명이 단상 뒤에 서서 논쟁을 벌이는 형상이었다. 예전에는 트로피를 볼 때 빛깔―가짜 금 또는 가짜 은―과 등수를 나타내는 숫자만 눈에 들어왔지만, 이제는 자기 말이 제대로 가닿게 하느라 애쓰는 사람들이 보였다.

며칠 뒤 파넬레 방에 찾아가 12월에 열리는 세계대회에 함께 나가보지 않겠느냐고 물었다. 그런 제안을 하는 게 두려웠지만, 2년 전 우리가 캠퍼스에 막 도착했을 때 그가 똑같은 용기를 냈다는 사실을 떠올리자 위안이 되었다. 파넬레가 나를 끌어당겨 포옹하기 전에 한 말이라곤 자기는 내가 다시 돌아올 줄 알았다는 게 전부였다. 우리는 대회가 두 달도 채 안 남은 시점에 준비를 시작했다. 논제가 될 만한 이슈를 조사하고 지난 토론 영상을 분석하며 긴긴밤을 보냈다. 나는 다양한 주장과 구문들을 떠올리며 몽상에 잠겨 있느라 수업을 놓치기도 했지만 대회에 나가 잘하고 싶은 마음이 커서 어쩔 수 없었다.

12월 말 우리는 애틀랜타에 있는 파넬레의 친척집에서 크리스마스를 보내고 그리스 테살로니키로 날아갔다. 비행기가 착륙하는 동안 파넬레는 이번 대회를 끝으로 더는 대회 준비를 못 할 것 같다고 말했다. "난 이제 지쳤어. 결과가 어떻게 되든 이게 마지막이야."

징조 같은 걸 믿는 사람이라면 승리의 약속으로 여길 만한 게 도처에 있었다. 한때 비잔틴제국의 영토였던, 그리스에서 두번째로 큰 이 도시의 이름은 알렉산드로스대왕 여동생의 이름이었다. 또 테살로니키는 테살리아Thessaly의 승리nike라는 뜻으로, 고대 그리스에서 가장 치열한 전투로 기록된 전투에서 마케도니아인들이 거둔 승리를 의미했다. 하지만 경고신호도 있었다. 이 도시의 수호성인이자 영웅인 데메트리우스가 창에 찔려 죽은 곳이기도 했다. 이콘 속 젊은 성인인 그는 반짝였지만 슬픈 표정을 짓고 있었다.

파넬레와 나는 첫 열두 경기를 순조롭게 치렀다. 평판도 좋고 경험도 있으니 쭉쭉 앞으로 나아갔지만 그것만으로는 결승까지 가지 못할 게 분명했다. 많은 청중과 공정한 심판 앞에선 누구도 숨을 곳이 없었다. 토론에서는 스스로를 증명하고 또 증명해야 했다.

대회 여드레째 되는 날, 대부분의 팀이 탈락하고 고작 네 팀만이 남았다. 고등학교 때부터 알았던 상냥한 시드니대학교팀, 대회에 참가하기 위해 세르비아의 PEP칼리지에 다시 등록한 전 옥스브리지팀,♦ 북아메리카 대회에서 우리의 적수였던 가공할 실력을 가진 토론토대학교팀, 그리고 우리였다. 우리는 최종 결승전을 치르기 위해 버스에 오르면서 짧은 인사만 주고받았다. 비가 부슬부슬 내리며 모든 소리를 잠재웠다.

도로는 한산했고 목적지도 가까웠다. 아드레날린이 아직 제 역할

---

♦ 옥스퍼드대학교와 케임브리지대학교를 함께 일컫는 말이다.

을 하지 않아 눈을 감기가 두려웠다. 창밖으로는 패스트푸드점과 휴대폰가게 사이 어디쯤에서 고대 비잔틴 건물들이 휙 지나갔다. 나는 피로를 떨치기 위해 계속 다리를 떨었다. "두 블록만 더 가면 됩니다." 대회 운영위원인 아리스토텔레스대학교 철학과 학생이 외쳤다.

테살로니키 콘서트홀에서 버스가 정차했다. 입구에 늘어선 현수막에는 '토론이 귀환하다'라는 이번 대회의 공식 슬로건이 박혀 있었다. 냉방이 잘된 건물로 들어서자, 열성적인 안내자가 바로 다가와서 이곳에는 음식도 음료도 없다고 상기시켰다. 그 말을 들으니 갑자기 배가 고파졌다.

벽과 바닥, 천장이 온통 시커먼 동굴 같은 중앙 홀 뒤쪽 공간에서 우리 네 팀은 아무 표시도 없는 상자에 손을 집어넣어 종이를 하나씩 뽑았다. 내 손에 들린 종이에는 '제1여당'이라고 쓰여 있었다. 이어서 논제가 발표되었다. '본 의회는 세계의 가난한 사람들이 완전한 마르크스 혁명을 추구하는 것이 정당하다고 믿는다.'

파넬레와 내가 준비실로 달려가는데 우리 경쟁자 중 하나가 "이게 대체 무슨 뜻이야?" 하고 묻는 소리가 들렸다. 이번 라운드는 정의definition에 대한 싸움으로 전락할 위험이 있었다. 그래서 우리가 준비실에서 내린 첫 결정은 우리의 입장을 단순하게 유지하자는 것이었다. 그 입장이란 마르크스 혁명은 사유재산의 폐지를 꾀한다는 것. 다음으로 우리는 그런 입장을 정당화한다는 게 무슨 뜻일지 자문했다. 그러고는 이번 라운드를 원칙에 관한 라운드로 만들자고 전략을 세웠다. 먼저 왜 혁명이 필요하다고 생각하는지를 간략히 설명한 다음, 사유재산은 인간의 존엄성을 심히 훼손할 수 있어 실제 결과와는 상관없이 그것을 전복하려 하는 게 정당하다고 주장하기로 했다.

사실 위험한 전략이었다. 만일 토론을 이런 방식으로 바라보도록 청중을 설득하지 못한다면 우리는 완전하게 패배할 것이었다. 우리는 다양한 주장을 내놓는 대신 몇 가지 주장에만 집중할 계획이라, 제2여당팀도 다른 아이디어를 낼 여지가 있었다. 하지만 그 순간, 3년 전 세계학생토론대회를 준비할 때 호주팀 코치 브루스가 해준 조언이 떠올랐다.

어떤 토론이든 백 가지 반대 주장을 펼칠 수 있어. 그중에 어떤 주장을 택하고 어떤 주장을 버릴지 선택해야 하지. 결승전 때는 특히 더 중요해. 승리하는 팀은 절대 작은 것에 집착해서 힘을 빼지 않지. 승리하는 팀은 그 토론에서 진짜 토론 거리가 뭔지를 찾아낼 줄 알아.

내가 파넬레에게 그 조언을 말하자 그는 파안대소하며 우렁차게 말했다. "그러니까 이게 우리의 토론에서 진짜 토론거리라는 말이지. 그래, 우리가 잃을 게 뭐가 있겠어."

6시 30분이 되자 콘서트홀 조명이 어두워졌다. 기대에 찬 얼굴로 활기차게 잡담을 나누던 천사백여 명의 청중은 우리가 무대로 걸어 나오는 모습을 보고는 소리를 낮추고 조용히 집중했다. 나는 검은색과 파란색 사인펜 뚜껑을 열어 테이블에 올려놓고 메모지도 챙겨두었다. 그리고 단상으로 걸어가서 토론을 개시했다.

여러분, 지금 전 세계의 가난한 사람들은 국적이 어디든 독재체제하에 살고 있습니다. 대안 부재라는 독재체제 말입니다.

이 정도 규모의 청중은 꼭 북극의 얼음판 같았다. 처음에는 꿈쩍도 안 할 것처럼 보이지만, 어디엔가 금이 쩍 가는 순간 걷잡을 수 없이 파장이 커졌다. 문제는 그런 순간이 절대 오지 않을 수도 있다는 사실이었다. 나는 숨을 깊게 들이쉬고 나서 말을 이어갔다.

부당하게 획득한 자본에 속박당하고, 자기 이익을 추구하는 것 외엔 다른 동인이 없는 지주계급에게 제약당하고, 단순한 생계의 사슬에 꽁꽁 묶인 전 세계의 가난한 사람들은 우리가 천부인권이라고 믿는 자유와 자기결정권을 결코 행사할 수 없습니다.

청중 사이에서 웅얼거리는 소리가 새어나왔다. 나는 이 본격 마르크스주의 장광설이 상당히 급진적이고 수사법 역시 열성 당원 같다는 걸 잘 알았다. 말이 목구멍을 통과할 때마다 이상하게 짜릿한 기분이었다. 하지만 어쩐지 이 전략에 자신이 있었다. 우리가 청중에게 이것을 거대한 문명 토론으로 바라보도록 설득하려면 예를 들어 보여야 했다.

상상력을 한번 발휘해보십시오. 한때 사람들은 스스로를 자신이 지닌 노동력과 생산능력 이상의 존재로 정의하는 공동경제체제에서 살았습니다. 그것이 바로 우리가 지지하는 세상입니다.

나는 주어진 7분 대부분을, 사유재산은 존엄성에 해를 끼친다는 한 가지 논점을 증명하는 데 사용했다. 논증은 부의 기원을 노예제와 식민주의에서 찾고, 그것을 고착시키는 정책적 실패를 개괄한 다음, 경쟁과 소유권에 내재하는 결함들을 설명하는 식으로 이루어졌다.

스피치 도중에는 보통 신체적 긴장을 그리 심하게 겪지 않는다. 아드레날린이 사람을 몽롱하게 만들어 경험에 대한 감각을 무디게 마비시키기 때문이다. 그렇다고 해서 스트레스가 없다는 뜻은 물론 아니다. 이제 막 동요하기 시작한 청중에게 내 말이 제대로 들리도록 안간힘을 쓰면서 결론을 향해 치달을 때는 다리가 부들부들 떨리고 목소리가 점점 커졌다.

우리가 야당에게 꼭 들어야 할 말은 재산 문제에 대한 포괄적 설명입니다. 그게 왜 정당한지, 어떻게 역사가 보여준 대로 인간의 존엄을 해치지 않는지를 야당은 설명해야 합니다. 우리는 지금 한 치의 주저함도 없이 이것을 제안하는 바입니다.

다음 연설은 시드니대학교팀이 이어받아 꼼꼼하고 체계적인 주장을 펼쳤지만 내게는 연무처럼 지나갔다. 그 토론자는 혁명은 끔찍한 유혈 사태를 초래할 것이고, 가차없이 진압될 것이며, 신생 낙원은 결국 붕괴하고 말 거라고 경고했다. 그는 "결과는 중요합니다"라고 말했다. 그의 주장들은 합리적으로 들렸고 어쩌면 설득력도 있었지만 나는 왠지 초연한 기분이었다. 얼마나 초연했던지 내 옆에 있던 파넬레가 일어나 단상으로 걸어가는 것조차 알아차리지 못할 정도였다.

내가 미몽에서 깨어난 것은 파넬레의 반론을 듣던 도중이었다. 몇 분에 걸쳐서 토론을 원칙의 영역으로 되돌려놓으려 애쓰던 파넬레는 잠깐 말을 멈추었다가 속도를 늦추어 말하기 시작했다. 이마와 머리카락이 만나는 부분에 송골송골 맺힌 땀이 조명을 받아 반짝거렸다. 파넬레와 눈이 마주쳤고 순간 그에게 무언가가 있음을 알아차렸다.

파넬레는 바르샤바 게토에서 일어난 봉기 사례에 초점을 맞춰 논리를 전개했다. 그는 나치에 저항한 유대인 레지스탕스 다수가 결국엔 자신이 죽으리란 걸 알았지만 그럼에도 싸우기를 택했다고 설명했다. 그러고는 강조하기 위해 손가락을 들어올리며 다음 말을 한 단어 한 단어 조심스럽게 뱉었다.

자기방어는 설령 실패가 예정되어 있을지라도 정당한 것입니다. (…) 왜냐하면 악에 대한 저항은 본질적으로 그 자체로 선한 것이기 때문입니다.

파넬레가 우레와 같은 박수를 받으며 자리에 앉을 때 나는 그의 어깨를 토닥였다. 토론은 아직 반 넘게 남아 있었고 우리가 승리할 수 있을지 없을지 전혀 예측할 수 없었다. 하지만 우리는 결국 우리가 하고 싶은 토론을 찾은 셈이었다.

4시간 뒤 파넬레와 나는 인접한 구내식당에 앉아 마음을 졸이며 결과를 기다렸다. 앞쪽 무대에서 폐회식이 열렸다. 대학 교직원과 지방 공무원들이 돌아가며 긴 연설을 했고 기념 열쇠를 교환했다. 누군가 나와서 노래도 불렀다.

나는 음식을 보기만 해도 힘들어하다가 돌마◆ 한 접시를 폭식하며 오락가락했다. 그러다 어느 시점이 되자 결승에 진출한 네 팀이 결과 발표를 듣기 위해 앞쪽으로 불려나갔다. 고개를 끄덕이는 사람도 있고 포옹을 나누는 사람도 있었다. 토론이 막상막하였다는 것은 모두가 알았다. 판결에 3시간이나 걸렸다는 건 누가 이겨도 이상할 게 없다는 뜻이었다.

그때 독특한 억양으로 구원의 소리가 들려왔다. "제1여당팀!" 우리가 이겼다.

---

◆ 포도나무 잎이나 양배춧잎에 고기와 쌀, 채소로 속을 채워 쪄낸 중동 지역 및 그리스 음식.

# 2부
# 토론의 기술을 삶에 적용하기

# 6장

# 자기방어: 무례한 사람을 여유롭게 상대하는 법

## 과거와 현재의 불한당 퇴치법

"일상에서 싸움꾼을 만날 때면 우리가 바라는 건
오직 하나, 토론이라는 형태를 되찾는 일이다."

결혼식은 켄타우로스족*의 현자 케이론의 동굴 근처 펠리온산에서 열렸고 거의 모든 신들이 모였다. 연회에 산해진미가 얼마나 가득했는지, 훗날 인간이 두고두고 엄청난 풍요의 상징으로 떠올리는 장면이 될 정도였다. 뮤즈들은 아폴론이 연주하는 리라 소리에 맞춰 노래했다. 영웅 펠레우스와 바다의 여신 테티스 커플은 잿빛 창부터 소금 바구니에 이르기까지 다양한 결혼 선물을 받았다.

다들 먹고 마시며 노느라 작은 황금 사과 하나가 던져진 사실을 알아차리지 못했지만 여신 헤라, 아테나, 아프로디테는 달랐다. 그들은 사과에 '가장 아름다운 이에게'라고 적힌 것을 보고, 저마다 그 사과가 자기 것이라고 주장했다. 여신들은 계속 다투다가 결국 파리

---

◆ 그리스신화 속 반인반마 종족.

스라는 인간의 심판을 받게 되고 그를 설득하느라 벌인 경쟁은 트로이전쟁으로 치달았다. 이 낭패 뒤에는 당시에 잘 알려지지 않았던, 에리스(로마신화에서는 디스코르디아)라고 불리는 갈등과 불화, 반대의 여신이 있었다.

전해내려오는 대표적인 이야기에서 에리스는 결혼식에 자기를 초대하지 않기로 한 신랑 신부에게 분노한 질투의 여신으로 그려진다. 그녀의 복수가 애초의 의도보다 훨씬 가혹한 결과를 초래했다고. 트로이전쟁으로 펠레우스와 테티스의 아들 아킬레우스가 죽음에 이르렀기 때문이다.

또다른 버전에서는 에리스가 제우스, 지혜로운 조언자 테미스와 공모해 환경 파괴로부터 세상을 구하려 한 거라 설명한다. 일부 학자들이 『일리아스』의 프리퀄이라고 하는 서사시 「퀴프리아」에는 21세기에 새로운 울림을 주는 사상이 녹아 있다. "널리 흩어져서 사는 수많은 인간 종족은 생명이 숨쉬는 땅을 억압했고, 그 모습을 본 제우스는 마음이 아파 일리아스전쟁Ilian war을 대대적으로 일으켜 모든 생명의 근원인 지구를 구해야겠다고 결심했다. 지구에 부담을 주는 인간이 죽으면 세상이 텅 빌 것이었다."[1]

하지만 두 버전을 잇는 연결고리가 있다. 다툼과 반대가 결국 죽음을 불러온다는 사실이다. 신들이 도시와 인간을 절멸시키는 데는 불도 유황도 필요치 않았다. 그저 약간의 불화만 있으면 되었다.

고대 그리스인들은 진실의 발견이 아니라, 어떤 수단과 방법을 써서라도 오로지 승리하는 게 목표인 논쟁을 이 여신 이야기에 빗대어 묘사했다. 변증법은 진리와 논리에 기대는 반면, 논쟁술은 겉보기에만 그럴듯할 뿐 실은 사기꾼, 궤변가, 진실성을 희생시켜 토론에서 승리하려는 싸움꾼이 쓰는 기술이었다.

소크라테스도 몇 차례 논쟁술을 가르친 적이 있지만 『국가』에서는 좀더 겸손하게 접근했다. 이 철학자는 플라톤의 형인 글라우콘과 논쟁하면서 사람들은 "자기 의지와는 무관하게 논쟁술을 사용하게 되는" 것 같다고 지적했다.[2] 글라우콘이 우리 대화에도 그게 적용되느냐고 묻자 소크라테스는 "물론이오. 지금도 나는 행여 우리가 부지불식간에 논쟁으로 빠져버릴까봐 두렵소"라고 대답했다.

메시지는 분명하다. 우리는 모두 타고난 논쟁가들이므로 논쟁술로부터 자유롭기란 불가능하다는 것이다. 누구든지 나쁜 토론자가되거나 그 희생양이 될 수 있다. 논쟁에는 조건만 갖춰지면 언제든 활활 타오를 불씨가 들어 있음을 제대로 의식하지 못한 채로.

## 트럼프와 클린턴의 대선 토론을 보며 깨달은 것

테살로니키에서 결승전을 치르고 아홉 달여가 지난 2016년 9월 26일 월요일 오후, 동네 식품점 간식 코너에서 서성거리다 문득 전보다 시간이 훨씬 천천히 흐른다는 생각이 들었다. 스물하나라는 어린 나이에 토론계를 은퇴한다는 건 주말과 내 두뇌를 통째로 돌려받는다는 뜻이었다. 이제 스물둘이 된 나는 더 느릿느릿한 리듬 속에서 살아갔다. 전에는 보스턴의 가을이 쏜살같이 지나갔지만, 이제는 이 계절이 우리의 관심을 끄는 방식 하나하나를 제대로 음미할 수 있었다.

4학년 가을학기는 주로 졸업논문을 쓰며 보냈다. 3만여 단어를 써야 하는 연구 프로젝트로, 다문화주의와 그 승인에 대한 정치적 요구를 주제 삼아 그 추상 이론을 현실적인 삶의 조건과 연결하는 것이 목표였다. 하지만 먼지투성이 도서관과 근엄한 세미나실에서 공부하다보니 어쩐지 실제 세상과 더 멀어진 기분이 들었다. 내게 남은 거라곤 온갖 추상적 관념뿐인 듯했다. 그러다 주말이 되어 케임브리지를 벗어날 때면—버몬트에 있는 저메이카 킨케이드 교수님의 정원으로, 뉴욕에 있는 친구들의 아파트로—풍요로운 세상이 내 모든 감각을 일깨우며 압도하는 듯했다.

학문적 작업에 대한 회의감이 내 안에 잠들어 있던, 이 세상에서 나의 위치에 대한 보다 깊은 우려를 새삼 일깨웠다. 나는 값비싼 교육의 수혜자로서, 오랫동안 타인들의 높은 기대를 받으며 살아왔다. 하지만 직업과 커리어를 고려했을 때 내가 실제로 기여할 수 있을 만한 일이 별로 없어 보였다. 게다가 분명한 건, 내가 더는 대학에 머물고 싶지 않다는 것이었다. 한 로스쿨 교수님은 이렇게 말했다. "케임브리지는 정원 같은 곳이네. 빠져나갈 수 있을 때 그렇게 해야 해." 나는 탈출구를 찾아야 했다.

그래서 미국 뉴스 사이트 쿼츠Quartz의 편집자가 파넬레와 내게 힐러리 클린턴과 도널드 트럼프의 첫 대선 토론을 앞두고 칼럼을 하나 써달라는 연락을 해왔을 때, 나는 캠퍼스 담장을 넘어—가상의 공간에서나마—더 다양한 청중에게 다가갈 그 기회를 꽉 붙들었다. 성공적인 토론의 '핵심 팁'을 소개한 기사가 독자들에게 꽤 호응을 받았고, 편집자는 후보들의 첫 토론을 분석하는 후속 글도 써달라고 부탁했다.

나는 친구들을 방으로 초대해 함께 대선 토론을 시청했다. 대부분 토론팀 멤버였다. 우리는 토론이 절망적일 만큼 엉망으로 흘러갈 거라는 데 의견을 같이했지만, 나는 얼마간 희망의 끈을 놓지 않았다. 세일즈맨은 자기가 의도한 틀 안에서 말을 해나가면 되지만, 토론은 상대와 진행자의 책임 추궁을 받으며 어려운 질문에 바로 대답해야 하는 냉혹하기 짝이 없는 볼거리였다. 트럼프가 대통령 후보 경선 토론을 장악한 건 사실이지만, 그건 그저 관심받으려 경쟁하는 열두 명의 괴짜들이 선보인 버라이어티쇼에 불과했다. 대선 토론은 커녕 진짜 토론도 아니었다. 나는 간식거리와 와인을 고르면서 그렇게 마음을 진정시켰다.

저녁 8시쯤 친구들이 하나둘 내 방에 도착했다. 나는 소파와 의자가 주르륵 놓인 기숙사의 널찍한 거실에서 음료를 따르고 TV를 켰다. 긴장된다고 말하는 친구들도 있었지만 여럿이 함께 모여 있으니 들뜨고 편안한 분위기가 흘렀다. 파넬레는 진지해 보였고, 집중하는 표정으로 노트북을 들고 TV 앞 한 귀퉁이에 자리를 잡았다. 토론이 시작되려면 아직 1시간쯤 남았지만 토론 방송 해설자들은 이미 붉게 상기된 얼굴이었다. 음소거를 하니 그들은 마치 열정적으로 무언극을 반복하는 것처럼 보였다.

거실에는 시계가 없었지만 모두가 앉아야 할 때를 감으로 알았다. 방송은 앞선 토론에서 사회자가 말한 장면 중 쓸 만한 내용을 조각조각 짜깁기해서 보여주었다. 경선 토론 장면에서 CNN 앵커 제이크 태퍼는 이렇게 말했다. "오늘밤 우리의 목표는 토론입니다. 후보자들이 정책이든, 정치든, 리더십이든 서로 다른 의견을 가진 영역에서 상대에게 자기 생각을 밝히는 진짜 토론 말입니다."[3] 그러더니 장면이 확 바뀌어, 뉴욕주 헴프스테드의 호프스트라대학교 캠퍼스 모습이 생중계되었다.

토론은 화기애애하게 시작됐다. "안녕하세요, 도널드씨?"[4] 민주당 후보가 트럼프와 악수하고는 청중을 향해 미소 지었다. 책상 앞에 앉은 사회자는 비전, 가치, 미국 시민에 관해 위엄 있게 말했다. 처음에 두 후보는 일자리와 경제에 관한 질문에 날카롭고 합리적인 대답을 내놓았다. 파넬레와 나는 전략의 좋은 부분들―교묘한 회피와 수사적 표현―에 대해 의견을 주고받다가 한 친구가 내 옆구리를 찌르며 "조용히 좀 해, 이 디베이터들아"라고 말하고 나서야 입을 다물었다.

그러다 상황이 급변했다. 미소가 사라지고 모든 말이 2인칭으로 이루어졌다. 당신이라는 말로는 자연스럽게 상대를 비난하기 어려웠지만, 두 후보는 어떻게든 방법을 찾아냈다. 도널드 트럼프는 마구 소리를 질러대고 상대의 말을 자르며 원고를 무시무시한 한 편의 시로 바꿔놓았다. 가끔은 두 목소리가 겹쳐 누구의 말인지 구분해내지 못해 쓰는 걸 멈추기도 했다.

**트럼프:** 30년 동안 이 일을 했으면서 이제야 해결책을 생각해보겠다고요?[5]

**클린턴:** 음, 사실⋯⋯

**트럼프:** 제가 다시, 죄송합니다만 제가 좀 말할게요. 제가 다시 일자리를 만들 겁니다. 당신은 못해요.

**클린턴:** 음, 사실 저는 그동안 이 문제에 대해 생각을 많이 했습니다.

**트럼프:** 그러시겠죠. 30년 동안 하셨으니.

**클린턴:** 그리고 저는, 음, 그렇게까지 오래는 아니고요. 저는 1990년대에 남편이 일을 상당히 잘했다고 생각합니다. 그래서 그때 어떤 정책이 효과가 있었는지, 어떻게 다시 같은 효과를 만들어낼 수 있을지에 대해 고민을 많이 했지요. (⋯)

**트럼프:** 글쎄요, 빌 클린턴이 북미자유무역협정(NAFTA)을 승인하긴 했죠. (⋯)


이제 거실에는 긴장감이 감돌았다. 처음에는 다들 바로 반론을 펴거나 사실 확인을 하면서 "부끄럽지도 않나" "말도 안 돼"라고 중얼거리며 고개를 절레절레 내젓고 그저 헛웃음을 터뜨렸다. 그런데 이제 모두가 입을 꾹 다물고 있었다. 방안엔 자세를 바꿔 앉는 소리 말고는 아무 소리도 들리지 않았다. 이 토론은 확실히 무슨 통속극처럼 보였지만 그냥 웃어넘길 수 없는 심각한 사안들이 걸려 있었다.


**클린턴:** 오늘 저녁이 끝날 때쯤엔 지금까지 일어난 모든 일이 제 탓

이 될 것 같군요.

**트럼프:** 왜 아니겠어요?

**클린턴:** 왜 아니냐고요? 아니, 왜 아니냐니요? [웃음] 정말 갈수록 말도 안 되는 소리만 계속 하시네요. 저는 이렇게 말하겠습니다. 이건 완전히……

**트럼프:** 우리 기업들이 돈을 우리 나라로 다시 가져오게 하는 게 왜 말도 안 되는 소리인지 전혀 모르겠네요.

토론이 끝나자 친구들은 토론을 자기 입맛대로 해석하느라 떠들썩했다. 조나는 "엉망진창에 지저분하기 짝이 없는 토론이었어. 하지만 멀쩡한 사람이라면 저걸 보고 트럼프가 이겼다고 하지는 못할 거야"라고 말했다. 다른 친구는 트럼프가 손을 바들바들 떨더니, 결과에 상관없이 선거 결과를 받아들이겠다고 동의했다는 점을 지적했다. "저는 우리 미국을 다시 한번 위대하게 만들고 싶습니다. 저는 그렇게 할 수 있습니다. 힐러리는 절대 못합니다. 혹시라도 힐러리가 이긴다면 저는 당연히 힐러리를 지지해줄 겁니다."

하지만 나는 이 토론을 보며 몹시 불안해졌다. 토론대회에서 나역시 이런 상황에 놓인 적이 있었다. 거짓말하고, 소리지르고, 막무가내로 끼어들고, 중상모략을 하고 나서는 모든 게 조작됐다고 우기는 불한당을 상대한 적이. 이들은 말도 안 되는 짓을 일삼았지만, 이기기는 쉽지 않았다. 이들은 다른 토론자들의 기를 꺾어놓았다. 그들이 이길 수도 있었다.

대선 토론을 보면서 나는 다른 사실도 깨달았다. 불한당은 토론 형식을 무시하는 게 아니라 그걸 가로채서 승리를 쟁취한다는 사실이었다. 그들은 대립 형식을 상대를 두들겨패는 데 활용하고, 수사법을 논리를 강화하는 게 아니라 논리를 회피하는 데 활용했다. 그들은 토론에서 자유롭게 의견을 개진할 수 있다는 점을 이용해 거짓말을 퍼뜨렸다.

나쁜 토론은 토론 자체에 약점이 있음을 보여주었다. 그렇게 강탈당한 토론이 세상에 해악을 끼칠 수 있음을 드러내 보였다.

이제 친구들은 거실을 이리저리 돌아다니고 방에는 TV 소리 대신 음악이 흘렀지만, 파넬레와 나는 꿈쩍도 않고 소파에 그대로 앉아 있었다. 우리가 기사를 쓰기 위해 산더미처럼 적고 또 적었던 메모들이 점점 무용지물로 보였다. 지난 90분간 벌어진 일을 정상적인 토론으로 취급하는 건 정직하지 않은 일처럼 보였다. 이 활동, 즉 토론에 대해 그들이 드러낸 바를 당장 파악해 설명하는 것도 도저히 불가능했다. 결국 우리는 기사를 쓰지 못했다.

## 쇼펜하우어의 논쟁술

1831년, 독일 철학자 아르투어 쇼펜하우어는 마흔둘의 나이에 생경한 작품 하나를 완성했다. 그가 죽고 나서야 출간된 그 작품은 토론하는 법에 관한 것이었다.

쇼펜하우어는 변덕스러운 성격 탓에 동료, 출판사, 이웃, 심지어

길 가다 만나는 모르는 사람과도 곧잘 싸웠다. 베를린대학교에 다니던 젊은 학자 시절에는 학계의 권위자인 헤겔에게 수차례나 싸움을 걸었고, 나중엔 그를 "둔하고 따분하고 역겹고 문해력이 달리는 돌팔이 학자"라고 묘사했다.[6] 쇼펜하우어는 『논쟁적 토론술Eristische Dialektik』이라는 토론에 관한 책에서 이런 예민하고 공격적인 성향을 제대로 펼쳐 보였다.

이 책은 논쟁술이 "내가 옳든 그르든 상관없이" 논쟁에서 이기는 기술이라고 정의하면서 시작한다.[7] 그런 다음 주제를 슬쩍 바꾸는 방법부터 끊임없이 상대의 화를 돋우는 방법에 이르기까지, 논쟁에서 이기는 서른여덟 가지 부도덕한 기술을 개괄한다. 그중 최고는 이것이다. "졌어도 이겼다고 우겨라. 상대가 수줍은 성격이거나 멍청하다면, 그리고 당신이 상당히 뻔뻔하고 목청이 좋다면 이 속임수는 아주 잘 먹힐 것이다."

쇼펜하우어는 상당히 어두운 세계관을 가졌고 이런 태도가 책 전체를 관통한다. 열일곱 살의 이 젊은 독일인은 자신을 질병과 고통 그리고 죽음을 생전 처음 목격한 붓다와 동일시했다. 그는 "이 세상은 최고선에 이른 존재의 창조물이 아니라, 고통에 몸부림치는 모습을 즐기려고 생명을 존재하게 한 악마의 창조물일 것이다"라고 결론지었다.[8] 이는 그의 아버지가 함부르크 본가 옆 수로에 빠져 익사한 1805년에 한 말이다.

이런 비관론은 타인에 대한 관점으로까지 확장되었다. 쇼펜하우어는 같은 책에서, 나쁜 토론은 "인간 본성의 타고난 천박함"에서 나온다고 썼다.[9] 만일 인간이 고결하다면 토론의 목표는 오로지 진실을 찾는 일일 것이다. 하지만 사실 우리 인간은 허영덩어리이며, "요설과 거짓"을 늘어놓을 때가 바로 이런 악덕이 발현되는 순간이다.[10] 설령 토론이 선한 믿음으로 시작됐다고 해도 그런 의도가 그리 오래 지속되지는 못한다.

보통은 이 책을 일종의 패러디로 보았다. 쇼펜하우어는 대부분의 사람들이 비열한 코치의 목소리를 빌려 타락한 토론을 한다고 왜곡하고 있었다. 그는 "객관적 진실은 생각하지 말라"면서 논쟁술을 펜싱에 비유했다.[11] 결투의 이유는 중요치 않으며 "오로지 찌르고 막는 일만이 중요하다"는 것이다.[12]

하지만 만일 이 글을 패러디라고 본다면, 어디까지가 냉소이고 어디까지가 토론에 대한 그의 이상인지 궁금해진다. 쇼펜하우어는 더 나은 논쟁이 가능하다고 믿고 우리를 그쪽으로 인도하려는 걸까? 아니면 인간은 뼛속 깊이 논쟁가라고 생각하는 걸까?

사실 쇼펜하우어가 희망의 끈을 놓지 않았다는 증거가 있다. 그는 책 서두에, 논쟁가의 수법을 이해한다면 그의 공격에 맞서 진실을 방어할 수 있다고 썼다. "설령 진실을 말하는 쪽이라 해도 그 진실을 방어하고 지키기 위해서는 논쟁술이 필요하다. 부정직한 속임수에 대처하려면 그게 뭔지를 알아야 한다. 나아가, 스스로도 종종 그런 기술을 활용해서 적을 물리쳐야 한다."[13]

쇼펜하우어는 나쁜 토론을 포괄적으로 이해한다면, 상대의 그런 시도를 막을 수 있으리라고 주장한다. 그는 독자에게 반칙으로 앞서려는 상대에게는 무례하게 행동하라고 충고한 다음, '상대방이 택할 다음 반칙은 무엇일까?'라고 반드시 자문해보라 한다. "왜냐하면 만약 토론자가 같은 규칙에 기댄다면 이전투구와 결투, 중상모략 같은 일이 벌어질 테니까."[14] 이렇게 양측 모두가 논쟁술 활용법을 잘 알고 있다면 상호 저지가 이루어지고, 그 결과 전혀 다른 종류의 반대에 도달하게 될 것이다.

문제는, 나쁜 논쟁이 이루어지는 방식을 배우려면 일단 논쟁술에 발을 들여놓아야 한다는 점이다.

## '나쁜 토론자'의 네 가지 유형

4년 전 내가 호주 대표팀에 있을 때 브루스는 불한당들을 연습에 초대했다. 모두 브루스의 친구로 한때 최고의 대학 토론팀 멤버들이었고, 그중 몇은 우리가 우러러보는 선배들이었다. 이렇게 하는 데는 럭비를 하면서 깨달은 바가 있어서라고 했다. '실력을 늘리려면 리그에서 가장 덩치가 크고 거친 선수들에게 당해봐야 한다'는 거였다.

준비실 창밖으로 침입자들이 노닥거리는 모습이 보였다. 우리에게 주어진 준비 시간은 부족하기 짝이 없었다. 이길 만한 논지를 만들어내는 건 고사하고 콩닥대는 마음이나 달랠 여유가 있으면 다행이었다. 상대는 웃긴 영상이나 보면서 시간을 보냈다. 그들이 낄낄거리는 소리가 복도를 지나 우리 마음속까지 울려댔다.

마침내 토론장으로 들어가니 그들은 차가운 표정으로 눈 하나 깜짝 않고 방화벽 앞 무장괴한들처럼 자리잡고 있었다. 사실 그들은 평범한 대학생들이었다. 편한 바지를 입은 창백한 남자 한 명, 맨발로 다니는 예술가 타입 한 명, 그리고 허스키한 목소리를 가진 여자 한 명이었다. "모드들 어때?" "준비 단단히 했지?" 상대를 기죽이려 던지는 말들이 이색하기 짝이 없었다. 그러나 그들의 대단한 위상 앞에서 그 억지스러운 연기에 대한 실망쯤은 아무것도 아니었다.

우리에게 충격을 주려는 목적으로 계획된 토론이었다. 그 토론에서 우리가 한 주장은 약하고 멍청하고 터무니없었고, 다른 생각을 내놓으면 어리석거나 사악해졌다. 그들의 태도는 자신감 넘치고 의기양양했다. 때로는 상대를 깔아뭉개느라 신이 나서 목소리까지 갈라졌지만 개의치 않고 계속했다. 그들은 우리 주장의 핵심을 엉터리로 짚고 우리가 한 말을 왜곡했다. 우리가 한창 말하는 도중에 끼어들어 "거짓말!" "틀렸어!"라고 외쳐댔다.

마지막 라운드가 끝나고 우리는 타락한 우상들과 악수를 나누었다. 그들과 나눈 대화는 어색했다. 누군가를 처음으로 만나 하기에는 실로 이상한 일이라는 데 모두 의견을 같이했다. "미안하다, 얘들아. 너희 코치가 그렇게 해달라고 부탁한 거야." 그들 중 하나가 해명했다.

코치는 우리의 불평에 매정하게 대응했다. "퀸즐랜드팀 코치 하나는 자기 팀원들한테 밤낮으로 뭐라고 했는지 아니? '상대의 목을 노리고 달려들어라.'" 그는 목이라는 말을 길게 늘어서 발음했다. 그리고 이어 말했다. "지금 너희는 깨끗하고 훌륭한 토론자들이지. 하지만 간혹 대놓고 지저분하게 게임을 하는 팀도 있어. 물론 너희는 그런 팀을 경멸하겠지. 하지만 문제는 제대로 대응하는 법을 모르면 그런 녀석들에게 결국 지게 된다는 거야. 좋은 토론자는 나쁜 토론자가 술책을 부리면 지게 되어 있어."

이어지는 몇 시간은 적수의 각본을 분석하며 보냈다. 나쁜 토론은 백만 가지 방식으로 전개될 수 있지만 기본 유형은 단순하단 걸 배웠다. 불한당은 다음 네 가지 가면 중 하나를 쓴다.

### 방향전환의 명수 '회피자'

회피자는 어떤 주장에 절대 직접 대응하지 않고 자신이 교묘하게 회피해야 하는 상황을 안다. 주특기는 방향전환이다. 핵심을 아예 무시하는 행위는 속이 너무 빤히 보이므로, 대신 구체적 주장을 하지 않고 포괄적인 대상의 특정 측면에 대해 논평한다.

"화력발전은 환경에 해롭습니다. 그것이 **기후위기**를 앞당기기 때문입니다."

"**기후위기**는 우리에게 화력발전처럼 안정적인 에너지원이 필요함을 뜻합니다."

때로 방향전환은 상대를 불쾌하게 만드는 술책으로도 작동한다.

주장이 아니라 주장의 옹호자를 겨냥하는 인신공격이 그 예다("환경에 해롭다고요? 당신은 SUV를 몰고 다니잖아요"). '다른 것도 그렇다'라는 식의 공격도 마찬가지다("환경에 해롭다고요? 그건 풍차도 마찬가지예요").

이럴 때 최선의 대응은 계속 버티면서 본래 주장을 이어가는 것이다. 물론 상대가 인신공격을 하거나 틀린 말로 공격할 경우 힘겨울 수도 있다. 하지만 회피자는 우리가 그들이 무시하고 싶어하는 주장을 완화시키는 순간 검증으로부터 자유로워진다. 그걸 막아야 우리는 굴복하지 않고 계속 논쟁할 수 있고, 토론을 본래 주제로 되돌려 틀린 부분을 정정할 수 있다.

### 상대의 주장을 엉터리로 해석하는 '비틀기 선수'

비틀기 선수는 반대 주장을 엉터리로 해석한다. 그는 본래 주장의 핵심에 대응하지 못하거나 대응하지 않기 위해 주장의 왜곡된 버전(허수아비)을 만들어 그걸 무너뜨리는 모습을 연출한다.

"시민 개개인에게는 총기를 소유할 권리가 있어야 합니다."

"개인의 자유를 위해 공동체의 안전이 희생돼야 한다는 말입니까? 그건 전형적인 자유지상주의적 주장입니다."

허수아비 때리기는 본래 토론자가 옹호하는 대상을 확장하곤 한다. 그리하여 증명의 부담을 늘리는 것이다. 이것은 특수한 주장을 광범위한 원칙으로 일반화하거나('총기 소유 권리'에서 '공동체의 안전이 희생돼야 한다'로), 유사한 경우를 유추하거나('총이 괜찮다면 다른 무기도 괜찮지 않을 이유가 뭐겠는가?'), 주장을 범주화하는('전형적인 자유지상주의적 주장') 방식으로 이루어진다.

이에 맞서는 가장 좋은 방법은, 이런 비틀기를 바로잡는 것이다. 비틀기 선수가 A를 B로 왜곡했다고—본래 주장과 왜곡한 부분을—정확히 지적하고, 필요하다면 그게 왜 허위 진술인지 설명한 다음 논의를 진짜 주장으로 되돌려놔야 한다.

### 주장 없이 반박만 하는 '말싸움꾼'

말싸움꾼은 반박에 능하지만 절대 자기주장을 펼치지는 않는다. 어떤 생각도 그를 설득하기엔 역부족이다. 그의 기본 전략은 항상 공격뿐이다.

말싸움의 개념은 기원전 6세기경 산스크리트어 경전 『니야야수트라Nyaya Sutras』로까지 거슬러올라간다.[15] 경전은 논쟁을 세 가지 유형으로 구분한다. 바로 명확하고 타당한 주장을 주고받는 좋은 토론(바다vada), 비열한 전술을 포함하는 나쁜 토론(잘파jalpa), 자기만의 독창적인 의견을 내세우지 못하는 시비꾼이 벌이는 말싸움(비탄다vitanda)이다.

말싸움꾼은 한 가지 입장에 충실한 법이 없기 때문에, 상대방에 따라 끊임없이 골대를 옮긴다. 토니 모리슨은 이런 사람에 대해 다음과 같이 썼다. "인종차별의 매우 심각한 역기능은 주의 분산입니다. (…) 누가 당신한테는 예술성이 없다고 하면 당신은 그걸 고민해요. 누가 당신한테는 독창적 세계가 없다고 하면 당신은 또 그걸 고민하지요. (…) 그런 식으로 당신은 늘 뭔가가 결핍된 사람으로 살아가게 됩니다."[16]

말싸움꾼은 나중에 그럴듯하게 부인하고 넘어갈 수 있는 입장을 내보이며 은근슬쩍 빠져나가기도 한다. 예컨대 애매모호한 말로 특정한 메시지를 전하는 도그 휘슬 전략을 쓴다('저소득층에 대한 치안 강화' 대신 '법과 질서'를 들먹이는 식이다).

이에 맞서는 가장 좋은 방법은 말싸움꾼의 입장을 하나로 못박는 것이다. 가령 "그래서 당신이 정말로 믿는 건 뭔가요?" 또는 "당신을 설득하려면 제가 뭘 증명해야 하죠?" "그 말은 무슨 뜻인가요?"라고 질문한 다음 이를 주장의 발판으로 삼는 것이다.

### 스스로도 믿지 않는 진술을 하는 '거짓말쟁이'

거짓말쟁이는 거짓말을 한다. 그는 다른 사람들을 오도하기 위해 스스로 사실이라 믿지도 않는 진술을 한다.

우리가 이에 대응하며 저지르기 쉬운 실수는 그가 거짓말을 한다고 폭로하는 것―"거짓말을 정말 잘하시네요!" 또는 "그건 거짓말입니다!"―만으로도 충분히 그를 이길 수 있다고 생각하는 것이다. 하지만 사실 이게 바로 거짓말쟁이가 이기는 방법이다. 그는 우리를 감정적으로 만들고 사적인 공격을 하도록 자극한다.

우리는 거짓말쟁이가 한 말이 엉터리임을 입증해야 한다. 토론에서는 '플러그 꽂기와 대체하기'라 부르는 2단계를 사용한다.

**1단계:** 거짓말을 더 포괄적인 관점에 접목시킨 다음, 그렇게 하면 어떤 문제가 발생하는지 설명하라.

"이민자들이 '폭력적인' 사람들이라고 생각해봅시다. 그렇다면 그들이 이곳에서 나고 자란 시민보다 폭력 범죄 유죄 판결을 받는 비율이 더 낮다는 사실은 어떻게 설명하지요?"

**2단계:** 거짓말을 진실로 대체한 다음, 왜 후자가 현실에 더 가까운지 설명하라.

"진실은 이민자들이 다른 사람들보다 더 '폭력적이지 않다'는 것입니다. 그들은 위험하고 치안이 삼엄한 지역에 살고 있음에도 범죄에 덜 연루됩니다."

이 방법으로 상대가 거짓말을 한다는 사실은 입증하지 못하지만, 그런 주장이 비합리적이고 부정직하다는 것은 보여줄 수 있다. 질서 있는 사회에서 진실을 막무가내로 무시하는 행위는 비난받아야 마땅하다.

거짓말쟁이는 두 가지 다른 위험도 내포한다.

우선, 거짓말쟁이는 엄포를 잘 놓는다. 그는 문자 그대로의 뜻이 아니라는 변명 뒤에 숨어서 부정직한 말을 한다. "언론이 전부 썩었다"라고 말하고 나서 이의 제기를 받으면 "문자 그대로의 뜻으로 한 말은 아니다"라고 답한다. 가장 좋은 대응 방법은 말싸움꾼의 경우와 같다. 거짓말쟁이한테 그게 정확히 무슨 뜻이냐고 추궁하여 그를 특정 입장으로 못박는 것이다.

두번째로, 거짓 정보 퍼뜨리기에 압도당하지 않도록 경계해야 한다. 거짓말쟁이들은 사실을 확인하려면 시간이 걸린다는 점과, 상대에게 온갖 거짓말을 해대면 주의를 분산시켜 본래 주장을 망각하게 할 수 있다는 사실을 이용한다. 영국 작가 조지 몽비오는 기후위기 회의론자와의 토론을 거부하면서 이렇게 말했다. "엉터리 과학 이야기를 하는 데는 30초면 되지만, 그걸 반박하려면 30분이 걸리지요."[17]

우리가 할 수 있는 최선은 몇 가지 대표적인 거짓말에 집중해 거짓말쟁이의 왜곡을 드러내는 것이다. 일단 이런 주장이 틀렸음을 입증하고 나면, 어떤 패턴을 찾아낼 수 있을지도 모르므로.

| 회피자 | |
|---|---|
| 방향전환<br>인신공격<br>반박 | 본래 주장 계속 이어가기 |
| **비틀기 선수** | |
| 허수아비 때리기<br>증명 부담 늘리기 | 왜곡 바로잡기 |
| **말싸움꾼** | |
| 골대 움직이기<br>도그 휘슬 | 특정 입장으로 못박기 |
| **거짓말쟁이** | |
| 거짓말<br>엄포 놓기<br>거짓 정보 퍼뜨리기 | 플러그 꽂기와 대체하기 |

이 훈련 세션을 마치고 나니, 우리 앞에 놓인 강도 높은 토론에 대비가 더 잘된 느낌이 들었다. 우리를 괴롭힌 사람들에 대해 나쁜 감정도 들지 않았다. 왜냐하면 마음 한편에선 그들이 가짜 불한당이라는—점잖은 사람들이 역할극을 펼치는 거라는—사실을 알았기 때문이다. 그들의 터무니없는 행동은 회피, 왜곡, 말싸움, 거짓말로 자신들이 불이익을 받기 전까지만 가능했다. 세상 대부분의 사람들처럼 그들에게도 수치심이라는 감정이 있었으니까.

# '설득'과 '설득력'은 다르다

두번째 대선 토론이 열린 10월 9일 일요일, 기온은 13도 정도에 머물렀다. 초저녁이 되자 온종일 불던 바람이 가라앉으면서 으스스한 고요가 감돌았다. 하지만 소리가 울리는 2층짜리 포르츠하이머하우스*의 구내식당에서는 모두가 흥분을 감추지 못하고 활기차게 떠들어댔다. 어떤 그룹은 ESPN** 스타일의 경기 전 분석을 시도했고, 또 어떤 그룹은 자기네 편이 이길 거라는 확신을 함께 나누었다. 저녁식사는 현미밥에 쇠고기야채볶음을 올린 섬유질 많은 메뉴여서, 소화에 지장이 생기기 딱 좋았다.

이번에는 친구들이 우리 기숙사에 오지 않았다. 와이드너도서관에서 긴 하루를 보낸 나는 매점에서 아시아 요리를 흉내낸 음식을 골라 담아 내 방으로 가져왔다. 조나와 존은 둘 다 최근 들어 여자친구를 막 사귀기 시작한 터라 방에 없었다. 나는 맥주 한 병을 따서 소파에 몸을 묻었다. 그런 다음 컴퓨터를 켜고 라이브 채널과 소셜미디어 피드를 열었다.

밤 9시가 가까워지자 모든 화면이 미주리주 세인트루이스의 워싱턴대학교 현장으로 바뀌었다. 무대장치는 2주 전과 똑같았지만—대머리독수리, 헌법, 별로 장식되어 있었다—이번에는 단상 대신 스툴이 놓여 있고, 투표할 후보를 아직 정하지 않은 사람들이 후보

---

◆ 하버드대학교 기숙사 중 하나.
◆◆ 주로 스포츠 경기를 중계하는 미국 케이블 채널.

들을 둘러싸고 앉아 있었다. 후보들은 악수를 하지 않고 서로 멀찍이 떨어져 서서 미소 띤 얼굴로 고개만 까딱였다. 내겐 이 장면이 어쩐지 규칙 위반으로 느껴졌다. 결투와 마찬가지로 토론도 상호 존중이라는 규칙이 중요한 싸움인 터였다.

후보자들이 서두를 놓는 첫 10분 동안은 점잖게 토론이 이루어졌다. 힐러리 클린턴은 희망찬 메시지로 토론을 시작했고—"만약 우리가 그런 목표를 설정하고 그 목표를 달성하기 위해 함께 노력한다면, 미국이 못해낼 일은 아무것도 없다고 생각합니다"[18]—트럼프는 화해의 제스처로 화답했다. "저도 그 말에 동의합니다. 방금 클린턴 후보가 한 모든 말에 동의해요."

하지만 동의 없이 여성들의 몸을 더듬고 키스를 한 일에 대해 트럼프가 한 말이 녹음된 파일과 관련한 질문을 힐러리가 던진 순간부터 완전히 엉뚱한 방향으로 흘러갔다. 일단 내리막길로 접어들자 토론은 바닥을 모르고 추락했다.

사실 빌 클린턴이 더했죠. 저는 말뿐이지만 그 사람은 행동으로 보였으니까요. 여자들한테 말이죠. 이 나라 정치 역사상 여자들을 그렇게까지 학대한 사람은 없었습니다. (…) 또 힐러리 클린턴은 같은 여자를 공격했습니다. 그것도 아주 악랄하게요. 그중 네 여성이 오늘밤 여기에 나와 있습니다.

클린턴이 수준을 좀 끌어올리려고 애썼지만 토론이라는 형식에 가로막혔다. 무대 위 가까이 선 두 사람의 모습과 속사포 같은 치고 받기에 숨을 쉴 수조차 없었다.

> **클린턴:** 도널드 트럼프 후보와 같은 성정을 가진 사람이 우리 나라 사법을 책임지는 일을 맡고 있지 않아 얼마나 다행인지 모르겠습니다.
>
> **트럼프:** 그랬다면 당신은 감옥에 갔을 테니까요.
>
> **클린턴:** 제발 대답 좀 하게 해주세요. 저는 후보께서 말씀하실 때 끼어들지 않잖아요.
>
> **트럼프:** 네, 맞아요. 그런데 난 아무 말 안 했어요.
>
> **클린턴:** 할말이 없으실 테니까요.

토론이 끝나고 나서 나는 적어도 1시간은 화면 앞에서 한 발자국도 뗄 수가 없었다. 모든 채널에서 남부끄러운 하이라이트 장면을 틀고 또 틀었고, 소셜미디어에서도 같은 이미지와 밈이 걷잡을 수 없이 퍼져나갔다. "너 괜찮은 거야?" 존이 신발을 벗고 코트를 옷걸이에 걸며 물었다. 나는 그 질문에 대답할 수가 없었다.

그래도 그날 밤 결국 모든 게 제자리를 찾을 거라는 한 줄기 희망의 빛이 있었다면, 그건 이후에 실시된 거의 모든 여론조사에서 트럼프의 행동을 비난하는 결과가 나온 것이었다. 트럼프가 이겼다고 믿는 사람의 비율은 그 반대보다 현저히 적었다. 무려 두 자릿수나 차이가 났다.[19] 나는 이를 닦으며 그 수치를 재빠르게 확인했다. 어느 조사를 봐도 결과가 같을 뿐 아니라 그 수치만으로도 의미 있는 결과였다. 그런데 왜 나는 여전히 찜찜한 느낌이 가시지 않았던 걸까?

초등학생 때 아이들은 불한당에게 각자 다른 접근법을 썼다. 도망가는 아이도 있고 선생님에게 이르는 아이도 있었다. 가장 공포에 질린 아이는 어둠의 편으로 건너갔다. 나의 경우엔 협상을 해보려고 "이야기를 좀 해보자"며 설득했다. 나는 종종 이런 대화에서 내가 앞서 있다고 생각했다. "아니, 내가 지금 입고 있는 건 사실 말도 안 되는 복장이 아니야"라거나 "그냥 보통 때처럼 있었지 특별히 쳐다본 건 아니야"라고 말하면서.

하지만 불한당에겐 욕, 인격 모독, 그릇된 추론 같은 험악한 도구가 있었다. '네 엄마'로 시작하는 욕의 효과는 실로 대단했다. 그 말은 우리의 대화를 토론에서 싸움으로 바꿔놓았고, 이성적인 주장은 더이상 적용될 수 없었다. 게임의 성격이 변한 것이다. 친구들과 가족은 나를 위로했다. "네가 이긴 거야. 모욕을 하고 주먹을 드는 건 할말이 없기 때문이야." 맞는 말이었다. 하지만 팔이 시퍼렇게 멍든 마당에 도덕적 승리가 대체 무슨 소용이란 말인가?

토론대회의 고상한 규칙은 불한당의 괴롭히기 기술로부터 우리를 보호해주지만, 그 보호는 완전하지 않다. 시드니에서 중학생토론대회에 나갔을 때 우리 바커중학교팀 아이들은 도시의 북부 해안 아래 부촌의 한 사립 남학교팀을 두려워했다. 그들은 체격은 왜소했지만 어찌된 영문인지 꼭 럭비 선수 같은 태도와 몸짓을 장착하고 있었다. 그 세 소년은 라운드 사이에 욕을 해댔고, 토론장에서는 조롱을 일삼고 시끄럽게 웃는가 하면 위협적인 자세로 앞으로 몸을 숙여 심판과 청중을 노려보았다. 대부분의 경우엔 이런 마술이 역효과를 내 별 소득이 없었지만 때로는 효력을 발휘하기도 했다. 경험이 부족한 심판은 그 아이들의 확신과 기세에 눌려 승리를 쥐여주었다.

토론에서 가끔씩 불한당이 이기는 것은 판결의 특징 때문이다. 언뜻 보기에 토론은 승리의 이유가 단순해 보인다. 한쪽이 자기 입장에 수긍하도록 심판을 설득한 것이다. 하지만 예컨대 이라크 침공을 지지하는 토론에서 특정 팀이 심판을 설득했다는 건 정확히 무슨 뜻일까? 평화주의자였던 심판이 이제 침공이 옳다고 믿게 됐다는 뜻은 분명 아닐 것이다. 그건 이긴 팀이 자신들이 더 설득력 있다고 심판을 납득시켰다는 뜻이다.

많은 불한당들이 설득과 설득력 있다는 인식의 차이를 교묘히 활용하는 데 선수다. 전자가 당면 문제에 대해 결정을 내리는 것과 관련되는 반면, 후자는 유창한 언술이나 정보력 같은 더 광범위한 자질을 갖추기 위한 방편으로 토론을 활용한다. 설득이 한 라운드의 결과를 말하는 거라면, 설득력은 다양한 환경에 적용 가능한 사회적 승인이다. 확신과 지배력을 승리로 해석하는 문화에서는 특히 설득력에 대한 우리의 개념이 왜곡된 렌즈를 통과하는 경향이 있다.

대부분의 토론에서 참가자들은 설득을 목표로 설득력을 증명해 보인다. 그래서 토론은 언제나 볼거리와 숙의, 책략과 진실 추구, 경쟁과 협력의 결합물이다. 토론의 표현적 측면들이 그 자체로 나쁜 건 아니다. 볼거리는 사람들에게 정치에 참여하도록, 사회적 판단을 내리도록, 아이디어를 더 널리 퍼뜨리도록 의욕을 불어넣는다. 하지만 우리는 토론의 진지하고 숙의적인 측면에 반하는 행태가 언제 발생하는지에 대해 정직해져야 한다.

그러면 이제 당시의 여론조사로 되돌아가보자. 조사기관들은 모두 '누가 토론의 승자인가?'라는 한결같은 질문을 변주만 했다. 하지만 토론에 대해 던질 수 있는 질문이 이것뿐일 리는 없다.

도널드 트럼프가 토론에서는 졌을지 몰라도, 그날의 싸움을 승패로만 따질 수는 없을 터였다. 그가 한 일은 토론장을 진흙탕 싸움터로 만들고, 우리가 보려던 것이 바로 이 진흙탕이라고 우리를 설득하는 일이었다. 과연 이런 방식이 먹힐지 의문이었지만, 그의 행동을 보는 내내 동물적 흥분—불한당 편을 들고 싶은 원초적 본능—에 빠져드는 경험을 하고 보니, 어쩌면 이게 먹힐 수도 있겠다는 생각도 조금 들었다.

그 토론은 또다른 가면을 쓴 불한당을 떠올리게 했다. 바로 싸움꾼이었다. 내가 토론대회에서 만난 적 있는 다른 네 종류의 불한당들과는 달리 싸움꾼은 토론의 논리 안에서 부정한 요령을 부리지 않았다. 그들은 아예 논리 자체를 통째로 날려버리고, 토론을 승리의 유일한 척도가 패권을 인식시키는 일이라 할 수 있는 난투극으로 둔갑시키고자 했다. 싸움꾼의 목표는 설득이 아니라, 상대를 침묵시키고 소외시키고 상대의 의지를 무너뜨리는 것이었다.

공식 토론대회라면 그런 불한당을 저지할 수 있다. 사회자에게 자기 차례가 아닐 때 말하는 사람의 마이크를 끄고, 사실 확인을 위해 개입하거나 나쁜 행동을 중단하라고 명할 권한을 주기 때문이다.

하지만 우리가 일상—직장, 가정, 공론장 등—에서 부딪히는 대부분의 나쁜 반대에는 이런 중재가 불가능하다.

일상에서 싸움꾼을 만날 때면 우리가 바라는 건 오직 하나, 토론이라는 형태를 되찾는 일이다. 하지만 대선 토론이 보여주었듯, 아무리 성실한 사회자가 있어도 이는 보통 어려운 일이 아니다. 만약 우리가 혼자 불한당에 맞서는 상황이라면, 우리에겐 과연 어떤 희망이 있을까?

## 닉슨의 성공과 실패가 주는 교훈

1959년 여름, 냉전의 긴장이 정점에 달할 즈음 미국 사절단이 무역박람회에 참가하기 위해 모스크바의 소콜니키공원에 도착했다. 박람회는 소련 시민들이 부러워할 만한 미국인들의 생활을 보여주려는 목적으로 기획되었다.

수천 개의 이미지와 무수한 전시물 중 가장 걸작은 미국의 평범한 철강 노동자가 무난하게 구입할 수 있는 1만 4000달러짜리 모델하우스였다. 롱아일랜드 코맥에 있는 집을 그대로 옮긴 이 멋진 모델하우스는 가급적 많은 방문객을 수용할 수 있도록 구획이 나뉘어 있었다. 그 별난 형태와 시선을 잡아끄는 겉모습을 보고 피어오르는 희망 때문에, 이 모델하우스에는 '스플리트니크'◆라는 이름이 붙었다.

---

◆ splitnik. 소련이 1957년에 발사한 세계 최초의 인공위성 스푸트니크 1호에 빗대어, 구획이 나뉘어(split) 있다는 특징을 담아 지은 별칭.

6월 24일 개막식에 참석한 리처드 닉슨 미국 부통령은 소련 지도자를 직접 안내했다. 호전적인 니키타 흐루쇼프는 전시를 썩 즐기지는 않았다. 대신 개인적이고 전략적인 이유에서 한판 싸움을 벌여보기로 마음먹고, 부엌 전시장에 있는 자동 레몬 착즙기를 가리켰다. "저건 왜 보여주는 겁니까? 비현실적인 물건을 전시해서 우리를 혼란스럽게 하고 싶어서요?"[20]

160센티미터 키에 블루베리처럼 땅딸막한 몸매의 흐루쇼프는 존재 자체만으로도 눈에 확 띄었다. 그는 온몸으로 의사 표현을 했다. 특유의 버릇 중 하나는 손가락을 들어 대화 상대의 가슴팍을 겨냥하는 것이었다. 그때부터 그는 악착같이 물고늘어지곤 했다. 그는 웃을 때면 벌어진 치아 사이로 소리가 마구 새어나올 정도로 호탕하게 웃었지만 그런 명랑함은 순식간에 분노로 돌변할 수 있었다. 그러면 웃을 때 잡혔던 주름에서부터 바로 표가 났다.

이런 변화무쌍한 표정 뒤에는 주도면밀한 정치적 간계가 숨어 있었다. 흐루쇼프는 1894년 우크라이나 국경 근처 칼리놉카라는 마을에서 가난한 소작농의 아들로 태어났다. 타고난 영민함으로 공산당 고위직까지 올라갔고 대단하게도 그 자리를 꿋꿋이 보전했다. 그는 스스로를 지키면서 스탈린의 숙청 작업을 도왔고, 스탈린이 죽자 정적들을 모두 제치고 그 자리를 물려받았으며, 그뒤에는 전임자들의 유산을 '개인숭배'라며 맹렬히 비난했다.

퀘이커교도의 아들인 리처드 닉슨은 아직 워터케이트의 그 닉슨이 아니었다. 모스크바 방문 때는 이 마흔여섯의 정치인이 대통령 후보감에 걸맞은 정치력을 막 발휘하기 시작하던 때였다. 하지만 그보다 스물여섯 살이나 많은 흐루쇼프에 비하면 아직 햇병아리에 불과했다. 그는 캘리포니아에서 상원의원을 지낸 뒤, 흐루쇼프가 소련의 지도자가 된 바로 그해에 부통령에 오른 상황이었다.

박람회장을 도는 두 남자의 신체적 비대칭이 도드라졌다. 회색 양복 차림에 흰 모자를 쓴 흐루쇼프는 거침없이 행동했다. 그는 이 사람에게 말을 걸었다가 갑자기 몸을 획 돌려 저 사람에게 말을 거는 식으로 종잡을 수 없이 굴었다. 그와 반대로 닉슨은 몸매가 호리호리했다. 키는 더 컸지만 행동반경이 좁은 탓에, 힘겨루기에 밀려 상대의 그늘에 가려질 위기였다.

이제 이 모델하우스 부엌에서, 그간 두 사람 사이에 흐르던 긴장이 논쟁으로 끓어오르려 했다. 지금 닉슨은 전 세계에서 가장 뛰어난 싸움꾼 중 하나와 토론을 벌일 참이었다.

**닉슨:** 서기장님께 이 부엌을 보여드리고 싶습니다. 캘리포니아에 있는 저희 집 부엌과 아주 비슷합니다.

**흐루쇼프:** 이런 건 우리도 있어요.

**닉슨:** 이건 최신식 모델입니다. 이런 부엌 수천수만 개가 만들어져 집집마다 설치되지요. 미국에서는 여성들의 생활을 더 편리하게 만들어주고 싶어합니다.

**흐루쇼프:** 공산주의에서는 여성에게 그런 자본주의적인 태도로 접근하지 않습니다.

**닉슨:** 저는 여성에 대한 그런 태도가 만국 공통이라고 생각하는데요. 저희가 원하는 건 우리 주부들이 더 편히 지내는 겁니다.

상당히 가시 돋친 말들이 빠르게 오갔다. 상대의 흐름을 깨기 위한, 얼얼할 정도로 따끔한 말들이었다. 포토라인 바깥에선 연신 카메라가 찰칵였고 속기사들은 정신없이 받아 적었다.

닉슨의 첫 전략은 토론을 벌이는 척하는 것이었다. 그는 계속 자기주장을 하면서 상대방의 반론을 공정하게 듣는 양 행동했다. 물론 이 전략은 효과가 있었다. 닉슨은 고등학생토론대회 우승자 출신이었으니 말이다. 그의 토론 코치는 그에게 이렇게 말했다. "토론에서 말하기는 일종의 대화다. 만약 청중이 있다면 목소리를 좀 높여도 되지만 그렇다고 그들을 향해 목청 높여 외치지는 말고 그저 대화하듯 말해라."[21]

상대가 방해꾼일 때 그에 대응하는 가장 나쁜 방법은 논쟁을 중단하거나 서둘러 끝냄으로써 상대가 시간의 흐름을 마음대로 통제할 수 있게 하는 것이다. 두번째로 나쁜 방법은 자신의 주장을 끝까지 마무리하는 대신 방해 언동(특히 그게 그럴듯하다면!)에 휩쓸림으로써 의제를 상대가 설정하도록 내버려두는 것이다.

방해 술책에 대해 눈에는 눈이라는 식으로 대응하려는 유혹도 피해야 한다. 사실 그런 난타전을 지속할 에너지와 뻔뻔함을 가진 사람은 별로 없다. 또 어쩌다가 한두 점 따낸다고 해도 어차피 불한당과의 게임에서 그를 능가할 가능성은 거의 없다.

최선은 그냥 자신의 주장을 자기만의 속도로 꾸준히 밀고 나가는 것이다. 상대가 방해하면 잠깐 멈추고, 그 시간을 나중에 사용할 자기 시간으로 여기면 된다. 그러면 양측이 서로 다른 종류의 토론을 하는 것처럼 느껴질 수도 있다. 바로 그게 핵심이다. 싸움은 토론이 아니고, 우리는 상대가 일방적으로 규칙을 바꾸는 일을 허용하지 않을 거라는 메시지를 주는 것.

그렇다면 토론이 싸움이 되는 것을 막는 첫번째 단계는 무엇일까? 일단 그게 토론인 척하는 것이다.

이 전략은 닉슨에게 시간을 벌어주었다. 재치 있는 말 한두 마디를 주고받는 대신, 두 사람은 각자 자기 나라의 주택 가격과 수명에 대해 경쟁적인 논점을 제시했다. 그러나 일단 말싸움에서 우위를 점하는 데 재미가 들리자 이 소련 지도자는 도저히 멈출 수가 없었다.

**흐루쇼프:** 미국인들은 소련 사람에 대한 자기들만의 이미지를 만들었지요. 하지만 소련 사람은 부통령님이 생각하는 것과는 다릅니다. 부통령님은 러시아 국민이 이런 걸 보면 어안이 벙벙할 거라고 생각하시겠지만, 사실 요즘 새로 지은 러시아 집들에도 이런 시설이 전부 다 갖춰져 있답니다.

**닉슨:** 아, 네. 하지만……

**흐루쇼프:** 러시아에서 집을 가지려면 그냥 소련에서 태어나기만 하면 됩니다. 여기선 누구나 집을 가질 권리가 있으니까요. (…) 미국에서는 돈이 없으면 집에서 자든지 아니면 길바닥에서 자든지, 양자택일

을 할 권리가 있지요. 그런데도 당신들은 우리가 공산주의의 노예라고 말하더군요.

[…]

**닉슨:** 만일 서기장님이 상원의원이라면 우리는 서기장님을 의사 진행 방해자라고 불렀을 거예요! 서기장님 혼자—[흐루쇼프가 끼어든다]—계속 말하고 다른 사람은 말을 못하게 하니까요. 이 박람회는 사람들을 깜짝 놀라게 하려는 것이 아니라 흥미를 유발하기 위해 기획한 겁니다. 다양성, 선택권, 우리에겐 천 개의 서로 다른 집을 짓는 천 명의 건설업자가 있다는 사실을 보여주려고요. 우리는 고위 관료 혼자서 무언가를 결정하지 않습니다. 이게 제가 말하고 싶은 차이입니다.


흐루쇼프가 토론을 장악하는 것을 막기 위해 닉슨은 멈추기와 이름 붙이기라는 두번째 전술을 사용한 거였다. 즉, 그는 대화를 중단하고 토론을 와해시키는 특정 행동에 이름('의사 진행 방해')을 붙였다.

싸움꾼은 혼돈 속에서 승승장구한다. 그들의 책략은 사전에 연습하지 않은 것처럼 보일 때, 그리고 토론에 미치는 악영향을 연극적 언동으로 가릴 때 가장 효과가 좋다. 마치 마술사의 속임수를 드러내듯 그들의 행동에 이름을 붙이면, 그런 속임수에 저항하고 토론 방향을 바로잡는 데 도움이 된다.

그런데 이 전술은 자칫 인신공격에 가까워질 수 있고, 의견 차이를 더 다루기 어렵게 만들 위험이 있다. 닉슨도 결국 이 지점에 가까워졌다. 우리는 사람이 아닌 행동에 초점을 맞추어야 한다는 사실을 계속 유념해야 한다.

두 지도자는 부엌 전시장에서 인접한 TV 스튜디오로 자리를 옮겨 대화를 이어갔다. 흐루쇼프는 미디어에서는 훨씬 자연스러운 연기자였다. 이 소련 지도자는 단언하듯 말하고 몸짓도 컸다. 가끔씩 흰 중절모도 소품으로 활용했다. 카메라 조명을 받으며 그는 쇼맨의 모습을 드러냈다.

**흐루쇼프:** [끼어들며] 아니죠. 우리가 귀국보다 앞서 개발한 로켓도 그렇고, 기술도 그렇고. (…)

**닉슨:** [계속 말을 이어가면서] 보시다시피 서기장님은 절대 아무것도 인정하지 않는군요.

**흐루쇼프:** 미국인들이 똑똑하다는 건 잘 압니다. 멍청한 국민이라면 절대 그런 경제적 성장을 이뤄내지 못했겠지요. 하지만 아시다시피 '우리도 콧구멍으로 파리를 때려잡진'◆ 않아요! 42년 동안 우리도 상당히 발전했어요.

**닉슨:** 아이디어를 두려워해서는 안 됩니다.

**흐루쇼프:** 그 말에 귀기울여야 할 사람은 당신네들이죠. 우리는 아무것도 두려워하지 않습니다. (…)

---

◆ 비효과적이거나 부적절한 방법에 의존하는 대신 적절한 도구를 활용하라는 뜻의 러시아 속담을 이용한 말장난.

**닉슨:** 음, 그러면 나중에 아이디어를 좀더 교환해봅시다. 그에 대해선 우리 둘 다 동의한 거죠?

**흐루쇼프:** 좋아요. [통역관을 향해 묻는다.] 방금 내가 뭐에 동의한 거죠?

대화가 끝날 무렵 닉슨은 토론을 다음으로 미루기로 했다. 최선을 다했음에도 점점 싸움으로 치닫는 토론을 계속 고집하기보다는 차라리 재대결 약속을 따내는 쪽을 택했다.

토론자가 하는 결정 중에 토론을 끝내는 것보다 더 중대한 결정은 없다. 반대로부터 도망치기 위해서가 아니라 합당한 반대를 위한 에너지를 남겨두기 위해서 이런 결정을 내릴 때, 우리는 더 나은 대화를 준비할 수 있다.

이 세 가지 방법—진짜 토론인 척하기, 멈추고 이름 붙이기, 다음으로 미루기—은 토론에서 불한당에게 대처하기 위해 개발된 비법처럼 보일지 모른다. 하지만 그 목표는 훨씬 더 원대하다. 말도 안 되는 주장을 그 자리에서 물리칠 뿐 아니라, 효력을 약화시켜서 토론을 올바른 상태로 되돌리는 것이다.

모스크바에서의 대결 1년 뒤 리처드 닉슨은 완전히 다른 종류의 적수를 토론장에서 만나게 되었다. 바로 존 F. 케네디라는 매사추세츠주 상원의원이다. 첫 대결은 9월 말 어느 월요일 시카고에서 열렸다. 미국 대통령 후보들이 서로 얼굴을 마주하는 대선 토론이 역사상 최초로 생중계된 그날, 6640만여 명의 시민이 TV 앞에 앉았다.

그뒤에 벌어진 일은 닉슨에게 정치적 재앙이었다. 눈부시도록 환한 무대조명에 비친 그는 창백하고 불안하고 땀에 젖은 모습이었다 (당시 그는 무릎 수술에서 회복중이었다). 한편 젊은 상원의원 케네디는 햇볕에 그을린 피부에 자신만만한 태도를 보였다. 그날 밤 이후 여론조사 결과는 닉슨에게 불리하게 뒤집혔고 그 토론은 미국 민주주의의 하이라이트로 길이길이 남았다.

결국 1960년 대선운동은 서툰 토론 실력과 TV가 닉슨의 운명을 결정지었다고 전해진다. 하지만 1년 전 그는 소련 지도자와의 토론을 자기 페이스로 잘 이끌어감으로써, 싸움으로 알려질 뻔한 것을 '부엌 토론'으로 각인시키는 데 성공했다.

우리 토론자들에게는 닉슨의 성공과 실패가 주는 교훈이 고통스러울 정도로 익숙하다. 토론은 무언가를 줄 때도 있고 빼앗을 때도 있다.

## '나쁜 반대'의 반대는 '동의'가 아니라 '좋은 반대'다

2016년 대통령선거일 전날인 11월 7일 월요일, 보스턴에서 뉴욕행 새벽 비행기를 탔다. 베이징의 학사후과정 지원자 면접을 보기 위해서였다. 미국의 억만장자이자 세계적인 사모펀드 그룹 '블랙스톤'의 공동 창립자 스티븐 슈워츠먼이 설립한 슈워츠먼장학재단이 칭화대학교의 1년짜리 석사학위 과정을 지원해주기로 약속한 터였다. 나는 중국에서 살고 싶은 특별한 이유는 없었지만 급격히 변화하는 한 나라, 한 지역을 내 눈으로 직접 확인하고 싶은 욕망에 이끌렸다.

면접은 월도프애스토리아호텔 31층에서 진행됐다. 권위 있는 장학금은 특정한 하향식 변화 이론에 의존했다. 이미 값비싼 좋은 교육을 받은 집단이 학사후과정과 동료 공동체를 통해 더 몸집을 키워 세상에 이바지한다는 이론이었다. 슈워츠먼 장학금은 신생 프로그램이라 수혜자들이 아직 이 가설을 입증하지는 못했지만 면접 당일 그 전망이라 할 만한 것은 보였다. 온통 금박으로 수놓은 화려한 호텔에서 진정 인명사전 속 인물이라 할 법한 전 세계 지도자와 업계 거물, 언론계 인사 들이 이십대 젊은이들과 자연스럽게 어울렸다. 배타적인 클럽 특유의 평온함이 느껴졌다. 얇게 저민 채소와 이파리로 예쁘게 만든 샐러드로 점심을 먹으면서 정치 토론도 했다. "힐러리가 잘할 거예요." 내 오른쪽에 앉은 기품 있는 신사가 말했다.

이튿날엔 온종일 돌아다니며 쇼핑을 하고 친구를 만나느라 뉴스를 거의 확인하지 않았다. 공공장소에서는 선거운동원과 유세꾼들이 민주주의에 참여하자고 열심히 외쳐대고 있었지만, 어쩐지 목소리에 지친 기색이 묻어났다. 저녁때쯤 나는 7시 59분에 떠나는 보스턴행 비행기를 타기 위해 라과디아공항에 도착했다. 탑승 대기 줄에서 첫 예측 결과를 확인했다. 인디애나주와 켄터키주는 트럼프, 버몬트주는 클린턴이 승리할 것 같다는 예측이었다. 순조롭게 이륙한 뒤 인터넷 연결이 끊기자 그때부터는 마치 시간을 벗어나 있는 기분이 들었다.

비행기에서 내려 짐을 찾고 밤 풍경을 마주하니 10시였다. 휴대폰으로 뉴욕 타임스를 여니 트럼프가 이길 확률이 95퍼센트라고 나왔다.[22] 덜컹거리는 실버라인버스를 타고 천천히 보스턴 시내로 돌아오는 내내, 더이상 그 무엇도 안정감 있게 느껴지지 않았다.

선거가 끝나고 며칠 동안, 세 차례의 대선 토론은 언론이 현대 정치의 양극화 현상(그리고 그에 따른 추한 모습)을 보여주는 데 풍부한 입증 자료가 되었다.

"나쁜 남자군요."[23]

"당신은 꼭두각시예요."

"정말 고약한 여자네."

선거운동 기간 내내 정치 전문가들은 이런 토론 방식을 비판했다. 한 언론인은 그 희한한 광경을 "쇼맨십과 불평불만, 억지 고집, 딴소리 범벅"[24]이라고 묘사했다. 어느 정치학자는 이런 방식을 통째로 폐기하고 '모의 위기' 방송으로 대체하자고 제안할 정도였다.[25]

그동안 토론 자체가 사라질 걱정은 한 번도 한 적이 없었지만 이렇게 역사상 최악의 분열적인 선거를 겪고 나니 또다른 위기감이 느껴졌다. 사람들이 자국 내 정치에서뿐 아니라 자신의 생활에서도 토론이 가져올 어떤 가능성을 포기할지도 모른다는 위기감이었다. 그 손실―분노보다는 낙담, 노여움보다는 피로감으로 인한―은 헤아릴 수 없을 정도로 어마어마할 터였다.

친구들과 대화할 때면 나는 다른 사용역register의 언어를 공유하는 토론, 솔직하고 열정적인 만큼이나 품위 있고 사려 깊은 목소리로 말하는 토론을 하려고 노력했다. 그리고 매우 자신 있게 그렇게 주장하고 다녔다. 하지만 마음속 깊은 곳에서는 과연 우리가 그 다른 목소리를 끌어올려 증폭시킬 수 있을지 의구심이 일곤 했다. 그런 의심의 순간에 나는 아주 엉뚱한 곳에서 위안을 찾았다.

쇼펜하우어는 『논쟁적 토론술』을 쓴 지 20여 년이 흐른 뒤에도 여전히 좋은 토론에 대한 전망에 냉담했던 것 같다. 1851년에 출간된 마지막 주요 저서 『소품과 부록Parerga und Paralipomena』에서 그는 한때 자신이 나쁜 토론의 형식적 측면 또는 자신이 "미련한 자들의 최후의 수단"이라고 부른 것들을 "해부학적으로 깔끔하게 정리한 표본"을 만들려 했다고 썼다.[26]

노년에 접어든 쇼펜하우어는 인간은 논쟁을 하면서 "모자란 지적 능력뿐만 아니라 (…) 도덕적 타락"도 드러낸다고 더한층 확신하게 되었다. 그래서 그 표본을 다시 꺼내지는 않겠지만 "결과는 언제나 혐오스럽기" 때문에 "언제든 아귀다툼을 벌일 태세가 돼 있는 평범한 무리와의 논쟁은 피하라"고 더 간곡히 충고하고 싶다고 말했다.[27] 토론을 시도할 수는 있지만 "상대가 응수하면서 조금이라도 고집을 부릴 기미가 보이면 그 즉시 멈추어야 한다"라고도 했다.

하지만 냉소주의가 아무리 깊을지라도 이 철학자 역시 일말의 여지는 남겨둘 수밖에 없었다. "상대의 합당한 주장을 인정하지 않는 사람은 누구든지 명백히 약하거나 의지로 억눌러왔던 지성을 결국엔 저버리게 된다"면서 "우리는 오직 책임과 의무가 있을 때만 그런 사람과 대화해야 한다"라고 썼다.

내겐 바로 이게 핵심이었다. 시민으로서 우리는 잘 반대할—폭력이 아닌 설득의 힘으로 분쟁을 해결하고, 공통의 이해가 걸린 문제를 숙의하고, 우리가 반대하는 이들에게 이유를 말하고, 그에 응답할 기회를 줄—의무가 있었다. 이 의무는 우리와 집, 일터, 동네, 국가를 공유하는 사람들에게는 더 강하게 적용되었다. 토론을 회피하는 일은 책임을 회피하는 일이기도 했다.

고대 그리스인들은 신을 반대되는 쌍으로 묶어 생각하는 경향이 있었다. 이를테면 제우스는 하늘의 신, 그의 형제 하데스는 지하세계의 신이었다. 아폴로는 태양의 신, 그의 누이 아르테미스는 달의 여신이었다.

신화에 따르면 여신 에리스도 자매가 있었다. 바로 조화와 화합의 여신으로, 그리스인들은 하르모니아, 로마인들은 콩코르디아라고 불렀다. 이 신에 대해서는 전해내려오는 이야기가 얼마 없는데, 에리스와 겨룰 정도로 힘이 세지 않았던 모양이다.

이름의 뜻이 '목소리를 내는 사람'인 고대 그리스의 시인 헤시오도스는 다르게 보았다. 그에 따르면, 사실 에리스라는 이름을 가진 여신이 둘 있었다고 한다. 하나는 전쟁과 불화를 가져온 반면, 다른 하나는 "인간에게 훨씬 친절한 방식인" 반대와 갈등을 부추겼다.[28] 이 관대한 여신은 "아무 의욕도 없는 이들조차" 이웃들과 경쟁하게 만들어 "무언가를 하도록 자극하는" 역할을 했다. 그러니 "이 불화는 인간에게 유익한 불화"라고 그는 썼다.

신화는 우리에게 나쁜 반대의 반대는 동의가 아니라 좋은 반대라고 말해준다. 지금은 어둠의 에리스가 지배하는 세상처럼 보였다. 하지만 지난 수천 년의 역사가 보여준 교훈은 좋은 논쟁과 나쁜 논쟁의 경쟁이 ― 그리고 극단으로 치닫는 충동이 ― 끝끝내 어느 쪽의 승리로도 판결나지 않는다는 점이었다. 다채롭게 펼쳐지는 여느 토론과 마찬가지로, 그 투쟁은 끝없이 이어졌다.

# 7장

# 교육: 품위 있게 이기고 지는 법을 배우는 일

## 시민을 기르는 일

"토론자에겐 내가 틀릴 수도 있다는,
우리에게 가장 소중한 의견에도 결함이 있을 수 있다는 생각이
추상적 관념이 아닌 생생한 경험의 산물이었다."

맬컴 리틀은 7학년 말부터 처지가 나아지기 시작했다. 이전 몇 년간은 그에게 몹시 힘든 시간이었다. 아버지를 잃었고 어머니가 신경쇠약을 앓는 모습을 지켜보았다. 미시간주 랜싱의 플레전트그로브스쿨에서 퇴학을 당했고 경범죄에 연루되었다. 하지만 1940년대가 끝나갈 무렵 메이슨중학교에 다니면서 자신감을 되찾았다. 그는 주정부로부터 지원을 받는 유일한 아프리카계 미국인이었다. 학급 반장으로도 뽑혔고 성적은 최상위권이었다.

그러다 1년 사이에 상황은 다시 내리막길로 접어들었다. 리틀이 가장 좋아한 과목은 역사와 영어였다. "수학은 논쟁의 여지가 없었다. 하나라도 실수하면 그걸로 끝이었다."[1] 문제는 그가 좋아하는 수업 시간에 일어났다. 리틀은 윌리엄스 역사 선생님을 애초부터 좋아하지 않았다. 수업중에 인종차별적인 농담을 자주 하는 탓이었다.

반면에 오스트롭스키 영어 선생님은 신뢰했다. 그래서 이 나이든 선생님이 충고를 하면 십대 소년 맬컴은 귀를 기울였다.

> **오스트롭스키:** 맬컴, 이제 자네도 슬슬 직업에 대해 생각해야지. 한번 생각해봤나?[2]
>
> **맬컴:** 그럼요, 선생님. 저는 법률가가 되고 싶어요.
>
> **오스트롭스키:** 맬컴, 인생을 살면서 가장 중요한 게 현실적으로 생각하는 거야. 내 말 오해하지 말고 듣게. 여기 있는 우리 전부 다 자네를 좋아한다는 걸 잘 알 테니. 현실적으로 자네가 니그로(흑인)라는 점을 생각해야 하네. 법률가는 니그로에게는 전혀 현실적인 목표가 아니야. (…) 혹시 목수 일을 해보는 건 어떨 것 같나?

리틀은 잊을 수가 없었다. 그 순간을 마음속으로 떠올리고 또 떠올리면서, 바로 그 오스트롭스키 선생님이 다른 아이들의 열망은 얼마나 열렬히 지지했는지를 생각했다. "나는 우리 학교에 다니는 대부분의 백인 아이들보다 더 똑똑했다. 하지만 그들 눈에 나는 여전히 내가 바라는 사람이 될 만큼 똑똑하지 않은 게 분명했다"라고 리틀은 훗날 회고했다.[3] 그때부터 이 십대 소년은 움츠러들었다. 하지만 자신에게 무슨 일이 일어났는지 사람들에게 설명하지는 않았다.

8학년이 끝나는 주에 리틀은 이복동생 엘라와 함께 그레이하운드 버스를 타고 보스턴으로 터전을 옮겼다. 리틀은 거기서 수년간 잡일을 하며 지냈다. 그러다 범죄와 소란에 휘말렸고 다시는 학교로 돌아가지 못했다.

1946년 2월, 스무 살이 된 리틀은 강도 및 관련 혐의로 매사추세츠주 찰스타운교도소에서 10년간 복역을 선고받았다. 22843이라는 수감 번호가 있었지만 종교에 대해 드러낸 적개심 때문에 곧 '사탄'이라는 별명을 얻었다.

찰스타운교도소에서 리틀은 한 재소자에게 영향을 받았다. 존 엘턴 벰브리 혹은 '빔비'라고 불리는 그는 리틀과 키가 같고(188센티미터) 피부색이 밝고 불그스름한 것이 비슷했지만 그 외에는 완전히 달랐다. 리틀은 거칠고 입만 열면 욕을 해댔지만 빔비는 무역에서부터 헨리 데이비드 소로의 작품에 이르기까지 온갖 주제에 대해 유려하게 말할 줄 알았다. 빔비가 목소리를 높이면 교도관까지 귀를 기울였다. 리틀은 "그에 비해 나의 표현법은 너무도 하잘것없게 들렸다. 그는 절대 지저분한 단어를 쓰지 않았다"라고 회고했다.[4]

리틀은 1948년 노퍽 죄수 수감지로 이감되면서 빔비가 보여준 모범—박식함과 능변—을 유념했다. 노퍽은 한 개혁적인 교도소장이 일종의 감옥 공동체 모델을 만들어본 곳으로, 리틀은 그곳의 교육 프로그램과 장서가 꽤 잘 갖춰진 도서관을 열심히 활용했다. 사전을 펼쳐 aardvark(땅돼지)라는 단어부터 시작해 나오는 모든 단어를 베껴썼다. 역사(고대 이집트, 에티오피아, 중국)부터 철학(소크라테스, 쇼펜하우어, 칸트, 니체), 일라이자 무하마드의 정치신학에 이르기까지 닥치는 대로 읽었다. 이 독서로 리틀의 머릿속은 "터지기 일보 직전의 증기로 가득찬 것 같은 상태"가 되었다.[5] 이제 리틀에게 필요한 건 증기를 배출할 밸브, 즉 생각의 배출구였다. 리틀은 토론대회에서 답을 찾았다.

노퍽 토론회는 지역 대학과 경쟁할 수 있을 만큼 훈련을 받았고, 재소자들끼리 매주 대회를 열었다. 주제는 정치('강제 군사훈련이 필요한가?')부터 역사('셰익스피어의 진짜 정체는 무엇인가?')와 심지어 영양 문제('아기들한테 모유를 먹여야 할까?')까지 다루지 않은 게 없을 정도였다. 참가자도 수백 명이 넘었다. 리틀은 자신의 첫 토론을 '세례식'이라고 표현했다.

> 바로 그곳 교도소에서 토론하고 청중을 향해 말하는 일은 독서를 통해 지식을 발견하는 일만큼이나 신나는 일이었다. 홀로 서서, 나를 올려다보는 얼굴들을 바라보며 머릿속에 있던 것들을 입으로 내뱉는 동안, 머리는 내가 하는 말을 따라가며 다음에 할 가장 적당한 말을 찾았다. 그렇게 말을 제대로 다루어 내게로 오게만 하면 토론에서 이겼다. 나는 토론에 천천히 발을 담그다가 곧 푹 빠져들었다.[6]

리틀은 다른 재소자 팀원들과 함께 토론자로 죽 성장했다. 1951년 12월 노퍽은 옥스퍼드대학교팀을 상대로 첫 국제 토론을 벌였다. 재소자들은 대학팀들과 맞붙어 34승 14패라는 훌륭한 성적을 거둔 바 있었다. 하지만 두 달 반의 전국 대학 투어에서 무패 행진을 이어오며 노퍽을 마지막 재물로 삼으러 온 영국팀만은 확실히 대적하기 힘든 상대였다. 리틀은 그즈음 찰스타운으로 다시 이감된 터라, 전국 의료 서비스 시행에 관한 논제에 반대하는 과제는 강도 머도와 수표 사기범 빌에게 떨어졌다. 세 심판은 만장일치로 노퍽팀의 승리를 선언했다. "그 사람들은 진짜 잘했다"라고 당시 옥스퍼드 토론자였던 윌리엄 리스모그(미래의 『타임스』 편집장이자, 영국 보수당 정치인 제이컵 리스모그의 아버지)는 말했다.[7]

옥스퍼드와의 토론 후 8개월 정도 지났을 때 리틀은 가석방으로 풀려났다. 이때쯤 그는 이름을 맬컴 엑스로 바꾼 상태였다.

맬컴 엑스는 목사와 사회운동가로 살면서—처음에는 네이션 오브 이슬람*을 위해, 나중에는 독립적인 개인으로—토론 기술을 활용했다. 그는 인종분리주의와 비폭력주의에 대한 대항 논리를 만들어 반대자들과 토론했다. 대학 캠퍼스에서, 라디오와 TV에서 그들에게 도전했다. 한 전기작가는 이렇게 썼다. "맬컴은 열에 아홉은 이겼다. 아니면 적어도 그 토론을 듣는 사람들의 마음을 얻었다. 그는 늘 음울한 도덕적 분노를 두르고 죄를 물었다."[8]

어떻게 그토록 힘있게 말하는 법을 배웠는지를 묻는 사람들에게 맬컴 엑스는 전부 교도소 시절 덕분이라고 대답했다. 특히 한 사람에게 지대한 영향을 받았다고 밝혔다. "그 시작은 찰스타운교도소에서였습니다. 거기서 빔비를 보고 처음으로 다른 사람이 가진 엄청난 지식이 부러웠어요."[9] 하지만 가끔씩 자신의 인생행로가 바뀐 순간을 떠올릴 때면 어김없이 더 어린 시절 다른 스승과 나눴던 대화

---

* Nation of Islam. 미국의 흑인 이슬람교도로 구성된 단체.

의 순간을 복기했다. "저는 가끔 생각합니다. 만약 오스트롭스키 선생님이 제게 법률가가 되라고 격려해줬더라면, 아마 지금쯤 어떤 도시에서 전문직 흑인 부르주아가 되어 진짜 나 자신은 감춘 채 공동체 대변인 노릇이나 하면서 칵테일을 홀짝이고 있었을 거라고요."

노픽 토론회도 번창했다. 1966년에 중단되기 전까지 이 팀은 대학팀들을 상대로 144승 8패의 전적을 자랑했다. 이들이 꺾은 팀 중에는 뮤지션 레너드 코언이 이끈 캐나다팀도 있었다. 그러다 2016년 일단의 재소자들이 이 토론회를 부활시켜, 다시 한번 대회에 나가기 위한 팀 훈련을 개시했다. 그중 한 사람이었던 제임스 키언은 50년 만의 공개 토론에 대해 이렇게 말했다. "이 대회는 저를 진정으로 인간답게 만들어주는 사건입니다. (…) 이건 우리도 이 세상에 설 곳이 있다. 우리에게도 목소리가 있고 사람들과 나눌 무언가가 있다는 뜻이니까요."[10] 그렇게 교육이 다시 시작됐다.

## '토론자'에서 '토론 코치'로

2017년 5월 마지막 주는 타는듯이 뜨거웠다가 비가 들이붓듯이 쏟아져내리며 날씨가 변덕을 부려댔다. 그때 나는 내 공부의 또다른 챕터를 끝냈다. 부모님이 졸업식―하버드에서는 다른 미국 대학들처럼 졸업식을 시작이라는 뜻을 가진 커먼스먼트commencement라고 불렀다―에 참석하러 시드니에서 날아오셨다. 시애틀에 사는 사랑하는 이모도 오셨다. 그 주 내내 나는 보스턴 관광을 제안했다. 펜웨

이파크, 이저벨라 스튜어트 가드너 뮤지엄, 차이나타운 같은 곳에 가보자고 했다. 하지만 부모님은 내 방에 앉아 내 친구들과 대화하면서 지난 4년 동안 내가 꾸려온 삶의 윤곽을 더듬어보는 걸 더 좋아하시는 것 같았다.

나는 저녁마다 친구들과 함께 분위기 좋은 지하 펍 그렌델스 덴에서 턱없이 적은 술을 시켜놓고 어마어마하게 많은 주제로 떠들어대며 시간을 보냈다. 졸업생 다수가 뉴욕이나 샌프란시스코 같은 미국 대도시로 향했지만 내 친구들은 더 다양한 곳으로 흩어졌다. 졸업 후 나는 슈워츠먼 장학금을 받아 8월에 베이징으로 떠날 예정이었고, 파넬레는 애틀랜타에서 컨설턴트로 일을 시작할 참이었으며, 조나는 남은 한 학기를 모두 끝내고 스페인 마드리드로 갈 계획이었다. 우리의 인생길이 이렇게 갈라지는 걸 보니 자연스레 회자정리會者定離라는 말이 떠올랐다.

친구들과 나는 우리가 지난 4년 동안 실제로 배운 게 뭔지를 자문해보았다. 현실세계의 지긋지긋한 의무들과는 거리가 먼, 인정에 관한 정치 이론, 성의 역사, 토머스 하디의 소설 같은 우리가 받은 인문학 교육은 마치 일련의 불합리한 추론처럼 느껴졌다.

5월 25일 목요일에 열린 졸업식 행사는 이런 회의를 더 뼈저리게 느끼게 했다. 폭우에도 불구하고 졸업식—3만 5천 명의 관중 앞에서 휘장을 두른 예복을 입고 라틴어로 연설과 노래를 하는 모습—은 눈부시게 아름다웠다. 명예 학위를 받을 주디 덴치*와 제임스 얼 존스**가 대학 행정관과 화학자들 사이에 앉아 있는 모습을 보고 깜짝 놀란 군중 사이에서 흥분의 물결이 출렁였다. 오후에는 페이스북 창립자 마크 저커버그가 첨단기술과 민주주의의 미래에 대해 연설 했다.

졸업식은 우리 학위가 얼마나 시장가치가 큰지를 분명하게 전달 했다. 유명인들이 참석하고 그 유명인들이 첨단기술과 민주주의에 관해 의견을 표명하는 장소였다. 익명의 군중 사이에서 나는 이런 외적 가치와 우리의 교육이 실제로 담아낸 본질, 이를테면 거듭 이 해에 가닿지 못하고, 끝없이 혼란스러워하고, 도서관에서 밤을 지새 우고도 만족스러운 결과를 얻지 못했던 경험의 간극이 궁금해졌다.

내게 이륙을 준비할 활주로가 조금 남아 있다는 사실에서 위안을 찾았다. 중국으로 떠나기 전 익숙한 영토에서 아직 해야 할 일이 남 아 있었다. 나는 두어 달 뒤 인도네시아 발리에서 열리는 세계학생 토론대회에서 호주 대표팀 코치를 맡기로 했다. 파넬레 역시 그 대 회의 미국 대표팀 코치를 맡게 되어, 한동안은 우리가 더 함께할 수 있었다.

대부분의 토론자들은 두 번 은퇴한다. 첫번째는 대회 출전을 그 만두는 것이고, 두번째는 얼마 뒤 심판, 자원봉사자, 코치를 포함한 모든 활동을 그만두는 것이다. 대부분의 대회가 참가 자격을 학생으 로 제한하기 때문에 보통 스물다섯 언저리에 첫 은퇴를 한다. 두번 째 은퇴 시기는 사람에 따라 천차만별이다. 그중에는 은퇴를 가능한

---

◆ 미국 아카데미 시상식에서 여우조연상을 수상한 배우.
◆◆ 미국 아카데미 시상식에서 평생공로상을 수상한 배우.

한 끝까지 미루는 사람도 있다.

발리 대회는 내 토론 커리어의 두번째이자 마지막 은퇴가 이루어질 대회였다. 호주 토론 위원회는 내게 호주 대표팀 코치를 한 해 더 맡아달라고 부탁했지만 나는 결심을 굽히지 않았다. 지난 12년 동안 토론대회 바깥세상과는 아예 담을 쌓고 살아오다시피 한 터였다. 그중 지난 5년은 나보다 어린 토론자들—내가 졸업한 바커, 하버드, 그리고 세계 각지의 학교와 여름캠프에서—을 지도하는 코치를 맡아왔다. 나는 여전히 이 일을 사랑했지만, 너무 일찍 떠나는 것만큼이나 너무 늦게 떠나는 것도 좋지 않은 선택으로 보였다. 이제 때가 됐다고 생각했다.

나는 몇 주간 집에서 조용히 휴가를 보내고 7월 셋째 주 수요일, 내 일생의 마지막 토론 여행을 위해 인도네시아행 비행기에 몸을 실었다. 늦은 오후 발리로 휴가를 떠나는 승객들은 안전 영상이 나오기도 전에 음료를 주문했다. 다들 들뜬 기색이 역력했다. 끝물에 접어든 휴가를 최대한 즐기겠다는 야심이 느껴졌다. 나는 원래 다음주의 훈련 스케줄을 검토할 생각이었지만 계획을 접고 이 분위기에 동참하기로 했다.

우리 비행기는 짙게 깔린 구름을 뚫고 하강해 현지 시각으로 밤 10시경에 착륙했다. 나는 세관원에게 방문 이유를 "콘퍼런스"라고 답한 다음—"토론은 말로 다투는 일종의 스포츠"라는 식의 고통스러운 대화를 피하기 위해 노련한 토론자가 쓰는 요령이다—택시 승강장에서 "슬라맛 말람"*을 연습하는 관광객 대열에 합류했다. 공항 와이파이가 꽤 오래 지속된 덕분에, 직전 비행기로 와 숙소에 이미 도착해 있는 팀원들에게 1시간 뒤에 보자고 메시지를 보낼 수 있었다.

숙소를 향해 가는 덜컹거리는 차 안에서 팀원들에게 해줄 말을 생각했다. 이 집중 훈련은 보통 격려 연설로 시작하는 게 전통이었다. 연설은 무해한 민족주의를 가미한 진심어린 동기 부여의 말로 이루어졌다. 하지만 불성실한 토론과 그 정치적 결과가 두드러진 해에 근시안적으로 승리에만 초점을 맞춘다는 게 어쩐지 부적절하게 느껴졌다. 내가 학생들을 지도하러 그곳에 가는 가치가 더는 그리 자명해 보이지 않았다.

내가 아는 건 토론이 강력한 교육의 도구라는 사실이었다. 내 경우엔 이 활동이 많은 것을 가르쳐주었을 뿐 아니라 배우는 법도 알려주었고, 나아가 배우고 싶다는 실질적인 욕구를 내 안에 불어넣어주었다. 나는 가끔씩 사람들에게 이를 '정보<기술<동기'라는 단순한 공식으로 설명하려고 했다.

토론을 하려면 아이들은 엄청나게 광범위한 정보—주제 면에서(정치, 역사, 과학, 문화 등) 그리고 자료 출처 면에서(뉴스, 연구, 데이터, 이론 등)—를 접하고, 그에 대해 실시간으로 논쟁할 수 있을 만큼 깊이 있게 이해해야 했다.

하지만 진짜 학습은 그 내용을 뛰어넘어 이루어졌다. 토론은 종

---

◆ 인도네시아어 저녁 인사.

합적인 활동이다. 관련 기술—연구, 팀워크, 논리적 추론, 작문, 대중 연설—은 학생들이 다양한 상황에 적용할 수 있는 도구가 되었다. 아마 가장 중요한 것은 이 활동이 아이들에게 배움에 관심을 가질 동기가 되어주었다는 점일 터다. 교실에서의 공부는 하향식에 수동적인 경우가 많다. 하지만 토론은 지속적인 참여를 장려하고 가장 기본적인 충동, 즉 타인이 내 말을 듣게 하고 자신의 의견을 고수하고자 하는 욕망에 기초한 스포츠다.

토론은 공평하게 이루어지며 승부를 가릴 수 있는 스포츠임이 실증적으로 증명되어왔다. 이 활동은 오랫동안 엘리트 교육의 주축이었지만 최근 보다 많은 사람들이 접할 수 있도록 그 접근성을 낮추려는 노력이 엄청난 변화를 가져왔다. 예컨대 시카고 도시 토론 리그—미국에서는 비슷한 조직이 스물몇 개에 달한다—에 대한 10년간의 장기 연구에서 자기선택편향◆을 통제하고 봤을 때, 위험한 환경에 노출된 고등학생 중 토론 활동에 참여한 아이들은 나머지 아이들보다 졸업장을 받을 확률이 3.1배 높았다.[11]

토론은 조직하기도 (상대적으로) 쉽다. 2013년부터 플로리다의 브로워드카운티는 모든 중고등학교에 토론 프로그램을 도입했다. 세계 곳곳에서 토론 원칙을 일반 수업에 도입하여 교과과정을 '토론식 수업'으로 만들려는 노력이 활발히 이루어졌다.[12]

나는 이런 노력들을 지지했다. 하지만 과연 토론의 효용이 그게

---

◆ 연구 대상 중 자발적 참여자 집단은 나머지 참여자 집단과 성향이 달라 발생하는 편향.

다일지 궁금했다. 어느 정도의 개인적 이익—지식, 기술, 동기, 관계, 위신 등—을 부여하는 교육 도구에 그칠 뿐 사회적 이익은 정말 하나도 없는 건지 의문이 들었다. 이런 생각을 하면 나는 조금 착잡해졌다.

택시는 우회전해서 비포장도로로 진입했다. 내 손으로 외딴곳에 있는 숙박 시설을 골랐지만 그럼에도 근처에 건물 한 채 없는 데 놀랐다. 대신 광활한 논이 끝도 없이 펼쳐졌다. 숙소에 도착하니 보조 코치 제임스가 문 앞에서 나를 맞이했다. "아이들은 벌써 잠들었어요." 그가 공연히 미안해하는 표정으로 말했다. "그래도 코치님을 만난다는 생각에 다들 들떠 있어요."

나는 그날 밤이 늦도록 방에서 홀로, 내가 발리에 대체 뭘 하러 온 건지 그 열성에 대해 다시 냉정히 생각해보았다. 토론팀 코치 경험은 대체로 가슴앓이할 일투성이였다. 코치가 짜놓은 계획을 토론자들은 깨부수기 일쑤였다. 상황이 한번 나쁘게 흘러가기 시작하면 끝을 몰랐다. 하지만 서로 조율한 끝에 결국 희망은 십대들의 손에 넘어갔다. 좋은 시절엔 전통의 주인이 마침내 바뀌는 걸 보게 되는 법이니까.

## 역사상 가장 훌륭한 토론 코치에 대하여

토론 코치 일은 정해진 대본은 없고 오직 모방할 수 있는 예만 있었다. 역사상 가장 훌륭한 코치는 의심의 여지 없이 텍사스주 마셜의 와일리칼리지라는 흑인 대학의 영어 교수였다. 이는 열네 살의 제임스 파머가 1934년 이 학교 신입생으로 등록할 당시에는 전혀 알 수 없었던 사실이다.

청년들로 가득한 캠퍼스에서 십대인 파머가 느낀 것은 외로움이었다. 그의 아버지는 와일리에서 종교와 철학을 가르치는 교수였기에 캠퍼스—건물 벽은 아이비로 뒤덮이고 수선화, 백일홍, 블루보닛이 만발한 정원이 있는—는 그에게 꽤 익숙한 공간이었다. 하지만 어린 나이였기에 연애는 꿈도 꿀 수 없었고, 대부분의 학생들은 영재를 보면 으레 그러듯 멀찍이서 감탄의 시선만 보낼 뿐이었다.

그런데 한 사람이 이 외톨이에게 관심을 보였다. 어느 가을날, 삼십대 후반의 영어 교수가 캠퍼스에서 파머를 발견했다. 그는 수백 미터 떨어진 거리에서 이 소년을 향해 뭘 읽고 있느냐고 소리쳐 물었다. "톨스토이요. 『전쟁과 평화』!"라는 대답에 교수는 반색하며 우렁찬 목소리로 외쳤다. "너라도 지식의 수프를 마시고 있다는 걸 알게 돼서 정말 기쁘구나. 이왕이면 건더기도 좀 먹어볼래?"[13]

그러고는 파머를 초대했다. 경고도 뒤따랐다. 어느 날 아침 수업이 끝나고 교수는 파머에게 전심전력을 다하지 않는다고 꾸짖고는, 독서 목록에 더 많은 책을 추가하라고 지시했다. "나중에 만나서 그 책들에 대해 토론해보자. 내가 비판자 역할을 할 테니 너는 네 관점을 방어해봐." 만약 그렇게 하지 않는다면? 낙제 점수가 기다리고 있었다. 파머는 할말을 잃었고 선생은 그 순간을 낚아챘다. 선생은 화요일, 목요일 저녁마다 자기 집에서 대학 토론팀 훈련이 있다고 했다. "너도 오렴. 그래, 파머. 그럼 오늘 저녁에 보자." 그렇게 이 신입생은 교육자이자 시인이며 와일리칼리지의 토론 코치였던 멜빈 톨슨의 궤도 안으로 툭 떨어졌다.

미국 대학 토론 클럽의 탄생은 건국의 아버지까지 거슬러올라간 다. 하지만 이들 클럽이 서로 만나 겨루는 토론대회가 전국적으로 퍼져나간 것은 진보 시대Progressive Era —여성 참정권, 상원의원 직선 제, 부패와 독점에 대한 엄격한 단속 등 민주적 개혁을 강력히 요 구했던 1890년대에서 1920년대까지의 시기—에 들어서고 나서였 다.[14] 이런 흐름은 흑인 대학으로까지 퍼져나갔고, 덕분에 마틴 루서 킹 목사(모어하우스대학교), 대법관 서굿 마셜(링컨대학교), 주 상원 의원 바버라 조던(텍사스서던대학교) 같은 미래의 흑인 지도자들이 대학에서 토론 교육을 받을 수 있었다.

멜빈 톨슨도 그 수혜자였다. 그는 자신의 파트너 호러스 만 본드 (유명한 대학 행정관)와 함께 링컨대학교 토론팀에 참여하다 1923년 졸업했다. 그리고 이듬해 와일리칼리지로 와서 영어와 스피치를 가 르쳤는데 그때 맨 처음 한 일이 바로 토론 클럽을 만드는 것이었다. 제임스 파머가 캠퍼스로 왔을 땐 이 코치가 10년째 '톨슨식 집중 훈 련법'을 연마해오던 중이었다.

파머는 곧 훈련이 만만치 않다는 사실을 깨달았다. 톨슨은 토론 상대, 훈련 담당관, 교수까지 1인 다역을 하며 팀을 전면에서 이끌었 다. 그는 1시간 동안 토론자 한 사람 한 사람에게 반대신문을 하면서 동작이며 잠시 뜸들이는 행위까지 일일이 지적했다. 그런 다음 읽을 거리를 잔뜩 안겨주면서 집으로 돌려보냈다. 톨슨은 잔인한 면도 있어서 이따금씩 "무능하고 무식하고 자기 운명을 개선하는 데 무관심한 사람에 대한 뿌리깊은 혐오"를 대놓고 드러냈다.[15] 하지만 그는 사람들을 잡아끄는 카리스마가 대단했다. 파머에게는 "톨슨 교수 집에서 보낸 밤들이 고단한 하루 끝에 즐기는 풍성한 잔치"였다.

그가 이토록 강도 높은 훈련을 고집한 것은 짐 크로 법*이 있는 남부에서 흑인 토론자는 엄청난 용기를 발휘하지 않으면 안 되기 때문이었다. 파머의 팀 동료인 호바트 재럿의 회고에 따르면, 한번은 상점 앞에서 백인우월주의자 하나가 팀원들을 향해 라이플을 쏘았다. 다들 그 무리를 피해 차에 올라탔고, 피부색이 더 짙은 팀원들은 몸을 숙인 채로 아칸소주 비브를 하염없이 돌아다녀야 했다. 어느 역사학자는 "그 시기엔 대다수의 토론자가 린치의 대상으로 찍히거나 위협받았다"라고 썼다.[16]

톨슨은 토론을 자기 학생들을 기다리는 전투에 대한 대비로 여겼다. "얘들아, 교수라면 자기 학생들한테 세상이 두 팔을 활짝 벌리고 너희를 기다리고 있다고 말해야겠지. 음, 하지만 그건 거짓말이야. 뭐, 그래. 너희를 기다리고 있는 사람들이 있긴 하지. 커다란 방망이를 들고서 말이야. 그러니까 재빨리 피하고 반격하는 법을 배워."[17] 톨슨은 파머에게 그렇게 말했다. 이것은 개인의 생존만이 아니라 정치적 진보를 위한 싸움이기도 했다. 언젠가 톨슨은 헨리에타

---

◆ 1876~1965년까지 미국 남부에서 시행된 인종차별법.

벨 웰스라는 토론자에게 말했다. "사람들의 정신이 번쩍 들게 하려면 거기에 무언가를 집어넣어야 해."[18]

파머가 와일리에서 보낸 첫해에 토론팀은 오직 한 가지 목표를 향해 돌진했다. 그들은 1935년 초에 남서쪽으로 8000킬로미터를 여행해 캘리포니아주와 뉴멕시코주의 여러 팀과 대적해보기로 계획했다. 하지만 이 투어에서 그들의 관심을 완전히 빼앗은 라운드가 있었다. 전국 챔피언으로 군림하고 있던 서던캘리포니아대학교USC 팀과의 토론이었다.

토론은 화요일 밤 USC 캠퍼스의 보버드강당에서 열렸다. 톨슨은 아이들이 상대팀의 위세에 눌릴까봐 전날 밤부터 방에서 나오지 못하게 했다고 한다. 이천 명 넘는 청중 앞에서 호바트 재럿, 제임스 파머, 그리고 그들의 팀 동료 헨리 하이츠까지 이 3인조는 턱시도를 멋지게 차려입고 '국제 무기 및 군수품 운송 금지'에 찬성하는 토론을 펼쳤다.[19]

5년 전인 1930년, 톨슨의 와일리칼리지팀은 역사상 최초로 백인들과 싸운 아프리카계 미국인 토론팀이 되었다. 그런데 USC의 위상 때문인지 아니면 와일리의 높아져가는 평판 때문인지 이번 라운드 역시 또하나의 역사적인 대결로 여겨졌다. 청중은 톨슨이 "인종을 뛰어넘어 진짜 훌륭한 자질이 어떤 건지를 목격하는 흥분"으로 묘사한 감정에 휩싸여 열광했다.[20]

결국 와일리가 이겼다. 곧 그들의 승리 소식이 전국에 퍼졌다. 이 시기에 호바트 재럿이 쓴 글을 보면, 이 팀이 이기는 데 일조한 대담함과 진지함이 엿보인다.

나에게 인종 간 토론대회에 나간 기분이 어땠냐고 묻는 사람이 많았다. 그들은 두렵지 않았냐고 물었다. 이건 좀 재미있는 질문이다. 몇 달 동안 완벽하게 토론 준비를 하고, 모든 것의 장단점을 따져보고, 전달과 반박의 기술을 제대로 섭렵하고 나면 아무것도 두려울 게 없기 때문이다.[21]

톨슨 코치는 USC에 대한 승리를 발판으로 혁혁한 성과를 냈다. 그의 지도 아래 와일리팀은 75전 74승을 기록했다.[22] 제임스 파머는 후일 대표팀 주장이 되었고, 이어 그의 세대에서 가장 저명한 민권운동 지도자 중 한 사람이 되었다. 민권운동 지도자로 활동하면서 그는 극적인 효과를 내기 위해 토론에서 배운 기술을 적극 활용했다. 토론에서 그에게 필적할 만한 사람은 맬컴 엑스 한 사람뿐이었다.

## '내가 틀릴 수도 있다'라는 생생한 진실

사방이 논으로 둘러싸인 그 집에서 나는 우리 팀 아이들을 말도 안 되게 몰아붙였다. 아이들—아스, 조, 잭, 이지, 대니얼—은 아침 8시에 일어나서 9시 전에 토론 준비를 시작했다. 오후와 저녁에는 연습 토론을 했고, 사이사이에 전략 짤 시간을 따로 내어 함께 자료를 점검했다. 세계학생토론대회는 해가 갈수록 점점 더 경쟁이 치열해졌다. 한때는 몇몇 부유한 영어 사용국들끼리의 리그전에 불과했지만 지금은 훨씬 더 많은 나라가 참가했다. 나는 아이들에게 인도나 중국 같은 신흥국은 밤새도록 훈련한다는 사실을 상기시켰다.

하지만 집중 훈련을 마치기 하루 전날, 주장 내용이 너무 약하다고 팀을 꾸짖는 내 음성에 진짜 분노가 서려 있는 걸 느끼고는 타임아웃을 당겨 불렀다. 아이들은 그날 오후에 발리의 긴꼬리원숭이 보호구역인 우붓 원숭이 숲에 구경을 갔다. 아이들이 같은 영장류 동물들과 소통하는 동안 나는 멀찌감치 떨어져서 뒷짐만 지고 있었다. 그러다 이끼가 뒤덮인 성상 발치에서 두 아이가 세계대회에서의 행운을 비는 모습을 보고는 하마터면 눈물을 터뜨릴 뻔했다.

코치로서 느끼는 대회 리듬은 참가자일 때와는 확연히 달랐다. 토론자는 두 차례의 단거리 경주―아침에 한 라운드, 오후에 한 라운드―를 중심으로 하루를 설계했지만, 코치는 대회 전체를 생각하며 찬찬히 전략을 고심해야 했다. 일단 대회가 시작되면 코치가 할 수 있는 건 별로 많지 않다. 그러다보니 통제할 수 있는 몇 가지에 강박적으로 집착했다. 열심히 피드백을 주고, 라인업을 어떻게 짤지 고민하고(누가 말을 할지, 어떤 순서로 할지), 우리 쪽을 향해 계속 고개를 끄덕이고, 상대팀을 노려보았다. 그렇게 하면서도 사실상 주사위는 이미 던져졌다는 사실을 알았다.

대회 기간에는 파넬레와 같은 호텔방을 썼다. 처음 며칠은 서로에게 무언의 거리감을 느꼈다. 우리 두 팀은 다섯번째 예선전에서 만나게 되어 있었다. 이 라운드가 끝나고―그리고 호주팀이 이기고—나서야 파넬레와의 관계는 다시 자연스러워졌고 대화도 다시 활기를 띠었다. 나는 내 그릇이 이것밖에 안 되는구나 싶어 조금 창피했지만 가장 친한 친구를 되찾아서 기뻤다.

모든 토론대회에는 한 팀의 우승 가능성을 가늠해보는 대결, 즉 전초전이 있다. 우리에겐 남아프리카공화국팀과 펼친 여덟번째 라운드가 그랬다. 남아프리카공화국팀의 실력은 보통이 아니었다. 그들은 깔끔하게 토론했고 우리 호주 사람들과 유머감각도 비슷했을 뿐 아니라 재주와 진정성으로 무대를 장악하는 능력도 유사했다. 나는 연단 옆 발코니석에서 팀원들에게 말했다. "이걸 결승전이라고 생각해. 단 1분도 쟤네들이 치고 올라오지 못하게 하라고. 이번이 너희 목표를 확실히 알릴 기회야."

논제는 '본 의회는 망명 신청자들을 기존 시민들과의 문화적 동질성에 근거해 우선적으로 받아들일 수 있어야 한다고 믿는다'였고 우리는 이에 반대하는 쪽이었다. 나는 전날 밤에 라인업을 꾸려놓았다. 아스가 타고난 진지함으로 상대팀을 무찌르면서 공격을 이끌고 난 다음 사근사근한 대니얼이 우리의 적극적 주장을 공고히 할 예정이었다. 잭은 재치와 영업력을 발휘해, 최선을 다해 준비한 내용을 멋지게 정리해 보이면서 상대팀을 압도할 것이었다. 우리 팀은 그 계획을 정확히 실행에 옮겼다. 얼마나 열성적이고 민첩했는지 토론을 보고 있던 인도네시아 학생들의 커진 눈과 벌어진 입이 한동안 제자리를 찾지 못했다. 3대 0으로 호주팀이 이겼다.

다음날 이어진 8강전에서 그리스팀을 4대 1로 이겼을 때 나는 슬며시 꿈을 꾸기 시작했다. 팀에 대한 내 야심에는 사실 허영이 스며들어 있었다. 세계대회에서 세 차례나 승리하는 건—고등학생, 대학생 토론자로서, 그리고 이번엔 코치로서—말하자면 미국 4대 연예대상(에미, 그래미, 오스카, 토니 상)을 싹쓸이하는 것과 마찬가지였다. 코치로서 나는 아랍에미리트팀을 준준결승까지 올리고, 전년도 호주팀을 준결승까지 진출시킨 바 있었다. 이제 그다음 결과를 기대해도 좋을 것 같았다. 대회 측에서 우리의 준준결승전 상대가 남아프리카공화국팀이라고 발표했을 때, 나는 우리 팀원들이 방심하지 않도록 주의를 주면서도 흡족한 마음을 숨기지 못했다. 나는 아이들에게 말했다. "우린 쟤네들이 어떤지 잘 알아. 그러니까 날카롭게 보이는 거 잊지 말고 그냥 즐겨."

첫 경고등은 토론이 시작되기도 전에 켜졌다. "준비를 하나도 제대로 못했어!" 이지가 소리쳤다. 몹시 당황했지만 그 소리가 들릴 만한 위치에 있는 심판을 의식해서 나도 크게 외쳤다. "괜찮았던 거다 알아. 넌 항상 그렇게 말하잖아." 다른 후보 선수였던 조도 거들었다. "그래, 사실 정말 괜찮았잖아!" 이 슬픈 팬터마임이 끝나고 방 앞쪽을 힐끗 보니, 우리 팀 세 토론자가 창백한 얼굴로 메모장에 아무 말이나 마구 휘갈기고 있었다.

논제는 '인간을 대체하는 자동화 기술을 사용하는 고용주에게 추가 세금을 부과해야 한다'였고, 우리는 반대하는 쪽이었다. 라인업은 지난번과 같았다. 하지만 모든 게 다 꼬여갔다. 토론자들은 반론에 너무 많은 시간을 썼고 실질적인 주장은 충분히 진전시키지 못했다. 토론이 통제 불능에 빠지자 태도마저 허세를 부리다 양처럼 순했다 하며 오락가락했다. 설상가상으로 질 나쁜 농담까지 던져 불난 집에 기름을 들이붓는 꼴이었다. 어찌어찌 심판 하나를 간신히 설득했지만 나머지 넷은 그러지 못했다. 결국 우리는 4대 1로 탈락의 고배를 마시고 말았다.

나는 호텔로 돌아오는 버스에서 가까스로 미소를 짓고 있었지만 뻔한 위안의 말도—"내년이 또 있으니까" "준준결승 진출도 충분히 잘한 거야"—다 떨어져갔다. 사실 아이들은 나보다 패배를 훨씬 더 잘 받아들이고 있는 것 같았고 그 때문에 기분이 더 안 좋았다. 호텔에서 나는 다시 한번 팀을 안심시킨 다음, 양해를 구하고 두어 시간 혼자만의 시간을 가졌다. 나는 호텔방으로 가 침대 속으로 기어들어갔다. 대회 참가자로 겪은 어떤 고통보다도 심한 고통 때문에 꼼짝도 못하고 누워 있었다.

파넬레는 오후가 되어도 방으로 돌아오지 않았다. 그가 이끄는 미국 대표팀이 준결승까지 진출한 터였다. 하지만 그가 없어도 나는 그의 목소리를 들을 수 있었다. 사유의 힘으로 반짝거리는, 공모하는 듯한 그 목소리를. 파넬레는 내게 토론은 지는 것에 대한 교육이라고 말한 적이 있었다. 토론자라면 누구든지 대회에서 이기는 경험보다는 지는 경험을 더 많이 했다. 매주 청중 앞에서 자신의 주장이 허물어지는 걸 실제로 마주하는 경험을 했다. 파넬레는 스튜stew라는 말로—명사로도("아직도 스튜 상태야?") 동사로도("지금 스튜중이야")—패배 후 몇 시간, 때로는 며칠을 떠나지 않고 끈적하게 달라붙어 있는 자기연민을 표현했다.

오래전부터 파넬레와 나는 이 '스튜'가 비록 불쾌하기는 해도 유용한 면이 있단 걸 알았다. 아픈 교훈을 아로새겨서, 실력을 향상시키겠다는 우리의 결심과 동지애를 단단하게 다지게 한다는 점이었다. 실수한 기분에 반복해서 노출되는 경험은 우리를 더 겸손하게도 만들었다. 우리 토론자에겐 내가 틀릴 수도 있다는, 우리에게 가장 소중한 의견에도 결함이 있을 수 있다는 생각이 추상적 관념이 아닌 생생한 경험의 산물이었다.

나는 스튜의 가치를 믿었지만, 그럼에도 파넬레가 지금 이 방에서 내게 그걸 상기시켜주지 않아 다행이다 싶었다. 그의 팀은 아직 대회를 치르고 있고 우리 팀은 아니었으니까.

내가 잠에서 깼을 땐 해가 지고 난 뒤였다. 나는 준준결승전 때 입었던 셔츠를 도로 입었다가 아이들이 남긴 "수영하러 가요"라는 문자메시지를 확인하고는 다시 벗어 방바닥에 던졌다. 호텔 수영장에 가보니 그날 오후에 겨룬 남아프리카공화국 아이들 몇 명을 포함해 여럿이 어울려 놀고 있었다. 나는 우리 팀원 하나를 붙들고 몰아붙였다. "속이 쓰리지 않아? 정말로?" 그러자 아이가 대답했다. "아슬아슬하게 진 것도 아닌데요, 뭐."

토론에 대한 가장 흔한 비판 중 하나는 지나치게 대립적이라는 지적이다. 언어학자 데버라 태넌은 그가 '논쟁 문화'라 부른 것을 매도한 일로 유명하다. 이 논쟁 문화가 대화보단 토론을 중시함으로써, 사회를 '끊임없이 논쟁을 벌이는 분위기'로 만들었다고 비판했다.[23] 그는 그런 문화는 경쟁적 쟁투 또는 "진짜 전쟁이 아닌 맥락에서도 마치 전쟁에 임한 것 같은 태도를 취하는" 경향을 보여준다고 썼다. 내겐 이 마지막 말이 무엇보다 정확한 지적처럼 보였다. 토론자로서 그리고 토론 코치로서도 나는 분명 중요한 라운드를 치르기 전 사기를 북돋고자 전투 언어— "으스러뜨려버려"나 "저쪽 논증을 완전히 발라버려"처럼—를 전용한 죄가 있었다. 그럴 땐 나도 내가 경멸해 마지않는 선동적 정치가나 케이블 채널 진행자들과 별반 다르지 않았다.

하지만 우리가 패배한 그날 밤 이 아이들을 보면서 나는 토론의 또다른 측면을 보게 되었다. 우리는 토론을 통해 적수를 패배시킬 순 있을지언정 절대 돌이킬 수 없을 정도로 완파할 수는 없다는 사실이었다. 그들은 며칠 혹은 몇 주 뒤에 다시 돌아와 다른 반대를 이어갈 뿐 아니라 망할 수영장에서도 기다리고 있을 터였다. 경쟁에 뛰어든 선수의 목표는 물론 이기는 것이다. 하지만 이를 위해 가능한 모든 수단을 총동원해 상대를 무찌르겠다는 식의 임전 태세는 사실 그리 오래가지 못한다. 장기적으로는 상대방의 선의와 게임을 계속할 수 있도록 보호해주는 공고한 규칙이 필수적이다. 토론은 실제 삶에서 일어나는 정치·경제적 갈등과 사적인 싸움에서 잊기 쉬운 이 진실을 되새기게 해주었다.

쟁투agonism는 그리스어 단어 '아곤agon'에서 온 것인데, 아곤은 투쟁과 충돌을 뜻하지만 기본적으로는 (올림픽에서처럼) 운동선수끼리의 대결을 일컫는 말이다. 내겐 이 말이 토론을 이해하는 더 나은 방법처럼 보였다. 이처럼 토론을 전쟁이 아니라 반복적인 대결 또는 게임으로 본다면, 결국 패배는 불가피하고 승리는 영구적이지 않다. 그러니 승리와 패배 모두에 가급적 품위 있게 대처하는 게 지혜로운 행동이었다.

## 토론은 서로에게 배워나가는 법을 알려준다

제임스 파머는 맬컴 엑스와의 첫 토론에 대해 별다른 이야기를 한 적이 없었다. 1961년 이제 마흔하나가 된 파머와 서른여섯의 맬컴 은 배리 그레이의 라디오방송에서 1시간 동안 토론을 벌이기 위해 만났다. 파머는 자신의 회고록에 "나는 그를 과소평가하고 있었다" 라고 썼다. "마이크를 앞에 두고 그와 싸우면서 아마 나는 우렁찬 목소리와 빠른 말하기 속도 덕을 단단히 보았을 것이다. 하지만 고 백하건대 그의 민첩하고 예리한 말재간에 정말 깜짝 놀랐다."[24] 토론 은 이 옛 와일리 토론자에게 두 번 다시 상대를 무시하지 말아야겠 다는 새로운 결심을 하게 했다.

다음해에 두 사람이 코넬대학교에서 다시 만났을 때 파머는 이제 적수에 대해 알 만큼 안다고 생각했다. 하지만 발언 순서를 뒤로 해 달라고 토론 주최 측을 설득하는 데 실패한 탓에, 마지막 발언을 상 대에게 양보해야 했다(맬컴이 기 싸움에서 이긴 거였다). 그래서 다른 계획을 하나 생각해냈다. 파머는 상대가 해결책을 제시하기보다는 문제를 진단하는 데 더 뛰어나다는 사실을 알았다. 그래서 인종차별주의를 강력히 규탄하는 것으로 포문을 연 다음 자신의 적수에게로 마이크를 돌렸다. "맬컴 형제, 이 질병에 대해 좀더 말해주시지 않으시겠습니까? 이 질병은 너무나도 분명하게 존재하지요. 그럼 이제 말해주세요, 의사 양반. 그 치료법은 무엇입니까?"[25]

그의 전략은 효과가 있었다. 맬컴 엑스는 천천히 마이크로 다가가면서 '할말을 찾고 있다'는 인상을 주었다.[26] 그러다 반론을 펼치면서 자기 페이스를 되찾고, '상원과 하원, 대통령, 대법원의 지지'에도 불구하고 인종차별 폐지론자들은 이 나라의 인종차별정책을 철폐하는 데 실패했다고 주장했다.[27] 하지만 이미 너무 늦었다. 파머는 맬컴의 제언에 청중의 관심을 집중시켰다. "엑스씨, 당신이 볼 때 그게 인종차별이란 말 외에 해결책이 뭔지는 아직 말씀을 안 해주셨어요. 구체적으로 말을 안 했다고요."[28]

두 사람은 이어지는 4년 동안 몇 차례 더 토론을 벌였다. 그중 최고는 아마 1963년 PBS의 〈오픈 마인드〉라는 프로그램에서 벌인 토론일 것이다.[29] 컴컴한 스튜디오에서 좁은 테이블을 두고 마주앉은 두 사람의 모습은 각기 도드라졌다. 맬컴 엑스는 자세를 바꿔가며 온갖 과장되고 삐딱한 자세를 취했지만, 파머는 완벽한 자세를 유지했다.

그들은 거의 90분간 토론했다. 각각 더 낫거나 못한 순간들이 있었지만 대부분은 막상막하였다. 분명한 건 두 사람 모두 상대방의 생각과 말을 반박하고, 수정하고, 적용할 수 있을 만큼 충분히 서로의 입장을 이해했다는 거였다.

**맬컴 엑스:** 이 나라에서 흑인의 인권이 조금이라도 나아진 때는 전쟁 때가 유일합니다. 백인이 궁지에 몰리면 어쩔 수 없이 흑인이 반 발짝 앞으로 나오게 해줬죠. (…) 흑인이 몇 발짝 더 앞으로 내디디려면 또 전쟁이 일어나야 할 겁니다.

**파머:** 맬컴 목사님.

**맬컴 엑스:** 당신이 이야기하는 15분 동안 저는 끼어들지 않았어요.

**파머:** 끼어들려고는 했죠.

**맬컴 엑스:** 사회자가 못하게 했잖아요.

[…]

**파머:** 그러니까 목사님 말은 진보는 오직 전쟁 때만 이루어진다는 거죠. 그런데 사실 우리는 지금 전쟁을 치르고 있습니다. 버밍햄거리나 그린즈버러거리 같은 데서요. 뭐, 이 전쟁이 마음에 안 드신다고 해도 괜찮습니다. 하지만 이게 전쟁이 아니라고는 말씀하지 마세요.

**맬컴 엑스:** 직업도 없는 사람한테 극장에 가게 해주는 게 무슨 도움이 됩니까?

**파머:** (…) 도움이 됩니다. 왜냐하면 우리가 얻어낸 건 단지 극장이 아니기 때문입니다. 단순히 간이식당에서 마시는 한잔의 커피가 아니기 때문입니다. 우리가 얻어낸 건 존엄입니다. (…) 만약 우리가 국민의 일원이 아니라면, 그럼 우리는 무엇입니까?

**맬컴 엑스:** 우리가 국민의 일원이라면 인종문제는 왜 있는 거지요? (…) 흑인과 백인이 같이 앉아서 영화를 본대도 인종차별은 절대 없어지지

않을 겁니다.

그런데 이 대단한 볼거리 막후에서는 두 라이벌의 관계가 점차 변해갔다. PBS 토론이 있은 몇 주 뒤, 파머와 맬컴 엑스는 이제 대중 앞에서는 토론을 벌이지 않기로 약속했다. 대신 서로의 집에서 못다 한 논쟁을 이어가기로 했다. 이때 두 적수가 서로를 향해 드러낸 애정 때문에 이 만남은 마치 '서로 추켜세우는 사람들의 모임' 같은 인상을 주었다. 예를 들어, 두 사람 모두 자기 아내가 상대방이 토론을 더 잘한다고 생각한다는 말을 전했다. 하지만 이 관계는 치열한 경쟁적 면모를 결코 잃지 않았다. 파머는 논쟁을 하다 말고 이렇게 말하기도 했다. "말도 안 되는 소리 좀 그만해요, 맬컴. 당신은 절대 이길 수 없어요. 톨슨 선생님 지도를 안 받았으니까."[30]

파머와 맬컴 엑스가 다른 시각으로 맞붙은 것이 이 토론에서만은 아니었다. 주류 민권운동과 흑인민족주의◆의 충돌이 당시의 정치 지형을 변화시키고 있는 터였다. 그럼에도 불구하고 두 적수의 입장이 꾸준한 대화를 통해 진화한 과정을 더듬어보면 그 변화에 놀라지 않을 수 없다.

맬컴 엑스는 1964년 3월 네이션 오브 이슬람을 탈퇴했다. 그다음 달에 그는 흑인민족주의와 자기방어로서의 폭력 원칙을 여전히 신봉한다고 밝혔다. 하지만 아프리카계 미국인들을 향해 선거 과정에

---

◆ black nationalism. 흑인에 의한 국가 건설 운동.

전략적으로 개입해야 한다고도 설득했다. "이제 여러분과 저는 정치적으로 더 성숙해져서, 투표란 게 왜 필요한지를 깨달아야 합니다"라고 그는 말했다.[31] 한편 파머는 변함없이 통합을 위해 헌신했지만 흑인민족주의 사상도 일부 수용하려고 했다. 일례로 1965년에는 지역사회조직에 집중하는 방식과 직접행동을 결합한 '동시적' 접근법을 지지했다.[32]

제임스 파머와 맬컴 엑스는 마지막 만남 때 이런 변화에 대해 이러다가 곧 정치적 입장을 서로 맞바꾸게 될 것 같다고 농담을 했다. 파머는 "그리고 그 말이 진짜 맞는 말이었는지도 모른다"라고 썼다.[33]

하지만 입장을, 그것도 양극단에 있는 입장을 맞바꾼다는 생각까지 하고도 결국 이 정도가 다였다. 내 경험상 좋은 토론에서 한쪽이 다른 한쪽에 대해 '완전히 이기는' 결과는 드물었다. 양측의 신념이 아주 약간 조정되는 경우가 훨씬 흔했다. 하지만 이 새로운 사상들이 반드시 과거의 이항 대립을 고수하며, 이를테면 덜 통합주의적이고 더 민족주의적이 되는 식으로 나타나지는 않았다. 새로운 사상은 두 사상의 종합이었다. 둘 다이면서 그 어느 것도 아니었다.

2006년 조직행동학 교수 크리스티나 팅 퐁은 양가감정(긍정적 감정과 부정적 감정을 동시에 경험하는 것)과 창의성(개념들 간의 특이한 상관관계를 인지하는 능력)의 연관성을 제시했다.[34] 그는 두 실험 결과를 논하면서 양가감정은 사람들로 하여금 "자신이 특이한 환경에 처해 있음을 인지하게 함으로써 그런 특이한 결합에 대한 민감성을 높인다"라고 주장했다. 그 결론은 비록 관리자가 일터에서 양가감정을 적극적으로 부추겨야 할 이유는 딱히 없더라도 "복합적인 감정의 잠재적 결과에 대해 더 균형잡힌 시각"을 취할 이유는 충분하다는 것이었다.

토론과 지적 양가감정도 이와 비슷하다. 우리의 관점이 진정한 반대에 직면했을 때 우리에게는 더 강력하게 주장하거나 아예 포기하는 선택지만 있는 게 아니라, 한번 더 생각해서 제3의 길을 찾아내는 방법도 있다. 교육 도구로서 토론이 지닌 또다른 측면이다. 포기하지 않고 대화를 지속해나갈 수만 있다면, 토론은 우리에게 꾸준히 서로에게 배워나가는 법을 가르쳐준다.

## 부디 이들에게 토론 훈련을 활용할 기회가 주어지기를……

발리에서 열린 세계학생토론대회가 끝나고 2주가 지난 8월 27일 여름 끝자락에 나는 베이징공항에 내려 택시를 잡아타고 칭화대학교로 갔다. 구닥다리 현대 엘란트라 뒷자리에 앉고 보니 갑자기 나를 둘러싼 환경이 얼마나 달라졌는지가 확 느껴졌다. 스모그, 어마어마하게 높은 수많은 회색 빌딩들, 택시 운전사의 딱딱한 베이징 억양, 그리고 이 모든 것을 통해 느껴지는 낯설고 위협적인 카리스마가 나를 불안하게 했다. 그러다 널찍하게 펼쳐진 푸른 캠퍼스에 들어오니, 이제 여기가 나의 새집이구나 싶었다.

슈워츠먼칼리지에 있는, 우리 프로그램을 위한 숙소와 교육 시설들은 모두 중국 고궁에서 영감을 얻어 지어졌다. 하지만 진홍색 나무 장식을 넣은 인상적인 벽은 요새를 떠올리게 했다. 미국인 쉰 명, 중국인 스물다섯 명, 그 외 세계 각지에서 온 사람 마흔다섯 명으로 구성된 우리는 중국과 미국, 나아가 세계의 다른 곳들까지 연결하는 다리 역할을 하기 위해 모였다. 목표는 모호한 것(다양한 문화 간 이해 증진)부터 거창한 것(신흥 권력과 기존 권력의 충돌이 전쟁으로 치닫기 쉽다는 가설인 '투키디데스의 함정'을 극복하기)에 이르기까지 광범위했다. 나는 짐을 끌고 시원한 로비를 지나 3층 내 방으로 가면서, 과연 이런 사회적 실험이 어떤 결과를 낼지 궁금했다.

첫 몇 달 동안 이십대인 우리들은 이 문화교류 과제에 다소 뻣뻣하게 접근했다. 토론 시간에는 다들 나라의 대표자답게 신중한 태도로 의견을 표명했다. "중국인으로서 말하자면……" "대부분의 미국인들은……" 하는 식이었다. 교육과정 중 좀더 실용적인 수업에서는—공공정책과 경영학을 섞어놓은 수업처럼—사회적이고 이데올로기적 차이를 넘나들며 일하는 능력을 전문 기술로 취급했다. 예컨대 '문화 간 전략 관리'라는 과목이 있었다. 이런 과목들은 대화 수준을 떨어뜨렸다.

그래도 상관없었다. 내게 이 열 달은 그간 나를 사로잡아온 교육의 나머지 부분, 이를테면 경쟁, 자기표현, 아무도 청한 바 없는 공적 플랫폼 장악 노력 등으로부터 휴식을 취하기 위한 시간이었다. 주말에는 대부분 중국인 미술가, 파키스탄인 시인 친구와 여행하며 보냈다. 나는 경험을 우선으로 삼고 그에 대한 해석은 가급적 뒤로 미루려 애썼다. 우리 셋은 짐을 가볍게 꾸려 아주 먼 곳까지 여행했다. 쑤저우운하를 지나 신장의 톈산산맥까지 가는 내내 우리는 우리만의 우정의 언어로 쉴새없이 이야기를 주고받았다.

칭화대학교에 있는 동안 세상은 어지러울 정도로 빠르게 변했다. 프로그램을 시작한 지 석 달째에 접어들었을 때 반 친구들과 크리스마스 저녁식사를 준비하는데, 미국이 중국은 미국의 영향, 가치, 부에 도전하려는 '수정주의 세력'이라고 공표했다. 베이징은 '악의적 비방'이라며 맞섰다. 2018년 2월 우리가 석사논문에 집중하고 있는 동안에는 중국 주석이 자기 직위에 대한 임기 제한 조항을 철폐했다. 몇 주 뒤인 3월에는 미국이 중국 철강과 알루미늄에 관세를 부과했고, 곧바로 무역전쟁이라는 이름의 보복 조처가 쏟아졌다.

그사이 슈워츠먼칼리지 공동체 역시 분위기가 사뭇 달라졌다. 공용 거실과 술집에서 사람들은 우정을 가꾸고 사랑에 빠졌다. 다들 처음엔 조심스러워했지만 나중에는 될 대로 되라는 식이었고, 덕분에 친밀감이라는 복잡한 감정이 생겨났다.

우리의 내외부 세계가 변하면서 친구들과 나는 서로에게 전과는 다른 어조로 말하기 시작했다. 이를테면 전에는 자음에 힘을 주고 모음을 길게 늘이는 식으로 무언가를 열성적으로 설명하거나 외교 용어에 기대 인내심 있게 말하던 분위기였다면 지금은 그보다 조용했다. 사람들은 어떤 집단이 아니라 자기 자신을 대변해서 말했다. 말은 의구심과 열린 질문으로 점철되었고, 문장과 대화는 시도 때도 없이 뚝뚝 끊겼다.

그런 순간엔 왠지 우리가 제대로 교육받고 있는 듯한 기분이 들었다. 그때 들려온 것은 확신에 찬 방어의 목소리가 아니라 부드러운 수용의 목소리였다. 사람들이 내 말을 경청해줄 테고, 내 말이 더 풍부한 대화라는 보상을 가져다줄 거라는 자신감을 바탕으로 한 목소리였다. 토론과 그 패배의 교훈은 이런 목소리에 다가가는 데 도움이 되지만 거꾸로 이런 목소리가 토론에 도움이 되리라는 사실 역시 분명했다.

중국에 도착했을 때부터 각종 지역토론회에서 대회나 훈련 시간에 와서 강연을 좀 해달라고 초청했지만, 나는 이제 더는 토론 관련 일을 하지 않는다는 설명과 함께 정중한 거절의 메시지를 보냈다. 그러다 학위과정이 거의 끝나가는 4월에 두어 차례 초청을 받아들였다. 주최 측의 끈질긴 부탁 때문이기도 했지만 호기심도 발동한 터였다.

눈부시게 아름다운 토요일 오후, 작은 중고등학생 대회의 심판을 맡아 자전거를 타고 한 지역 대학으로 가면서 나를 기다리고 있는 대회에 대한 궁금증이 일었다.

중국은 수년 전부터 세계대회에 출전하긴 했지만 큰 성공을 거두진 못했다. 싱가포르, 말레이시아 등 몇 나라를 제외하곤 대부분의 다른 아시아 국가들도 마찬가지였다. 대체로 언어 장벽과 오랜 경험이 있는 영어권 서양 국가들만이 누리는 이점 때문이었다. 아마 아시아의 엄격한 하향식 교육도 한몫했을 터였다. 나도 어린 시절 서울에서, 그리고 지금 베이징에 와서까지 익히 경험한 바 있었다.

대회는 기대 이상이었다. 실로 엄청난 인재들이 꾸준히 양성되고 있음을 확인할 수 있었다. 열다섯에서 열여덟 사이의 아이들은 토론 언어를 유창하게 구사했다. 아이들은 자기네 입장을 열정적으로 옹호하면서 무언가 다급한 상황이라는 희귀한 느낌을 자아냈다. 자기네 입장이 어떤 주장이나 문제에 대한 유일한 관점은 아니지만, 청중의 동의를 이끌어내려면 의심과 반대를 극복해야 한다는 본능적인 감각도 있었다. 이런 용의주도함을 보면서 나는 우리 어른들이 토론에서 드러내기 일쑤였던 편협함을 떠올렸다.

이 아이들이 부러웠다. 그들은 13년 전 내가 있었던 바로 그 자리에, 이제 막 배움의 가파른 상승 곡선이 시작되는 문턱에 서 있었고 그들 앞에는 정말 많은 것들이 기다리고 있었다. 나는 저녁 어스름이 짙어지는 가운데 베이징의 교통 체증을 뚫고 좁은 운하를 가로질러 칭화대학교로 돌아가면서, 이토록 흥미로운 정신을 가진 아이들에게 앞으로 어떤 일들이 펼쳐질지 궁금했다. 나중에 해외로 진출하고 싶다는 열망을 피력한 아이도 몇 있었지만 대부분은 중국에 남고 싶어했다.

나는 슈워츠먼칼리지 입구 근처에 자전거를 묶어두면서, 훗날 아이들에게 이 토론 훈련을 제대로 활용할 기회가 한껏 주어지기를 빌었다. 부디 그들의 지식과 기술, 동기를 활용해 타인을 설득할 수 있기를, 품위 있게 이기고 지기를, 양가감정을 적극적으로 끌어안기를 바랐다. 또 우리를 위해서 부디 민주사회가 이 교육에 헌신하기를, 그래서 세계 토론 무대에서 우리의 가치를 옹호해야 할 때가 왔을 때 우리에게도 기회가 주어지기를 빌었다.

# 8장

## 관계: 가까운 사람들과 '잘' 싸우는 법

### 화해와 타협을 위한 토론

"세상을 자신의 눈과 다른 사람들의 눈으로
동시에 보는 경험은 혼란스럽고, 불안하고, 힘이 든다.
하지만 이는 사랑에 대한 설명이 아니라고도 할 수 없었다."

2009년 4월, 키싱포인트길에 빨간 벽돌로 된 멋진 2가구 주택 한 채가 매물로 나왔다. 전 주인이 골치 아픈 이혼을 하게 되어서라고 했다. 어느 청명한 가을 아침에 부모님과 내가 그 집을 보러 갔을 때 부동산 중개인은 우리에게 '좋은 기회'를 잡았다고 말했다. 안으로 들어가니 퀴퀴하고 매캐한 냄새가 났다. 나이 지긋한 여성이 보라색 벽지를 두른 거실에 앉아 TV를 보고 있었다. 여전히 2인용으로 꾸며져 있는 침실을 둘러보면서 나는 이 집에서 어떤 불행이 증식했는지 궁금했다. 그날 밤 어머니는 중개인에게 전화를 걸어 호가를 제시했다. 그리고 한 달이 좀 안 되어 우리 세 사람은 그 집을 새 터전으로 삼게 되었다.

중국에서 1년을 보낸 나는 2018년 8월, 5년여간의 해외 생활을 마치고 키싱포인트길의 우리집으로 돌아왔다. 집은 전보다 조금 낡은 것 같았다. 집을 둘러싼 정원에는 초목이 어지러이 자라 있고 집 안 곳곳 전등 불빛도 희미했다. 관리인이 따로 있는 기숙사에서 몇 년 살다 오니 진짜 집에서 살아가는 데 따르는 온갖 책임과 감내해야 하는 어수선함이 당황스러웠다.

어머니와 아버지도 점점 나이들어가고 있었다. 육십대 중반을 바라보는 부모님은 저녁 식탁에서 은퇴 이야기를 터놓았다. 아버지는 더이상 염색을 하지 않았고, 하얗게 센 머리카락을 보면 할아버지가 떠올랐다. 부모님은 2013년 내가 집을 떠나 대학에 간 뒤 몇 달 동안 내내 눈물바람이었다고 말했다. 다시 온 가족이 모여 식탁에 둘러앉으니 부모님의 얼굴에 전처럼 웃음기가 어렸다. 나는 그동안 사라져버린 게 또 뭐가 있을지 궁금했다.

집과 가족에 대한 의무감이 커지면서 나는 무력감을 느꼈다. 집으로 돌아오기 전에는 이 기간을 직업세계로 건너가기 전에 잠깐 머무는 휴식기 정도로 상상했다. 훗날 가족 모두가 몹시 그리워할 짧디짧은 시간일 터였다. 아직 일자리도 구하지 않았고 도시의 임대료도 너무 올라 따로 나가서 산다는 건 현실적으로 불가능했다. 나는 어린 시절을 보낸, 오래 비워둔 빈방 특유의 냄새가 은은하게 풍기는 아늑한 방에서 먼지 쌓인 상장과 토론대회 트로피들을 마주하며 아침을 맞았다. 청소년기에 열정을 쏟아부었던 일들과 최근에 거친 인턴십, 펠로십 등을 생각하면 앞으로의 삶에 대해 무슨 단서가 보여야 마땅했다. 하지만 미래에 대한 약속은 날이 갈수록 빛이 바래가는 것 같았다.

베이징 생활이 끝나갈 무렵 나는 기자가 되기로 결심했다. 이것 저것 따져본 끝에 결정했다기보다는 중국에서 만난 외국 기자들의 매력에 푹 빠져서였다. 권위를 존중하고 권위 있는 사람으로 인정받는 게 중요하다고 가르침을 받아온 사람—이민자로서도, 엘리트로서도—에게, 기자는 그 반대의 정신을 구현하는 사람으로 보였다. 그들은 아무렇게나 입고 기삿거리를 찾아다녔다. 그 직업을 갖기에 나는 불리한 상황이었다. 뉴스룸에서 일한 경험도 없고 이런 사양산업에서는 사람을 많이 뽑지도 않았다. 하지만 한번 선 결심은 좀처럼 흔들리지 않았다.

부모님은 내 결정을 재고해보란 말을 절대 하지 않았다. 남 참견하기 좋아하는 친구와 친척들이 입을 모아 "그래, 보현이는 요즘 뭐 해?"라고 아무리 추궁하듯 물어대도 꿈쩍도 하지 않았다. 부모님이 아니었다면 나는 아무것도 이루지 못했을 것이다. 하지만 그런 부모님이 있는데도 나는 홀로 엄청난 의구심에 짓눌렸다. 부유한 동기들이 컨설팅 기관이나 금융 산업 쪽 돈 잘 버는 직장을 위해 꿈을 저버리는 걸 보고 코웃음을 치던 나였다. 하지만 이젠 나의 이상주의가 과연 얼마나 갈 수 있을지, 혹시 첫 단추부터 잘못 끼운 건 아닌지 의심이 들었다.

그 몇 달 동안 나는 새로운 일들이 펼쳐지길 갈망했다. 일자리 구하기의 늪에서 주의를 돌리게 해주는 것이라면 뭐든지 다 좋았다. 그런 내 바람은 11월, 어떤 사건이 아니라 그 사건의 여파를 겪으며 실현되었다.

1년 전인 2017년 8월, 호주 정부는 모든 유권자에게 다음과 같이 물었다. '동성혼을 허용하도록 법을 개정해야 한다고 생각하십니까?' 비록 이 여론조사에는 강제성도 구속력도 전혀 없었지만 정부는 국민의 선택을 존중하기로 약속했다. 우리는 그저 투표지에 표시한 다음 우편요금이 이미 지불된 봉투에 넣어 9월에서 11월 사이에 보내기만 하면 되었다.

우편조사는 그리 좋은 평가를 받지 못했다. 성소수자 지지자들은 공공 캠페인이 공동체에 잠재되어 있던 증오를 촉발시킬 것이라고 주장했고, 종교적 보수주의자들은 이 과정이 반종교주의 정서를 부추기고 신앙 기반 공동체를 분열시킬 것이라며 우려했다.

하지만 동성혼을 지지하는 보수정당 소속 맬컴 턴불 총리는 국민에게—그리고 국민의 반대 능력에—모든 결정을 맡기겠다는 생각에 변함이 없었다.

여러분은 우리 호주인을, 중대한 공적 관심사를 토론할 우리의 능력을 그렇게 과소평가하는 것입니까? '우리에겐 우리의 법과 문화에 매우 특별하고 중요하고 근본적인 요소라고 할 결혼의 정의에 대해 차분하게 토론할 능력이 없다'고 말하는 겁니까? 저는 그렇게 생각하지 않습니다. 우리 호주인들은 스스로 차분하게 토론할 수 있다는 것을 보여줄 수 있고, 실제로 보여주었습니다.[1]

결국 63.6퍼센트가 동성혼에 찬성하는 결과가 나왔다. 이 국민투표는 나라에 최상의, 그리고 최악의 영향을 동시에 가져왔다. 사적 영역에서는 많은 가족과 공동체가 건설적인 반대 방법을 찾았지만 공적 대화는 적의와 욕설로 도배되었다. 하지만 막상 12월에 법이 통과되고 이 문제가 헤드라인에서 사라지자 사람들은 대체로 이 시기를 역사의 평가에 맡기게 된 것을 반겼다.

그런데 1년이 지난 지금 새로운 싸움이 시작되려 했다. 이 법에 따르면 종교기관이 반드시 동성 커플의 결혼식을 주관할 필요는 없었다. 하지만 일부 신앙 공동체 내에서는 자발적으로 결혼식을 주관해야 한다는 목소리가 점점 커지고 있었다. 7월에 호주 교회연합—감리교와 장로교—은 결혼의 두 가지 정의를 모두 인정하고 목사들에게 동성혼 지지에 대한 선택권을 주었다. 하지만 일부 교회는 이 결정에 격렬히 반대했고, 부모님이 다니는 교회도 그중 하나였다.

교회 신도들은 이 결정을 폐지하려는 노력을 기울이는 한편 교회연합을 탈퇴하는 방안을 공개적으로 논의했다. 우리 가족이 다니는 교회 목사님은 공동체의 의견을 묻기 위해 11월 둘째 주 일요일에 공동 회의를 소집했다.

내 경험상 바깥에서 교회를 바라보는 시선은 양극단에 치우쳐 있었다. 한쪽에서는 종교 조직 내부는 분란이 그칠 날이 없고 그 긴장 때문에 항상 싸움이 터지기 일보 직전 상태라고 했다. 이와 반대로 다른 한쪽에서는 교회 내부에는 반대가 너무 부족하고 도그마와 세뇌로 반대를 짓눌러버린다고 했다.

하지만 둘 중 어느 관점도 내가 자라며 본 교회를 제대로 그려내지는 못했다. 맨 처음 윤리적 질문을 하고 그에 대해 뭔가를 주장하는 법을 배운 것은 일요일 교리 학습 시간이었다. 나는 "거짓말은 언제나 나쁜 건가요?" "잠깐만요, 하느님이 인간을 모조리 수장시켰다고요?" 하고 물었다. 성경에도 가끔 논쟁하는 대목이 나왔다. 아브라함은 창조주에게 소돔과 고모라의 무고한 사람들을 생각해달라고 설득했다. 욥은 고통의 문제를 두고 친구들과 싸웠다. 아직 어렸던 우리는 이런 이야기를 각자 다른 방식으로 이해했고 그 결론을 놓고 논쟁을 벌였다. 그런 순간에는 교회가 꼭 진지한 독서 모임처럼 느껴졌다.

호주 내 한국 이민자 교회는 남다른 특징이 있었다. 한인 교인들은 호주 교회 예배당이 비는 시간에 그 공간을 빌려 예배를 드렸다. 교회 사람들을 단지 종교적 관점으로만 설명하는 건 정확하지 않다. 교회는 다양한 형태의 돌봄, 이를테면 신선한 음식, 무료 아이 돌봄 서비스, 정서적 지지, 재정적 조언을 모두 받을 수 있는 곳이고, 신도들은 서로에게 친구이자 동료이자 이웃이었다.

이처럼 끈끈하게 얽인 관계에는 위험도 따랐다. 사람들은 서로를 상처 주고 배신할 만큼 가까워졌고 끊임없이 남의 사생활에 대해 쑤군거렸다. 하지만 보통은 함께 잘 지냈다. 나는 고등학교, 대학교에 다니면서 종교와 멀어지긴 했어도 교회는 여전히 내게 공동체의 한 모범으로 남아 있었다.

그래서 다가오는 동성혼 공동 회의에 대해서도 낙관적으로 생각했다. 신도들은 서로에게 반대하는 법을 알았다. 공유하는 부분도 아주 많았다. 불한당도 없었다. 게다가 다른 교회에서 벌어진 유사한 토론의 결과로, 좋은 반대에 관한 신학이 주류로 진입한 참이었다. 캔터베리 대주교 저스틴 웰비는 2015년 교회를 향해 이렇게 말했다. "하느님의 다림줄◆은 반대 자체를 판단하지 않습니다. 대신 저와 우리 각자가 어떻게 반대하는지에 대해 책임을 묻습니다. (…) 관계에서 말끔하지 못한 모습은 두려워할 일이 아니라 오히려 정상입니다. 우리의 모습이 얼마나 다채로운지를 보여주니까요."[2] 만약 좋은 반대라는 게 가능하다면 바로 지금이었다.

그런데 알 수 없이 착 가라앉는 이 기분은 대체 무엇일까?

## '더러운 접시 논쟁'의 비극

교회에서 토론이 시작된 주에 부모님과 나는 별로 대화를 나누지 않았다. 우리는 다투는 일이 점점 잦아지고 있었다. 중요한 문제를 놓고 부딪치기도 했다. 예를 들어 나는 집을 줄이고 시내에서 가까운 아파트로 이사하라고 부모님을 설득했지만 부모님은 두 가지 제안 모두에 부정적이었다. 하지만 가장 소모적이고 힘든 충돌은 대부분 사소한 문제를 두고 벌어졌다. 자질구레한 집안일, 아무렇게나 내뱉는 말, 상황에 안 맞는 행동 같은 것들이었다. 그런 언쟁은 처음엔 대수롭지 않게 시작했다가 점점 심각해졌다.

---

◆ 수직, 수평을 헤아릴 때 쓰는 줄. 성경에서는 신앙의 깊이나 소명의식, 책임감 등을 측정하는 도구로 비유된다.

부모님은 자신들의 명예를 지키기 위해 한 치도 물러서지 않았다. ROTC 출신인 아버지는 '품격'이라 부르는 무언가에 대한 확고한 믿음을 바탕으로 자부심, 관대함, 규율 같은 자질을 소중히 여겼다. 어머니는 보부아르의 『제2의 성』을 읽고 딸에게 결혼보다는 커리어를 우선시하라고 권한 페미니스트 아버지를 둔 분이었다. 두 분 모두 외동아들의 말도 안 되는 소리를 받아들일 분들이 아니었다.

내 친구들 사이에서도 비슷한 역학이 생겨났다. 친구들 대부분이 이미 직업전선에 뛰어들어 한두 해를 보내고 있는 참이었고, 자가는 아니더라도 멋진 집에서 그들을 기다리는 오랜 파트너가 있었다. 그들 사이에 있으려니 나 자신이 마치 너무 성장해버린 아이처럼 느껴졌다. 나는 지난 5년간 해외에서 책을 읽으며 대부분의 시간을 보냈다. 대체 뭘 위해서였을까? 이런 이유로, 나는 친구들과 농담을 주고받다가 그들이 생각 없이 내뱉은 가시 돋친 말들과 부주의한 말들을 마음에 담아두었고 정치부터 사소한 개인적 불만에 이르기까지 닥치는 대로 논쟁을 벌였다. 친구들은 절대 위로하는 척이라도 하거나 면죄부를 주는 법이 없었다. 우리는 서로의 기준을 알았고 늘 받은 만큼 되돌려주었다.

주방세제 피니시의 제조사는 미국인을 대상으로 설거지에 대해 조사한 적이 있다.[3] 열 명 중 여섯이 설거지가 스트레스라고 대답했고, 그중 4분의 3이 그릇을 미리 한 번 헹구어 식기세척기에 집어넣는다고 했다. 하지만 가장 재미있는 발견은 가사 분담 논쟁이었다. 모든 가정이 설거지와 관련된 논쟁을 한 해 평균 217차례, 한 달에

18차례나 벌였다. 대부분은 누가 세척기를 비워야 하는가에 관한 것이었고 개수대에 담가둔 그릇 때문에도 싸웠다.

이 결과는 사람들이 논쟁에 대해 암묵적으로 알고 있는 두 가지 사실을 뚜렷이 드러냈다.

1. 지속적인 의견 충돌은 가까운 사이에서 가장 많이 일어난다.
2. 대부분은 사소한 문제로 싸운다.

두 현상 모두 이상했다. 협상 이론에 대해 읽어보면 공통점을 찾으라는 말보다 더 자주 나오는 말이 없었다. 설령 그 공통점이 '우리 모두 인간이다'나 '둘 다 후무스를 먹는 문화권에서 왔다'처럼 사소하다 해도, 그런 인식이 갈등을 대하는 태도를 다르게 만들 수 있다고 전문가들은 말했다. 또다른 팁은 거창한 반대를 작은 부분들로 쪼개는 것이었다. 이 방법은 위험부담을 줄여 토론이 만만하게 느껴지도록 해주었다.

하지만 우리가 일상생활에서 부딪히는 반대는 그런 것에 전혀 영향받지 않는 듯 보였다. 사실 친구, 가족, 연인 같은 사적인 관계에서는 굳이 공통점을 찾을 필요도 없었다. 애초에 공통점이 없다면 관계 자체가 성립되지 않을 테니까. 사소한 집안일을 두고 벌이는 논쟁을 더 작은 부분들로 나누어서 얻을 것은 또 무엇이겠는가? 애초에 그보다 더 단순해빠진 문제도 없다. 알고 보면 친밀한 관계와 사소한 문제가 오히려 논쟁을 더 어렵게 만들었다.

나 역시 부모님과 사소한 문제로 언쟁을 벌일 때면 맘 편히 아무렇게나 행동했다. 그래도 상관없기 때문이었다. 집이라는 공간은 내게 10여 년에 걸친 토론 훈련을 잠시 잊어도 좋다고, 그러니 내가 하는 말과 말하는 방법에 대해 별로 깊이 생각할 필요가 없다고 나를 안심시켰다. 이런 마음가짐은 대체로 정신 건강에 좋았다. 하지만 실수, 오해, 홀대도 낳았다. 나는 빠른 시간 안에 내게 유리한 방향으로 논쟁을 해결할 수 있으리라는 자신감도 매우 컸다. 그러다보니 상대방이 수긍하지 않으면 사려 깊지 않게 행동하거나 곧장 화를 냈다. 이런 상황에서 과연 어떻게 소리지르며 싸우지 않을 수 있을까?

'더러운 접시 논쟁'의 비극은 바로 여기에 있다. 만약 우리가 상대를 덜 사랑하거나, 더 중요한 문제를 두고 다투고 있다면 논쟁이 그렇게까지 고통스럽지는 않을 것이다.

사적인 관계에서 벌어지는 논쟁이라는 곤란함을 이해하는 또다른 방법은 내가 만든 네 가지 체크리스트(RISA)를 활용해보는 것이다. 좋은 반대를 위한 조건은 대체로 확보하기가 쉽지 않지만 가장 중요한 관계에서는 특히 더 그렇다.

**실재하는가:** 사적인 관계는 오해로 점철되어 있다. 상대의 말을 귀담아듣기 쉽지 않고 마음대로 추측하는 때가 많다. 상대방을 아주 잘 안다는 확신 탓도 있지만 친밀한 사이끼리는 서로 이해해야 한다고, 어쩌면 그 자신보다도 내가 상대를 더 잘 이해해야 한다고 낭만적으로 생각하는 탓도 있다. 결국 한 가지 오해를 가지고 계속 싸우다가 진정

한 의견 차를 확인하기에 이른다.

**중요한가:** 친밀한 관계에서는 사소한 의견 차이가 침소봉대되는 경향이 있다. 우리는 사랑하는 사람이 우리의 말에 맞장구쳐주고 나아가 우리와 비슷하기를 기대하다가 그런 희망이 무너지면 화가 난다. 또한 사소한 논쟁에서 온갖 징후를 읽어내기도 한다. 이를테면 상호 공존 가능성, 관계의 견고함, 상대방 마음속에서 나의 위치까지 파악하려 한다. 그러다 두더지 언덕이 갑자기 거대한 산처럼 보이기 시작한다.

**구체적인가:** 사적인 논쟁에는 당연히 한계가 있다. 서로의 삶이 너무 밀접하게 엮여 있어서 한 가지 분쟁이 수천 가지 것들로 뻗어나갈 뿐 아니라 과거에 상대가 했던 비슷한 일까지 끌어오기 십상이기 때문이다. 그렇게 논쟁의 영역이 넓어지는 순간 해결 불능 상태에 빠질 위험은 더 커진다.

**목적이 상호 수용 가능한가:** 사람들은 복잡한 이유로 사랑하는 사람과 싸운다. 어떤 이유는 당면한 문제와 아무 관련이 없는 경우도 있다. 사람들은 고통을 주려고, 자신의 불행을 알리려고, 상대가 여전히 나를 아끼는지 시험해보려고 언쟁을 벌인다. 그러다보니 양측이 서로의 동기를 수용하기가 힘들어진다.

한 가지 분명해 보이는 사실은 논쟁 기술이 나를 구원해주지는 않으리라는 점이었다. 이런 사적 논쟁에서 유리한 상황에 놓일 때마다 나는 끔찍하게 가시 돋친 말로 종지부를 찍었다. "나랑 논쟁하려 하지 마." 문제는 내가 최선을 다해 열성적으로 논쟁해도 상대를 설득하기엔 여전히 역부족이라는 사실이었다.

이는 내가 당장 해결해야 할 숙제였다. 더러운 접시 논쟁의 해악은 가족이나 친구 관계에만 국한되지 않았다. 사랑하는 사람과 말다툼하고, 이웃과 언쟁을 벌이고, 스포츠 클럽, 학교 운영위원회, 종교 모임같이 한뜻으로 모인 사람들끼리 서로 반목하게 했다. 이런 곳에서 반대는 추악하기 짝이 없고 극단적인 결과를 불러왔다.

어렸을 때 어머니는 내게 『이솝 우화』를 읽어주었는데, 그중에는 두 염소가 숲속 외나무다리에서 만나는 것으로 시작하는 이야기가 있었다. 두 염소 모두 아주 조심조심 외나무다리 위를 걸었고 떨어지면 끝장이라는 사실을 잘 알고 있었다. 하지만 이들이 가운데서 만났을 때 둘 다 너무 자존심이 강한 나머지 아무도 옆으로 비켜서지 않았다. 둘은 뿔을 들이대고 싸우다가 결국 모두 떨어져 죽고 말았다. 어떤 버전에서는 이 두 염소가 친구였고 다른 버전에서는 친척이었다.

## 반대와 반대가 겹겹이 쌓이는 순간

일요일에 교회에서는 점심으로 미역국이 나왔다. 마늘과 소고기를 넣고 끓인 국은 밥, 그리고 어마어마한 양의 김치와 함께 나왔고, 김치 접시는 긴 식탁에 일정한 간격으로 주르륵 놓여 있었다. 그 주의 식사를 맡은 가족은 보통 모든 음식을 충분히 먹고도 남을 만큼 준비하는 것이 관례였다. 남은 음식을 아이가 있는 가족과 학생들이 가져갈 수 있도록 배려한 것이다. 활기차게 대화가 오갔고 사람들은 뜨거운 국물을 삼키며 "카아!" 하는 소리를 냈다.

오후 2시가 되자 사람들이 대예배실로 모여들었다. 다들 식당을 나서기 직전에 하던 일이 그대로 묻어나는 표정을 짓고 있었다. 미소를 띤 사람도 있고 뭔가를 골똘히 생각하는 듯한 사람도 있었다. 부모들은 아이들에게 잠깐 나가서 놀고 있으라고 일렀다. 농부처럼 성실하고 조용한 목사님은 이미 착석해 있었다. 그는 곧 지혜를 구하는 기도로 회의를 시작했다.

대화는 다소 부자연스럽게 시작되었다. 공동체 내 연장자가 이 '어려운 상황'에 대해 간략히 설명했다. 분위기는 불편하진 않았지만 내내 제자리걸음하듯 대화가 맴돌아 진이 빠졌다. 흥미로운 진전 하나 없이 시간만 흐르다가 결국 이 회의는 실패했으나 무해한 실험으로 끝날 가능성이 농후해 보였다.

그때 앞쪽에 앉은 중년 여성 한 분이 손을 번쩍 들었다. 말수가 적고 성실한 분이었다. 사연을 밝히진 않았지만 오랜 고통을 겪고 믿음이 신실해진 분이었다. 이때쯤엔 사람들 대부분이 생각의 나래를 펼치느라 그의 미묘한 몸짓과 그가 하려는 말을 알아채지 못했다.

"성경은 이 점에 대해 분명하게 말해주고 있어요. 대체 이 문제가 논의할 가치가 있기나 한가요?"

그의 목소리가 떨렸다. 말소리는 또렷이 들렸지만 문장의 의미는 모호했다. 농담과 비난과 간청 사이 어디쯤에 걸쳐 있었다. 하지만 그는 말을 이어가다가 새로운 해결책을 발견한 것 같았다. 한번 형성된 그의 의도는 마치 쇠막대처럼 나머지 모든 말들을 관통했다. 말 마디마디마다 그 흔적이 묻어났다.

"교회의 목적은 신앙을 지키는 것입니다. 그건 옳은 일에 찬성하고 그른 일에 반대한다는 뜻이지요. 만약 우리가 유행에 굴복한다면 우리는 진실성을 잃어버리게 됩니다."

한동안 정적이 흘렀다. 그는 자기 자리에 도로 풀썩 주저앉았고, 그러자 순식간에 연약한 사람처럼 보였다. 자기 차례를 기다리고 있던 사람들은 망설였다. 젊은 부모 하나는 아이가 잘 있는지 확인하러 슬그머니 빠져나갔다. 그리고 봇물이 터졌다. 몇몇 사람들이 뒤이어 말했는데, 무턱대고 분노를 쏟아내거나 몹시 진지하게 말하다 울먹이기까지 했다. 발언자와 발언자 사이 간격도 짧아졌다. 말은 점점 빨라졌다. 곧 대예배실은 한꺼번에 튀어나온 온갖 목소리로 떠들썩해졌다.

제기된 주장은 다양했고 반드시 엇갈리기만 하는 것도 아니었다. 아버지는 동성혼 인정을 옹호하는 발언을 했다. 관료적 관점에서 나온 주장이었다. 아버지는 성경과 윤리보다는 전략과 절차 이야기를 더 많이 했다. 이를테면 교단과 어떻게 좋은 관계를 유지할 것인가 하는 이야기들이었다. 하지만 전후의 보수적인 시골 출신 남자로서는 꽤 급진적인 개입이었다. 다음 발언자는 완전히 다른 지점을 짚었고, 그다음 발언자도 마찬가지였다. 이렇게 반대에 반대가 겹겹이 쌓이기만 하면서 결국 감당하기 힘든 상태로 치달았다.

제대로 맞부딪치는 순간조차 유해하긴 마찬가지였다. 동성혼 반대는 교회가 시대착오적인 조직이라는 대중의 인식을 재확인시킬 것이라는 주장에 대해 누군가는 이렇게 말했다. "그건 말도 안 되는 헛소리예요." 하지만 대체 뭐가 말도 안 된다는 거였을까? 결론이? 논리가? 걱정하는 부분이? 그런 의견을 제시한 사람이? 이 전부가? 아니면 다른 것이? 이런 모호함은 토론장 공기를 탁하게 만들었다.

## 다른 신념의 합리성을 체험해보는 '입장 전환'의 기술

2010년 인지과학자 위고 메르시에와 당 스페르베르는 '인간은 왜 이성적으로 사고하는가?'라는 질문에 특이한 대답을 내놓아 소동을 일으켰다.[4] 그들은 이성적 사고가 진실을 분별하고 더 나은 판단을 내리기 위해서가 아니라, 논쟁에서 이기기 위해 진화했다고 주장했다. 메르시에는 뉴욕 타임스에서 "[이성적 사고는] 순전히 사회적 현상이다. 그것은 우리가 타인을 설득하고, 타인이 우리를 설득하려 할 때 조심하려고 발달한 것이다"라고 말했다.[5] 이 관점에서 보면 확증편향 같은 약점은 시스템 오류가 아니라 그 특징인 셈이었다. 이들 학자는 우리를 진실 가까이 데려가주진 않을지 몰라도 우리가 무언가를 주장하는 데는 도움을 주었다. 메르시에와 스페르베르가 쓴 논문의 제목은 '이성적 사고에 관한 논쟁 이론The Argumentative

Theory of Reasoning'이다.

나는 이 이론이 진화심리학 이론으로 옳은지 그렇지 않은지는 잘 모른다. 하지만 교회에서 똑똑히 보았다. 논쟁에서 이기려는 욕망이 어떻게 모든 걸 집어삼키게 되는지, 그 욕망이 진실을 추구하고 타인에게 자비를 베풀고자 하는 충동을 어떻게 압도하는지를. 그런 경쟁 충동은 위험했다. 특히 사적인 의견 충돌에서 가장 위험했다. 그것은 우리로 하여금 사랑하는 사람들과의 논쟁에서 가장 중요한, 싸우면서도 함께 지내기라는 목표를 잊게 했다.

논의는 1시간이 넘어서야 볼썽사나운 꼴로 끝났다. 어떤 결론에도 도달하지 못한 채였다. 하지만 더 두고 볼 여지는 있었기에 다음 주 같은 시간에 회의를 한번 더 하기로 했다. 토론 내내 침묵을 지켰던 목사님은 기도와 부탁의 말로 회의를 마쳤다. "오늘 오후에 여러 발언들을 해주셔서 감사합니다. 이제 집으로 돌아가셔서 동료 신도들이 한 말씀을 잘 생각해보십시오. 그렇게 다른 관점으로 이 문제를 생각해보고 다시 만나도록 합시다."

목사님 말을 들으니 경쟁적 토론의 기술 하나가 떠올랐다. '입장 전환Side Switch'이라는 기술이었다.

토론의 상당 부분은 확신에 대한 훈련이다. 논제를 받아드는 순간 토론자는 그 관점을 완전히 확신하는 사람의 사고방식을 장착한다. 토론자는 이 절대적 감정에 준해 주장하고, 반대하고, 격정을 표출한다. 하지만 준비를 다 끝내고 나면 토론을 시작하기 전 잠시 불확실성을 가정해보는 시간을 가진다.

## 입장 전환의 3단계

토론이 시작되기 5분 전에 다음 중 하나 이상을 해본다.

**브레인스토밍:** 종이 한 장을 꺼내라. 당신이 반대 측이라고 상상하고, 그 입장을 지지하는 훌륭한 주장 네 가지를 떠올려보라.

**스트레스 테스트:** 반대 측의 관점에서 당신의 주장들을 검토하라. 각 주장에 대해 가능한 가장 강력한 반대 주장들을 적어보라.

**상대 입장에서 잠재적 패배 요인 분석:** 반대 측 입장이 되어 토론에서 이겼다고 상상해보라. 당신이 어떻게 이겼는지 그 이유를 써라. 그 이유는 상대의 실수가 될 수도 있다.

그다음 단계는 제각각이다. 예상되는 반대에 대답하기 위해 주장을 수정할 수도 있고 반대 주장들에 대한 반박을 미리 준비할 수도 있다. 하지만 기본 개념은 동일하다. 자기 의견에 대한 확신을 잠시 제쳐두고 다른 시각으로 사안을 바라보는 일. 이는 모두 토론에서 이길 가능성을 높이기 위해서다.

협상 전문가들은 그들만의 입장 전환 방법을 제시한다. 『Yes를 이끌어내는 협상법 Getting to Yes』의 공저자 윌리엄 유리는 중세시대에 존재했던 규칙을 찾아냈다. "상대방이 만족하도록 그가 한 말을 되풀이한 뒤에야 자기가 할 말을 할 수 있다"라는 규칙이다.[6] 갈등이론 전문가 아나톨 라포포트는 사람들에게, 반대 주장을 공격하기 전에 그 주장이 '유효한 영역', 즉 그 주장이 사실일지도 모르는 조건을 분명히 짚으라고 조언했다.[7] "검정은 희다"라고 우기는 사람에게 "네거티브 필름을 볼 때는 그렇지요"라고 대답하는 식이다.

하지만 이런 전술의 문제는 우리와 상대방을 계속해서 엄격히 분리한다는 점이다. 우리가 가장 관대한 순간에도, 이를테면 검정이 흴지도 모르는 이유를 찾아내느라 애쓰는 순간에도 우리는 (너그러운) 비평가로서 상대방과 멀찍이 떨어져 있다.

하지만 입장 전환하기는 달랐다. 우리로 하여금 실제로 반대 관점을 취해보도록 강제했기 때문이다. 이 경험은 우리에게 다른 신념의 주관적 합리성을 직접 체험해보게 했다. 우리는 잠시 자신과 상반되는 생각을 믿는다는 게 어떤 건지를 직접 느꼈다. 우리는 합리적인 사람이(우리처럼!) 입장 전환을 해보지 않는다면 생경하게 느낄 수도 있을 결론에 어떻게 도달하는지, 그 자취를 추적했다.

입장을 전환해보면 우리 자신도 다른 각도에서 보였다. 우리는 스스로 잘못 생각할 수도 있다는 가능성, 우리의 믿음이 특정한 선택과 가정들로부터 나온 결과일 가능성, 어쩌면 우리가 바로 관용이나 수용이나 저지의 대상일 가능성, 우리에 대한 반대가 당연한 것일 가능성에 대해 생각해보았다. 스코틀랜드 소설가 로버트 루이스 스티븐슨은 1860년대 대학 시절의 토론에 대해 설명하면서 이 점을 더 풍부하게 표현했다.

이제 규칙대로 당신은 당신이 반대하는 쪽을 떠맡게 된다. 그렇게 당신은 명예를 위해 자신의 생각과 반대되는 주장을 완벽하게 만들어서 말하도록—공감하도록—강요당한다. 이 한가한 밭 고르기에서 얼마나 많은 지혜를 찾을 수 있는지! 얼마나 많은 어려움들이 눈에 들어오기 시작하는지! 얼마나 많은 낡아빠진 주장들이 마침내 연옥에 빠져 당신의 억지 절충주의의 시선 아래에 놓이게 되는지![8]

입장 전환의 이런 측면들은 모두 공감에 대한 사고방식을 반영한다. 사람들은 대체로 공감을 즉각적인 심리적 연결 또는 미덕의 표현이라 보지만, 토론자들은 이를 일련의 행위를 통해 도달하는 이해라고 여겼다. 공감에 대한 이런 관점이 그리 흥미롭지는 않았다. 선의나 상상력이 아니라 종이와 펜만 있으면 된다는 거였으니까. 하지만 장점도 있었다. 상상력, 미덕, 감정, 직관 같은 우리의 자질이 제대로 기능하지 못할 때도 우리에겐 할일이 있다는 점이었다. 입장 전환은 우리가 막다른 골목에 몰렸을 때도 무언가를 하도록 요구했다.

물론 우리는 상대방을 오해하기 일쑤다. 하지만 그럴 때조차 입장 전환의 핵심은 상대방의 생각을 예단하거나 그들의 말에 귀를 닫을 구실을 찾는 것이 아니다. 바로 자기만의 생각에 안주하지 못하도록 우리를 흔들어, 다른 관점에 더 열린 태도를 갖게 하는 것이다.

철학자 블레즈 파스칼은 『팡세』에서 오랫동안 비신자들을 괴롭혀온, '도무지 신이 안 믿어지면 어떡하는가?'라는 질문에 답했다. "〔다른 사람들이〕 시작한 길을 따라가라. 마치 신을 믿는 것처럼 행동하고, 성수를 마시고, 미사에 참여하라."⁹ 말하자면 믿음은 종교 행위의 전제 조건이 아니라 그 결과라는 말이었다. 입장 전환하기는 공감도 같은 방식으로 작동한다고, 즉 의례적 행동에서 나온다고 약속한다. 그러므로 우리는 그저 정해진 절차를 따르고, 나머지는 그 자연스러운 결과에 맡기면 된다.

세상을 자신의 눈과 다른 사람들의 눈으로 동시에 보는 경험은 혼란스럽고, 불안하고, 힘이 든다. 하지만 이는 사랑에 대한 설명이 아니라고도 할 수 없었다.

## 신념과 정체성, '무엇'과 '누구'를 분리하는 일

교회에서의 회의 이후 나는 부모님과의 계속되는 논쟁에 입장 전환을 활용했다. 연애도 좀 하라는 부모님의 성화에 최상의 논리를 상상하고, 부모님이 집을 좁히도록 설득하는 내 논거들을 재검토했다. 꽤 효과적이었다. 나는 더 진득하고 신중해졌고, 부모님이 왜 그렇게 생각하는지 어느 정도 이해할 수 있었다. 하지만 대화가 거듭될수록 이런 합리성의 저수지도 메마르기 시작했다. 나는 다시 칙칙하고 익숙한 나쁜 주장의 수렁에 빠져버렸다.

문제는 입장 전환은 짧고, 의견 충돌은 길다는 점이었다. 이 기술은 모든 걸 영점에서 다시 시작하게 하는 방식으로 우리의 가정을 뒤흔들어 나쁜 논쟁의 고리를 끊었다. 하지만 이 방법이 우리를 우리 자신의 관점에서 떨어뜨려놓을 때조차 자부심, 두려움, 정체성

같은 요소들은 강력한 힘을 발휘했다. 게다가 논쟁이 가열되면 지적 충돌이 더는 조정하기 어려울 만큼 심각해졌다. 급기야 스스로를 옹호하느라 상대방을 염두에 두지 않을 정도로 파국으로 치달았다.

이 지점에서 토론이 내게 가르쳐주는 바가 있다는 걸 또 한번 깨달았다. 입장 전환하기는, 우리와 상반되는 입장을 고려하고 그 입장이 되어보기도 해야 한다는 보편적 원칙의 한 예일 뿐이었다. 토론대회에서는 이 원칙이 반복될 뿐 아니라 그 구조에도 스며들어 있었다.

토론대회에서는 자신이 주장하는 바가 개인적 견해와 아무 관련이 없었다. 입장을 정하는 방식은 다양했다. 동전 던지기, 가위바위보, 제비뽑기 등이 활용되었다. 어쨌든 늘 무작위였다. 이는 우스꽝스러운 결과를 낳았다. 토론은 완고한 마르크스주의자가 아마존닷컴을 옹호하고 임신중지 반대론자가 줄기세포 연구를 옹호하는 유일한 세계일 터였다. 옥스퍼드 유니언의 영상물에는 "이 영상의 발언자는 토론대회 참가자이므로 그 관점이 반드시 그가 실제 믿는 바를 드러내는 것은 아니다"라는 면책 고지가 달린다.[10]

어떤 토론대회는 실제로 각 주제에 대해 양쪽 입장 모두에서 토론하기를 요구했다. 양 팀 모두 같은 주제에 대해 한 주는 찬성, 그다음 주는 반대해야 했다. 하지만 이런 규정이 없더라도 토론자는 시간만 충분하다면 대부분의 주제에 대해 양쪽 모두를 주장했고 상대팀 역시 그랬다.

토론의 이 같은 측면은 심각한 비판을 불러왔다. 루스벨트 대통령은 1876년에서 1880년 사이 대학 시절을 회고하면서, 토론팀에 참여하지 않은 것을 후회하지 않는다고 썼다. 그는 "개인적으로 나는 양측이 임의적으로 입장을 부여받아 토론 경쟁을 벌이는 것에는 눈곱만큼도 관심이 없다"라고 했다.[11] 더불어 "중요한 것은 옳든 그르든 괘념치 않고 자신에게 주어진 주장을 멋들어지게 할 줄 아는 젊은이가 아닌, 옳은 편에 대한 열정적 신념을 가진 젊은이를 대학이 배출하는 것이다"라고 덧붙였다.

루스벨트의 말은 냉전시대에 다시 대중의 뇌리에 떠올랐다. 1954년 미국 대학토론대회의 논제는 '미국이 중국 공산주의 정부에 대한 외교적 인정을 확대해야 하는가'였다. 봉쇄정책에 반대하는 주장은 일부 토론자와 코치를 격분시켰다. 미 해군사관학교(아나폴리스)와 육군사관학교(웨스트포인트)는 학생들이 토론대회에 참여하는 것을 전면 금지했고, 이에 대해 웨스트포인트는 "국가정책은 이미 수립되었다"라는 구실을 댔다.[12]

이 사례는 언론의 자유, 군법, 민주적 시민의 자질에 관한 몇 가지 까다로운 질문을 제기하게 했다. 게다가 토론자는 모든 주제에 대해 무조건 양쪽 주장을 다 해야 한다는 토론대회 윤리도 널리 퍼져나갔다. 하지만 자주 인용되는 한 기사에 따르면, 전직 토론 코치 리처드 머피 교수는 공적 발언은 진실해야 한다고 주장했다. 즉, 토론자는 자신이 진짜 믿는 바를 찾고 그 입장을 고수해야 한다는 말이었다. 그는 토론 코치 브룩스 큄비의 말을 빌려 루스벨트 같은 견해를 드러냈다. "민주주의 사회에는 동전 뒤집듯 양쪽 주장을 취하도록 훈

런받은 사람이 아니라 (…) 원칙을 가진 사람이 필요하다."[13]

나는 이 주장이 설득력이 있다고 생각했다. 모든 토론자에게는 자신이 진짜로 믿는 바가 무엇인지를 묻는 때가 온다. 주로 한 라운드가 끝나고 다음 라운드가 시작되기 전의 고요한 순간이다. 어떤 입장이든 그에 대한 주장을 찾도록 훈련받은 총명한 젊은이에겐 그런 자기 성찰이 혼란을 부추긴다. 그 질문에 답하려면 지금 가진 것과는 완전히 다른 기술이 필요해 보였다. 지성이 아닌 판단력, 카리스마가 아닌 솔직함, 속도가 아닌 숙고 능력이.

게다가 공론장에서 오로지 이기는 데만 관심을 갖는 것이 어떤 결과를 불러오는지도 눈에 보였다. 언변 좋은 정치인들은 그 기술로 현실을 왜곡했다. 비양심적인 광고대행사들은 담배 회사의 메시지를 교묘하게 만들어 퍼뜨렸다. 정치와 시장에서 진실성이 부족한 모습이 추하다면 우리의 개인적인 삶에서도 마찬가지로 견딜 수 없는 일일 터였다. 자기가 하는 말을 믿지도 않는 사람과 논쟁할 수 있다는 생각은 신경을 긁었다. 그것은 해로운 낚시질과 다를 바 없었다. 좋은 믿음과 정반대였다.

대부분의 토론자는 좀처럼 이런 걱정에서 벗어나지 못한다. 소설가 샐리 루니는 자신이 경험한 대학 시절 토론대회에 대해 이렇게 썼다. "나는 자본주의가 빈자에게 득이 된다거나, 억압받는 사람들이 그 억압에 대항해야 한다는 식으로 생각하는 것이 더는 재밌지 않았다. 사실 그 일이 우울하고 다소 비도덕적이라는 것을 깨달았다."[14] 나 역시 토론 경력을 이어오는 내내 수시로 같은 고통을 느꼈다.

그렇다면 왜 나는 계속해서 토론에 매달렸던 걸까?

답은 토론장에 있었다. 라운드가 시작되기 전에는 토론자와 관객 모두 이 활동의 극적인 특성을 이해했다. 열다섯 살짜리 아이들은 이란 핵 프로그램에 대해 실제로는 강한 의견이 없었다. 아이들은 특별한 이유로 그 책략을 유지해야 하는 게임 참가자일 뿐이었다.

하지만 토론이 진행되면서 그런 인식은 점차 희미해졌다. 어느 순간 우리는 핵군축에 대한 토론을 벌이는 이들이 십대 아이들이라는 사실을 완전히 망각하고, 그저 핵군축에 관한 주장들에만 귀를 기울였다. 우리 앞에 있는 발언자들이 십대라는 걸 우리가 더이상 모른다는 뜻이었을까? 물론 아니다. 다만 주장과 발언자의 정체성을 더는 연결시켜 생각하지 않았다는 뜻이다. 극장에서 공연을 볼 때처럼 기꺼이 불신을 유예한 것과 같다.

신념과 정체성, 즉 사상과 그것을 말한 사람을 분리하는 일은 우려스러운 일이다. 법정 같은 곳에서는 특히 옹호되기 힘들다. 하지만 토론장에서는 세 가지 긍정적인 효과가 있다. 우선, 이 분리는 발언자에게 실험해볼 여지를 준다. 스스로에게 진실해야 한다는 부담에서 벗어나 우리는 새로운 아이디어를 자유롭게 개진하고, 생각을 표현하는 다양한 방법들을 마음껏 시도해볼 수 있다. 진정성과 일관성이라는 관습적 가치는 융통성과 창의성 같은 미덕에 자리를 내주었다.

두번째로, 토론대회는 청중에게 새로운 관점에서 아이디어를 접할 기회를 준다. 일상에서 우리는 종종 토론자의 정체성을 그 견해의 신빙성을 판단하는 바로미터로 활용한다. 대부분의 경우엔 그래도 괜찮을 뿐 아니라 효율적이기도 하다. 하지만 이런 방식은 우리가 좋아하고 신뢰하는 사람들에게 동의하도록 유도한다. 토론대회는 누가 뭘 말하는지를 뒤바꿈으로써, 자연스럽게 본래의 생각이 강화되는 이 흐름을 깬다. 우리에게 익숙한 생각들을 재고해볼 계기를 마련한다. 우리가 실제로 믿는 바에 반대하는 경험을 하게 함으로써 말이다.

세번째로, 이 분리는 상대방에게 더 잘 반대할 방법을 제시해준다. 우리 토론자들은 경쟁 상대의 주장을 진지하게 받아들이면서도 그 주장이 그들의 사람됨을 보여주는 건 아니라고 여긴다. 주장은 그들이 누구인지를 규정하거나 반영하지 않는다. 우리는 상대방이 내놓은 생각이 잔인하거나 멍청해서 고개를 절레절레 내저을 때조차 이렇게 속삭였다. "내가 저쪽이 아니라서 얼마나 다행이야!" 우리가 그들 입장에서 주장을 펼쳤을 수도 있단 사실을 알기 때문이었다.

그러니 토론장에서 우리는 마치 재미난 놀이를 하는 기분이었다. 우리 중 누구도 자아를 잃어버리지 않았다. 토론자를 만나본 적이 있다면 알 것이다. 우리는 자아와 특정 사안에 대한 믿음을 연결 짓지 않는다. 과거와의 일관성이나 미래의 평판도 전혀 고려하지 않은 채 아이디어를 전개한다. 그러면 생각을 바꾸기가 더 쉬워진다. 180도까지는 아니더라도 말이다. 하지만 토론장을 떠날 때쯤에는 많은 이들이 이 문제가 복잡하다거나, 반대쪽 주장에도 그럴듯한 면이 있다거나, 양쪽 다 일리가 있다는 느낌을 품게 되었다.

결국 토론이 신념을 약화시킨다는 뜻일까? 나는 그렇게 생각하지 않았지만, 이는 신념이란 말을 이해하는 다른 방식이 있다는 의미이기도 했다. 통상적으로 보면 신념은 토론의 바탕이 되는 것이지만, 다른 관점으로 보면 활발한 토론을 통해 만들어지는 것이었다. 즉, 신념은 입력물이 아니라 출력물이었다. 따라서 목표는 우리의 믿음을 외부의 공격으로부터 지켜내는 일이 아니라 우리가 전념할 만한 아이디어를 발견할 때까지 생각을 이리저리 굴려보는 일이다. 우리는 토론을 하기 위해 답을 미리 가지고 있을 필요가 없다.

이런 열린 자세로 탐구한다면 더 온건한 믿음을 가질 수 있을지도 모른다. 하지만 신념의 강도를 그 내용의 극단성과 동일시한다면 그건 분명 문제다. 독단적 믿음은 매혹적이고 우리 마음을 홀랑 빼앗아가기 쉽지만 그만큼 불안정한 면도 있다. 신중한 입장은 미온적으로 느껴질 순 있어도 쉽게 변하지 않는다. 아이오와대학교 토론팀 코치 A. 크레이그 베어드는 1955년 건전한 확신은 성숙한 사고에서 나오며 "그런 성찰적 사고와 확신을 발달시키는 것"이 토론의 역할이라고 썼다.[15]

베어드가 한 발짝 더 나아갈 수 있었던 건 철학자 존 스튜어트 밀 덕분이었다. 연인이자 공동 연구자인 해리엇 테일러와 합동으로 아이디어를 발전시켰던 밀에게는, 자유 토론이야말로 강한 신념을 정당화할 수 있는 유일한 것이었다. 오직 자유 토론을 통해 온갖 반박을 견뎌낸 믿음만 진정으로 확신할 수 있었다. 밀은 어디에서 이 아이디어를 얻었을까? 그건 바로 그가 신뢰했던 키케로가 법정에서 거둔 성공을 둘러싼 비밀에서였다. "가장 위대한 고대의 이 연설가는 항상 반대 주장을 자신의 주장만큼이나 깊이 연구했다는 기록이 남아 있다."[16]

우리의 일상에서 토론의 힘을 활용하는 가장 확실한 방법은 당연하게도 직접 토론을 하는 것이다. 무작위로 입장을 부여받아 형식적 대결을 펼치는 것이 좀 어색하긴 하지만, 일터에서도 이런 방법이 서서히 주목받기 시작했다. 투자자 워런 버핏은 특정 주식의 매입 여부를 고민하면서 두 사람의 조언자를 고용하는 아이디어를 떠올렸다. 한 사람은 매입에 찬성하고 다른 한 사람은 반대하는 토론을 벌여, 승자가 '패자가 받는 돈의 열 배'를 받게 한다는 생각이었다.[17] 미국 정보기관도 이 아이디어를 채택했다. 2000년대 초 치명적 정보 실패◆를 겪은 정보기관은 기관 내 관점을 다양화하고자 외부 전문가들에게 '어떤 문제에 대해 대안적 관점이나 접근법을 검토하고, 불확실성이나 모호성, 논쟁을 불러일으키는 판단에 대해 그 장단점을 주장해달라'고 의뢰했다.[18]

하지만 토론에 이 같은 유익한 점만 있는 건 아니다. 부모님과 부딪쳤을 때 가장 놀랐던 순간은 두 분이 이런 말들을 썼을 때였다. 어머니는 "나는 네가 ……라는 말로 대답할지도 모른다고 생각했어" 혹은 "네가 그렇게 말한다면 나는……"처럼 자신의 생각을 반박하

---

◆ 국가에 치명적인 영향을 끼칠 수 있는 현상을 제대로 예측하거나 판단하지 못해 손실이 발생하는 상황을 뜻한다.

는 것으로 말을 시작했다. 그러면 나는 어색하게도 어머니의 본래 주장을 옹호하는 말을 하게 되었고, 우리 두 사람은 잠깐 입장이 뒤바뀌었다. 아버지는 "반대로 말해보자면……" 또는 "그냥 한번 말해보자면……"처럼 자신이 특정 견해를 고수하지는 않지만 어떤 의견을 가정해보고 싶다는 뜻을 알리면서 입을 열었다.

이런 표현들은 우리의 생각과 자아 사이에 틈을 만들어준다. 그 틈에서 우리는 우리의 믿음을 시험하고 수정해나갈 수 있다. 그 틈은 놀이터나 마찬가지고, 복잡하기 짝이 없는 상황에서 가장 귀하고 가장 필수적인 공간이다.

## 넬슨 만델라가 보여준, 화해와 타협으로서의 토론

두번째 회의를 앞둔 교회 점심시간은 보통 때와 비슷해 보였다. 식당은 체육관처럼 경쾌하고 기능적인 공간이었다. 청년들은 늘 하던 대로 테이블을 날랐고 뒤이어 어른들이 의자와 유아용 의자를 가져왔다. 주방에서는 김이 모락모락 나는 밥과 국을 내놓았고, 사람들은 대기하고 있다가 음식을 받아 날랐다. 나이 지긋한 어른들은 아이들에게 테이블에 수저를 놓으라고 일렀다.

점심을 먹는 동안에는 아무도 다가올 회의나 지난주 회의에 대해 이야기하지 않았다. 사람들은 평소처럼 아이들, 정치, 일 이야기를 하고 농담을 주고받으며 웃었다. 하지만 점심시간이 끝나가면서 어떤 자각이 그 공간에 서서히 내려앉았다. 모두가 대화를 나누고 식사를 하느라 정신없어 보였지만 눈을 보면 생각이 딴 곳에 가 있음을 알 수 있었다.

이번에는 다들 어슬렁거리며 대예배실에 들어가지 않았다. 마치 배심원처럼 엄숙한 사명감을 안고 줄지어 들어갔다. 목사님은 저번처럼 지혜와 온유함을 달라고 기도했다. 그는 감정에 흔들리지 않는 이였지만, 말을 잠깐 멈추거나 발음이 살짝 샐 때마다 목소리에 두려운 기색이 스며든 건 아닌지 유심히 듣게 되었다.

토론은 지난번보다 밀도 있게 진행됐다. 진부한 이야기에 낭비할 시간이 없었다. 사람들은 서로의 주장을 이해했고 곧바로 대응했다. 대체로 지난번보다 할말이 더 많았다. 어떤 면에서는 그 때문에 토론이 더 어려웠다. 말을 할수록 차이가 극명하게 드러났고 서로의 주장이 얼마나 상충되는지가 뚜렷해졌다. 신학, 정치학, 개인의 성정까지 망라되면서 의견이 다른 지점들도 훨씬 많아졌다. 사람들은 곧 화를 내기 시작했다. 심지어 아버지는 항의의 표시로 잠깐 자리를 뜨기도 했다.

하지만 다른 면에서 진전도 있었다. 사람들은 반대 의견이 존재한다는 사실에 더는 놀라지 않았고, 오히려 활발한 토론을 기대하고 이곳에 와 있었다. 발언자들은 진정한 양보는 하지 않았지만 다른 사람이 자기 말에 반대할 수도 있다는 점을 어느 정도 받아들였고 이를 바탕으로 자신들의 우려를 더 강하게 전달하고자 했다. '중간 지대'와 '협상' 이야기까지 나왔다.

마침내 대략적인 합의에 도달했다. 격렬히 반대하는 사람도 일부 있었고 많은 부분이 미결 상태로 남았다. 토론대회 선수였던 나는 찬성 또는 반대가 승리하는 분명한 결과에 익숙한 사람이었다. 우리는 승자 독식 게임을 해왔기에 이런 불완전하고 당파적인 결론은 참아내기가 힘들었다. 하지만 목사님은 다음 회의를 잡지 않았다. 대신 공동체를 위해 기도한 뒤 모두 돌려보냈다.

이 결과가 의미하는 바는 며칠이 지나 어쩌다 옛 기억이 하나 떠오르면서 분명해졌다. 2012년 1월 토론대회 참가를 위해 남아프리카공화국에 갔을 때 나는 로벤아일랜드를 방문했다. 17세기 말부터 감옥으로 사용된 곳이었지만 지금은 1960년대부터 아파르트헤이트 체제에 반대하는 사람들을 수감한 교도소로 유명했다. 그곳에 가려면 45분 동안 페리를 타야 했다. 페리를 타기 위해서는 그 섬에서 8년을 보낸 재소자의 이름을 딴 출입구를 통과해야 했다. 바로 넬슨 만델라였다.

만델라가 지냈던 방을 둘러보고 죄수들이 석회암을 깨던 채석장으로 이동하기 전, 박물관 직원은 영상을 하나 보여주었다. "당신도 디베이터라고 들었어요. 만델라가 디베이터라는 거 알고 계셨나요? 이 섬 재소자들은 정치와 철학, 그리고 이 나라의 미래에 대해 온종일 토론을 했답니다. 좋은 훈련이었죠."

남아프리카공화국의 첫 민주 선거가 있기 열흘 전인 1994년 4월 14일 영상을 보면, 넬슨 만델라는 아파르트헤이트 정부 대통령 F. W. 데 클레르크와의 토론을 앞두고 있다. 데 클레르크는 가공할 만한 상대였다. 이 아프리카너* 변호사는 노련하고 명철한 디베이터였다. 만델라 역시 단련된 디베이터였지만, 보좌진은 그의 침착함이 TV에서 수동적이거나 무기력하게 보일까봐 우려했다.[19]

하지만 만델라에게 진짜 어려운 과제는 토론에서 승리하는 게 아니었다. 선거에서 승리는 이미 기정사실에 가까웠다. 하지만 데 클레르크와 지지자들이 가진 부와 지위를 생각하면, 그들이 나라의 재건에 중요한 역할을 담당해주어야 하는 상황이었다. 그러므로 양측은 하룻밤 사이에 적에서 동지로 변해야 했다.

만델라의 보좌진은 안도했을 것이다. 만델라는 기운 넘치고, 토론에서 우세하는 모습을 보였다. 도전자답게 열성적으로 압박 질문을 해가면서 데 클레르크에 대립하는 주장을 펼쳤다. 그리고 "그 계획은 지금 어떻게 됐습니까? 그걸 누구랑 논의했나요?"라며 거칠게 비판하는 말로 끝을 맺으며 일부 청중으로부터 끄응 하는 신음소리를 이끌어냈다.[20]

그런데 이어지는 단 한 문장으로 판도를 뒤집었다. "우리는 화해와 국가 건설을 위해 함께 노력하자고 말하는 것입니다."[21] 그런 다음 왼손을 내밀어 잠깐 상대의 오른손을 잡았다. "이렇게 당신의 손을 잡으니 든든하네요. (…) 이제 분열과 의구심을 끝내기 위해 함께 노력합시다." 만델라의 자서전에서 이 1994년 토론에 관한 장은 다음과 같이 끝난다. "데 클레르크 대통령은 놀란 것 같았지만 기뻐하는 모습이었다."[22]

---

◆ 남아프리카공화국에 거주하는 네덜란드계 백인.

아무리 격렬하다 한들 토론은 우리가 반대하는 사람에게 응답하는 다른 방법들, 이를테면 협상, 동맹 구축, 용서 같은 것을 배제하지 않는다. 말하자면 토론은 서로 간의 상호작용을 지속적이고 의미 있게 만들 수 있다. 과연 어떤 협상이나 동맹이 철저하고 비판적인 의견 교환 한 번 없이 타결될 수 있겠는가?

하지만 토론이 그런 긍정적 역할을 하려면 때와 장소를 잘 가려야 한다. 이 점이 내가 사적 논쟁에서 마지막으로 기억해두어야 할 사실이었다. 우리는 논쟁이 차츰 소멸되도록 내버려두어야 하며, 가끔은 완전히 포기하고 차이를 극복할 다른 방법을 찾을 줄도 알아야 한다. 만델라의 말에서 가시가 사라진 것처럼 교회에서도 세번째 회의는 열리지 않았다. 토론은 이미 제 역할을 했다. 이제 화해와 타협을 위해 움직여야 했다.

## 전자는 삶이었고, 후자는 게임이었다

11월이 끝날 무렵 나는 새로운 일을 시작할 준비를 했다. 긴 채용 절차를 거쳐 경제지 오스트레일리언 파이낸셜 리뷰에서 수습기자 제의를 받았다. 급여는 최저임금과 별 차이가 없었지만, 나는 일단 일을 시작하게 된 것에 감사했다.

첫 출근 전날 저녁, 나는 부모님께 저녁식사를 차려드렸다. 지난 5개월에 대한 감사와 사과의 표시였다. 깜빡 잊고 스토브에 올려놓은 헤이즐넛을 태우며 깨달은 것은, 이것이 일요일 저녁식사 자리에 내놓기엔 좀 과한 메뉴라는 거였다.

오븐에서 생선이 통째로 구워지는 동안 끓는 물에 그린빈을 데치면서, 집에 돌아와 머문 몇 달을 되돌아보았다. 무덤덤한 어른의 삶으로 들어선 것 같았다. 설명하기 힘든 우울한 날들이었다. 이력서는 고사하고 동창회지 「그들은 지금 어디에 있을까?」 코너에서조차 이야기되지 않을 시간이었다.

하지만 배운 바도 있었다. 부모님과 함께 살면서, 사적인 관계에서 갈등은 절대 피할 수 없는 일이라는 사실을 깨달았다. 논쟁을 피하는 습관은 입을 꽉 다물고 살거나 사람들과 거리를 두고 사는 것과 마찬가지였다. 또한 의견 충돌은 항구적인 상태가 아니라 기껏해야 불연속적 사건에 불과하다는 것도 배웠다. 차이를 어느 정도 조율하려면 부지런히 머리를 써야 했다. 사적 논쟁은 공식 토론에 비해 복잡하기 짝이 없었다. 전자는 삶이었고 후자는 게임이었다. 하지만 이 게임이 지닌 특징들은 우리가 진짜 도전을 탐색하는 데 도움을 주었다.

나는 생선을 식탁에 놓았다. 콩과 회향, 감자와 와인까지 차례로 가져다놓은 다음 부모님을 모셨다. 부디 오늘밤에는 우리가 반대하기를 그만두고 함께 어울릴 다른 방법을 찾을 수 있기를 바라면서, 토론에서 쓰이는 언어와는 완전히 딴 세상에 속하는 두 문장, 고맙습니다와 죄송합니다로 두 분을 맞이했다.

# 9장

# 테크놀로지: AI는 결코 할 수 없는 것

## AI의 시대, 인간의 말하기

"논쟁은 우리의 별난 생각과 한계를 아우르는 인간적인 행위다.
좋든 나쁘든 추론하고 공감하고 판단하는
우리의 능력이 토론의 본질을 이룬다."

2019년 2월 화요일 아침, 시끌벅적한 파이낸셜 리뷰 시드니 지국의 내 책상에 미지근하게 식은 커피를 내려놓고 기사 제안 브리핑을 하러 편집실로 갔다. 샌프란시스코에서 언론 매체 취재단을 잔뜩 불러놓고 여는 한 행사에 관한 것으로, 설득하기 만만치 않은 기삿거리였다. 기자들은 고개를 갸우뚱했다. "그냥 통신사에서 받아오면 되지 않을까요?" 누군가 물었다. 아직 지시를 질문으로 오해하는 신입이었던 나는 이렇게 대답했다. "아뇨, 우리는 그러면 안 됩니다."

과학 전문기자 한 명은 자비를 발휘하여 내 말을 귀기울여 들어주었다. 그리고 짧은 칼럼난을 내주었다. 나는 내 자리로 돌아오면서 약간 죄책감을 느꼈다. 내가 이 행사를 기사로 다루고 싶은 이유에 대해 완전히 솔직하게는 설명하지 않았기 때문이다. 하지만 무슨말을 할 수 있었겠는가? 미래를 엿볼 수 있는 이 기회를 놓칠 수 없다고? 내가 세계에서 제일 잘한 한 가지를 기계가 더 잘할 수 있는지 확인해야 한다고? 볼 것도 없이 씨알도 안 먹힐 소리들이었다.

나는 이곳에 발을 들여놓은 지 고작 석 달도 안 된 수습기자였다. 뉴스룸은 나를 겸허하게 만드는 장소였다. 호주의 저널리즘은 역사적으로 고졸 이상 학력이면 일을 얻을 수 있는 업종이다. 이곳에서는 내가 수년간 쌓은 학위들이 별 쓸모가 없었다. 복잡한 문장과 허세 가득한 언어로 글을 포장하기 바빴던 나는 일반 독자를 상대로 글쓰는 법을 전혀 몰랐고, 다른 기자들도 그 사실을 며칠 지나지 않아 알게 되었다. 수습 첫 주에 희토류에 관한 자료 뭉텅이를 뒤지며 진땀을 흘리고 있는데, 한 기자가 지나가다가 그런 내 모습을 보고 소리쳤다. "잘 모르겠으면 전화기를 들어!"

여러 가지 면에서 나는 이 일에 푹 빠졌다. 뉴스를 생산하는 일은 잘 조직화된 혼돈이었다. 하루하루가 실수와 놓친 맥락들, 끝없는 마감으로 점철됐지만 어떻게든 그날의 신문이라는 완성품과 함께 기적처럼 마무리되었다. 운이 좋으면 기자들이 공개 토론 준비에 이런저런 아이디어를 내고 그 틀을 짜는 일도 도울 수 있었다. 사실과 아이디어와 이야기, 그리고 말이라는 소박한 도구만 있으면 되었다. 언제나 말이 기본 도구였다. 게다가 2019년이 마침 선거의 해라서 즉각적인 결과를 볼 수 있었다. 내가 무슨 최첨단을 걷는 일을 했다는 말이 아니다. 첫 몇 달은 기사 하나를 쓰는 데도 힘이 들어 죽을 지경이었지만 점차 잡지 커버 기사 정도의 분량까지 거뜬히 쓸 수 있게 되었다. 게다가 비록 모든 게 간접체험이긴 해도 내가 느낀 전율만은 진짜였다.

사업적 차원에서 보자면 이 일은 분명 궁지에 몰려 있었다. 한 산업의 쇠퇴를 두고 원흉을 하나만 지목한다면 그건 누가 봐도 첨단기술이었다. 경쟁하는 인터넷 매체에 인쇄물 광고(자동차 광고, 구인광고, 각종 부동산 광고까지 모조리)를 빼앗기게 되자 수익에 큰 구멍이 났다. 뉴스 콘텐츠로 수익을 얻는 빅테크 회사들은 뉴스 생산자에게 제대로 대가를 지급하지 않고 자신들의 플랫폼에서 뉴스를 공유했다. 가짜 뉴스, 트롤링, 에코 체임버* 같은 해악이 확산되는 것도 문제였다.

첨단기술은 또한 내 경력에도 치명적인 위협을 가했다. 10년도 더 전부터 얼리어댑터들은 저널리즘을 자동화할 인공지능의 잠재력에 대해 이야기해왔고, 그뒤로 블룸버그의 사이보그, 워싱턴포스트의 헬리오그래프, 가디언(호주)의 리포터메이트 같은 소프트웨어가 출시되었다. 대부분 기업 수익, 스포츠 시합 결과 같은 단순하고 정형화된 기사를 쓰도록 훈련시킨 것이었지만, 사람들은 두 눈으로 기술 진보를 확인했다.

나는 이런 사실들을 유념하며 시드니의 책상 앞을 떠나 샌프란시스코 행사장으로 갔다. 다국적 테크 회사 IBM의 연례회의 '싱크Think' 무대는 더없이 단출했다. 데스크톱 바탕화면 같은 깨끗한 파란색 배

---

◆ echo chamber. 소셜미디어 등에서 정보를 접할 때, 자신과 신념이나 생각, 가치관이 비슷한 사람이 전하는 정보 위주로 받아들이는 현상. 기존 생각이 더욱 강화되고 진실인 것처럼 느껴지는 결과를 낳는다.

경막 앞에 연단 두 개가 놓여 있었고 그 사이에 길쭉하고 매끄러운 검은색 오벨리스크가 서 있었다. 거대한 USB 드라이브나 사람 크기만한 전자 담배처럼 보였다. 그리고 팔백여 명의 사람들이 토론을 지켜보기 위해 모여 있었다. 온라인으로도 수많은 사람들이 지켜보고 있었다. 토론자는 과연 누구였을까? 한쪽 구석에 온화한 태도의 케임브리지대 졸업생이자 내 오랜 토론대회 경쟁자(테살로니키에서 치른 결승전을 포함해)였던 해리시 나타라잔이 서 있었다. 반대쪽 구석에는 실시간으로 인간과 논쟁을 벌이고, 어쩌면 이길 수도 있도록 훈련된 인공지능 시스템 '프로젝트 디베이터Project Debater'가 있었다.

이 프로젝트 디베이터에 대해서는 2018년 6월 샌프란시스코에서 열린 한 비공개 미디어 행사에서 처음 소개되었을 때부터 풍문을 들어 이미 알고 있었다.[1] 이 기계는 두 가지 논제에 대해 이스라엘 토론자 두어 명과 시합을 벌인 바 있었다. 하나는 우주탐사에 보조금을 지급하는 문제에 관한 것이었고 나머지 하나는 원격 의료기술 사용 확대에 관한 것이었다. 그 자리에 참석한 기자들은 인공지능 디베이터가 "꽤 설득력이 있으며"[2] 실수도 조금 하지만 "자기 논지를 유지하는 것 이상"[3]이었다고 썼다. 그 유서 깊은 내력에 대해서도 언급했다. IBM은 1997년 세계 체스 챔피언 가리 카스파로프를 꺾어 유명해진 인공지능 '딥블루'와, 2011년 유명 퀴즈쇼 〈제퍼디!〉의 두 챔피언 브래드 러터와 켄 제닝스를 이긴 슈퍼컴퓨터 '왓슨'을 만든 경험이 있었다. 프로젝트 디베이터는 데뷔 무대에서, 우주여행에 대해서는 인간보다 설득력이 부족하지만 원격 의료에 대해서는 더 설득력 있는 주장을 펼친 것으로 드러났다. 그렇게 1대 1의 점수를 기록했다.

그럼에도 나는 프로젝트 디베이터를 진지하게 받아들이지 않았다. 과학 전문기자들은 그런 발전에 지나치게 호들갑을 떠는 경향이 있었다. 시리Siri에게 도움을 구한 게 언제였는지 기억조차 나지 않았다. 게다가 나는 최신 기술에 익숙한 90년대생이긴 해도 또 완전히 기술 세대는 아니었다. 우리는 첨단기술을 불신하던 시대를 알았고 모뎀에서 고속 통신망으로, 워크맨에서 아이팟으로, 윈도우 2000에서 XP로, 또 비스타로 바뀌는 과정을 지켜보았다. 내가 상대한 토론 기계 모델은 '스마터차일드Smarterchild'라는 AOL 챗봇이었는데, 조잡한 언어와 비논리적인 말로 이 챗봇에게 분노와 실망, 혼란을 부추길 수 있었다.

프로젝트 디베이터는 데뷔한 지 1년이 채 안 된 2월 아침 나를 제 싸움에 끌어들였다. 해리시는 가장 실력이 뛰어나고 경험 많은 토론자로 꼽혔고 토론대회에서 몇 차례 나를 꺾은 적도 있었다. 그렇게 생각하자 이 토론에 더욱 신경이 쓰였다.

대중문화에서 악의적인 로봇은 조용하게 그려진다. 로봇의 침묵은 협의보다는 계산을, 설명보다는 행동을 뜻한다. 이것은 기계가 인간에게 여전히 종속적인 상태에 있는 한은 미덕이라 할 수 있다. 하지만 로봇이 해로운 일이나 심지어 살인을 저지를 결정까지 한다면, 침묵은 위협적인 특질이 된다. 스탠리 큐브릭 감독의 〈2001: 스페이스 오디세이〉에서 살인을 계획한 인공지능 시스템 '할 9000'은 더이상의 대화를 거부한다.

> **데이비드 보먼:** 할, 나는 더이상 너랑 언쟁하지 않을 거야. 문을 열어.[4]
>
> **할 9000:** 데이브, 그런 말은 이제 아무 소용이 없어요. 잘 가요.

나는 궁금했다. 프로젝트 디베이터가 만일 악의를 품는다면 할 9000과 같은 상황에서 우리를 해치고 싶은 이유를 심오하고 유려하게 설명할 수 있을지, 그리고 우리가 그에 설득당할지.

오랫동안 '인텔리전스 스퀘어드 디베이트Intelligence Squared Debates' 에서 사회를 맡아온 존 돈번이 샌프란시스코에서 두 토론자를 소개하자, 괴짜 기술자와 긴장한 경영진으로 이루어진 청중은 겨우 조용해졌다. "먼저, 오늘밤 찬성 입장에서 토론할 쪽은 IBM의 프로젝트 디베이터입니다."[5] 검은색 오벨리스크에 파란 불빛이 한 줄 들어왔다. 나는 프로젝트 디베이터가 어떻게 생겼는지 몰랐기에 아마도 밑에 달린 바퀴로 무대를 가로질러올 거라 짐작했다. 그런데 처음부터 여기에 계속 있었다니, 좀 놀랐다. "그리고 우리를 대표해 반대 주장을 펼칠 분은 해리시 나타라잔입니다. 어서 오십시오!" 해리시는 스리피스 정장을 입고 경쾌한 록 음악에 맞춰 걸어들어왔다.

논제는 '우리는 어린이집에 보조금을 지급해야 한다'였고 각자 15분의 준비 시간이 주어졌다. 나는 그 정신없이 바빴던 시간들이 떠올랐다. 떠오르는 대로 생각을 휘갈기고, 낮게 혼자 중얼거리고, 속으로 욕을 해가며 실제로 활용할 수 있을지 없을지도 모르는 주장을 찾아 헤매던 시간들이. 해리시는 무대 뒤에서 준비했다. 기계는 전 세계가 보는 앞에서 제 일을 했다. 준비 시간이 다 끝났을 때 프로젝트 디베이터는 우아한 여성 목소리로 먼저 말문을 열었다.

만나서 반가워요, 해리시. 당신은 인간들과 겨루는 토론대회에서 세계 최다 승리 기록을 갖고 있다고 들었어요. 하지만 기계와의 토론은 아마 처음이겠지요. 미래에 오신 걸 환영합니다.

## 인공지능과 인간이 토론을 한다면……

8년 전 2011년 2월, 노엄 슬로님이라는 이스라엘 컴퓨터 과학자와 그의 동료는 브레인스토밍을 위해 텔아비브의 IBM 연구소에서 만났다. 왓슨이 퀴즈쇼 〈제퍼디!〉의 두 (인간) 챔피언을 이긴 지 고작 몇 주 뒤였다. 회사 임원들은 벌써 다음 도전 상대를 찾고 있었다.

슬로님은 그런 프로젝트를 이끌 적임자였다. 그는 2002년 히브리 대학교에서 머신러닝으로 박사학위를 받았고 그의 전공은 머신러닝을 텍스트 데이터에 적용하는 일이었다. 왓슨의 성공에 기여한 핵심적인 분야였다. 하지만 그의 다른 경력들은 다소 색달랐다. 슬로님은 박사과정 시절 부업으로, 짧게 방영한 TV 시트콤 〈퍼즐〉의 공동 제작자로 일한 경력이 있었다. 이스라엘로 돌아오기 전에는 프린스턴 대학교 박사후과정에서 생물물리학을 몇 년 연구한 이력도 있었다.

1시간 동안 브레인스토밍을 하며 슬로님이 떠올린 아이디어는 그의 색다른 이력을 그대로 보여주는 것이었다. 그의 경력에는 인간과 기계의 언어, 엔터테인먼트, 과학이 뒤섞여 있었다. '도전: 토론대회에서 뛰어난 인간 디베이터를 이기는 장면을 TV로 중계하기.'[6]

처음 제안할 때는 파워포인트 슬라이드 한 장이 다였다. 슬로님과 그의 동료는 이 도전에는 "강력한 데이터 발굴, 자연어의 이해와 생성, 논리적 추론, 지능 및 그 이상의 방법들"이 요구될 것이라고 썼다.[7] 성공을 어떻게 확인할 것인지도 도전이었다. 체스나 〈제퍼디!〉와는 달리 논쟁은 객관적인 결과라는 게 없었다. 이에 '명료한 규칙과 승자에 대한 확실한 판정'이라는 토론대회 전통이 하나의 해답이 되어주었다. 불투명한 것투성이였지만, 이들은 한 가지는 자신 있게 예측할 수 있었다. "이 도전을 달성해낸다면 틀림없이 획기적인 사건으로 기록될 것이다"라는.

마침 텔아비브 연구소에서 얼마 떨어지지 않은 곳에서 어떤 움직임이 일어나고 있었다. 이스라엘 국경 근방 네 나라, 이집트, 요르단, 레바논, 시리아에서였다. 2월 말까지 이 나라들에서는 경직되고 부패한 체제에 대항하는 지역 운동의 일환으로 대규모 시위가 벌어졌다. 이 운동은 '아랍의 봄'이라는 시적인 이름으로 불렸다.

서방 언론은 이 '민주화' 봉기를 숨가쁘게 보도하면서 새로운 영웅을 하나 지목했다. 바로 테크놀로지였다. 기자들은 시위자들이 집회를 조직하고 정보를 나누는 데 소셜미디어를 이용했음을 보여주었다. 위키리크스에 나온, 튀니지 정부에 대한 폭로와 반정부 시위를 연관 지었다. 소셜미디어 혁명이라는 문구가 곧 사방에 퍼졌다.

8월에 스코틀랜드 던디에서 열린 세계학생토론대회의 논제는 '본의회는 페이스북 시대에는 독재정치가 종말을 고하게 될 것이라고 믿는다'였다.

물론 이런 낙관주의에는 논리도 맥락도 없었다. 그러나 인터넷은 그 시작부터 건강한 유토피아적 사고에 영감을 주었다. 웹 개척자들이 전파하고 주류 언론이 증폭시킨 그 이론들은 웹을 궁극의 의회로 간주했다. 웹은 국경을 뛰어넘어 지위와 상관없이 사람들이 서로 만나고 함께 머무를 수 있는 곳이다. 물론 그런 연결성이 협력만큼이나 갈등도 자주 불러일으킨다는 위험도 있다. 하지만 인터넷 포럼에 관한 초기 연구들은 인터넷이 시민운동에 미치는 영향에 경탄했다. 한 저자는 "분노와 욕설이 난무하는 와중에 논쟁과 열성적 옹호의 힘에 대한 믿음을 보여주었다"라고 썼다.[8] 이 연구들은 해방에 대한 오래된 무정부주의적 관념을 되살리고, 커피숍, 살롱, 광장과 인터넷의 공통점과 차이점을 찾아냈다.

실리콘밸리의 창업자들 입장에서는 아랍의 봄이 전개된 처음 몇 달 동안, 이런 아이디어들의 확산이 대중을 더욱 부추긴 듯 보였다. 그 덕분에 그들의 조직 강령은 완전히는 아니어도 어느 정도는 신뢰할 만하게 들렸다. 당시 해외로 시장을 확장하려 애쓰던 유니콘 기업들은 세속적인 이익을 따져보았다. G8 연례 정상회담에서 사르코지 프랑스 대통령은 테크 기업들에 대한 규제 강화를 옹호했지만, 마크 저커버그 페이스북 최고 경영자는 본격적으로 영업에 나섰다. 그는 말했다. "사람들은 제가 아랍의 봄에 중요한 역할을 했다고 말합니다. 그런데 제가 이 모든 정보 공유를 가능하게 하는 동시에 사람들에 관한 정보를 수집하니 좀 무섭기도 하다고 합니다. 하지만 후자 없이 전자만 갖기는 어렵습니다. 인터넷에서 여러분이 좋아하는 것만 쏙 골라 가지고 좋아하지 않는 다른 것들은 배제해버릴 수는 없다는 겁니다."[9]

노엄 슬로님은 토론 기계의 개념을 발전시키고 다듬으면서 시간을 보냈다. 회사 지도부는 잠재적 후보군을 계속 좁혀나갔다. 슬로님의 아이디어는 까다로운 기준을 통과해나가면서 점점 발전했다. 초기 단계에서는 당시 정치 상황을 염두에 두지 않았다. 그의 주된 동기는 '순수하게 과학적인 것'이었고, 이런 관점에서 볼 때 이 도전은 실로 엄청난 것이었다. 슬로님은 동료와의 첫 회의 때, 인공지능과 텍스트 데이터 연구는 8년 전 자신이 이 분야에서 연구하던 때 이후로 별 진전이 없다고 말했다. "다들 똑같은 문제를 공략해요. 아마 영원히 그럴 수도 있을 거예요. 족히 20년은 더. 그런데 난 그게 너무 지루해요. 우리는 진짜 완전히 다른 걸 해야만 해요."[10]

2012년 2월 슬로님은 전갈을 받았다. 인공지능 기술 부사장 아야 소퍼가 그에게 혹시 소식을 들었는지 묻고는(못 들은 상태였다) 다음 도전 과제로 토론이 선정되었다고 알려주었다. 슬로님은 소퍼에게 도움을 줘서 감사하다는 말을 하려다 소퍼의 대답에 멈칫했다. "내게 고마워하기엔 아직 일러요……"[11]

## 오직 인간만이 가진 능력

나는 7년 동안 샌프란시스코에서 이 기계가 토론에서 거의 완벽한 문장을 구사하는 것을 보아왔다. 프로젝트 디베이터를 제작한 슬로님과 래닛 아하로노프 연구팀은 두 가지 자료를 입력했다.[12] 하나는 백억 개의 문장으로 된 신문 기사 사억 개에 달하는 데이터베이스로, 프로젝트 디베이터는 여기에서 주장과 증거를 '채굴'할 수 있었다. 다른 하나는 일반적인 주장, 예시, 인용, 유추, 프레임을 모아놓은 자료였다. 예를 들어 암시장의 출현에 관한 주장은 상품 및 서비스 금지에 관한 많은 토론에 적용될 수 있었다.[13]

프로젝트 디베이터는 후자에서 자료를 끌어와 이야기를 시작했다. 이 기계는 토론의 프레임을 넓게 잡았다. "현상황에서 보조금 문제는 돈을 넘어서 사회·정치·도덕적 문제까지 관련된다는 사실을 우리 모두 인정하는 바입니다." 그러고 나서 모호하긴 해도 그런대로 받아들일 만한 원칙적 주장을 이어갔다. "어린이집 같은 곳에 보조금을 지급하는 일은 정부 예산을 잘 사용하는 것입니다. 어린이집은 사회 전체를 이롭게 하는 곳이기 때문입니다. 그런 곳을 지원하는 것은 우리의 의무입니다. 보조금 지급은 중요한 정책 도구입니다."

이 모든 말은 결코 쉽게 나온 게 아니었다. 인간에게도 이 작업, 이를테면 구문을 분석하고, 기억을 뒤져 관련 정보를 찾고, 아이디어를 분류하고, 전달 언어를 편집하는 일은 숙달하는 데 평생이 걸릴 수 있었다. 기계의 경우 각 기술을 코딩하는 과정도 거쳐야 했다.

프로젝트 디베이터는 스피치를 시작한 지 90초쯤 지났을 때 자신의 가장 큰 강점을 드러냈다. 초인적인 증거 수집 능력을 제대로 발휘한 것이다. 이 기계는 빈곤 감소에 대한 주장을 1분 동안 이어나가며 경제협력개발기구, 미국질병통제예방센터, 미국국립초등교육연구소의 1960~2013년의 기간에 대한 메타 연구, 고프 휘틀럼 호주 총리의 1973년 연설을 언급했다. 좀 성급하고 혼란스러운 느낌을 주긴 했지만 과연 보기 드문 입담이었다.

나는 해리시가 이 정보 세례에 어떻게 대응할지 궁금했다. 토론에서 팩트는 과문한 토론자에겐 크립토나이트♦가 될 수 있었다. 그런데 이 기계는 자신의 데이터베이스에서 여섯 개 이상의 독립적 연구를 채굴했다. 그 각각에 대해 이리저리 따져봤자 쓸모없는 일일 터였다. 설령 연구 내용을 아주 잘 안다고 해도 반론을 펴려면 한 가지 반박거리만 이끌어내는 데도 엄청난 시간이 걸릴 것이었다. 그렇다면 어떻게 해야 할까?

해리시는 한 가지 사실을 인정하면서 말을 시작했다. "어마어마한 정보력에 갖가지 사실과 수치들까지, 정말 엄청나군요." 그는 마치 오해를 바로잡고 있는 것처럼 천천히 또박또박 말했다. 그러고 나서 차분하게 공격 태세로 전환했다. "프로젝트 디베이터는 매우 직관적으로 말합니다. 만약 우리가 어린이집이 원칙적으로 좋다고

---

♦ 〈슈퍼맨〉에 나오는 가상의 소재로, 슈퍼맨의 힘을 약화시키는 치명적인 독성 물질이다.

믿는다면 보조금을 지급할 가치가 있다고요. 하지만 저는 그것만으로는 보조금 지급을 정당화하기에 충분치 않다고 생각합니다. (…) 왜냐하면 사회에 좋은 것들은 그것 말고도 많기 때문입니다." 해리시는 의료보장제도와 제3차교육*을 다른 우선 사항으로 들었지만 둘 중 어느 것도 깊이 파고들지 않았다. "여기서 제가 하려는 말은 이 모든 것이 어린이집보다 더 중요하다는 이야기가 아닙니다. 그저 어린이집이 이롭다는 주장만으로는 충분치 않다는 이야기를 하려는 것입니다."

해리시는 한 걸음 더 나아갔다. 특히 어린이집에 보조금을 지급하는 일의 문제는, 많은 돈이 자기 아이를 그곳에 보낼 가능성이 높은 중산층과 상류층을 위해 쓰인다는 점이었다. 게다가 빈곤층 가정이 나머지 비용을 감당할 수 있을 만큼 넉넉하지 않을 수도 있었다. 이 경우, 취약계층은 자신이 낸 세금으로 본인은 받을 수도 없는 서비스 비용을 대는, '이중 배제'라는 부당한 입장에 놓였다. 대체 뭘 위해서? 그건 사실상 '정치적 목적을 위한 중산층에게 선물 안겨주기'나 다름없었다.

프로젝트 디베이터는 동요하지 않았다. "저는 가끔 반대자의 말에 귀를 기울이다가 이런 의문이 들곤 합니다. 저들이 원하는 게 뭘까? 저들은 가난한 사람들이 자기네 문간에서 돈을 달라고 구걸하기를 바라는 걸까? 저들은 난방도 수도도 없는 가난한 사람들과 함

---

◆ 고등학교 졸업 이후의 대학 및 직업교육 과정을 말한다.

께 살아갈 수 있을까?" 프로젝트 디베이터는 비방, 과장, 매몰찬 말의 반복 같은 전형적인 선동가의 언어를 사용했지만 목소리는 가상비서virtual assistant의 세심한 목소리 그대로였다.

이어서 진짜 시험이 닥쳤다. 프로젝트 디베이터는 반론을 미리 준비하도록 고안되었다. 그래서 해리시가 말문을 열기도 전에, 이 기계는 상대가 할 법한 핵심 주장들을 생성하고 그에 대한 반론을 준비했다.[14] 기계가 해야 할 일은 해리시가 실제로 한 말이 이 핵심 주장들 중 어느 것인지를 식별하고 그에 맞춰 대응하는 일이었다.

기계는 이 지점에서 조금 머뭇거리는 것 같았다. 프로젝트 디베이터는 아무 증거도 없이 이렇게 단언했다. "주 예산은 규모가 매우 큽니다. (…) 그래서 더 중요한 곳에 돈을 써야 한다는 생각은 별 의미가 없습니다. 각 분야의 지원금은 서로 배타적이지 않으니까요." 프로젝트 디베이터는 지원금 덕에 부모들이 직장을 구하고 일을 계속할 수 있다는 점은 잘 짚어냈다(어린이집 접근성에 관해 해리시가 할 법한 지적에 대한 적절한 대답이었다). 하지만 이 점을 미처 제대로 설명하지도 않고 또다른 확언으로 넘어갔다. "우리가 말하는 건 제한적이고 적용 대상이 분명한 지원 시스템입니다."

해리시는 반론을 펴면서 유화적인 입장을 취했다. "그렇다면 저는 프로젝트 디베이터와 제가 동의하는 바부터 짚고 넘어가겠습니다. 우리는 가난이 끔찍하다는 데 의견을 같이합니다. (…) 사실 이 것이 바로 우리가 고민해야 하는 문제의 전부라 할 수 있습니다." 그러고 나서 방향을 틀었다. "하지만 이 문제들 중 어느 것도 어린

이집을 지원하는 것만으론 해결되지 않습니다." 해리시는 예산 제약에 관한 핵심 주장을 반복했다. 그는 설령 예산이 부족하지 않다 해도 이 지출에 대한 정치적 지지는 여전히 부족하다고 첨언했다. 그리고 "저는 자신 있게 반대하는 바입니다"라는 말로 주장을 마무리했다.

양측은 각자 2분짜리 마무리 연설을 했다. 그런 다음 청중의 투표가 진행됐다. 토론 전 투표에서는 어린이집 보조금 지원에 대해 다음과 같은 투표 결과가 나왔다.

| 찬성 | 79퍼센트 |
|---|---|
| 반대 | 13퍼센트 |
| 기권 | 8퍼센트 |

토론이 끝나고 진행된 투표에서는 결과가 다음과 같이 바뀌었다.

| 찬성 | 62퍼센트 |
|---|---|
| 반대 | 30퍼센트 |
| 기권 | 8퍼센트 |

'입장 변화'를 심사 기준으로 삼았을 때, 해리시 나타라잔의 승리였다.

사회자는 청중에게 두번째 질문을 던졌다. "두 토론자 중 누가 여러분에게 더 풍부한 지식을 나눠주었습니까?" 이 질문에는 프로젝트 디베이터가 55퍼센트, 해리시가 22퍼센트라는 결과가 나왔다(나머지는 양쪽이 똑같다고 답했다).

나는 논평 기사를 썼다. 그런 다음 베트남 식당에서 점심을 먹으며 이 토론을 판결하는 데 사용한 두 가지 기준에 대해 곰곰이 생각해보았다.

프로젝트 디베이터는 전략상 유리한 고지를 점하고자 우리에게 다양한 지식을 나눠주었다. 이 기계는 사실과 조사의 설득력을 믿도록 프로그래밍되었다. 그래서 다음과 같이 자기주장을 요약했다. "저는 어린이집에 대한 지원을 정당화할 충분한 데이터를 제시했다고 확신합니다." 하지만 이것은 오히려 증거의 중요성을 지나치게 강조하는 약점으로 보였다. 프로젝트 디베이터는 계속해서 추가 연구나 인용을 끼워넣기 바쁜 나머지 다른 기회들을 놓쳤다. 아이디어를 풀어내고, 청중과 유대를 쌓고, 더 섬세한 차원에서 반론을 제기하는 일에는 무능했다.

해리시는 이와 다르게 접근했다. 그는 상호 균형과 예산상 제약의 관점에서 이야기했고, 이상과 현실 사이에 분명하게 선을 그었다. 이는 신중한 접근으로 보였다. 우리가 실제로 어떤 결정을 내리는 과정과 그 올바른 방법에 더 가까워 보였다.

하지만 돌이켜보니 희소성의 원칙을 내가 너무 쉽게 받아들였던 건 아닌지 의문스러웠다. 예컨대 나는 교육 접근성을 향상시키지 않는 데 따르는 비용에 대해선 별로 생각해보지 않았다. 어쩌면 기계는 내가 놓친 부분을 봤는지도 모른다. 계층에 따라 교육 접근성이 다른 사회에서, 이 희소성에 따른 접근법의 돌이킬 수 없는 폐해에 관한 논문이 다수 나왔다든지 하는.

해리시가 프로젝트 디베이터를 훨씬 능가한 다른 영역은 청중과의 교감이었다. 그는 '공통 기반'을 강조하고 우려를 드러냈다. 적절한 순간에 웃거나 인상도 썼다. 이 자연스러운 행위자와는 달리, 스크린 몸체와 기계적인 유머감각을 가진 기계는 그런 능력이 전혀 없었다. 나는 다른 인간과의 교감이라는 인간의 가장 우월한 능력은 여전히 우리만의 것으로 남아 있다는 사실에 안도했다. 하지만 이젠 메시지보다 메신저, 다름보다 같음에 대한 선호가 우리를 잘못된 방향으로 이끌 수도 있겠다는 생각이 들었다. 사실 인간을 옹호하고 싶은 마음보다 더 근본적인 동종 선호가 있겠는가?

이러한 의문 때문에 마지막 질문이 떠올랐다. 프로젝트 디베이터가 토론에서 진 것은 이 기계가 우리 인간보다 토론을 못해서일까, 아니면 더 잘해서일까? 나는 남은 반미 샌드위치를 포장해 사무실로 돌아가면서 '둘 다'라는 결론에 도달했다.

## 소셜미디어에서의 논쟁 규칙

샌프란시스코 토론 이후 몇 주가 숨가쁘게 지나갔다. 4월 11일 아침, 호주 연방수상은 연방총독에게 의회를 해산하고 다음달에 선거를 치를 준비를 하도록 허가를 받았다. 우리 뉴스룸에도 이에 관한 메일이 도착했다. 38일이라는 선거운동 기간은 국제 표준에 준했지만, '마라톤'이니 '올해의 가장 큰 기삿거리'니 하는 표현들이 보였다.

선거를 기사로 다룰 기회가 주어지다니 꿈만 같았다. 저널리즘에 대한 나의 낭만적인 생각, 이를테면 민주주의에 기여한다든지 저널리즘이 사회에 필수적이고 중요한 역할을 한다든지 같은 생각들이 실현되는 듯 느껴졌다. 어려운 부분은 시드니에서 가장 좋은 기사를 쓰기 위해 제대로 관점을 잡는 일이었다. 나는 대부분의 시간을 트위터 같은 소셜미디어를 훑어보며 보냈다. 그곳에서는 시시각각 서로를 할퀴어대는 자잘한 논쟁이 벌어졌다.

마음 한편에서는 밈meme처럼 계속 이렇게 말하고 싶었다. "별문제 없어." 나는 소셜미디어와 함께 자랐고, 세 차례 나라를 옮겨 생활할 때마다 소셜미디어로 친구들과 계속 연락했다. 게다가 내 안의 토론자는 풍성한 온라인 정치 논쟁을 환영했다. 자발적 계급 분리, 에코 체임버, 공적 플랫폼에 대한 불평등한 접근, 중요한 현안이 주요 정당으로 수렴되는 현상이 뚜렷한 시대에 이런 활발한 온라인 논쟁은 보기 드물었다. 하지만 나는 사실 이 모든 현상을 추상적으로만 이해하고 있었다. 이들 사이트에 오랜 시간 머물러보니 전과는 생각이 달라졌다. 한마디로 끔찍했다. 과연 온라인에 좋은 논쟁에 대해 고민하는 사람이 있기나 한지 궁금해졌다.

온라인 논쟁에 관한 현 연구를 살피다보면 '내 관점을 바꿔봐'라는 레딧의 한 포럼 이야기가 빠지지 않았다. 2013년 칼 턴불이라는 열일곱 살짜리 스코틀랜드 음악가가 만든 서브레딧으로, 70만 명에 달하는 커뮤니티로 성장하며 구글의 한 기술 인큐베이터의 관심을 끌었고, 잡지 『와이어드』로부터 "온라인 시민 담론 최고의 희망"이라는 찬사까지 받았다.[15] 아이디어는 단순했다. 최초의 게시자는 특정 견해를 지지하지만 생각이 바뀔 여지가 있다(예컨대 '젠트리피케이션은 힘들지만 불가피한 과정이다'라고 말하는 식이다). 그래서 다른 사람들에게 'CMV(내 관점을 바꿔봐change my view)'라고 요청한다. 원 게시자는 그에 응답한 사람과 토론을 벌이고, 그 과정에서 만약 누군가가 자기 생각을 바꾸어놓는다면 델타 기호(Δ)를 수여한다. 공동체 구성원들의 이름 옆에는 획득한 델타 수가 표시된다. 이 포럼은 불가능해 보이는 두 가지 과업이 가능함을, 즉 온라인에서의 반대가 점잖게 이루어질 수 있고, 그것이 우리의 관점을 바꿔놓을 수 있음을 증명하는 듯했다.

학자들에겐 CMV 사용자 활동이 풍부한 데이터 소스였다. 이는 사람들이 반대하는 방법을 기록할 뿐 아니라 어떤 접근법이 사람들의 생각을 바꾸는 데 가장 효과적인지, 즉 델타 기호를 얻게 하는지를 보여주었다. CMV 데이터에 기초한 여섯 개가량의 연구 중 가장 탄탄한 코넬대학교 연구는 2년 반 동안 7만 명이 참여한 1만 8천 개의 토론 내용을 대상으로 이루어졌다. 결과는 다음과 같은 몇 가지 경험칙의 근거를 제공했다.[16]

**빨리 반응할 것:** 진입 시간이 지연될수록 원게시자의 생각이 바뀔 가

능성이 줄어든다. 원글에 첫번째나 두번째로 반대 글을 올린 사람이 열번째 사람보다 성공할 확률이 세 배 높다.

**정직할 것:** 설득력이 높은 게시글일수록 불확실성과 한계를 인정하는 경우가 많다. 아마도 이와 비슷한 이유로, 효과적인 주장은 '주장하는 사람과 관련된 사적인 대명사(나, 당신, 우리 같은)'를 씀으로써 그저 포괄적이고 일반적인 진술이 될 수도 있을 이야기와 구별되는 경향이 있다.

**(지나치게) 직접적으로 대응하지 말 것:** 성공적인 논쟁은 원글의 표현을 그대로 가져다쓰기보다는 '새로운 정보나 새로운 관점'을 제공할 때인 경우가 더 많다. 양쪽이 사용한 단어의 차이를 측정해보면 알 수 있다. 연구자들은 반론할 때 흔히들 상대방의 말을 인용하지만, 그것은 "유용한 전략이 아닌 것 같다"고 했다.

**증거를 제시할 것:** 설득력 있는 게시물은 '예를 들어' 같은 말이나 하이퍼링크로 외부 근거를 인용하는 경우가 많다. 2018년 애리조나주립대학교에서 실시한 연구에 따르면 근거는 '사회·도덕적' 이슈와 감정을 덜 격앙시키는 주제 모두에서 설득력이 강했다.[17]

**(네 차례의 주고받기 뒤에는) 포기할 것:** 관점을 바꿀 가능성은 원게시자와 대응자 간의 주고받기가 세 차례 이루어졌을 때 가장 높고 네 번째 이후로는 급격히 낮아진다.

나는 이 모든 것이 이해가 되었다. 하지만 CMV에서 시간을 보낼수록 이곳 이용자들과 환경이 점점 이상해 보이기 시작했다. 사용자들은 심하게 정직했다. 신문 사설만큼 긴 게시글이 있는가 하면 사소한 개인적 어려움, 이를테면 좌절, 의심, 깨달음의 순간들을 공유하는 게시글도 있었다. 응답자는 비판에 매우 엄격하고 때로는 가혹했다. 질문도 많고 주장의 일부를 인정하기도 했다.

사용자들은 위험천만한 웹 세상을 탈출해 신세계를 만든 난민처럼 보였다. 이 사회는 친밀감이나 문화라는 배경뿐만 아니라 법과 규칙에 의해 유지되었다. CMV의 '규칙' 전문은 미국 헌법보다 길었다.[18] 세세한 절차적 규정부터("제목은 의문문이 아니라 평서문이어야 한다. 예를 들어 'CMV: 트릭스는 어린이 전용 시리얼이다'라고 써야지 'CMV: 트릭스는 어린이 전용 시리얼인가?'라고 쓰면 안 된다") 도덕적인 규정까지("타인이 제시하는 아이디어에는 얼마든지 모욕적인 표현을 쓸 수 있지만—'그런 시각은 인종차별적이다'—그걸 말한 사람에 대해선 모욕적 언사로 비난하면 안 된다") 명시했다. 규칙은, 게시글을 삭제하거나 극단적인 상황에서는 사용자를 강제 퇴장시키는 권한까지 가진 자발적 운영위원단에 의해 집행되었다.

이처럼 CMV는 연성 권력과 경성 권력의 조합으로 나쁜 온라인 토론에 발생하는 세 가지 구조적 문제를 해결하려 노력한 듯했다.

**청중:** 온라인 논쟁의 매우 나쁜 측면들 중 하나는 참여자들이 서로의 생각을 바꾸거나 심지어 당면 문제를 토론하는 일보다 대중을 향해

자신의 선함과 친화성을 알리는 데 더 관심이 있다는 점이다. CMV는 이 문제에 대해 멋들어진 해결책을 제시한다. 이곳에서는 '성공'하는 유일한 방법이 다른 사람의 생각을 바꾸는 일이다.

**알고리듬:** 소셜미디어 논쟁은 대체로 장기화되고 분란을 유발하는 경우가 많다. 왜냐하면 극단적 콘텐츠로 참여를 부추기도록 알고리듬이 짜이기 때문이다. CMV 역시 참여에 중점을 뒀지만, 토론 스레드 맨 윗자리에 놓이는 것은 개별 발언이 아닌 전체 토론 스레드에 대한 사용자들의 '지지'를 바탕으로 결정한다.

**익명성:** 소셜미디어 플랫폼은 자신들의 웹사이트에 게시된 프로필의 5퍼센트가량이 가짜이고, 그 대부분이 봇이라고 추산한다.[19] 이는 선거 개입 같은 심각한 위험을 제기하고, 다른 네티즌의 정체성과 동기에 대해 의심하게 한다. CMV 사용자들은 대부분 익명이지만(창립자는 '스노얼랙스snorrrlax'라는 이름을 사용한다) 그간 획득한 델타 수로 자신을 드러낸다. 델타 수는 오랫동안 이 공동체에 참여했음을 알리는 표지다.

그 결과 좋은 논쟁의 조건이 되는 배경이 어느 정도 갖춰졌다. 이를테면 슬로건 대신 논쟁, 억지 관심 끌기 대신 경청하기, 지지부진하게 물고늘어지기 대신 해결책 제시하기가 활성화되었다. 개인의 선택에 의한 것이기도 했지만, 상당 부분 설계 덕분이었다.

CMV에서 토론을 이어가는 데는 이런 특이한 문화, 규칙, 강제를 따라야 했지만, 대가도 있었다. 레딧 내에서조차 CMV는 틈새 공동체였다. 70만 명이라는 가입자 수는 게임, 오늘 내가 알게 된 것, 유머 등 다른 서브레딧 참여자 수에 비하면 20분의 1에서 25분의 1에 불과했다. 솔직히 CMV의 규칙은 나에게조차 너무 부담스러웠다. 그처럼 완벽한 형태의 논쟁은 사실 부자연스럽고 비현실적이었다. 마치 입구에 높은 장벽을 세워둔 것 같았다.

CMV를 살펴본 뒤 나는 또다시 같은 질문으로 돌아왔다. 만약 이 유토피아를 대부분의 사람들이(나를 포함해) 좋아하지 않는다면, 미래에 실현 가능한 논쟁이란 과연 어떤 모습일까?

## 인터넷과 민주주의

몇 년 동안 나는 탕펑이라는 특이한 대만 공직자의 이력을 눈여겨보았다. 1981년 두 저널리스트 사이에서 태어난 탕펑은 여덟 살에 컴퓨터 프로그래밍을 배웠고, 열네 살에 학교를 자퇴한 뒤 스스로 공부한 영재였다("나는 구텐베르크 프로젝트◆와 Arxiv.org◆◆로 독학했다").[20] 탕펑은 곧 자신의 첫 회사를 설립하고 테크 기업 창업자이자 컨설턴트로 일을 시작했다.

2014년 3월 서른셋의 탕펑은 실리콘밸리를 떠나 서둘러 고향으

---

◆ 저작권 보호 기간이 지난 작품을 디지털 콘텐츠로 변환해 누구나 내려받을 수 있게 한 데이터베이스. '세계 최초의 디지털 도서관'으로 불린다.
◆◆ 과학 분야 논문을 아카이빙하는 서버.

로 돌아갔다. 타이베이 시내에 심각한 일이 벌어지고 있었다. 국민당 정부는 제대로 검토도 하지 않고 베이징과의 자유무역협정을 통과시키려 했다. 3월 18일 저녁, 대부분 학생으로 구성된 시위대는 국회에 난입해 그곳을 점거했다. 탕펑은 사회문제에 대한 해결책을 모색하는 시민 해커단 '거브제로g0v'에 동참해, 시위자들끼리 서로 소통하고 조직화하게끔 하는 기술 인프라 구축을 도왔다. '해바라기 운동Sunflower Movement'이라 불리는 이 운동은 집회에 10만 명을 끌어들였고, 결국 국회가 물러섰다. 탕펑은 비즈니스계에서 은퇴하고, 정부로 하여금 시민들의 의사에 더 민감하게 반응하도록 하겠다는 더 높은 목표를 위해 전력을 다했다. 그리고 2016년 10월, 서른다섯 나이에 대만의 디지털 장관으로 임명되었다.[21]

탕펑은 각료로서 특이한 인물이었다. 그는 스스로를 '보수적 무정부주의자'라고 규정했다.[22] 문화와 전통을 보존하고 싶어한다는 점에서 보수적이고, 어떤 강제에도 반대한다는 점에서 무정부주의적이라고(장관으로서 그는 어떤 명령도 내리거나 받지 않을 것이며 오직 제안만 하거나 받겠다고 선언했다) 했다. 그는 자신이 하는 일에 대해 자신이 지은 시로 설명하는가 하면, 대부분의 인터뷰를 "장수와 번영을"이라는 말과 함께 벌컨식 인사*로 끝냈다. 탕펑은 이십대 때 호르몬 대체 시술을 받고 포스트젠더로 스스로를 정체화했다(그가 선호하는 대명사는 '뭐든지 상관없음whatever'이다).[23] 2019년, 장관직

---

* Vulcan salute. 미국 SF 드라마 〈스타트렉〉에 나오는 벌컨족의 손인사. 검지와 중지, 약지와 새끼손가락을 붙인 뒤 그 사이를 벌린 모양이다.

3년 차에 들어선 그는 대만이 한 일을 널리 알리기 시작했다.

나는 탕펑이 한 일이 CMV와 대조적이라고 보았다. 서브레딧은 규제 위에서 번영했지만—대부분의 빅테크 반대자들이 주장하는 슬로건이다—탕펑과 그의 팀은 보다 가벼운 개입을 바랐다. 그들의 접근법은 부적절한 콘텐츠나 반사회적인 플랫폼을 끌어내리는 대신 그것들을 능가하는 방법이었다.

우선 정부의 자체적인 소셜 플랫폼 '조인Join'을 만들고, 시민들이 청원하고 토론할 수 있게 했다.[24] 이 아이디어는 '브이타이완vTaiwan' 에서 나왔는데, 브이타이완은 참가자끼리의 의견 일치와 반대 지점을 시각화해 '대략적인 합의rough consensus'—그럭저럭 받아들일 만한 해결책을 가리키는 해커 용어—를 이루곤 했던 초기 거브제로 플랫폼이었다. 둘 다 '댓글'을 없애고, 트롤링을 최소화하기 위해 추천/비추천 기능을 지지하는 오픈소스 프로그램 '폴리스Polis'에서 만든 것이었다.[25] 브이타이완이 수십만 명을 끌어들이는 데 그친 반면 조인은 사용자가 500만 명이 넘었다. 대만 인구의 4분의 1에 해당하는 숫자였다.[26] 조인의 활약은 그간 간과되어온 소셜미디어의 존재 이유를 보여주는 듯했다. 사실 시민들은 자신의 삶을 지배하는 정책에 영향을 미치고 싶어했던 것이다.

정부는 자신들이 통제하지 않는 이 플랫폼에서 역정보 및 허위 정보와 맞서 싸웠다. 부서마다 잘못된 정보와 해로운 정보에 대해 1시간 안에 '똑같이 또는 더 설득력 있는 글'로 대응하는 팀이 있었다.[27] 성공의 척도는 그걸 얼마나 빨리 유포하느냐였고, 이들은 농담과 밈을 자주 활용했다(시바견을 마스코트로 내세워 '총독'이라 부르고 팬데믹 대응 노력의 대변인(견)으로 삼는 식이었다). 거브제로와 메시지 플랫폼 '라인'은 정부와는 별도로, 사용자들이 특정 주장의 진실 여부를 확인할 수 있게 해주는 팩트 체크 봇을 각각 운영했다.

이런 노력은 처음부터 어느 정도 불행한 결말이 예정되어 있었다. 소셜미디어에서는 진실보다 거짓이 더 빨리 퍼지고, 중상과 역정보는 불신될 때조차 사람들의 머릿속에서 좀처럼 지워지지 않는다는 것을 시사하는 증거가 차고 넘쳤다. 전문가에 대한 불신, 조직적인 허위 정보 유포, 가짜 설명의 해악은 문제를 더 악화시키기만 했다. 하지만 탕펑에게 밈과 팩트 체크는, 더 책임 있는 사회라는 큰 비전을 위한 작은 도구들이었다. 그 비전을 위해서는 미디어 활용 능력에 대한 공교육과, 정부를 더 투명하게 만드는 개혁도 필요했다 (2017년, 탕펑은 한 기자에게 말했다. "사람들이 역정보나 루머에 귀기울이는 건 지금 무슨 일이 일어나고 있는지 알고 싶은데 완전한 내용을 알 수 없기 때문입니다").[28]

이의를 제기할 이유가 없었다(누가 시민교육에 반대하겠는가?). 그보다 내가 볼 때 탕펑의 접근법에서 가장 눈에 띄는 측면은 시작하기 전에 이상적인 조건이 갖춰지기를 기다리지 않는다는 데 있었다. 장관으로서 그는 자신이 주재한 모든 회의 기록을 인터넷에 공개했다. 설령 그 정보가 맥락을 벗어나거나 자신에게 불리하게 사용되더라도 개의치 않았다. 그는 수요일마다 공개 만남을 열어 사람들의 발언과 피드백을 확인하고 그에 답했다. 쓸모없을 게 분명한 만남도 꾸준히 이어갔다. 그는 잡지 『덤보 페더』와의 인터뷰에서 "국민들에게 정부를 믿어달라고 요구하려면 이런 일부터 해야 합니다. 누군가 먼저 나서서 움직여야 해요."[29]라고 말했다.

여러 면에서 대만은 좀 독특하다. 남아프리카 레소토나 벨기에 크기의 이 섬나라에 사는 2400만 명의 시민은 다른 나라에 비해 상대적으로 부유하고 교육 수준이 높으며 인터넷과 친숙하다. 중요한 것은 대만이 중국 본토에서 180킬로미터 떨어져 있다는 사실이다. 중국 정부는 이 섬이 중국 영토의 일부고 그 지도자는 지방 관리라고 주장한다. 대만과 정식 수교를 맺은 나라는 열네 개국밖에 안 되고 미국 같은 나라는 공식적으로 대만의 독립에 반대하는 형편이다. 요컨대 대만 시민들이 정치와 민주적 주권에 긴밀히 관여하는 것은 어느 정도 그들이 처한 불안한 상황 때문이기도 하다.

대만 민주주의의 역사가 오래되지 않은 것도 하나의 요인이다. 이 섬은 1987년 40여 년간의 계엄령을 끝내고 1996년 첫 최고 지도자 선거를 치렀다. 탕펑이 살펴보니 두 사건이 벌어진 날짜는 우연히도 각각 대만에 개인용 컴퓨터와 월드와이드웹이 출시된 날과 일치했다. 그는 "인터넷과 민주주의는 별개의 것이 아니다. 둘은 같은 것이다."[30]라고 그 둘의 연관성에 대해 알쏭달쏭한 말을 남겼다.

대만 정부 내에서조차 탕펑의 입장은 매우 이례적이었다. 그의 투명성에 대한 집착은 일급비밀이나 고도로 민감한 토의 내용까지도 가리지 않았다. 그가 명령이라면 내리지도 받지도 않으려 했음에도 불구하고, 대만 내각은 '가짜 뉴스' 문제를 해결하기 위해 징벌적인 시도를 도입하려 해 비판받았다.

탕펑의 연설과 인터뷰를 들으면서, 나는 방향을 잃은 느낌이었다. 그의 말은 인터넷 초창기의 기술 유토피아주의가 떠올라 시대착오적으로 들리기도 했고, 미래에서 온 목소리처럼 들리기도 했다. 어느 경우건 그의 태도는 기술에 대한 자신감이 실망으로 바뀌어가는 현상황에 어울리지 않았고, 네티즌에 대한 믿음 역시 머지않아 된통 당하기 딱 좋아 보였다.[31]

하지만 호주 연방 총선거가 실시된 2019년 5월 18일, 나는 당시 담당하던 신문사 실시간 블로그를 점검하다가 탕펑이 자주 인용한 한 문구를 떠올리게 되었다. 기원전 6세기에 노자가 지은 것으로 알려진 『도덕경』에 나오는 문장이었다.

"신뢰하지 않으면, 신뢰받지 못한다."[32]

## 인간 지식의 한계에 제약당하지 않는 기계의 탄생

2021년 중반 노엄 슬로님을 만났을 무렵 세상은 코로나19 팬데믹으로 완전히 뒤집혀 있었다. 호주는 예상을 뒤엎고 2019년 재집권에 성공한 보수 정부가 백신 확보에 실패하며 휘청거리던 중이었다. 탕펑과 그의 동료들은 실시간으로 온라인 '인포데믹(정보 팬데믹)'과 싸우며 국민 보건에 실질적이고 즉각적인 효과를 거두고 있었다. 이스라엘은 세 차례의 봉쇄령을 견디고 수천 명의 죽음을 겪었지만 이제 한숨 돌린 듯했다. 세상은 새로운 시대의 벼랑 끝에 불안하게 매달려 있는 듯 보였다.

내가 마지막으로 슬로님을 본 것은 2년 전 샌프란시스코 라이브 방송에서였다. 그뒤로 그는 턱수염을 길렀다. 영상에서는 그의 안경에 컴퓨터 스크린의 파란 불빛이 반사되어 표정을 읽기가 힘들었다.

나는 슬로님이 시간이 지나면서 그 토론에 대해 어떤 생각을 갖게 됐는지가 궁금했다. 디베이터라면 다 알았다. 시간이 지나면 세간의 이목을 끌었던 실패를 더는 아쉬워하지 않게 된다는 것을. 기억은 말랑말랑해져서 새로운 의미를 찾아냈다. 하지만 이 숙성의 과정이 시작되려면 먼저 패배를 순순히 받아들여야 했다. 과연 그는 받아들였을까?

"저는 해리시가 토론을 더 잘한 이유는 단순하다고 생각합니다. 해리시가 프로젝트 디베이터보다 진짜로 토론을 더 잘하는 사람이기 때문입니다. 그렇다고 무조건 토론에서 우리가 그를 이길 수 없다는 말은 아닙니다. 하지만 웬만하면 해리시가 더 잘하겠죠. 저는 그 토론을 다시 잘 들어보고 좀더 합리적으로 생각해보면 상황이 더 균형 있게 보인다는 말이 일리가 있다고 생각합니다. 하지만 경쟁은 그런 식으로 이루어지지 않죠. 반드시 실시간으로 들어야만 하지요." 슬로님은 프로젝트 디베이터가 청중에게 더 많은 지식을 알려주었다는 면에서 우세했음을 상기시켰다. 토론 전에 이미 청중의 80퍼센트가 어린이집 보조금 지원에 찬성했기 때문에, 기계가 이기기 더 어려운 면도 있었다고 했다.

이윽고 슬로님은 다시 원점으로 돌아왔다. "솔직히 저는 전혀 신경쓰지 않습니다. 어느 정도는 우리가 진 게 오히려 다행이라고 생각해요. 뭐, 그 차이가 조금 더 적었다면 좋았겠지만요. 하지만 그 일은 우리에게 중요한 메시지를 주었습니다. 정말로 좋은 교훈을요." 그의 팀은 몇 년 동안 오직 토론 챔피언을 꺾겠다는 한 가지 야심에 매달렸다. 하지만 대회가 끝난 직후에도 대중은 결과보다는 주고받은 대화에 더 관심을 기울였다. "나중에 돌아보니 이게 전혀 중요한 문제가 아니라는 걸 깨달았어요. 우리가 엉터리 문제 때문에 고민했구나 싶었지요."

그때 나는 속으로 설마 했다. 딥블루는 1996년 2월 체스 그랜드마스터 가리 카스파로프와의 첫 대결에서 지고 나서 1년 후 다시 대결해 이겼다. 때로는 패배가 더 의미 있는 승리를 향한 한 걸음이 되기도 했다.

슬로님은 재대결에서 팀이 어디에 심혈을 기울여야 할지 잘 알았다. 무엇보다 '청중의 마음'에 닿아야 했다. 그들은 기계가 반론에만 초점을 맞추는 대신 공통 지점을 찾고 청중에게 더 직접적으로 호소하도록 프로그래밍할 수 있었다. "기술적으로는 그리 어려운 일이 아닙니다"라고 슬로님은 말했다. 그의 대답에는 아이러니가 숨어 있었다. 이 토론 기계는, 그러니까 지나치게 토론에 몰입한 것이다. 만약 설득이 목적이라면 순전한 공격과 논리적 유추만으로는 부족했다. 안심시키고, 공감하고, 타협하는, 더 부드러운 기술도 필요했다.

"그걸 넘어서, 정말로 더 강한 논리와 반론 같은 걸 만들어낼 수 있냐고요? 물론입니다. 그런 건 얼마든지 할 수 있습니다. 꾸준히 보완만 해나간다면요. 팀 인원을 늘리고 몇 년 더 투자하면 결국 우리가 이길 겁니다. 저는 그렇게 생각합니다."

현재로서는 이 모든 말이 추측으로만 남아 있다. IBM은 프로젝트 디베이터를 더는 토론용으로 개발하지 않고, 이 기술을 다른 곳에 활용하는 데 집중하기로 했다. 지금까지 공개된 계획은 이 시스템의 능력을 인공지능 제품군에 통합시킨다는 것이다. 한편 회사는 이 기술을 수많은 대중의 발언을 분석하고 정책 결정자들에게 핵심 아이디어를 제시하는 등 공적으로 활용할 수 있는 방안도 제시했다.

우리가 대화를 나누기 한 달 전, 슬로님 팀은 『네이처』에 프로젝트 디베이터에 관한 상세한 설명을 실었다. 쉰세 명의 공저자는 이 시스템이 어떻게 작동하는지뿐 아니라 프로젝트 디베이터가 어떤 종류의 기술을 선보였는지도 설명했다. 그들은 인공지능 연구 대부분이 오직 한 가지 목적으로 훈련된 단일 시스템으로, 좁게 정의된 개별 임무를 완수하는 데 초점을 맞춘다고 했다. 그와 반대로 프로젝트 디베이터는 복잡한 일을 수행했다. 일단 복잡한 과제를 작은 단계들로 쪼갠 다음 그 해답들을 통합하는 식이었다. 그러므로 이는 '복합지능' 시스템 또는 슬로님이 내게 말해준 바에 따르면 여러 살아 움직이는 요소들의 '사령탑orchestrator'이었다.

슬로님은 따로 만든 중간 단계에 의지하지 않고 투입에서 산출로 직행하는 단대단end-to-end 토론 시스템은 먼 미래의 일이라고 생각했다. 그런 시스템을 만들려면 엄청난 양의 표준 데이터가 필요했다

(체스 선수 딥블루는 70만 개의 그랜드마스터 게임 데이터베이스에서 첫 수를 골랐다). 게다가 토론에서의 바람직한 산출은 너무 복잡해서 데이터를 어떻게 활용할지 상상하기 어려웠다. 하지만 슬로닙 팀이 그에 대해 생각을 아예 안 해본 건 아니었다.

데이터 문제를 해결하는 한 가지 방법은 강화 학습이라는 접근법이었다. 2017년 10월 통신 기업 알파벳의 자회사 딥마인드는 혼자 게임을 반복하여 바둑을 마스터한 소프트웨어를 선보였다. '알파고 제로'는 게임의 규칙만 아는 상태에서 사흘 동안 490만 번의 게임을 했다. 그리고 마침내 세계대회에서 18회나 우승한 바둑기사 이세돌을 꺾은 알파고를 이겼다. 이 시스템은 꾸준히 발전했다. 중국 바둑기사 커제는 "순전히 자가학습만 한 알파고가 제일 강하다. 기계의 자가발전 앞에서 인간은 무력한 것 같다"라고 말했다.[33] 같은 해 12월 딥마인드는 같은 방법으로 체스, 장기, 바둑을 모두 마스터한 소프트웨어를 소개했다.

이 시스템은 과거의 기록에 얽매이지 않고 각 종목의 가장 뛰어난 선수들을 교묘히 이기는 전략을 찾아냈다. 기술자들의 말에 따르면, "인간 지식의 한계에 더이상 제약당하지 않는" 기계가 탄생한 거였다.[34]

슬로닙은 이 접근법의 한 버전을 이론적으로는 논쟁에 적용할 수 있다고 했다. 그의 팀은 이미 주장의 강점을 평가할 수 있는 '심판'을 만든 바 있었다. 스스로의 말을 반박하고 피드백에 맞춰 향상되는 시스템은 "[인간은] 생각지도 못했던 설득 패턴을 찾아냈다". 하지만 거기에는 중요한 문제가 숨어 있었다. 토론의 목표는 인간의 마음을 돌리는 것이기 때문에, 인간이 도무지 납득하기 힘든 수를 쓸 경우 기계가 이길 수 없다는 점이었다. 바둑이나 체스 선수는 상대를 초월하고자 하는 반면 토론자는 상대를 이끌고 가야 했다.

"토론에서는 본질적으로 인간이 핵심입니다." 슬로님은 말했다.

나는 이 생각이 위안이 되었다. 논쟁은 우리의 별난 생각과 한계를 아우르는 인간적인 행위다. 좋든 나쁘든 추론하고 공감하고 판단하는 우리의 능력이 토론의 본질을 이룬다. 토론에서 결국 우리를 이기게 될 기계는 인간성을 초월하는 대신 구현해냄으로써 그 위업을 달성할 것이다.

노엄 슬로님과 대화를 나눈 지 며칠 만에, 그 생각 때문에 불안한 예감이 밀려오기 시작했다. 나는 의회 토론 녹취록부터 소셜미디어 메시지 기록에 이르기까지 온갖 텍스트로 수백만 시간 동안 논쟁을 훈련한 시스템을 상상했다. 그 기계는 분명 우리가 찾아낸, 현실성 떨어지는 의견에 잘 반대하는 방법들을 보겠지만, 동시에 가끔은 우리가 굴욕적으로 빠져든 선동, 비논리, 아첨, 증오의 수사법도 보게 될 터였다. 심지어 우리가 만든, 좋은 토론을 가능하게 하는 기술과 그걸 방해하는 기술까지 인식할지도 몰랐다.

그런 데이터를 토대로 훈련한 기계는 우리 인간 종족이 어떻게 의견 차를 다루어왔는지에 대해 판단을 내릴 것이다. 그리고 필요하다고 여겨지는 조정을 할 것이다. 기계가 우리 안의 악한 천사에게 말할지 선한 천사에게 말할지는, 이를테면 싸움의 언어로 말할지 토론의 언어로 말할지는, 전쟁하듯 말할지 협력하듯 말할지는, 아직 우리 손에 달려 있다.

\

# 토론은 어떻게 확산되는가

토론은 침묵으로 시작해 침묵으로 끝난다. 이 책도 마찬가지다.

2021년 7월 토요일에 초고를 완성한 나는 회의감이 밀려들기 전 친구 몇에게 원고를 보냈다. 강한 의견을 표출하는 데 일말의 망설임도 없는, 논쟁을 좋아하는 친구들이었다. 나는 열띤 반응을 접할 마음의 준비를 단단히 하고 있었다. 하지만 내가 맞닥뜨린 것은 몇 주 동안의 길고 고요하기 짝이 없는 침묵이었다. 수백 페이지에 걸쳐 무수한 사실들을 공개한 것이 정말 쓸데없는 일이었던 걸까? '그런 이야기는 별로 듣고 싶지 않다'는 뜻일까?

그런 생각을 하면서 이 친구라는 녀석들에게 이메일을 쓸 준비를 하려는데 마침내 응답이 하나씩 오기 시작했다. 장문의 이메일이나 긴 전화 통화를 통해서였다. 반응이 찬사 일변도는 아니었다. 전체적으로 한 가지 우려가 지배적이었다. "좋은 토론, 좋지. 그런데 글

이 다루는 주제가 너무 협소하고 사적이지 않나 싶어. 구조 개혁보
단 세부 방책에 더 신경을 쓴 느낌이야."

실리콘밸리에서 스타트업을 시작한 친구는 내게 포스트잇에 다
음 세 어절을 써서, 답을 찾을 때까지 화장실 거울에 붙여놓으라고
조언했다. '토론은 어떻게 확산되는가?' 몇 분 뒤 그는 그림을 하나
보냈다. 굽슬굽슬한 턱수염을 기른 노인이 지렛대 위의 지구를 들어
올리는 작은 그림이었다. 그 아래 이렇게 적혀 있었다. '내게 지렛대
와 서 있을 공간을 달라. 그러면 지구를 들어 보이겠다. ―아르키메
데스.'

나는 이런 바람을 이해했다. 지금 세상은 거대한 구조적 변화의
흐름 속에 있다. 호주에서는 지정학적 역학 변동이 일어나는 모습을
보았고, 미국에 가서는 인종 정의 실현을 위한 운동이 불러일으키는
반향을 느꼈다. 그후엔 팬데믹을 겪었다. 팬데믹은 우리가 만든 세
계를 혼란에 빠뜨리는 동시에 그것을 반영하기도 했다.

구조를 중시하는 친구들의 의견을 듣고 나는 고심했다. 좀더 넓
은 관점에서 볼 때 만약 논쟁의 수준이 사회적 건실함의 단순한 징후
에 불과한 거라면 토론 자체보다 그 배경이 되는 제도적 조건에 초
점을 맞추어야 한다. 이를테면 불균형한 정치적 대표성이나 미디어
구조에서 출발하는 것이다.

아침에 화장실 세면대 앞에 섰더니 '토론은 어떻게 확산되는가?'
라는 망할 포스트잇 글귀가 계속 머릿속을 맴돌았다. 결국 나는 이
질문에 답해보기로 결심했다. 그리고 공적인 제도 안에서 토론 정신

과 그 실천을 널리 퍼뜨리겠다는 계획을 세웠다.

그러려면 우선, 공적 기구들은 설계 차원에서 토론의 여지를 더 많이 확보해두어야 한다. 이를 위해서는 의회 입법 절차 등을 점진적으로 개혁하거나 새로운 구조를 만들어야 한다. 시민의회가 새로운 구조의 훌륭한 예다. 무작위로 뽑은 시민 그룹에 구속력이 있거나 느슨한 정책을 제안할 수 있도록 권한을 주는 것이다.

두번째로, 국가는 시민에게 그런 포럼에 참여하는 데 필요한 교육을 제공해야 한다. 민주국가의 시민이라는 기초적 자각에 머무르지 않고, 하버드대학교 메이라 레빈슨 교수가 "참여의 지식, 기술, 태도, 습관"이라 부른 것으로 나아가도록 해야 한다는 뜻이다.[1] 이런 교육은 물론 학교에서부터 시작해야 하지만, 지금까지 소수의 시민사회 조직이 떠맡아온 성인교육의 기회를 배제해서는 안 된다.

셋째로, 포럼 공간이 만들어지면, 정부 기관이나 공립학교 등은 포럼이 제대로 작동하는지 면밀히 살피고 개입해야 한다. 이때 토론은 운동장이 평평한지, 즉 참여자에게 골고루 경청의 기회가 주어지고 참여도에 따라 공정한 판단이 이루어지는지가 무엇보다 중요하다. 사실 우리가 사는 세상에서는 이런 환경을 만나기가 어렵다. 그러므로 토론을 활성화하려면 이 기관들을 더 견고하고 공정하게 만들 실질적인 프로그램을 수립해야 한다.

넷째, 공적 기구들은 토론 결과에 답해야 한다. 정부는 이런 협력을 자신들의 무대책을 가리는 위장술로 활용하는 경우가 많다. 하지만 인권 보호에 관한 토론은 인권 보호 그 자체와 같을 수 없으며,

실질적으로 바뀌는 것 없이 토론만 하는 포럼은 결코 오래 지속될 수 없다.

이런 생각들이 추상적이고 낭만적으로 들릴지도 모르지만, 실제로 세계 곳곳에서 이미 실행된 바 있다. 지난 20년 동안 캐나다, 미국, 아일랜드, 네덜란드, 벨기에, 폴란드, 영국에서 시민의회가 만들어졌다. 일본 정부는 시민이 판사와 공동으로 형사사건을 심의하는 의무 배심원 제도인 재판원 제도를 재도입하면서 시민에게 법리 논쟁과 심의 절차를 가르치는 대대적인 공교육 캠페인을 펼쳤다(법무부 장관이 이 제도의 공식 마스코트인 앵무새 복장을 하고 제도 개혁을 위한 홍보 활동을 돕기도 했다).[2]

게다가 여러 정부가 관심만 있다면 곧바로 시민의회를 만들 수 있음을 보여주었다. 2019년 1월 마크롱 프랑스 대통령은 경제개혁을 요구하는 노란 조끼 시위에 응해 '국민 대토론Le Grand Débat National'이라는 대대적인 공적 협의를 시작했다. 그 결과 두 달여에 걸쳐 "200만여 건의 온라인 댓글과 1만여 건의 지역 회의, 1만 6000여 건의 민원 접수, 일련의 시민의회 회의"가 이어졌다.[3] 이 실험들에 대해서는 이견이 분분하다. 하지만 첫 시도가 만족스럽지 않다고 해서, 지난 100년간 이루어진 민주주의 제도 개혁 중 가장 중요한 부분을 통째로 평가절하하는 것은 어리석은 일일 것이다.

나는 이 방안들을 전부 믿어 의심치 않았지만 막상 우리 공적 제도가 앓고 있는 질병을 치유할 만병통치약으로 제시하자니 어쩐지 핵심을 놓치고 있는 듯한 찜찜한 기분이 들었다.

# 토론은 새로운 목소리를 찾아주었다

토론은 어떻게 확산되는가? 나는 토론이 심각하고, 심지어 존재론적인 위험에 직면했다고 믿었기에 한시바삐 이 질문에 답해야 한다는 조급함에 시달렸다. 공론장에서 분노에 찬 주장들을 보면서 참여자의 감정이 다칠까봐 걱정한 게 아니라 사람들 다수가 아예 토론에 참여하기를 포기하게 될까봐 걱정했다. 나 역시 토론할 일말의 가치도 없고 계속 입을 다물고 있는 것만이 최선인 순간을 수두룩하게 겪어봤기 때문이다.

그런 순간에 침묵은 충분히 유혹적이다. 어떤 사안에 대해 거리를 두면 안전하고 편안할 뿐 아니라 우월감까지 가질 수 있으므로. 하지만 내가 호주에서 자라면서 배웠듯, 대화를 회피하겠다는 결정은 타인을 피하는 선택일 뿐 아니라 세상과 교감하며 존재하는 자기자신을 부정하는 선택이기도 했다. 좌절, 지겨움, 절망 따위의 동기는 시간이 지나면서 점점 더 끈끈한 경멸의 질료가 될 수 있었다.

그러니 우리 사회 병폐의 구조적 문제를 돌보라는 지적만으로는 문제를 해결할 수 없었다. 물론 우리의 공적인 삶과 사적인 삶의 수많은 문제들이 제도적 차원에서 기인하는 것은 사실이다. 하지만 나쁜 논쟁이 안기는 좌절감과 그로 인한 토론에 대한 믿음의 상실은 그 자체로 사회적 분열을 야기하고, 사회의 기능을 약화시킨다. 마찬가지로 정치적 경쟁자들이 서로 대화할 의지와 능력이 없는 환경에서는 어떤 실질적 개혁도 일어날 수 없다. 제도적 해결이 문화적 변화에 선행할 수는 있지만 변화의 욕구까지 이끌어내지는 못한다.

어느 날 오후 이런 생각들을 하고 있는데 기업가 친구가 내게 확산의 비밀을 하나 더 알려주었다. "목표는 그냥 성장이 아니라 기하급수적인 성장이어야 해. 너의 작은 행동 하나가 엄청난 파급효과를 만들어내는, 그래서 집집마다 일일이 찾아가서 문을 두드리지 않아도 되는 그런 것."

그 순간 문득 처음 품었던 질문에 대한 대답이 떠올랐다. 바로, 토론은 확산되지 않는다는 것이었다.

토론의 힘은 일대일로 얼굴을 맞대는 행위가 불러일으키는 마법에 있다. 토론을 벌일 때는 항상 상대에게 관심을 기울이고 배려해야 한다. 토론에 아르키메데스의 지렛대 같은 건 없다. 우리는 한 번에 한 문장씩, 좋은 대화를 이어갈 뿐이다.

때로는 그것만으로도 충분하다. 좋은 토론은 새로운 아이디어를 낳고 관계를 튼튼하게 만든다. 토론 교육은 사람들로 하여금 정치적 기회주의자들의 교묘한 조작에 넘어가지 않도록 면역력을 길러준다. 토론은 훌륭한 개인을 양성하는 데 중요한 역할을 한다. 하지만 그 기본 바탕은 독백이 아니라 대화다.

토론이 세상을 바꾸려면 먼저 토론자의 삶부터 바꿔놓아야 한다. 이 책에서 나는 토론이 어떻게 내 삶을 바꿔놓았는지 이야기했다. 토론은 내게 존재하지 않았던 목소리를 찾아주었다. 토론은 내 의견을 주장하고, 반대자에게 대응하고, 효과적으로 표현하고, 품위 있게 지고, 내가 싸울 곳을 고르는 법을 가르쳐주었다. 하루가 다르게 변하는 세상에서 너무도 사소해 보이지만 내겐 전부나 마찬가지였다.

오랫동안 나는 논쟁에 대한 나의 관심이 특이한 성장 배경 때문이라고 생각했다. 하지만 지금은 보다 보편적인 관점에서 토론을 바라본다. 작가 스탠 그랜트는 헤겔의 말을 즐겨 인용한다. "세계 속 인간에게는 집이 없다." 그랜트는 호주 토착민의 후손인 동시에 유럽 이민자의 후손으로서, 현대 호주를 만든 최초의 만남 양끝에 자신을 둔다. "나는 배와 해안가 사이에 살면서, 고난에 찬 우리 과거의 염수◆를 항해하고자 했다"라고 그는 말한다.⁴ 헤겔에 이어 그랜트 역시, 그런 상황에서 해방은 변증법에서 찾아야 한다고 주장한다. 즉, 하나의 관점(테제)이 다른 관점(안티테제)과 충돌할 때 둘 중 하나로 귀착되지 않고 양쪽을 결합한 제3의 길(진테제)을 낳는 과정에 답이 있다고.

토론은 내게 이와 똑같은 질문에 대한 답처럼 보인다. 인간은 서로 의견이 다르고 이 세상에는 집이 없다. 그렇다고 그런 사실에 굴복하거나 부정하거나, 둘 중 하나만 선택해야 하는 건 아니다. 타인에게 굴종하거나 아예 타인의 목소리가 안 들릴 만큼 멀찌감치 떨어져 있거나, 둘 중 하나를 선택할 필요도 없다.

토론은 서로에게 열린 마음으로 계속 귀를 기울이게 한다. 자기 자신—자신의 입장, 주장, 자부심—에서 출발한 토론은 서슴없이 상대를 향해 나아간다.

---

◆ 담수와 해수가 섞인 물.

이런 전환은 토론장에서 발언이 끝난 뒤 이어지는 침묵 속에서도 일어난다. 그 순간은 침울한 경멸의 순간도 무거운 회피의 순간도 아니다. 한쪽이 어떻게 받아들여질지, 다른 쪽이 어떻게 대답할지를 초조하게 기다리는 마음으로 가득한 순간이다.

　내겐 이 침묵 속에 서 있는 일이 토론에서 가장 힘든 순간이었다. 자신을 남김없이 드러내고, 미래를 알 수 없어 불안하고, 타인의 자비에 모든 걸 내맡긴 시간이니까. 하지만 우리 토론자들은 상대에게 마이크를 넘긴다. 상대를 믿지 않고서는 어떤 대화도 할 수 없기 때문이다.

　우리의 토론이 계속되려면, 다른 이에게도 말할 기회를 주어야 한다.

우선 나에게 고향이 되어준, 전통을 만들고 지금까지 이어온 여러 세대에 걸친 디베이터들에게 감사의 말을 전한다. 나는 그들이 발견한 지혜를 그들에게서 이어받은 목소리로 설명하려고 노력했다. 특히 10년간 우정을 나눠온 파넬레 매시와마와 나를 여기까지 현명하게 이끌어준 앤드루 후드, 스티브 하인드에게 고마움을 전한다.

　출판 관계자들의 믿음과 노고에도 감사드린다. 호주 스크라이브너출판사의 벤 볼은 이 원고를 가장 먼저 믿어준 편집자다. 그는 이 책의 첫 출간 제안서를 (그에게) 쓰도록 도왔고, 수많은 우여곡절을 헤쳐 나가는 데 꼭 필요한 길잡이가 되어주었다. 에이전트 게일 로스와 다라 케이는 여덟 차례에 걸쳐 제안서를 고쳐쓰는 과정에서 많은 조언을 해주었고, 이후 눈부신 능력을 발휘하며 여러 방면에서 나를 지지해주었다. 윌리엄 헤이워드는 이 책을 펭귄출판사에서 출간할 수 있게끔 돕고, 책임편집을 맡아주었다. 그의 통찰력 덕분에 한 걸음 더 앞으로 나아갈 수 있었다. 윌리엄콜린스의 쇼아이브 로카디야는 관대한 성정과 긴 통화도 마다않는 인내심으로 내게 감동을 주었고, 우리의 우정은 더욱 깊어졌다.

앞서 언급한 사람들 중 한 명이라도 만나는 저자는 운이 좋은 사람이다. 그런데 나는 모두를 만났으니 책에 관해 어떤 변명도 할 수 없는 처지가 됐다.

내가 저자가 될 수 있게 해준 앤 고도프, 스콧 모이어스, 아라벨라 파이크, 댄 루피노와 그들 팀원 모두에게 감사를 전한다. 펭귄출판사의 내털리 콜먼과 하버드대학교의 어맨다 장은 예리한 시선과 힘찬 응원으로 출간 작업을 한결 수월하게 해주었다. 내 책이 더 많은 독자를 만날 수 있도록 해준 문학동네, 하야카와, 마철도서, 애크미, 리테라 그리고 애브너 스타인, 밀크우드에이전시, 잉글리시에이전시, 그레이호크에이전시, 리비아스토이아 리터러리 에이전시 관계자분 들에게 감사드린다. 이 책에 도움을 준 김소영 대표님과 고아라, 권한라, 김도윤, 김봉곤, 김수현, 박영신, 박지영, 왕지경, 오서영, 이원경, 정민호, 최윤미 님께, 그리고 정혜윤 번역가님께 감사드린다.

이 책은 무엇보다 나의 배움에 관한 이야기이므로 감사를 전하고 싶은 선생님이 많다. 주디 길크리스트 선생님은 말이 사람들의 인생을 바꿔놓을 수 있다는 걸 보여주었다. 적어도 내 인생은 말을 통해 바뀌었다. 저메이카 킨케이드 교수님은 내게 창조성과 진실을 말하는 법에 대한 모범을 보여주었다. 일레인 스캐리 교수님에겐 도덕적 상상력과 강건함에 대해 배웠다. 루이스 메넌드 교수님은 감정적으로 판단하지 않는 법을 가르쳐주었다. 케빈 러드, 왕 후이, 아마트리아 센, 마이클 로젠, 로베르토 웅거와 나눈 정치와 철학 이야기는 내 배움의 근간이 되었다. 기자 생활을 하면서 하워드 프렌치, 리처드 맥그레거, 줄리아 베어드, 애너벨 크랩을 비롯한 오스트레일리언 파이낸셜 리뷰의 소중한 동료들에게 좋은 질문을 하는 법을 배웠다. 법 분야에서는 마이클 커비, 질리언 트릭스, 루이스 모레노오캄포, 마사 미노우, 석지영 교수님의 발자국을 따라 걸어가고 싶다. 내게 장학금을 지원해준 스티븐 슈워츠먼과 빌 애크먼에게도 감사드린다. 리사 머스커틴, 애덤 그랜트, 로버트 바넷, 노엄 슬로님, 김용 전 세계은행 총재, 홍정욱 회장에게도 도움을 주셔서 감사하다는 말씀을 전한다.

친구와 가족도 빼놓을 수 없다. 호주 최고의 작가라 할 수 있는 세리드웬 도비는 책을 만들어가는 모든 단계에 시간을 내 나를 지도해주었다. 조나 한과 원 그레이엄, 악샤르 보누, 네이선 부스는 완벽한 대화 상대가 되어주었다. 나는 이 원고를 시애틀의 오미경 이모 집에서 끝마쳤다. 모두에게 감사드린다.

언제나 내 편인 사랑하는 부모님, 박진경, 서원교 님께 이 책을 바친다.

### 시작하며. 더 잘 반대하기 위하여

1. David Corn, "Secret Video: Romney Tells Millionaire Donors What He REALLY Thinks of Obama Voters," *Mother Jones*, September 17, 2012, www.motherjones.com/politics/2012/09/secret-video-romney-private-fundraiser/.

2. Amy Chozick, "Hillary Clinton Calls Many Trump Backers 'Deplorables,' and G.O.P. Pounces," *New York Times*, September 10, 2016, www.nytimes.com/2016/09/11/us/politics/hillary-clinton-basket-of-deplorables.htm.

3. M. Keith Chen and Ryne Rohla, "The Effect of Partisanship and Political Advertising on Close Family Ties," *Science* 360, no. 6392 (2018): 1020-24.

4. Toni Morrison, "Nobel Lecture, 7 December 1993," *Georgia Review* 49, no. 1 (1995): 318-23.

### 1장. 논제: 무엇에 대해 싸울 것인가

1. Pauline Hanson, "Maiden Speech," Commonwealth of Australia, House Hansard, Appropriation Bill(No. 1), 1996-97, Second Reading, p.3859.

2. Mark Latham, "Politics: New Correctness," Commonwealth of Australia, House Hansard, Grievance Debate, 2002, p.5624.

3. "House of Commons Rebuilding," Parl. Deb. H.C. (Sth ser.)(1943) cols. 403-73, https://api.parliament.uk/historic-hansard/commons/1943/oct/28/house-of-commons-rebuilding.

4. "House of Commons Rebuilding."

## 2장. 논증: 어떻게 설득할 것인가

1. *Scent of a Woman*, directed by Martin Brest (Universal Pictures, 1992).

2. "Wingnuts' and President Obama," The Harris Poll, March 24, 2010, https://theharrispoll.com/wp-content/uploads/2017/12/Harris-Interactive-Poll-Research-Politics-Wingnuts-2010-03.pdf.

3. "Full Transcript: Obama Interview with NBC News," NBC News, Aug. 29, 2010, https://www.nbcnews.com/id/wbna38907780.

4. "Encomium," Silva Rhetoricae, accessed February 9, 2022, http://rhetoric.byu.edu/Pedagogy/Progymnasmata/Encomium.htm.

5. Sharon Crowley and Debra Hawhee, *Ancient Rhetorics for Contemporary Students* (New York: Pearson/Longman, 2003), 385.

6. George Alexander Kennedy, *Progymnasmata: Greek Textbooks of Prose Composition and Rhetoric* (Leiden, Netherlands: Brill, 2003), 5-6.

7. David J. Fleming, "The Very Idea of a Progymnasmata," *Rhetoric Review* 22, no. 2 (2003): 116.

8. William H. Cropper, *Great Physicists: The Life and Times of Leading Physicists from Galileo to Hawking* (New York: Oxford University Press, 2004), 254-55.

9. John Horgan, *The End of Science: Facing the Limits of Knowledge in the Twilight of the Scientific Age* (New York: Basic Books, 2015), 29.

## 3장. 반론: '좋은 반대'가 '좋은 토론'을 이끈다

1. Eugene Devaud, trans, "Teaching of Prahhotep," 1916, www.ucl.ac.uk/museums-static/digitalegypt/literature/ptahhotep.html.

2. Dale Carnegie, *How to Win Friends and Influence People* (New York: Simon & Schuster, 2009), 122.

3. Paul Kelly, "Campaigns Characterised by Complacent Timidity," *The Australian*, July 28, 2010, https://www.theaustralian.com.au/subscribe/

news/1/?sourceCode=TAWEB_WRE170_a_GGL&dest =https%3A%2F%2Fwww.
theaustralian.com.au%2Fopinion%2Fcolumnists %2Fcampaigns-characterised-
by-complacent-timidity%2Fnews-story %2F4ae48b1667bbe66f4d63df9dd8
0b8f7e&memtype=anonymous&mode =premium&v21=dynamic-hot-test-
score&V21spcbehaviour=append.

4. Norberto Bobbio, *In Praise of Meekness: Essays on Ethics and Politics*(Cambridge:
Polity Press, 2000), 34.

5. Bhikkhu Bodhi and Bhikkhu Ñanamoli, *The Middle Length Discourses of the
Buddha: A Translation of the Majjhima Nikaya* (Somerville, MA: Wisdom, 2015),
326.

6. David Jackson, "Study: Obama Wins 'Interruption Debate,'" *USA Today*,
October 20, 2012, www.usatoday.com/story/theoval/2012/10/20/obama-romney-
debate-interruptions-george-mason/1646127/.

7. "Obama Hits Back In Fiery Second Debate with Romney," BBC, October 17,
2012, https://www.bbc.com/news/world-us-canada-19976820.

8. Jim Rutenberg and Jeff Zeleny, "Rivals Bring Bare Fists to Rematch," *New
York Times*, October 16, 2012, https://www.nytimes.com/2012/10/17/us/politics/
obama-and-romney-turn-up-the-temperature-at-their-second-debate.html.

9. Jackson, "Study: Obama Wins 'Interruption Debate.'"

10. Aristotle and Jonathan Barnes, *The Complete Works of Aristotle: The Revised
Oxford Translation, Vol. 2 (Bollingen Series LXXI-2)* (Princeton, NJ: Princeton
University Press, 1984), page TK.

11. Aristotle, "Rhetoric," 350 BC, trans. W. Rhys Roberts, The Internet
Classics Archive, http://classics.mit.edu/Aristotle/rhetoric 2.ii.html.

12. Jeremy Waldron, *Political Political Theory: Essays on Institutions* (Cambridge,
MA and London, England: Harvard University Press, 2016), 102.

13. Edmund Burke, "Thoughts on the Cause of the Present Discontents, 1770,"
in *Perspectives on Political Parties*, ed. Susan E. Scarrow (New York: Palgrave

Macmillan, 2002).

## 4장. 수사법: 감동이라는 무기 혹은 전략

1. Paul C. Nagel, *John Quincy Adams* (New York: Knopf Doubleday, 2012).

2. John Quincy Adams and John Adams, *An Inaugural Oration: Delivered at the Author's Installation, as Boylston Professor of Rhetoric and Oratory, at Harvard University, in Cambridge, Massachusetts, on Thursday, June 12, 1806* (Boston: Munroe & Francis, 1806), 17.

3. John Quincy Adams and Charles Francis Adams, *Memoirs of John Quincy Adams, Comprising Portions of His Diary from 1795 to 1848* (New York: AMS Press, 1970), 332.

4. K. H. Jamieson and D. Birdsell, "Characteristics of Prebroadcast Debates in America," in *Presidential Debates: The Challenge of Creating an Informed Electorate* (New York: Oxford University Press, 1988), 20.

5. Jamieson and Birdsell, "Characteristics of Prebroadcast Debates," 19.

6. Ralph Waldo Emerson, *The Works of Ralph Waldo Emerson Comprising His Essays, Lectures, Poems, and Orations* (London: Bell, 1882), 191.

7. Gorgias, *Encomium of Helen*, trans. Douglas M. MacDowell (Bristol, UK: Bristol Classical Press, 2005), 21.

8. Plato, *The Dialogues of Plato*, vol. 1, trans. and with analyses by Benjamin Jowett (New York: Random House, 1936), 507.

9. Encyclopedia Britannica Online, s.v. "Liberal Arts," August 10, 2010, www.britannica.com/topic/liberal-arts.

10. Pooja Podugu, "CS50, Stat 110 See Continued Increases in Enrollment," *Harvard Crimson*, September 12, 2013, www.thecrimson.com/article/2013/9/12/course-enrollment-numbers-CS50/.

11. For further reading, see: Jay Heinrichs, "How Harvard Destroyed

Rhetoric," *Harvard Magazine* 97, no. 6, July-August 1995, 37-42.

12. Markku Peltonen, *The Cambridge Companion to Bacon* (Cambridge: Cambridge University Press, 1996), 224.

13. Charles W. Eliot, "The New Education," *Atlantic Monthly*, February 1869.

14. John C. Brereton, ed., *The Origins of Composition Studies in the American College, 1875-1925: A Documentary History* (Pittsburgh, PA: University of Pittsburgh Press, 1995), 13.

15. British Broadcasting Company, "History of the BBC: 1920s," accessed February 9, 2022, www.bbc.com/historyofthebbc/timelines/1920s.

16. Boris Johnson, "Boris Johnson explains how to speak like Winston Churchill," *The Telegraph*, November 3, 2014, YouTube video, 2:31, https://www.youtube.com/watch?v=FLak21zlv7U.

17. People for the Ethical Treatment of Animals, "Debate Kit: Is It Ethical to Eat Animals?" accessed February 9, 2022, www.peta.org/teachkind/lesson-plans-activities/eating-animals-ethical-debate-kit/.

18. Edward T. Channing, *Lectures Read to the Seniors in Harvard College [with a Biographical Notice of the Author, by R. H. Dana the Younger]* (Boston: Ticknor & Fields, 1856), 7.

19. William Bentinck-Smith, *The Harvard Book: Selections from Three Centuries* (Cambridge, MA: Harvard University Press, 1986), 254.

20. Bruce A. Kimball, "'This Pitiable Rejection of a Great Opportunity': W. E. B. Du Bois, Clement G. Morgan, and the Harvard University Graduation of 1890," *Journal of African American History* 94, no. 1 (2009): 5-20.

21. Kimball, "'This Pitiable Rejection of a Great Opportunity.'" 13.

22. Philip S. Foner and Robert James Branham, *Lift Every Voice: African American Oratory, 1787-1900* (Tuscaloosa: University of Alabama Press, 1998), 731.

23. W. E. B. Du Bois and David Levering Lewis, *W. E. B. Du Bois: A Reader* (New York: H. Holt, 1995), 18.

24. W. E. B. Du Bois, "Harvard in the Last Decades of the Nineteenth Century, May 1960," W. E. B. Du Bois Papers (MS 312), Special Collections and University Archives, University of Massachusetts Amherst Libraries.

25. Sarah Abushaar, "Undergraduate Speaker Sarah Abushaar —Harvard Commencement 2014," Harvard University, May 29, 2014, YouTube video, 9:41, www.youtube.com/watch?v=AiGdwqdpPKE.


## 5장. 침묵: 잘 반대하는 기술

1. National Speech & Debate Association, "The National Speech & Debate Association Announces 2018 National High School Champions," July 2, 2018, www.globenewswire.com/en/news-release/2018/07/02/1532485/0/en/The-National-Speech-Debate-Association-announces-2018-National-High-School-Champions.html.

2. Peter Rosen, "Policy Debaters Argue at the Speed of Cattle Auctioneers," KSLTV, March 9, 2019, https://ksltv.com/409597/policy-debaters-argue-speed-cattle-auctioneers/.

3. Guinness World Records, s.v. "Fastest Talker (English)," August 30, 1995, www.guinnessworldrecords.com/world-records/358936-fastest-talker.

4. "UK: World's Fastest Talker Speaks," AP Archive, July 27, 1998, www.aparchive.com/metadata/youtube/46eld010e07752b77b4a7b86ec67e2cc.

5. Rachel Swatman, "Can You Recite Hamlet's 'To Be or Not to Be' Soliloquy Quicker Than the Fastest Talker?" Guinness World Records, www.guinnessworld records.com/news/2018/1/can-you-recite-hamlets-to-be-or-not-to-be-soliloquy-quicker-than-the-fastest-t-509944.

6. Princeton Debate, "Speaking Drills," accessed February 9, 2022, https://sites.google.com/site/princetonpolicydebate/home/debaters/speaking-drills.

7. Jay Caspian Kang, "High School Debate at 350 WPM," *Wired*, January 20,

2012, www.wired.com/2012/01/ff-debateteam/.

8. Debra Tolchinsky, "Fast-Talk Debate in an Accelerated World," *Chronicle of Higher Education*, July 22, 2020, www.chronicle.com/article /fast-talk-debate-in-an-accelerated-world/.

9. Tim Allis, "Education: The Bloody World of High School Debate," *D Magazine*, May 1986, www.dmagazine.com/publications /d-magazine/1986/may/education-the-bloody-world-of-high-school-debate/.

10. A work that is thoughtful on the spread: Ben Lerner, *The Topeka School* (New York: Farrar, Straus and Giroux, 2019).

11. Tom Pollard, "Lincoln-Douglas Debate: Theory and Practice" (Lawrence: University of Kansas, 1981), 7.

12. Pollard, "Lincoln-Douglas Debate,"

13. Pollard, "Lincoln-Douglas Debate," vi.

14. Jack McCordick, "The Corrosion of High School Debate—and How It Mirrors American Politics," *America Magazine*, September 26, 2017, www.americamagazine.org/arts-culture/2017/09/26/corrosion-high-school-debate-and-how-it-mirrors-american-politics.

15. *Resolved*, directed by Greg Whiteley (One Potato Productions, 1992).

16. Kang, "High School Debate at 350 WPM."

17. UK Parliament, "Origins of Parliament," accessed February 9, 2022, www.parliament.uk/about/living-heritage/transformingsociety/ele ctionsvoting/chartists/overview/originsofparliament/.

18. Taru Haapala, "Debating Societies, the Art of Rhetoric and the British House of Commons: Parliamentary Culture of Debate Before and After the 1832 Reform Act," *Res Publica* 27 (2012): 25-36.

19. American Whig-Cliosophic Society, "Who We Are," accessed February 9, 2022, https://whigclio.princeton.edu/.

20. "Donald Trump: 'I Will Be Greatest Jobs President God Ever Created'-

Video," *The Guardian*, June 16, 2015, https://www.theguard ian.com/us-news/video/2015/jun/16/donald-trump-us-president-republicans-video.

21. Glenn Kessler, "A History of Trump's Promises That Mexico Would Pay for the Wall, Which It Refuses to Do," *Washington Post*, January 8, 2019, https://www.washingtonpost.com/politics/2019/live-updates /trump-white-house/live-fact-checking-and-analysis-of-president-trumps-immigration-speech/a-history-of-trumps-promises-that-mexico-would-pay-for-the-wall-which-it-refuses-to-do/.

22. "Donald Trump Announces a Presidential Bid," *Washington Post*, June 16, 2015, https://www.washingtonpost.com/news/post-politics/wp/2015/06/16/full-text-donald-trump-announces-a-presidential-bid/.

23. Staff, "Ayaan Hirsi Ali Responds to Brandeis University," *Time*, April 9, 2014, https://time.com/56111/ayaan-hirsi-ali-they-simply-wanted-me-to-be-silenced/.

24. Samuel Earle, "'Rivers of Blood': The Legacy of a Speech That Divided Britain," *Atlantic*, April 20, 2018, www.theatlantic.com/international/archive/2018/04/enoch-powell-rivers-of-blood/558344/.

25. Martin Walker and Don Bateman, *The National Front* (London: Fontana, 1978).

26. Camilla Schofield, *Enoch Powell and the Making of Postcolonial Britain* (Cambridge, UK: Cambridge University Press, 2013), 209.

27. Evan Smith, *No Platform: A History of Anti-Fascism, Universities and the Limits of Free Speech* (Oxford and New York: Routledge, 2020), 28.

28. Smith, *No Platform*, 93.

29. NUS, April Conference: Minutes and Summary of Proceedings (London: NUS, 1974), 79.

30. 99 Parl. Deb. H.C. (6th ser.) (1986) cols. 182-277, https://api.parliament.uk/historic-hansard/commons/1986/jun/10/education-bill-lords.

31. "NUS' No Platform Policy," NUS Connect, February 13, 2017, https://

www.nusconnect.org.uk/resources/nus-no-platform-policy-f22f.

32. Joseph Russomanno, *Speech Freedom on Campus: Past, Present, and Future* (Lanham, MD: Lexington Books, 2021), 11.

33. Janell Ross, "Obama Says Liberal College Students Should Not Be 'Coddled.' Are We Really Surprised?" *Washington Post*, April 26, 2019, www.washingtonpost. com/news/the-fix/wp/2015/09/15/obama-says-liberal-college-students-should-not-be-coddled-are-we-really-surprised/.

34. Richard Tuck and Michael Silverthorne, eds., *Hobbes: On the Citizen* (Cambridge, UK: Cambridge University Press, 1998), 26.

35. Teresa M. Bejan, *Mere Civility* (Cambridge: Harvard University Press, 2017), 11.

## 6장. 자기방어: 무례한 사람을 여유롭게 상대하는 법

1. Roger Gottlieb, *The Oxford Handbook of Religion and Ecology* (New York: Oxford University Press, 2011), 316.

2. S. Marc Cohen, Patricia Curd, and C. D. C. Reeve, *Readings in Ancient Greek Philosophy: From Thales to Aristotle* (Indianapolis: Hackett, 2016), 315.

3. *Washington Post* Staff, "Wednesday's GOP Debate Transcript, Annotated," *Washington Post*, April 26, 2019, www.washingtonpost.com/news/the-fix/wp/2015/09/16/annotated-transcript-september-16-gop-debate/.

4. Commission on Presidential Debates, "September 26, 2016 Debate Transcript," September 26, 2016, www.debates.org/voter-education/debate-transcripts/september-26-2016-debate-transcript/.

5. Commission on Presidential Debates, "September 26, 2016 Debate Transcript."

6. Martin Cohen, *Philosophical Tales: Being an Alternative History Revealing the Characters, the Plots, and the Hidden Scenes That Make Up the True Story of*

*Philosophy* (Malden, MA: Blackwell, 2008), 172.

7. Arthur Schopenhauer, *The Art of Controversy: And Other Posthumous Papers*, ed. and trans. T. Bailey Saunders (London: Swan Sonnenschein, 1896), 4.

8. Robert Wicks, *The Oxford Handbook of Schopenhauer* (New York: Oxford University Press, 2020), 98.

9. Schopenhauer, *The Art of Controversy*, 5.

10. Schopenhauer, *Art of Controversy*, 5.

11. Schopenhauer, *Art of Controversy*, 10.

12. Schopenhauer, *Art of Controversy*, 11.

13. Schopenhauer, *Art of Controversy*, 10.

14. Schopenhauer, *Art of Controversy*, 46.

15. Keith Lloyd, "Rethinking Rhetoric from an Indian Perspective: Implications in the 'Nyaya Sutra,'" *Rhetoric Review* 26, no. 4 (2007).

16. Portland State University, Toni Morrison, Primus St. John, John Callahan, Judy Callahan, and Lloyd Baker, "Black Studies Center Public Dialogue. Pt. 2" (1975). Special Collections: Oregon Public Speakers, 90. http://archives.pdx.edu/ds/psu/11309.

17. George Monbiot, "This Professor Of Denial Can't Even Answer His Own Questions on Climate Change," *The Guardian*, September 14, 2009, https://www.theguardian.com/commentisfree/cif-green/2009/sep/14/climate-change-denial.

18. Commission on Presidential Debates, "October 9, 2016 Debate Transcript," October 9, 2016, www.debates.org/voter-education/debate-transcripts/october-9-2016-debate-transcript/.

19. Anna Palmer and Jake Sherman, "Poll: Hillary Clinton Won the Second Debate," *Politico*, October 11, 2016, www.politico.com/story/2016/10/clinton-trump-debate-poll-229581.

20. Nikita Sergeevich Khrushchev, *Memoirs of Nikita Khrushchev*, vol. 3, ed.

Sergei Khrushchev (University Park : Pennsylvania State University Press, 2007),
183.

21. Jonathan Aitken, *Nixon: A Life* (Washington, DC : Regnery, 1993), 27.

22. "Live Presidential Forecast," *New York Times*, November 9, 2016, www.
nytimes.com/elections/2016/forecast/president.

23. Commission on Presidential Debates, "October 19, 2016 Debate Transcript."

24. Bonnie Kristian, "America's Presidential Debates Are Broken. Here's
How to Fix Them," *The Week*, September 7, 2016, https://theweek.com/
articles/646203/americas-presidential-debates-are-broken-heres-how-fix.

25. Lee Drutman, "The Presidential Debate Format Stinks. We Should Run
Crisis Simulations Instead," *Vox*, September 23, 2016, https://www.vox.com/
polyarchy/2016/9/21/13006732/presidential-debate-format-bad.

26. Arthur Schopenhauer, *Parerga and Paralipomena* (Oxford : Clarendon Press,
2000), 26.

27. Schopenhauer, *Parerga and Paralipomena*, 31.

28. "Hesiod : Works and Days," trans. Hugh G. Evelyn-White, 1914, https://
people.sc.fsu.edu/~dduke/lectures/hesiod1.pdf.

## 7장. 교육: 품위 있게 이기고 지는 법을 배우는 일

1. Malcolm X, *The Autobiography of Malcolm X*, 43.

2. Malcolm X, *Autobiography of Malcolm X*, 43.

3. Malcolm X, *Autobiography of Malcolm X*, 44.

4. Malcolm X, *Autobiography of Malcolm X*, 178.

5. Malcolm X, *Autobiography of Malcolm X*, 212.

6. Malcolm X, *Autobiography of Malcolm X*, 212.

7. "Education : Oxford v. Norfolk," *Time*, December 31, 1951, http://content.
time.com/time/subscriber/article/0,33009,821992,00.html.

8. Peter Louis Goldman, *The Death and Life of Malcolm X* (Urbana and Chicago : University of Illinois Press, 1979), 16.

9. Malcolm X, *Autobiography of Malcolm X*, 198.

10. Natasha Haverty, "After Half A Century, Inmates Resurrect The Norfolk Prison Debating Society," NPR's *Morning Edition*, December 27, 2016 http://www.npr.org/2016/12/27/506314053/after-half-a-century-inmates-resurrect-the-norfolk-prison-debating-society.

11. Susannah Anderson and Briana Mezuk, "Participating in a Policy Debate Program and Academic Achievement Among at-Risk Adolescents in an Urban Public School District : 1997-2007," *Journal of Adolescence 35*, no. 5 (2012): 1225-35.

12. Scott Travis, "Broward Schools Make the Case for Debate Classes," *South Florida Sun-Sentinel*, June 18, 2018, www.sun-sentinel.com/local/broward/fl-broward-debate-classes-20141222-story.html.

13. Farmer, *Lay Bare the Heart*, 117.

14. Michael D. Bartanen and Robert S. Littlefield, "Competitive Speech and Debate : How Play Influenced American Educational Practice," *American Journal of Play* 7, no. 2 (2015): 155-73, https://doi.org/ISSN-1938-0399.

15. David Gold, *Rhetoric at the Margins: Revising the History of Writing Instruction in American Colleges*, 1873-1947 (Carbondale : Southern Illinois University Press, 2008), 41.

16. Robert Littlefield, *Forensics in America: A History* (Lanham, MD : Rowman & Littlefield, 2013), 254.

17. James Farmer, *Lay Bare the Heart: An Autobiography of the Civil Rights Movement* (Fort Worth : Texas Christian University Press, 1998), 121.

18. Douglas Martin, "Henrietta Bell Wells, a Pioneering Debater, Dies at 96," *New York Times*, March 12, 2008, https://www.nytimes.com/2008/03/12/us/12wells.html.

19. Gail K. Beil, "Wiley College: The Great Debaters," *East Texas Historical Journal 46*, no. 1 (2008): 18-26, https://scholarworks.sfasu.edu/cgi/viewcontent.cgi?referer=&httpsredir=1&article=2530&context=ethj.

20. Beil, "Wiley College."

21. Hobart Jarrett, "Adventures in Interracial Debate," *The Crisis 42*, no. 8 (August 1935): 240.

22. Linda Green, "Excitement Builds for Washington-Winfrey Debate Movie," *Global Debate*, October 19, 2007, https://globaldebateblog.blogspot.com/2007/10/excitement-builds-for-washington.html.

23. Deborah Tannen, *The Argument Culture* (New York: Ballantine Books, 1999), 3, 134.

24. Farmer, *Lay Bare the Heart*, 224.

25. Farmer, *Lay Bare the Heart*, 225.

26. Farmer, *Lay Bare the Heart*, 225.

27. Robert James Branham, "'I Was Gone on Debating': Malcolm X's Prison Debates and Public Confrontations," *Argumentation and Advocacy* 31, no. 3 (1995): 117-37, https://doi.org/10.1080/00028533.1995.11951606.

28. Ben Voth, *James Farmer Jr: The Great Debater* (Lanham: Lexington Books, 2017), 167.

29. The Open Mind, "Malcolm X, Wyatt Tee Walker, Alan Morrison, and James Farmer," PBS, aired June 11, 1963, https://www.njtvonline.org/programs/the-open-mind/the-open-mind-open-mind-special-race-relations-in-crisis-61263.

30. Beil, "Wiley College."

31. Malcolm X, "The Ballot or the Bullet" (speech, Cleveland, Ohio, April 3, 1964), www.edchange.org/multicultural/speeches/malcolm_x_ballot.html.

32. Leilah Danielson, "The 'Two-ness' of the Movement: James Farmer, Nonviolence, and Black Nationalism," *Peace&Change* 29, no. 3-4 (2004): 431-52, https://doi.org/10.1111/j.0149-0508.2004.00298x.

33. James Farmer, *Freedom — When?* (New York: Random House,1966; 1965), 92, 95.

34. Christina Ting Fong, "The Effects of Emotional Ambivalence on Creativity," *The Academy of Management Journal* 49, no. 5 (2006): 1016-30.

## 8장. 관계: 가까운 사람들과 '잘' 싸우는 법

1. "Malcolm Turnbull Takes Question from Reporters On Postal Plebiscite Decision," *Sydney Morning Herald*, August 8, 2017, https://www.smh.com.au/ politics/federal/transcript-malcolm-turnbull-takes-question-from-reporters-on-postal-plebiscite-decision-20170808-gxrwp7.html.

2. Justin Welby, "Archbishop Delivers Presidential Address to General Synod," The Archbishop of Canterbury, November 24, 2015, https://www. archbishopofcanterbury.org/speaking-and-writing/speeches/archbishop-delivers-presidential-address-general-synod.

3. Finish, "Finish Launches #Skiptherinse: A Movement to Help End Wasteful Dishwashing Habits and Conserve Water," Cision PR Newswire, July 28, 2020, www.prnewswire.com/news-releases/finish–launches-skiptherinse-a-movement-to-help-end-wasteful-dishwashing-habits-and-conserve-water-301101054.html.

4. Hugo Mercier and Dan Sperber, "Why Do Humans Reason? Arguments for an Argumentative Theory," *Behavioral and Brain Sciences* 34, no. 2 (2011): 57-74, doi:10.1017/S0140525X10000968.

5. Patricia Cohen, "Reason Seen More as Weapon Than Path to Truth," *New York Times*, June 14, 2011, www.nytimes.com/2011/06/15/arts/people-argue-just-to-win-scholars-assert.html.

6. William Ury, *Getting to Peace: Transforming Conflict at Home, at Work, and in the World* (New York: Viking, 1999), 148.

7. Anatol Rapoport, "Three Modes of Conflict," *Management Science* 7, no. 3

(1961): 210-18, www.jstor.org/stable/2627528.

8. Robert Louis Stevenson, *Lay Morals and Other Papers* (New York: Scribner, 1911), 137.

9. Blaise Pascal, *Pensées*, trans. A. Krailsheimer (London: Penguin, 2003), 68.

10. Chris Zabilowicz, "The West Treats Russia Unfairly | Chris Zabilowicz | Part 1 of 6," Oxford Union, posted March 28, 2017, YouTube video, 18:06, www.youtube.com/watch?v=Ufb0CIkQy7U.

11. Theodore Roosevelt, *Autobiography* (New York: Macmillan, 1913), 28.

12. "Fearful Colleges Ban Debate on Recognition of Red China," *The Harvard Crimson*, June 17, 1955, www.thecrimson.com/article/1955/6/17/fearful-colleges-ban-debate-on-recognition/.

13. William M. Keith, *Democracy as Discussion: Civic Education and the American Forum Movement* (Lanham, MD: Lexington Books, 2007), 197.

14. Sally Rooney, "Even If You Beat Me," *The Dublin Review*, Spring 2015, https://thedublinreview.com/article/even-if-you-beat-me.

15. A. Craig Baird, "The College Debater: 1955," *Southern Speech Journal* 20, no. 3 (1955): 204-11, https://doi.org/10.1080/10417945509371360.

16. Robert M. Martin and Andrew Bailey, *First Philosophy: Fundamental Problems and Readings in Philosophy* (Peterborough, ON: Broadview Press, 2012), 598.

17. "Warren Buffett Has a Problem with 'Independent' Directors," *New York Times*, February 24, 2020, www.nytimes.com/2020/02/24/business/dealbook/warren-buffett-deals.html.

18. Gordon R. Gordon, "Switch-Side Debating Meets Demand-Driven Rhetoric of Science," *Rhetoric & Public Affairs* 13, no. 1 (2010): 95-120, https://doi.org/10.1353/rap.0.0134.

19. Nelson Mandela, *Long Walk to Freedom: The Autobiography of Nelson Mandela* (New York: Back Bay Books, 1995), 616.

20. SABC News, "De Klerk, Mandela Pre-election Debate Rebroadcast, 14 April, 1994," streamed live on April 14, 2019, YouTube video, 1:57:47, www. youtube.com/watch?v=oTleqLem67Q.

21. Stanley B. Greenberg, *Dispatches from the War Room: In the Trenches with Five Extraordinary Leaders* (New York: Thomas Dunne Books/St.Martin's Press, 2009), 145.

22. Mandela, *Long Walk to Freedom*, 617.


## 9장. 테크놀로지: AI는 결코 할 수 없는 것

1. N. Slonim et al., "An Autonomous Debating System," *Nature* 591 (2021): 379-84, https://doi.org/10.1038/s41586-021-03215-w.

2. Dave Lee, "IBM's Machine Argues, Pretty Convincingly, with Humans," BBC News, June 19, 2018, www.bbc.com/news/technology-44531132.

3. Edward C. Baig and Ryan Suppe, "IBM Shows Off an Artificial Intelligence That Can Debate a Human —and Do Pretty Well," *USA Today*, June 20, 2018, www.usatoday.com/story/tech/2018/06/18/ibms-project-debater-uses-artificial-intelligence-debate-human/712353002/.

4. *2001: A Space Odyssey*, directed by Stanley Kubrick (Metro-Goldwyn-Mayer, 1968).

5. Intelligence Squared Debates, "IBM Project Debater," February 26, 2019, YouTube video, 46:48, www.youtube.com/watch?v =3_yyOdnIc588t=1275s.

6. IBM Research, "What Happens When AI Stops Playing Games," June 22, 2020, YouTube video, 25:48, www.youtube.com/watch?v=NSxVEaWEUjk&t=483s.

7. IBM Research, "What Happens When AI Stops Playing Games."

8. T. W. Benson, "Rhetoric, Civility, and Community: Political Debate on Computer Bulletin Boards," *Communication Quarterly* 44, no. 3 (1996): 359-78.

9. Patrick Winter, "Facebook Founder Zuckerberg Tells G8 Summit: Don't

Regulate the Web, *The Guardian*, May 26, 2011, www.theguardian.com/
technology/2011/may/26/facebook-google-internet-regulation-g8.

10. Noam Slonim and Chris Sciacca, interview with the author, April 14, 2021.
Quotes from Slonim are from this interview, unless otherwise noted.

11. IBM Research, "What Happens When AI Stops Playing Games."

12. Nick Petrić Howe and Shamini Bundell, "The AI That Argues Back,"
*Nature*, March 17, 2021, www.nature.com/articles/d41586-021-00720-
w?proof=t.

13. For a detailed description of Project Debater's internal operations see: "An
Autonomous Debating System—Supplementary Material," *Nature*, March 17,
2021, https://static-content.springer.com/esm/art%3A10.1038%2Fs41586-021-
03215-w/MediaObjects/41586_2021_3215_MOESM1_ESM.pdf.

14. Howe and Bundell, "AI That Argues Back."

15. Virginia Heffernan, "Our Best Hope for Civil Discourse on the Internet Is
on... Reddit," *Wired*, January 16, 2018, www.wired.com/story/free-speech-issue-
reddit-change-my-view/

16. Chenhao Tan et al., "Winning Arguments," in *Proceedings of the 25th
International Conference on World Wide Web* (Geneva: International World
Wide Web Conferences Steering Committee, 2016), 613-24, https://doi.
org/10.1145/2872427.2883081.

17. John Hunter Priniski and Zachary Horne, "Attitude Change on Reddit's
Change My View," in *Proceedings of the 40th Annual Conference of the Cognitive
Science Society*, eds. T. T. Rogers, M. Rau, X. Zhu, and C. W. Kalish. (Austin,
TX: Cognitive Science Society, 2018), 2276-281.

18. "Change My View(CMV)," Reddit, accessed October 21, 2021, www.
reddit.com/r/changemyview/wiki/rules#wiki_rule_a.

19. Jack Nicas, "Why Can't the Social Networks Stop Fake Accounts?"
*New York Times*, December 8, 2020, https://www.nytimes.com/2020/12/08/

technology/why-cant-the-social-networks-stop-fake-accounts.html.

20. Audrey Tang, "Meeting with Dr. Todd Lowary," *SayIt*, September 18, 2019, https://sayit.pdis.nat.gov.tw/2019-09-18-meeting-with-dr-todd-lowary#s328598.

21. "Taiwan's Digital Minister Audrey Tang Highlights Opportunities in Social Innovation," *Asia Society*, March 26, 2021, https://asiasociety.org/texas/taiwans-digital-minister-audrey-tang-highlights-opportunities-social-innovation.

22. Audrey Tang, "Interview with Cindy Yang Fiel," *SayIt*, January 7, 2021, https://sayit.pdis.nat.gov.tw/2021-01-07-interview-with-cindy-yang-field#s453187.

23. Audrey Tang, "Nancy Lin Visit," *SayIt*, April 17, 2019, https://sayit.pdis.nat.gov.tw/2019-04-17-nancy-lin-visit#s287792.

24. Andrew Leonard, "How Taiwan's Unlikely Digital Minister Hacked the Pandemic," *Wired*, July 23, 2020, www.wired.com/story/how-taiwans-unlikely-digital-minister-hacked-the-pandemic/.

25. Leonard, "How Taiwan's Unlikely Digital Minister Hacked the Pandemic."

26. Audrey Tang, "Conversation with Alexander Lewis," *SayIt*, January 7, 2019, https://sayit.pdis.nat.gov.tw/speech/266922.

27. Tang, "Conversation with Alexander Lewis."

28. Audrey Tang, "Interview with Felix Lill," *SayIt*, November 7, 2017, https://sayit.pdis.nat.gov.tw/2017-11-07-interview-with-felix-lill#s111583.

29. Audrey Tang and Mele-Ane Havea, "Audrey Tang Is Radically Transparent," *Dumbo Feather*, December 7, 2017, www.dumbofeather.com/conversations/audrey-tang/.

30. Audrey Tang, "Media Training with Joe Dolce," *SayIt*, October 10, 2017, https://sayit.pdis.nat.gov.tw/2017-10-10-media-training-with-joe-dolce#s99991.

31. Matthew Strong, "Taiwan Plans to Punish Fake News About Coronavirus with Three Years in Prison," *Taiwan News*, February 19, 2020, www.taiwannews.com.tw/en/news/3878324.

32. Audrey Tang, "Conversation with German Interviewers," *SayIt*, October 22, 2020, https://sayit.pdis.nat.gov.tw/2020-10-22-conversation-with-german-interviewers#s438054.

33. Guo Meiping, "New Version of AlphaGo Can Master Weigi Without Human Help," CGTN, October 19, 2017, https://news.cgtn.com/news/314d444d31597a6333566d54/share_p.html.

34. David Silver and Demis Hassabis, "AlphaGo Zero: Starting from Scratch," *DeepMind* (blog), October 18, 2017, https://deepmind.com/blog/article/alphago-zero-starting-scratch.

## 마치며. 토론은 어떻게 확산되는가

1. Meira Levinson, *No Citizen Left Behind* (Cambridge, MA: Harvard University Press, 2014), 42.

2. Colin P. A. Jones, "Mascots on a Mission to Explain the Mundane," *Japan Times*, March 11, 2019, www.japantimes.co.jp/community/2011/08/30/general/mascots-on-a-mission-to-explain-the-mundane/.

3. Renaud Thillaye, "Is Macron's Grand Débat a Democratic Dawn for France?" *Carnegie Europe*, April 26, 2019, https://carnegieeurope.eu/2019/04/26/is-macron-s-grand-d-bat-democratic-dawn-for-france-pub-79010.

4. Stan Grant, "Between the Ship and the Shore: The Captain James Cook I Know," *Sydney Morning Herald*, April 28, 2020.

GOOD
ARGUMENTS

옮긴이 **정혜윤**

이화여자대학교에서 영어영문학을, 서울대학교 대학원에서 정치학을 공부했다. 현재 미국 뉴욕주 롱아일랜드에 거주하며 전문 번역가로 활동중이다. 옮긴 책으로 『H마트에서 울다』 『보이스 캐처』 『슬픔을 건너가는 중입니다』 『지금, 호메로스를 읽어야 하는 이유』 『작가의 책』 등이 있다.

# 디베이터

디베이팅 세계 챔피언 서보현의 하버드 토론 수업

1판 1쇄 2023년 4월 14일
1판 4쇄 2023년 6월 19일

지은이 서보현 | 옮긴이 정혜윤
기획 박영신 | 책임편집 김수현 | 편집 고아라 김봉곤
디자인 최윤미 이원경 | 저작권 박지영 형소진 최은진 오서영
마케팅 정민호 김도윤 한민아 이민경 안남영 김수현 왕지경 황승현 김혜원
브랜딩 함유지 함근아 박민재 김희숙 고보미 정승민
제작 강신은 김동욱 임현식 | 제작처 천광인쇄사

펴낸곳 (주)문학동네 | 펴낸이 김소영
출판등록 1993년 10월 22일 제2003-000045호
주소 10881 경기도 파주시 회동길 210
전자우편 editor@munhak.com
대표전화 031) 955-8888 | 팩스 031) 955-8855
문의전화 031) 955-2696(마케팅) 031) 955-8868(편집)
문학동네카페 http://cafe.naver.com/mhdn
인스타그램 @munhakdongne | 트위터 @munhakdongne
북클럽문학동네 http://bookclubmunhak.com

ISBN 978-89-546-9199-4 03190

**www.munhak.com**